Rudolph Wahl
Karl der Große

Rudolph Wahl

Karl der Große

Historie

KARL ◼ MÜLLER

Rudolph Wahl, Karl der Große

Sonderauflage für den Karl Müller Verlag –
Silag Media AG, Liebigstraße 1-9, 40764 Langenfeld

Copyright © 1980/2001 by
Verlagsgruppe Lübbe GmbH & Co. KG, Bergisch Gladbach

Printed in Germany, 2009
ISBN 978-3-940984-78-4

Sehr verehrte Leserin,
sehr verehrte Leser,

gerade in den hekti-
schen Zeiten des Alltags
ist ein Moment der Ruhe
und Entspannung von
großer Bedeutung.

Für mich persönlich
ist solch ein Moment
meistens mit dem Lesen
eines guten Buches ver-
bunden. Eine spannende und gut erzählte Geschichte hilft
mir dabei schnell vom Alltag abzuschalten und in fremde
Welten & Zeiten abzutauchen.

Die Suche nach einem guten Buch ist dabei gar nicht so
einfach. Oft sind es doch die Klassiker, die ihre Leser
schnell in ihren „Bann ziehen" und in keinem Bücherregal
fehlen sollten.

Die vorliegende „Karl-Müller-Bibliothek" ist eine kleine
Auswahl an beliebten und interessanten Büchern und be-
inhaltet die Klassiker der Film- und Literaturgeschichte.
Diese 40 von uns sorgfältig zusammengestellten Bücher
reichen von historischen Romanen, spannenden Krimis
und Horrorgeschichten bis hin zu Liebesromanen. Damit
ist eine vielseitige und limitierte Zusammenstellung entstanden, die wir auch gerne an Sie weitergeben möchten.

Ich wünsche Ihnen viel Entdeckerfreude und Entspannung beim Lesen.

Herzlichst
Ihr

Siegfried Lapawa
Verleger Karl Müller Verlag

SIRI VON BRANDENSTEIN
In großer Freundschaft zugeeignet

Inhalt

Geschichtliche Vorbemerkung 13

DER AUFBAU DES GOTTESSTAATES 19

Der Anfang 20
Dunkle Geburt 21 – Die Lage bei der Thronbesteigung 22 –
Verwirrung 25 – Die Mutter 27 – Bertradas große Koalition 29 –
Widerstände 31 – Karl greift ein 35 – Der erste Saxenkrieg 37 –
Papst Hadrian 38 – Der Langobardenkrieg 42 –
Die große Wandlung 43

König und Papst 46
Der Stellvertreter Gottes auf Erden 47 –
Um den Vertrag von Quiersy 49 – Die Wallfahrt nach Rom 51 –
Langobardischer als die Langobarden 55 – Der „Gottesstaat" 61

Gladius Dei 65
Der zweite Saxenkrieg 66 – Die „Ethelinge" 70 – Widukind 74 –
Das spanische Abenteuer 77 – „Die schleichenden Verführer" 85 –
Die ersten Gesetze 88 – Vom Süntel bis zum Tag von Verden 90 –
Der Endkampf 93 – Das Blutgesetz 95 – Widukinds Ausgang 97

Hohe Politik 99
Staat und Kirche 100 – Bemühungen um Rom 108 –
Verabredung mit Hadrian 114 – Tassilos Vasalleneid 119

Die letzten Schlacken 121
Bayern und Benevent 122 – Die dritte „Wallfahrt" 126 –
Langobardische Gesetze 132 – Tassilos Ende 134 –
Der Schlußstein 141

DER KAISER DES ABENDLANDES 145

Der Mensch 146
Er selbst 147 – Seine Frauen, Töchter und Söhne 154 –
Die Umgebung 161 – Zwei Fragen 170

Irrlehre 172

    Die Irrlehre des Adoptianismus 173 – Das Frankfurter Konzil 176 –
    Bücherkrieg 178 – Der große Widerruf 180 – Der Abschluß 184

Großkönigtum im Gottesstaat 185

    Der Herr der Christenheit 186 – Kampf gegen Aberglauben 189 –
    Reichsreformen 193 – Karolingische Kunst 198 –
    Der Großkönig 201 – Der Awarenschatz 206

Verhängnisvolles Zwischenspiel 207

    Der neue Papst 208 – Die Revolte 212 –
    Schwere Entscheidungen 216 – Karls letzte Romfahrt 219 –
    Der große Coup 226 – Kampf um Anerkennung 231

Divus Augustus 235

    Die Reaktion im Innern 236 – Wirtschaftliche Kleinarbeit 239 –
    Prestigepolitik 244 – Das Ende Altsaxens 247 –
    Bemühungen um Byzanz 252 – Teilung des Gottesstaates 257

Das Ende 260

    Verfallserscheinungen 261 – Die äußere Lage 264 –
    Der schwerste Schlag 270 – Das abendländische Kaisertum 278 –
    Der Tod des Kaisers 283

Anhang 285

Geschichtliche Vorbemerkung

Die Franken, das hieß die „Freien", saßen beiderseits des Rheins vom Main bis an die Nordsee, bevor sie unter ihrem erst fünfzehnjährigen König Chlodovech etwa im Jahre 481 nach Christi Geburt zur Eroberung des römisch-gotischen Galliens aufbrachen. Etwa fünfzehn Jahre später war ganz Westeuropa, von den Pyrenäen bis nach Thüringen, von der Nordsee bis an die Alpen, fränkisch geworden. Da es sich aber nun als unmöglich erwies, ein solches Riesenreich mit den primitiven Mitteln eines germanischen Stammeskönigtums zusammenzuhalten, sicherte Chlodovech sich die Mitwirkung einer mächtigen Organisation, die er als schlagfertigen Verwaltungsapparat in dem unterworfenen Gallien vorfand: der römisch-katholischen Kirche. Er wurde 496 Christ, ohne deshalb aber sein Heidentum aufzugeben.

Chlodovech entstammte dem altfränkischen Adelsgeschlecht der Merowinger, dessen Begründer Merovech seinen Ursprung von einem Meerdrachen ableitete, gleich interessant für das sagenhafte Alter seiner Sippe wie des Frankenstammes überhaupt, der noch Überlieferungen an das Erleben einer Urmenschheit bewahrte. Chlodovech hatte seine eigene Methode, sich und seinen Nachkommen die Königswürde für alle Zukunft zu sichern. Sie konnte nach altfränkischem Recht nur an die edelsten Geschlechter fallen – *„denn dabei war es jahrhundertelang geblieben, daß die Franken langgelockte Könige aus ihrer ersten und sozusagen vornehmsten Sippe wählten".* – So ließ er nun kurzerhand alle Adelsfamilien mitsamt seinen eigenen entfernten Verwandten bis zum letzten Mann ermorden, so daß im ganzen Frankreich nur noch er selbst und seine Söhne für die Krone in Frage kommen konnten. Er ging dabei mit beispielloser Hinterlist vor, und es wird berichtet, daß er nach der Ermordung des letzten öffentlich geklagt habe, nun keinen Gesippen mehr zu haben, der ihm im Unglück beistehen könne. *„Aber so sprach er nicht aus Schmerz, sondern in arger List, um vielleicht doch noch einen Verwandten ausfindig zu machen und ihn umzubringen."*

Fast dreihundert Jahre hielten seine Nachkommen, die Merowingerkönige, sich an der Herrschaft, die sie mehrfach untereinander teilten und wieder einten; das Reich zerfiel in seine rassenmäßigen Bestandteile, das deutschstämmige Austrien

(Rhein-Moselland), das romanisch-keltisch-germanische Neustrien (Nordfrankreich) und das bald ganz romanisierte Burgund (Südfrankreich). Im ewigen Auf und Ab der Thronwirren, bei denen Verrat und Meuchelmord an der Tagesordnung waren, wurde die Einheit aber öfters wiederhergestellt, um dann wieder durch Erbteilungen verlorenzugehen, immer aber herrschte unbestritten das einzige „langgelockte" Königsgeschlecht der Merowinger, weil der große Chlodovech ihm das absolute Kronmonopol gesichert hatte.

Während dieser dreihundertjährigen Merowingerherrschaft bildete sich eine Art von Dienstadel aus verdienten Kriegern und Hofbeamten; schon der galt dabei als adelig (nobilis), dessen vier Großeltern in Freiheit geboren waren. Dieser neue Adel verstand es, nach und nach zu Reichtum und Macht zu kommen und so in zunehmendem Umfang Einfluß auf die Krone zu gewinnen. Die Könige verloren schließlich alle Bewegungsfreiheit, ja, selbst das Recht, ihre Beamten selbst zu ernennen. Schließlich mußten sie sogar die eigentliche Regierungstätigkeit aufgeben, um sie einem vom Adel vorgeschlagenen Vertrauensmann zu überlassen, der unter dem Titel eines Hausmeiers, ursprünglich nichts anderes als eine Art von Haushofmeister, die ganze Königsmacht in seiner Hand vereinte.

Als solche Hausmeier kamen im Anfang des siebenten Jahrhunderts zwei deutschstämmige Männer ans Ruder, die im Rhein-Mosel-Gebiet reich begütert waren, Arnulf, der später heiliggesprochene Bischof von Metz, und Pippin. Arnulfs Sohn Ansigisel heiratete Pippins Tochter Begga und wurde, nachdem sein Vater als Eremit der Welt entsagte und Pippin gestorben war, Hausmeier beim austrasischen Merowinger. Schon begann seine Macht so überragend zu werden, daß die Hausmeierwürde mehr und mehr als erblicher Besitz der arnulfingischen Familie angesehen wurde. Sein tüchtiger Sohn Grimoald führte das Amt eine Zeitlang gemeinschaftlich mit seinem jüngeren Bruder Pippin; als er die Herrschaft ganz und gar an sich gerissen hatte, hielt er die Stunde für gekommen, dem Merowingerspuk ein Ende und sich selbst zum fränkischen König machen zu sollen. Aber die Zeit war dazu noch nicht reif; der Adel sah sich von seinem Vertrauensmann hinters Licht geführt, und Grimoald büßte seinen Putsch mit dem Tod. Der kluge Pippin hielt sich nun zwanzig Jahre lang in vorsichtiger Zurückhaltung, bis er sich, zäh und geschickt, endlich nicht allein wieder durchsetzte, sondern den großen Wurf wagen konnte, in seiner wiedererlangten Stellung als Hausmeier nach schwierigen

Kämpfen das ganze Frankenreich unter austrasischer, das heißt deutschstämmiger Führung neu zu einigen. Kurz vor seinem Tode war der Achtzigjährige unbestrittener Herrscher und der „langgelockte" König nur noch sein gefügiges Werkzeug. Er hatte zwei, wie es scheint rechtmäßige Frauen zur gleichen Zeit, die reichbegüterte Plektrudis und die schöne Alpheida, der Überlieferung nach beides Fränkinnen, obwohl der Name Alpheida ganz und gar ungermanisch ist und so griechisch klingt, daß sich hieraus vielleicht die späteren, nachweislich falschen Sagen von der byzantinischen Herkunft der Mutter Karls des Großen erklären. Wenn Alpheida auch ausdrücklich als „zweite Gemahlin" bezeichnet wird, sie war unzweifelhaft der Plektrudis untergeordnet. Ihr Sohn galt nicht für erbberechtigt; Pippin hielt es nicht einmal für notwendig, ihm einen richtigen Namen zu geben; als ihm seine Geburt mit den Worten, es sei ein *„Kerrl"*, gemeldet wurde, *„das heißt in der deutschen oder volkstümlichen Sprache ein Knabe mit starken Gliedern"*, sagte er, *„neben seiner anderen Gemahlin sitzend"*: *„Kerrl ist ein hübscher Name."* So wurde Alpheidas Sohn also Kerrl oder Karl genannt.

Obwohl Pippin als Hausmeier die ganze Reichsgewalt in Händen hielt, konnte er sich nach dem Tode seiner beiden Söhne von der Plektrudis doch nicht entschließen, die Gewalt auf diesen Karl zu übertragen, sondern bestimmte testamentarisch, daß ein Enkel, ein unmündiges Kind, unter Plektrudens Vormundschaft Hausmeier des geeinten Frankenreichs werden sollte. Dadurch geriet die eben erst von ihm selbst begründete Hausmacht der Arnulfinger wieder in Verfall, denn die Franken erkannten diese unter Plektrudens Einfluß zustande gekommene Bestimmung nicht an.

Da trat der mißachtete Karl plötzlich in den Vordergrund und erkämpfte sich unter den denkbar schwierigsten Begleitumständen nach wechselvollem Geschick zähe und tapfer die Stellung seines Vaters. Mit unwiderstehlicher Gewalt einte er das wieder zerfallene Reich und machte sich zu seinem ungekrönten König. Als der „regierende" Merowinger starb, hatte Karl eine solche Macht erlangt, daß er auf eine Neuwahl verzichten zu dürfen glaubte. Er war nun Staatsoberhaupt und Kanzler in einer Person, das hieß Diktator von gewaltigem Format. Dennoch hielt er die Fiktion der Merowingerherrschaft dadurch aufrecht, daß er in den zeitgenössischen Annalen und seinen Urkunden die Jahre *nach dem Tode unseres Königs* berechnen ließ. Seine überragende Kraftentfaltung kam in dem Beinamen „Der Hammer", „Karl-Martell", wie er allgemein genannt wurde, deutlich zum

Ausdruck. Seine größte Tat von weltgeschichtlicher Bedeutung war die Zurückwerfung der Mohammedaner bei Tours und Poitiers, die also schon mitten in Frankreich standen. Wäre damals, 732, Karl-Martell nicht gewesen, die christliche Idee wäre vielleicht untergegangen und Europa islamitisch geworden.

Nach dieser gewaltigen Waffentat ließ Papst Gregor III. ihn wissen, daß er bereit sei, ihn zum König der Franken zu erheben, sofern er ihm gegen die Norditalien beherrschenden und Rom immer deutlicher bedrohenden Langobarden zu Hilfe käme. Sein bisheriger Souverän, der byzantinische Kaiser, war nicht dazu imstande gewesen. Aber trotz unablässiger, mit allen Mitteln betriebener Bemühungen lehnte Karl-Martell immer wieder ab. Als er 741 starb, hinterließ er seinen beiden Söhnen Karlmann und Pippin die Hausmeierwürde nicht mehr als ein Amt, sondern schon als absolute Herrschaft.

Sie waren klug genug, zu erkennen, daß ihnen die Autorität ihres Vaters fehlte, um, wie er, ohne König regieren zu können, suchten sich daher den unfähigsten unter den lebenden Merowingern aus und ließen ihn zum Scheinkönig wählen. Er war aber nichts als eine völlig machtlose Thronpuppe, deren Regierungstätigkeit sich auf kümmerliche Repräsentationspflichten beschränkte.

Im Jahre 747 verzichtete Karlmann nach einem von ihm angeordneten Massenmord alemannischer Gefangener auf die Herrschaft und entsagte wie sein heiliger Urahn Arnulf der Welt. Pippin wurde dadurch Alleinherrscher des neugeeinten Frankenreiches, dem er das immer widerspenstige Herzogtum Aquitanien endgültig unterwarf. Vier Jahre nach Karlmanns Weltflucht war er dann endlich so weit, den Traum des arnulfingischen Geschlechtes zu erfüllen und König zu werden, wenn er auch nicht einer „langgelockten" Sippe entstammte.

751 ging Pippin auf die erneuten Angebote der Kurie ein und schickte den letzten Merowinger ins Kloster. Er selbst und seine Söhne wurden unter Zustimmung des Adels vom Papst zu fränkischen Königen gesalbt. Damit ward er zum Begründer der arnulfingischen Monarchie, die fortan, nach Karl-Martell, die Karolingische(„Kerrlingische") hieß.

Sie sollte unter seinem Sohn, dem Urenkel der rätselhaften Alpheida, in der sechsten Generation des Geschlechtes einen ungeahnten Aufstieg nehmen und schließlich das ganze Abendland in einem festgefügten Kaisertum umfassen, wie es in seiner organischen Geschlossenheit etwas Einmaliges geblieben ist.

Dieser Sohn, der Vater Europas, ist Karl der Große.

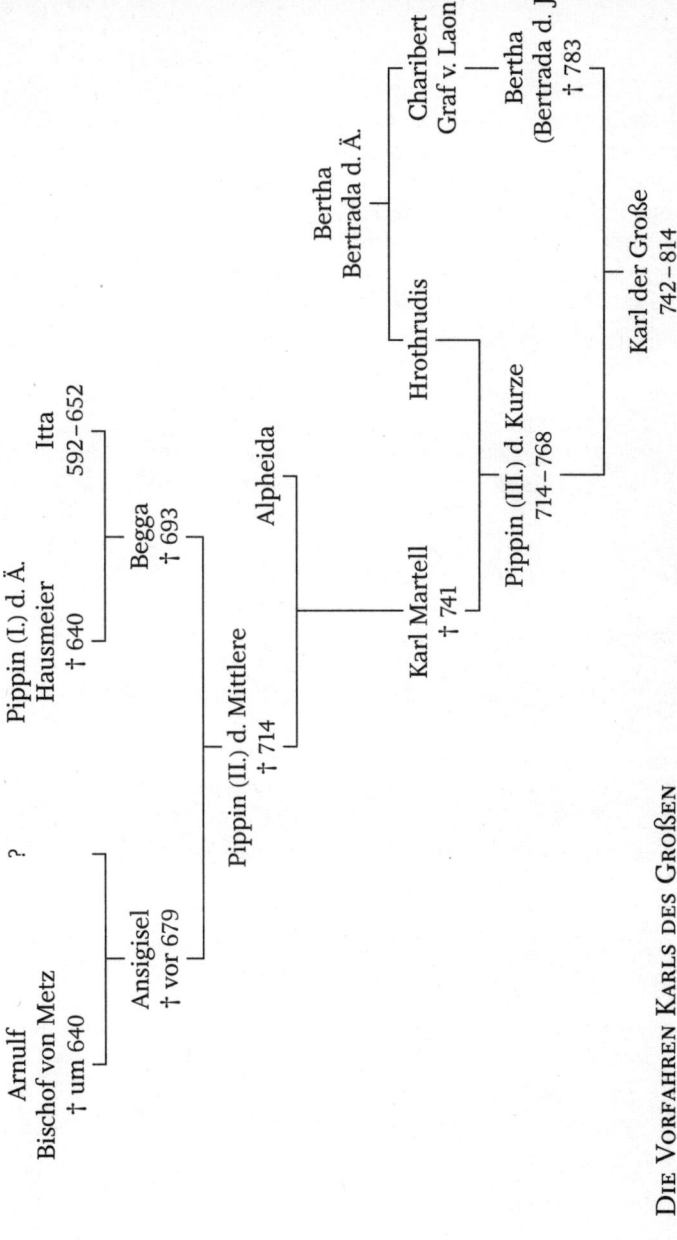

DIE VORFAHREN KARLS DES GROSSEN

Arnulf
Bischof von Metz
† um 640

?

Pippin (I.) d. Ä.
Hausmeier
† 640

Itta
592–652

Ansigisel
† vor 679

Begga
† 693

Pippin (II.) d. Mittlere
† 714

Alpheida

Karl Martell
† 741

Bertha
Bertrada d. Ä.

Hrothrudis

Charibert
Graf v. Laon

Pippin (III.) d. Kurze
714–768

Bertha
(Bertrada d. J.)
† 783

Karl der Große
742–814

DER AUFBAU
DES GOTTESSTAATES

Der Anfang

„Hier hebt sich an eine köstliche Historie
von Kunig Pipinus und von jenem Suhn,
den man nennt den großen Kayser Karl."

Handschrift aus Weihenstephan,
Unbestimmbare Zeit

Dunkle Geburt

Der Anfang dieses klar ablaufenden Lebens ist mysteriös: man hat nicht überliefert, wann und wo er geboren ist; er selbst hat nie davon gesprochen, obwohl er sehr mitteilsam war. Einem italienischen Chronisten, den er zur Abfassung seiner Familiengeschichte nach Metz, dem Stammsitz seines moselländischen Geschlechtes, berief, hat er selbst von seinen Vorfahren alles erzählt, was er wußte, aber nichts über seine Jugendzeit. Selbst Einhard, sein vertrauter Sekretär, der täglich um ihn war, hält es für gut, seine Lebensbeschreibung, die er kurz nach seinem Tode verfaßte, mit den taktvollen Worten zu beginnen: *„Von seiner Geburt und frühen Kindheit, sogar seinen Knabenjahren ist nichts bekannt. Weder Schriften noch Dokumente sind darüber vorhanden, auch lebt heute niemand mehr, der davon erzählen könnte. So habe ich mich entschlossen, diese Zeit zu übergehen ..."*

Altfränkische und nordfranzösische Sagen erklären in auffallender Übereinstimmung das Mysterium auf wunderbare Weise. Perchte (Bertha), seine Mutter, eine bretonische Prinzessin, ward vom König Pippin umfreit; er schickte seinen Hofmarschall, sie zu holen, aber der Treulose gab Befehl, sie im Dunkel des bayerischen Waldes zu töten, um seine eigene Tochter unterzuschieben. Perchte entrann den Mordknechten und flüchtete in eine einsame Mühle. Hier lebte sie mit der Familie des Müllers und verdiente ihr Brot durch kunstvolle Spinnerei. Wie nun der König sich über Jahr und Tag auf der Jagd verirrte, geriet er in die Mühle, wo man ihn und die Seinigen gastlich aufnahm. *„Unterdem ging sein Sterndeuter hinaus um seine Nothdurft und sah auch das Gestirn an. Da sah er an dem Gestirn, daß sein Herr heut auf die Nacht bey seiner ehlichen Hausfrau sollt liegen und sollt von ihm schwanger werden und gewinnen ein rechtes Degen Kind. Er geht hinein und sagt es dem Herrn. Der fragt den Müllner, ob er nit eine fremde Frau bey sich hätt. Der Müller laugnet und sprach, er hätt keine. Sprach Kunig Pipinus: ‚So leg deiner Töchter eine zu mir.' Der Müllner tat das ohne Widerred. Aber der Sterndeuter sah, daß sie nicht sein ehlich Weib sollt werden. Man legt nun die jüngere Tochter zu. Die war auch nicht die rechte. Da mußt nun die Jungfrau herfürgehn. Des erschrak sie gar, und der Herr sprach: ‚Erschrecket nit so sehr.' Er legt sich zu ihr, und der*

Sterndeuter ging und kam bald wieder herein und sprach: ,Es leit Kunigs Kind an Kunigs Arm.'

Und der edle Kunig Pipinus hat die Nacht mancherley zu kosen mit Perchten, seiner edlen Frauen ..."

Alle Sagen haben einen wahren Kern; so läßt auch die romantische Geschichte von Pipinus und Perchte in der Waldmühle zum mindesten das neugierige Bemühen im Volke erkennen, auf seine Weise hinter das große Geheimnis zu kommen, hinter dem sich, wie auf höhere Weisung, der Bericht von Karls Geburt versteckte.

Die Lage bei der Thronbesteigung

Seine Eltern, Pippin, genannt der „Kurze", und Bertrada, „die Spinnerin", waren einander so nahe verwandt, daß ein gebieterisches Volksrecht die Ehe ausschloß. Sie wurde erst Jahre nach Karls Geburt durch einen Wahrspruch des Papstes schließlich doch ermöglicht. Dem dann unzweifelhaft rechtmäßig geborenen Karlmann gab der Makel dieser vorehelichen Geburt seines Bruders genügend Grund, dessen Nachfolgeberechtigung zu beanstanden. Beide gerieten darüber in unversöhnlichen Gegensatz.

Als Pippin am 24. September 768 an der Wassersucht starb, war Karl wohl sechsundzwanzig Jahre alt, ein dunkelhaariger Riese, dessen dünne Stimme in merkwürdigem Gegensatz zu seiner gewaltigen Erscheinung stand. Noch am vorhergehenden Tage hatte Pippin die große Reichsversammlung nach Sankt Denis an sein Krankenbett berufen, um eine sonderbare Teilung der Herrschaft unter seine Söhne beschwören zu lassen. Wenige Stunden später war er tot, erst dreiundfünfzig Jahre alt, *„es ist schmerzlich zu sagen",* schreibt der Chronist.

Sonderbar war diese Teilung, weil sie sich entgegen allem früheren Brauch um die natürliche Grenze innerhalb des Reiches überhaupt nicht kümmerte, wie sie sich durch eine Scheidung in eine keltoromanische und eine *„volkstümlich-deutsche"* Hälfte von selbst ergab, sondern mit klarer Absicht in jedem der Teilreiche germanische und romanische Interessen in sich verstrickte. Dadurch mußten beide Herrschaften, aufeinander angewiesen, eine jede ein Teil des Ganzen bleiben. Erstmalig wölbte sich ein höherer Gedanke als der rein dynastische über dem Grabe eines fränkischen Alleinherrschers, der zu früh gestorben war, um das große Werk zu vollenden: aus einer Familienherrschaft einen Staat zu machen.

Den Brüdern wurde so die Möglichkeit genommen, im Gegeneinander ihrer Interessen eine Art von nationaler Geschlossenheit ihrer Herrschaften einzusetzen; die Zeiten für Bruderkriege sollten nun endgültig vorüber sein, denn die Franken waren nicht mehr unter sich.

Die fränkische Kronmacht stellte nun schon einen weltpolitischen Begriff dar, nachdem Pippin die erblich gewordene Stellung seiner Familie als königlich-merowingischer Hausmeier durch einen Staatsstreich mit der Königswürde selbst getauscht hatte. An die Stelle der im Volksempfinden mystisch verankerten Königsgewalt der Merowinger mußte aber eine andere nicht minder heilige Idee treten, um dem innerhalb zweihundert Jahren mächtig emporgekommenen rheinischen Geschlecht der Arnulfinger oder *„Kerrlinge",* wie es sich neuerdings nannte, den nötigen Halt zu geben. Diese neue Idee war die Identifizierung mit der christlichen Kirche, der sich Pippin durch eine heilige Allianz verband. Als der Papst seine Frage, *„ob es gut sei, daß der König wäre, der auch die Macht dazu habe",* kraft göttlicher Erleuchtung bejahte, übernahm er damit die Verantwortung und moralisch-religiöse Rechtfertigung für die Entthronung der degenerierten Merowinger, und es vollzog sich eine internationale Machtverlagerung von grundlegender Bedeutung. Mit dem einfachen „Schiedsspruch" war es ja nicht getan. Die Krönung Pippins zum König der Franken von Gottes Gnaden bedeutete gleichzeitig die Lösung der apostolischen Abhängigkeit vom oströmischen Kaiser in Byzanz und die Festlegung ihrer Gesamtpolitik auf den neuen nordeuropäischen Kurs, wie er sich unter Führung der klugen Kerrlinge immer machtvoller durchzusetzen begann.

Diese gewaltige Neuorientierung hatte natürlich ihre realpolitischen Hintergründe. Für die Sanktionierung der neuen Königsgewalt, die auf sein ganzes Geschlecht ausgedehnt wurde, hatte Pippin der Kurie den byzantinischen Besitz in Italien zur Gründung eines „Kirchenstaates" garantieren müssen. Diese mittel- und ostitalienischen Herzogtümer und Stadtstaaten waren aber von den Langobarden besetzt, die klar darauf hinstrebten, ganz Italien ihrer Herrschaft zu unterwerfen. Da der Byzantiner dagegen nur papierne Proteste erhoben hatte, erwartete die Kurie nun alles Heil von den Franken.

Die fränkisch-apostolische Allianz konnte im Sinne des großen Staatsvertrages von Quiersy also erst dann zur vollen Wirksamkeit aufsteigen, wenn die zum scheinbar unlösbaren Problem gewordene langobardische Frage sich nach den Wünschen der Kurie klären ließ. Pippin hatte an der Entwicklung der italienischen Besitzverhältnisse kein Interesse; es war ihm gleichgültig, wer jenseits der Alpen das byzantinische Einfallstor ins Frankenreich bewachte. Dennoch zwang ihn der neue Bundesgenosse, auf dessen Ansehen seine junge Königsmacht ja stand, zweimal über die Alpen, um den Langobardenkönig zur Herausgabe der strittigen Gebiete zu veranlassen und seine Garantie wirksam zu machen. In der schließlichen Erkenntnis aber, daß eine Art Gleichgewicht der langobardischen und kurialen Kräfte seinen Interessen am Ende besser dienen mochte als die kompakte Einheitlichkeit eines mächtigen Kirchenstaates, hatte er beide Feldzüge in bewaffnete Demonstrationen auslaufen lassen; die traditionelle Freundschaft mit den Langobarden erfuhr dadurch keinen wesentlichen Abbruch.

Die Erhaltung dieses Gleichgewichtes der Kräfte hatte sich mehr und mehr zum Kernpunkt der fränkischen Außenpolitik entwickelt. Je stärker sich die Gegensätzlichkeit zwischen Pavia und Rom herausarbeitete, um so eindringlicher mußte sich die weltpolitische Bedeutung der mit beiden befreundeten fränkischen Kronmacht erweisen, die behutsam und geschickt die hohe Schule der Diplomatie zu erlernen begann.

Mit dem Tode des Königs war diese verheißungsvolle Entwicklung nun jäh unterbrochen. An die Fortsetzung einer einheitlichen Politik konnte bei dem Gegensatz der beiden Brüder nicht mehr gedacht werden; die Gefahr rückte sogar bedenklich nahe heran, daß man in Italien sich ihre Feindschaft zunutze machte, um den bisher in einheitlicher Geschlossenheit geführten fränkischen Block spalten und die Torsen im eigenen Interesse gegeneinander ausspielen zu können.

Der inzwischen mit fränkischer Nachhilfe zum Langobardenkönig erwählte Höfling Desiderius hatte zwar Erfüllungspolitik versprochen und sich für die Herausgabe der widerrechtlich besetzten Gebiete an die Kurie verbürgt, unter dem übermächtigen Druck seiner auf panitalienische Politik eingestellten Nationalisten aber nicht Ernst damit gemacht. Pippin war kaum gestorben, da wurde der Herzog Arichis von Benevent sein Schwiegersohn und damit das große Gebiet zwischen Rom und Neapel, das die Kurie beanspruchte, einwandfrei langobardisch. Desiderius griff aber noch weiter und nun schon in die fränkischen Kreise. Auch der Herzog von Bayern, Tassilo, der Sohn von Pippins Halbschwester, der letzte aus dem Geschlecht der Agilolfinger, vermählte sich nun mit der Tochter des gesalbten Emporkömmlings. Er war formell immer noch fränkischer Vasall; als aber Pippin wenige Jahre zuvor das aquitanische Herzogtum zerschlagen und als Provinz der fränkischen Herrschaft einverleibt hatte, sah sich der stolze Bayer in seiner bundesstaatlichen Selbständigkeit bedroht und verließ eigenwillig das königlich-fränkische Heerlager. Pippin hatte diese Desertierung hinnehmen müssen – nach dem ersten überlieferten deutschen Wort *„Heerisliez"* genannt. Die Verbindung mit der Desideriustochter bedeutete nun einen weiteren gewichtigen Schritt zur Lösung des bayrischen Herzogtumes aus der fränkischen Abhängigkeit.

Verwirrung

Als nun gar der ins Kloster gesperrte Aquitanerfürst Waifar seine Zelle verließ, um seine Herrschaft wieder herzustellen, stand es schlimm um Pippins Erbe. Die unmittelbare Gefahr zwang die Brüder zu einer gemeinschaftlichen Aktion. Aber kaum waren sie an der Grenze des Aufstandsgebietes zusammengetroffen, als Karlmann wieder umdrehte. Karl geriet mit seiner schwachen Truppe in eine bedenkliche Lage, aber er hatte seinen Vater oft genug auf aquitanischen Feldzügen begleitet, um zu wissen, daß jetzt alles auf schnelle Entschlossenheit ankam. Mit unwiderstehlicher Wucht rückte er vorwärts und kam den Rebellen zuvor. Waifar geriet in Gefangenschaft, und in wenigen Wochen war der gefährliche Aufstand erstickt. Man begann aufzuhorchen.

Inzwischen entwickelte Desiderius lebhafte Geschäftigkeit; er gab der Kurie nicht nur nichts heraus, sondern nahm ihr obendrein, was zu haben war. Das Gleichgewicht der Kräfte verschob sich klar zugunsten der Langobarden, ohne daß die fränkischen Könige sich rührten, die mit ihren eigenen Angelegenheiten vollauf beschäftigt waren. Aber Papst Stephan III. gab keine Ruhe; er war mit langobardischer Hilfe geweiht worden, wollte von Desiderius nun aber nichts mehr wissen. Wenn die fränkischen Könige weder Lust noch Macht hätten, ließ er ihnen sagen, ihm zu seinem Recht zu verhelfen, so sollten sie nun wenigstens eine Geste zeigen, um Desiderius einzuschüchtern. Er forderte sie auf, gemeinschaftlich ihre führenden Kleriker nach Rom zu schicken, um eine Synode abzuhalten, die als

Wahrzeichen der fränkischen Macht in Italien unter ihrem Vorsitz stattfinden solle. Man entsprach seinem Wunsch. Die Synode erklärte, daß in Zukunft nur Päpste mit gehöriger Vorbildung gewählt werden und Bewaffnete dem Wahlakt nicht mehr beiwohnen dürften; man stellte fest, daß die fränkische Krone sich nun endlich wieder einheitlich zur Geltung gebracht habe, aber der gewünschte Eindruck auf Desiderius blieb aus.

Die fränkischen Standesherren beobachteten seine Entwicklung nicht ohne schmunzelndes Wohlwollen. Die Erinnerung an die Waffenbrüderschaft zwischen dem Langobardenkönig Luitprand und dem populären Arnulfinger Karl-Martell, dem Großvater der jetzt regierenden Könige, war noch nicht erloschen. Gemeinsam hatten fränkisch-langobardische Waffen vor noch nicht vierzig Jahren die Araber bei Tours und Poitiers zurückgeschlagen und damit die Christenheit vor dem Islam gerettet. Noch lebten die Veteranen dieses Krieges diesseits und jenseits der Alpen; noch erinnerte man sich der Abfuhr, die der päpstliche Legat von Karl-Martell erfahren mußte, als er nach diesem Siege der Christenheit dem fränkischen Hausmeier das gleiche Bündnis anbot, wie es Pippin dann zwanzig Jahre später schloß. Der „Hammer" brauchte den riesigen Kirchenbesitz im Frankenreich zur Ansiedlung seiner Soldaten und gönnte seinen langobardischen Freunden jede gewünschte Ausdehnung ihrer Macht in Italien. Er war der Kurie nicht verpflichtet und hatte für ihre territorialen Ansprüche daher nicht das mindeste Verständnis.

Der vielgewandte Desiderius wußte sich diese Stimmungen ausgezeichnet zunutze zu machen. Die große Gelegenheit, die langobardische Herrschaft über ganz Italien auszudehnen, war gekommen, weil sowohl die griechisch-byzantinische wie nun auch die fränkische Gegenwirkung fehlte. Rom und der heilige Petrus mußten nun aus dem fränkischen Protektorat heraus und in das langobardische hineinmanövriert werden. Die Residenz Pavia entwickelte sich zum Mittelpunkt der abendländischen Diplomatie.

Die fränkischen Könige hatten ihre weltpolitische Aufgabe noch nicht erkannt. Es hätte vielleicht nicht mehr lange gedauert, und die langobardische Macht, die ja nun auch schon Bayern ergriff, wäre Schritt für Schritt auch in altfränkisches Reichsland eingedrungen, das von Karl-Martell „nach seinem Namen auf gut Deutsch Kerrlingen, ebenso wie einst Cäsarea nach Cäsar," genannt worden war.

Die Mutter

Da übernahm im guten Augenblick Pippins Witwe, die sagen-
umwobene Mutter der Könige, Bertrada, mit großer Autorität
die Führung. Die Söhne traten in den Hintergrund. Sie erkannte ihre Aufgabe, als Repräsentantin der fränkischen Einheit, als rechtsgültig gesalbte Königin, den alles überhöhen-
den Staatsgedanken wieder zur Geltung zu bringen. Die fränkische Krone war ein für allemal in die italienischen Wirren
verstrickt; ein „Zurück zu Karl-Martell" gab es nicht mehr. Hätte Pippin nur noch wenige Jahre gelebt, es hätte nie eine langobardische Bewegung gegeben. Jetzt aber war sie so mächtig
angewachsen, daß man alles aufbieten mußte, sie wenigstens
auf Italien zu lokalisieren. Noch war es Zeit dazu, wenn es gelang, Tassilo von Bayern auf die fränkische Seite zu bringen.
Pippin hatte das Herzogtum Bayern nach dem „Heeris-liez"
aufgegeben; bei der Erbteilung war es überhaupt nicht mehr
berücksichtigt worden. Dennoch oder gerade deshalb sollte
jetzt der Versuch gemacht werden, in geschickter Form den
Herzog an die offiziell noch nicht außer Kraft gesetzten Verpflichtungen aus seinem ehemaligen Vasallenverhältnis zu
erinnern, gleichzeitig aber durchblicken zu lassen, daß man
den Hochverrat in Aquitanien vergessen und seine Selbständigkeit neu anerkennen wolle. Auf dieser Grundlage lag ein
franko-bayrisches Bündnis nur im Interesse Tassilos. War Desiderius aber erst einmal diesseits der Alpen angehalten, so
konnte auch der nächste Schritt gewagt und die fränkisch-
bayrische Allianz mit den langobardischen Interessen ins Einvernehmen gebracht werden. Hieraus mußte zum guten Ende
dann in imponierender Geschlossenheit eine große Koalition
erwachsen, die auch innerpolitisch deshalb von überwiegen-
dem Wert war, weil sie die beiden Söhne erneut auf die gemeinschaftliche Linie einer einheitlichen fränkischen Richtung festlegte.

Das große Fragezeichen bei der Durchführung dieses weit-
ausgreifenden Planes mußte allerdings auftauchen, wenn man
an die dann nicht mehr aufzuschiebende Endauseinandersetzung mit der Kurie dachte. Würde ein franko-bayrischer Druck
kräftig genug auf Desiderius einwirken können, damit er wenigstens einen ansehnlichen Teil der strittigen Gebiete heraus-
gab? Und dann: wie groß mußte dieser Teil ausfallen, um den
Heiligen Stuhl stark genug zu machen, die Langobarden von
Süden her im Schach zu halten?

Der wegen seiner bayrischen Abstammung bei Pippin in Ungnade gefallene Abt von Fulda, Sturm, wurde dazu ausersehen, die schwierigen Verhandlungen mit Tassilo zu führen. Er zeigte sich als glänzender Diplomat, Tassilo wurde durch ihn in überraschend kurzer Zeit für Bertradas Ideen gewonnen; die Franken kamen sogar um die endgültige Anerkennung seiner Unabhängigkeit, denn Sturm schloß nur eine Art von Waffenstillstand. *„Es gelang, auf mehrere Jahre Freundschaft herzustellen",* also einen befristeten Bündnisvertrag abzuschließen, nach dessen Ablauf beide Parteien ihre Handlungsfreiheit zurückerhielten. Nur darauf kam es an.

Der erste Schritt war getan; dem langobardisch-bayrischen Bündnis war nun ein stärkeres bayrisch-fränkisches gegenübergestellt. Desiderius wurde aufmerksam. Er ließ seinen Schwiegersohn um Aufklärung bitten und war nicht wenig überrascht, als dieser nun selbst in Pavia erschien. Es handelte sich ja darum, den Langobarden klarzumachen, daß seine Versöhnung mit den fränkischen Vettern durchaus keinen unfreundlichen Akt gegen Pavia bedeute, denn die fränkischen Interessen seien den langobardischen gar nicht entgegengesetzt. Ja, er glaubte sogar versichern zu dürfen, daß die fränkische Krone, für die Königin Bertrada nun autoritär auftrete, unter gewissen Voraussetzungen bereit sei, sich freundschaftlich zu verständigen. Desiderius war begierig, diese Voraussetzungen zu erfahren, aber Tassilo kannte sie nicht. Er wußte nur, daß Bertrada sich erboten habe, selbst nach Italien zu kommen, wenn es im Interesse der Sache liegen solle.

Selbstverständlich ließ Desiderius bitten; ihre Reise lag wirklich im Interesse der Sache, denn ihre Pläne griffen nun schon weiter, als irgend jemand wissen konnte. Bei der bekannten Unzuverlässigkeit der Langobarden bot kein noch so heilig beschworener Staatsvertrag der kühl rechnenden Königin ausreichende Gewähr, daß er unter allen Umständen auch gehalten wurde. Bertrada wollte aber gegen jede Möglichkeit gesichert sein und sich „reale Garantien" auf ihre Weise verschaffen.

Es galt ja kaum lösbare Schwierigkeiten zu bewältigen: Die Tatsache eines fränkisch-langobardischen Freundschaftsbündnisses mußte die Beziehung mit der Kurie auf eine harte Belastungsprobe stellen. Man hatte auf alle Fälle mit ihrem scharfen Protest zu rechnen, wenn die auf die heilige Allianz mit Sankt Peter verpflichteten Franken nun hinter seinem Rücken sich mit seinem Erbfeind verständigten. Andererseits mußte sogar ein Bruch mit dem Papst riskiert werden, um die immer gefährlicher um sich greifende Initiative des Desiderius einzukreisen, er konnte aber erst in dem Zeitpunkt hingenommen werden, wenn den Langobarden die Giftzähne ausgebrochen waren.

Jedoch Bertrada war überklug. Mit Hilfe der Langobarden wollte sie nun den Papst und mit Hilfe des Papstes die Langobarden kontrollieren. Ihre große Diplomatenfahrt hatte also zwei Voraussetzungen zu erfüllen: Desiderius mußte die Kurie soweit wie möglich abfinden, wofür ihn die Vorteile der fränkischen Freundschaft entschädigten, und das franko-langobardische Bündnis mußte so fest und auf „ewig gültig" abgeschlossen werden, daß niemand aus der Reihe tanzen konnte. Für diesen Zweck hatte die Königin eine eigene Methode erfunden.

Karl sollte eine Tochter des Desiderius, ihre dreizehnjährige Tochter Gisela, den langobardischen Thronfolger heiraten. Durch eine solche Doppelhochzeit glaubte sie das Bündnis gegen alle Stürme sichern zu können. Aber sie vermochte sich nur teilweise durchzusetzen. Karl, der an seiner kleinen Schwester mit einer Liebe hing, die vielfach Anlaß zu Gerede gab, verweigerte kategorisch seine Zustimmung zu ihrer Ehe mit dem landfremden Langobarden. Er selbst erklärte sich schließlich unter dem Druck der mütterlichen Einwirkung im Interesse der Staatsräson zu der Hochzeit mit der Desideriustochter bereit; ja, er löste sogar seine allgemein als Ehe aufgefaßte Verbindung zu einem *„vornehmen und schönen Mädchen"* namens Himiltrud, der ein Knabe entsprossen war, *„schön von Angesicht, aber durch einen Höcker entstellt";* er hieß als Erstgeborener wie sein Großvater Pippin. Die Voraussetzungen waren erfüllt, und Bertrada machte sich in Begleitung des alten Kanzlers Itherius, der an den großen Verträgen mit der Kurie entscheidend mitgewirkt hatte, und einigen repräsentativen Standesherren auf die Reise. In Selz am Oberrhein traf sie mit Karlmann zusammen, der ihr auch seinerseits alle Vollmachten gab.

Bertradas große Koalition

Die Ereignisse sollten nun einen dramatischen Ablauf nehmen. In Regensburg ließ sich die Königin von Tassilo eingehend Bericht erstatten; sie bestätigte dann auch ihrerseits das Freundschaftsbündnis und versprach, auch mit Desiderius zu einer Verständigung zu kommen. Dann ging die Reise weiter, bis man schließlich, von Desiderius feierlich empfangen, in Pavia eintraf. So mißtrauisch er auch war, es blieb ihm nun nichts anderes, als sich über diesen hohen Besuch erfreut zu zeigen; er konnte die ausgestreckte Freundeshand nicht ausschlagen. Von den alten Differenzen sprach man nicht mehr; das alte Waffenbündnis wurde gefeiert und erneuert; man gedachte der glorreichen Tage unter Karl-Martell und Luitprand; man war ein Herz und eine Seele.

Bei den großen Verhandlungen ergaben sich allerdings einige Schwierigkeiten, als Bertrada hartnäckig darauf bestand, man müsse der Kurie zum mindesten eine Geste zeigen und ihr denjenigen Besitz in der unmittelbaren Umgebung Roms zurückerstatten, den sie schon in früheren Zeiten unangefochten besessen habe. Desiderius wehrte sich, solange er konnte, aber die Franken hatten dank ihrer vorherigen Verständigung mit Tassilo eine derart vorteilhafte Position, daß ihre Forderung schließlich durchdrang. Itherius wurde von beiden Parteien bevollmächtigt, die Herausgabe eines ansehnlichen, im beneventanisch-langobardischen Hoheitsgebiet liegenden Güterkomplexes zu bewerkstelligen.

Man war also einig. Der große fränkisch-bayrisch-langobardische Block war gegründet, eine Koalition, die, sofern sie zusammenhielt, gestattete, Mitteleuropa einheitlich zu führen, und auch stark genug erschien, sich gegebenenfalls gegen das oströmische Imperium zur Wehr zu setzen, falls der Byzantiner seinen italienischen Besitz etwa zurückfordern sollte.

Jetzt war es Zeit für Bertrada, ihre Diplomatenrolle mit der einer brautwerbenden Mutter zu vertauschen. Desiderius hatte alle Veranlassung, der ebenso ehrenvollen wie nützlichen Vermählung seiner Tochter zuzustimmen. Zunächst wurde absolutes Stillschweigen verabredet, denn der Apostelfürst durfte vorläufig noch nichts davon erfahren; erst wenn Itherius ihm den immerhin sehr beträchtlichen Besitz ausgeliefert und er Franken, Langobarden und wohl auch Bayern den Dank Sankt Petri amtlich notifiziert haben würde, erst dann war es Zeit, ihn von der Neuordnung der Dinge in Kenntnis zu setzen. Bertrada beschloß sogar, um ihm die schuldige Ehrfurcht zu erweisen, Itherius nach Rom zu begleiten; um so großartiger mußte die Geste als Anfang einer ernsthaften Restitution wirken. Inzwischen sollten in Pavia alle Vorbereitungen zur feierlichen Ratifikation des Vertrages getroffen werden; auf der Rückreise wollte die Königin die Schwiegertochter, Desiderata, *„die Ersehnte"*, mit sich nehmen.

Stephan hatte inzwischen höchste Neugier bezeigt, aber vergeblich herauszubekommen versucht, was diese Reise der Königin für einen Sinn habe. Als Bertrada aber nun in Rom eintraf, um „zu beten", wie die fränkischen Nachrichten in solchen Fällen stets berichten, als gleichzeitig Itherius amtlich mitteilte, es sei der fränkischen Diplomatie endlich geglückt, auf friedlichem Wege die Herausgabe gewaltiger Ländereien an den Heiligen Stuhl zu erwirken, da begann der Papst zu glauben, die ganze Reise habe nur diesen Zweck gehabt. Er sparte nicht mit Segen und Dank, zumal ihm versichert wurde, es handle sich natürlich nur um einen Anfang. Die fränkische Krone wisse, daß sie zum Schutze der heiligen Kirche berufen sei; sie werde sich dieser großen Aufgabe immer würdig bezeigen. In Pavia wurde dann der neue Freundschaftsbund pomphaft beschworen. Bertrada schloß die Schwiegertochter mütterlich in die Arme, wenn sie auch bei deren ausgesprochener Häßlichkeit in Berücksichtigung des wilden Temperamentes ihres Sohnes besorgt an etwaige Disziplinlosigkeit denken mochte. Langobarden und Franken verbrüderten sich nun aufs neue und verbürgten sich für den ewigen Bestand der Ehe.

Bertrada konnte mit Recht auf ihre Erfolge stolz sein. Nicht nur, daß sie die Einheit der fränkischen Macht würdig vertreten hatte: Das große Bündnis gestattete nun den Franken, auf friedlichem Wege ihre italienischen Interessen, das war der entscheidende Einfluß auf die Kurie, zu verfolgen. Desiderius war an die Kette gelegt, seine Tochter in der ehrenvollen Stellung als ostfränkische Königin gleichzeitig eine Geisel für seine Zuverlässigkeit. Auch die große Sorge, wie der Apostelfürst die neuen Tatsachen aufnehmen würde, war gewaltig verkleinert, nachdem man ihn großzügig abgefunden hatte.

Widerstände

Aber man sollte sich irren. Kaum hatte er von dem Bündnis und dem Eheplan Kenntnis erhalten, als er leidenschaftlichen Protest erhob. Er erkannte sofort, daß es mit seinen weiteren Ansprüchen nun zu Ende sei und die Verständigung zwischen Langobarden und Franken ihn um den Erfolg seiner Territorialpolitik bringen mußte. Das Desinteressement der Franken an Italien bedeutete nur so lange eine Verstärkung seiner Position, wie die fränkische Krone eine kuriale, das heißt antilangobardische Politik verfolgte. Jetzt hatte dieses Desinteressement naturgemäß eine Spitze gegen Rom bekommen; die Ehe Karls mit

Desiderata war mehr als ein Affront, sie bedeutete die ewige Festlegung der Franken auf den panitalienischen Kurs der Langobarden und damit das Ende der heiligen Allianz von Quiersy. Die Auslieferung der beneventanischen Ländereien erwies sich als eine völlig unzureichende Abfindung.

Stephan war aber nicht der Mann, sich abzufinden. Mit allen ihm zu Gebote stehenden Mitteln versuchte er nun, zum mindesten diese verhängnisvolle Ehe noch im letzten Augenblick unmöglich zu machen, damit gleichzeitig das ganze Bündnis wieder in die Brüche ging. So erließ er nun an die Königin und ihre Söhne dieses Schreiben: *„... Besteht jener Eheplan, so kann er nur vom Teufel eingegeben sein; das ist keine heilige Ehe, sondern einfach ein schmutziges Verhältnis. Seid Ihr denn ganz von Sinnen? Wie kann sich das aller Welt voranleuchtende Frankenvolk und Euer königliches Edelgeschlecht mit der minderwertigen Langobardenrasse verbinden, diesem treulosen und stinkenden Volk. Es ist ja gar kein richtiges Volk, aber das Geschlecht der Aussätzigen stammt von ihnen. Wie kann ein Mensch von gesundem Verstand begreifen, daß so hochberühmte Könige sich nun dieser Ansteckung aussetzen wollen? ..."*

In diesem Ton fährt er noch eine Zeitlang fort, um dann etwas sachlicher festzustellen, beide Könige seien im übrigen schon verheiratet; es wäre krasses Heidentum und mit der heiligen Salbung unvereinbar, nun etwa aus politischen Gründen den bestehenden Ehebund zu lösen. Und dann: noch nie habe eine Verbindung mit fremdstämmigen Frauen zum Segen geführt; man solle sich erinnern, daß der selige König Pippin sich aus diesem Grunde nicht habe entschließen können, seine Tochter Gisela mit dem byzantinischen Thronfolger zu vermählen, was doch sicherlich für das Frankenreich von großem Gewinn gewesen wäre.

Gerade dieser letzte Gesichtspunkt würde seinen Eindruck auf Karl nicht verfehlt haben, wenn Stephan sich nun gemäßigt hätte; aber in arroganter Überschätzung seines Einflusses glaubte er sich stark genug, die Vorstellungen mit einer Drohung beschließen zu können. Man solle es nicht wagen, sich gegen den Befehl Sankt Petri ungehorsam zu zeigen. Denn *„wer sich in irgendeinem Punkte diesen Ermahnungen widersetzt"*, der sei hiermit gebannt und aus der Kirche ausgestoßen.

Das war zuviel. Wenn auch durchaus widerwillig, hatte Karl seine gefühlsmäßigen Bedenken gegen die politische Ehe zurückgestellt und war entschlossen, sich der Staatsräson zu beugen. Da er die Ehe mit einer zudem noch schlechtrassigen Ausländerin als eine Schande empfand, hätte er sich in letzter Stunde vielleicht doch noch geweigert, die Verpflichtungen zu erfüllen, die von seiner Mutter und von den Standesherren unter der Führung seines Vetters Adalhart feierlich beschworen worden waren. Das ungeschriebene salisch-fränkische Eherecht, das auf tief verwurzeltes germanisches Urgesetz zurückging, saß den Menschen seiner Zeit noch beherrschend im Blut. Der Papst hatte deshalb mit seinem Hinweis durchaus den richtigen Weg eingeschlagen. Aber alle diese Bedenken fluteten gegenüber der Banndrohung zurück, die als unerträgliche Anmaßung nur durch eisige Ignorierung beantwortet werden konnte.

Als Bertrada mit der langobardischen Braut eingetroffen war, wurde daher die Vermählung schnell vollzogen. Es wirkt wie überlegene Ironie, den höflichen Brief zu lesen, in dem man nun dem Heiligen Stuhl die Eheschließung gleichsam als Antwort anzeigte, mit der Versicherung, man werde Sankt Peter immerdar sein Recht verschaffen, natürlich nur, soweit es nachweisbar wäre. Stephan schwieg nun, aber es war die Ruhe vor dem Sturm.

An eine einzige Möglichkeit, die nunmehr unzerstörbar gefügte Große Koalition unter fränkischer Führung dennoch zu zerreißen, hatte Bertrada nämlich nicht gedacht: an die Verständigung zwischen Desiderius und der Kurie; die beiderseitige Unzufriedenheit, des Langobardenkönigs und des Heiligen Vaters, mußte sie aber jetzt zusammenführen. Statt nunmehr alle Fäden zur Bestimmung der europäischen Politik in der Hand zu halten, merkte Desiderius bald, daß er von den eigenwilligen Franken in ihre Interessensphäre hineingezerrt wurde. Schon sprachen sie ja von weiteren Restitutionen an die Kurie. Wenn er aber dazu doch eines Tages gezwungen werden konnte – der fromme bayrische Schwiegersohn drückte jetzt auch in diesem Sinne –, so war nicht einzusehen, weshalb er solche Opfer umsonst bringen sollte. Das fränkische Kirchenprotektorat konnte ja nur auf dem Umwege über Pavia wirken. Desiderius fühlte sich aber stark genug, selbst den Protektor zu spielen. Es kam hinzu, daß man am Heiligen Stuhl gegen die Franken außerordentlich erbittert war, weil man scheinbar die Erfüllung des Vertrages von Quiersy überhaupt nicht mehr beabsichtigte; ob sie wollten oder nicht, die Franken konnten ja nun nicht mehr mit Gewalt auf das engbefreundete Pavia einwirken. Das päpstliche Ansehen hatte zudem durch die Ignorierung der Banndrohung eine nicht wieder gutzumachende Einbuße erfahren. Die Gelegenheit war für Desiderius daher außerordentlich günstig, durch die einzige Lücke aus der Umstrickung zu flüchten, die Bertradas Staatswerk offengelassen hatte.

So verständigte sich der König „der stinkenden und aussätzigen" Langobarden in aller Heimlichkeit mit dem ehrenwerten Stephan gegen das „aller Welt voranleuchtende Frankenvolk" und versprach dem Apostelfürst halb Italien. Schon lange hatte er seine Vertrauensleute im Kardinalskollegium. Im Einverständnis mit Stephan ließ er jetzt einen frankenfeindlichen Putsch arrangieren. Man tat so, als wollte die fränkische Partei am Lateran dem Heiligen Vater selber ans Leben, so daß dieser in seiner Not den zufällig vor den Toren Roms stehenden Langobardenkönig um Hilfe rief. Desiderius war sofort zur Stelle und nach kurzem Kampf mit der schwachen fränkischen Besatzung Herr der Stadt.

Aber der Papst mußte sehr bald erfahren, daß er mit dieser Umorientierung eine große Dummheit gemacht hatte. Desiderius dachte gar nicht daran, seine Vereinbarungen zu halten. Die Kurie war ja jetzt ganz in seiner Hand, nachdem sie ihn gegen die Franken zu Hilfe gerufen hatte. So ließ er ihm nun sagen: *„Dem Papst genüge es, daß ich seine Feinde bei Seite geschafft habe, die bis jetzt am Lateran geherrscht haben. Er hat gar nicht nötig, weiterhin Ansprüche geltend zu machen, denn wenn ich ihm jetzt nicht weiter helfe und ihn beschütze, dann wird König Karlmann kommen, um den Tod seiner Leute zu rächen und den Pontifex gefangen zu nehmen."*

Stephan erkannte mit Schrecken, daß er so schnell wie möglich von den Langobarden wieder los- und zu den Franken zurückkommen mußte. Auf eine freiwillige Herausgabe der strittigen Gebiete durch Desiderius war unter keinen Umständen mehr zu rechnen. Wenn überhaupt noch etwas gerettet werden konnte, so mußte er nun schleunigst Anschluß an die Ostfranken unter Karl gewinnen, auch wenn dieser inzwischen die „stinkende und aussätzige" Langobardin trotz der Bannandrohungen geheiratet und vorher die Mutter seines erstgeborenen Sohnes wie ein Heide verjagt hatte. Der Weg zu Karlmann, zu dessen Interessenkreis Rom gehörte, war natürlich verschlossen, nachdem gerade seine Bevollmächtigten von Desiderius getötet oder entfernt worden waren. Man mußte sogar im Gegenteil den Zank der beiden Brüder neu schüren, um sich wenigstens die ostfränkische Hilfe zu sichern.

In einem gewundenen Schreiben gab er also nun an Bertrada und Karl seine Erklärungen. Er tat dabei so, als sei er von Karlmanns Leuten überfallen worden.

„Nur mit vieler Schlauheit sind wir dann zu Desiderius entronnen. Ohne die Hilfe dieses unseres ausgezeichneten Sohnes (!) wären wir und der ganze Klerus in der Kirche ermordet worden. Solche Teufeleien wurden – sicherlich ohne Karlmanns Wissen – gegen uns angestiftet ...“

Die Reaktion im Frankenreich war ungeheuer. Das ganze feingesponnene Bündnis mit den Langobarden erwies sich nun als Sinnlosigkeit, da es die Oberhand über den Heiligen Stuhl doch nicht hatte gewährleisten können. Alle Opfer schienen vergeblich gebracht. Nur mit Mühe konnte Karlmann zurückgehalten werden, den Papst sofort abzusetzen; er mußte sich aber überzeugen lassen, daß ein solches Unternehmen nicht nur höchst unpopulär, daß es auch vor allem ein gefährliches Abenteuer darstellen würde, weil es höchstwahrscheinlich den Krieg mit den Langobarden bedeutete.

Noch glaubte Bertrada nicht an das Schlimmste. Sie hatte vorausgesehen, daß ein mit Langobarden noch so feierlich beschworener Staatsvertrag eben doch nur ein Fetzen Papier war, und gerade deshalb die eheliche Verbindung zu seiner haltbaren Befestigung betrieben. Noch glaubte sie, genügend Mittel zur geeigneten Einwirkung auf Desiderius in der Person ihrer Schwiegertochter zu besitzen, um die erste Belastungsprobe ihres Staatswerkes abzufangen.

Karl greift ein

Aber nun wurde alles auf einmal anders. Das unter dem Einfluß der Mutter gewaltsam zurückgehaltene Temperament des ostfränkischen Königs flammte in seiner ganzen Wildheit auf. Hatte Karl sich bislang der überlegenen Staatskunst der Mutter gebeugt, jetzt erkannte er intuitiv das Verderbliche blutleerer Konstruktionen, die Widernatürlichkeit rechtsgültiger Verträge, wenn ein machtvoller Lebenswille in andere Bahnen drängt. Eine fränkisch-langobardische Verständigung konnte es eben nicht mehr geben, seitdem die arnulfingische Monarchie an dem weltlich selbständigen Charakter der Kurie interessiert worden war. Die fränkische Krone mußte ihre italienische Politik, ob sie wollte oder nicht, fortsetzen; jede Rücksichtnahme auf die langobardischen Freunde war Halbheit. Desiderius hatte das nur allzu gut begriffen; seine entschlossene Initiative machte ihn nun zum Herren Italiens und spielte ihm damit den entscheidenden Einfluß auf den Apostelfürsten in die Hände; der schmale Grund, auf dem die arnulfingische Monarchie verankert war, mußte dadurch versinken.

Karlmanns Bevollmächtigte am Lateran waren getötet oder verjagt; schon beherrschte der langobardische Sachwalter Afiarta die Heilige Stadt. Wer konnte wissen, ob nicht über kurz oder lang ein Langobarde zum Papst geweiht werden würde, der die Erhebung der Kerrlinge zu fränkischen Königen als einen Irrtum Sankt Petri bezeichnete?

Mochte Bertrada ihre Große Koalition noch so fest gefügt haben: der schlaue Langobarde hatte sie doch überspielt. Das eben erst beschworene Bündnis war für die Franken nun wertlos und die unerträgliche Ehe mit der artfremden Königstochter nicht nur überflüssig, sondern geradezu eine Gefahr geworden, weil jetzt nicht Desiderata eine Geisel in den Händen der Franken, sondern umgekehrt Karl zu einer solchen für die Langobarden wurde. Es kam hinzu, daß ein Mädchen am nordfränkischen Hofe erschien, von deren Anmut Karl sofort gefangen war; Hildegard, eine erst dreizehnjährige Schwäbin aus großem Hause, deutschstämmig, uradelig und reizend. Da verstummte in Karl die letzte diplomatische Vorsicht, ja selbst die Sorge um die königliche Würde.

Desiderata, die „Ersehnte", wurde verstoßen und mit höhnischem Brief an den Herrn Vater nach Pavia geschickt, ganz gleich, ob das den endgültigen Bruch mit den Langobarden bedeutete oder nicht. Damit der Skandal aber kein Ende nähme, bestellte der König sofort die Hochzeit mit der kleinen Hildegard, was man als kaum erträgliche Unsittlichkeit empfand; sie kam bald darauf, kaum vierzehnjährig, mit einem Knaben nieder, der nach dem Vater und Urgroßvater Karl genannt wurde; dem in rechtmäßiger Ehe geborenen Ältesten hätte der großväterliche Name Pippin der Sitte nach gebührt, aber so hieß zu Hildegards Schmerz der Sohn der Himiltrud und war damit als Erstgeborener anerkannt.

Die Erregung über diese Ungeheuerlichkeit nahm gefährliche Dimensionen an. Die Große Koalition, mochte sie durch die langobardischen Maßnahmen auch ohnehin in Auflösung begriffen sein, war nun brutal zerschlagen, Desiderius tödlich beleidigt; auch Tassilo, Desideratas Schwager, konnte diese Kränkung seiner Familienehre unmöglich hinnehmen. Bertrada verließ den Hof ihres Sohnes; Adalhart, der die ewige Gültigkeit der Ehe in Pavia beschworen hatte, erklärte, sich nicht zum Eidbrecher machen zu lassen und *„jeden Dienst einer Königin wei-*

gern" zu müssen, die sich ehebrecherisch *„dem König gesellt habe"*. Er wurde Mönch.

Das Schlimmste war die Haltung Karlmanns. Er rückte nun ganz offen von seinem Bruder ab, nannte ihn einen eid- und ehebrüchigen Heiden, der überdies unrechtmäßigerweise, da unehelich geboren, zum König gesalbt worden sei. Seine Stunde war nun gekommen. Überall, auch in der nächsten Umgebung Karls, wurde die Stimmung revolutionär. Schon war das südfränkische Heer einberufen, der nun unvermeidliche Bruderkrieg mußte für Karl verhängnisvollen Ausgang nehmen, denn die Spaltung an seinem eigenen Hof verhinderte jede geschlossene Gegenwehr.

Da war Karl plötzlich an der Grenze zum Bruderreich. Karlmann wurde von merkwürdigen Todesahnungen befallen und überschrieb, obwohl noch nicht zwanzig Jahre alt, *„um sich auf das Jenseits vorzubereiten"*, dem Kloster Sankt Denis einen großartigen Besitz. Wenige Tage später, am 4. Dezember 771, war er tot. Sofort überschritt Karl die Grenze. Er hatte zwar *„die brüderliche Mißgunst stets mit bewunderungswürdiger Langmut ertragen"*, als sie aber seine Existenz entscheidend bedrohte, war Karlmann eine Leiche. Der Zwanzigjährige hatte seine ebenerst geborenen Söhne noch nicht zu Königen erwählen lassen; aber die offene Frage, ob die merkwürdigerweise in seiner Residenz gerade anwesenden Standesherren sich für ihre Nachfolge entscheiden wollten, kam gar nicht erst zur Diskussion, denn Karl war sofort zur Stelle, konstituierte die Reichsversammlung und wurde von ihr rechtgültig nun auch zum südfränkischen König erwählt. Das ganze geschah mit derart unheimlicher Schnelligkeit und Präzision, daß irgendein Widerstand von vornherein unmöglich war. In kalter Winternacht floh die Witwe Gerberga mit den kleinen Söhnen über die Grenze zu Desiderius, vom Freunde ihres Mannes, Otker, und einigen anderen Getreuen begleitet.

Karl war nun Alleinherrscher des Frankenreiches.

Der erste Saxenkrieg

Aber was sollte nun werden? Im Innern des neugeeinten Reiches gärte es gefährlich. Die Verstoßung der Desiderata, der als brutale Willkür empfundene Bruch der feierlich beschworenen Verträge mit den Langobarden, die skandalöse Ehe mit dem schwäbischen Kind, die merkwürdigen Begleitumstände beim

Tode Karlmanns, ja schließlich die keineswegs einwandfreie Ausschaltung seiner Söhne: all dies gab immer neuen Stoff zu Gerüchten und schwerer Mißstimmung gegen den neuen Alleinherrscher. Karl erkannte, daß etwas geschehen müsse.

So berief er zum Frühjahr 772 das ganze Reichsheer zu einem populären Feldzug gegen die Saxen an den Rhein, den einzigen germanischen Stamm, den die Franken im Laufe der Jahrhunderte nicht hatten unterwerfen können. Karl mußte sich zwar sagen, daß irgendeine Entscheidung durch einen solchen Sommerfeldzug niemals zu erreichen war. Aber darauf kam es ja auch gar nicht an. Es galt vielmehr die Armee zu beschäftigen, ihr Gelegenheit zu geben, Beute zu machen, und sich als ihr Herr und König zu zeigen. Es kam hinzu, daß ein Feldzug gegen die säxischen Heiden, wenn man ihm einen kreuzzugähnlichen Charakter gab, auch an die religiösen Gefühle rührte und der Führer des Ganzen zugleich etwas von einem Oberpriester bekam, wodurch die königliche Autorität sich wieder gewaltig stärken mußte.

Der Feldzug füllte die kritischen Sommermonate vollständig aus. Niemand hatte Gelegenheit, gegen das neue Regime zu rebellieren. Es gelang, ein altsäxisches Heiligtum, die *Eresburg*, unweit der Grenze zu zerstören und die *„Irminsul"*, einen uralten Eichbaum, zu fällen, von dem es hieß, er trage als „Säule des Irmin" das Himmelsgewölbe. Als vor den durstigen Franken sogar eine Quelle aufsprang – der noch heute gelegentlich versiegende und neu aufsprudelnde Bullerborn bei Lippspringe –, war man von der Gottgefälligkeit dieses Feldzuges vollständig überzeugt, und die Stellung des Königs bekam eine Art von Heiligenschein. Seine sinnfällig göttliche Berufung rückte ihn nun schon aus dem Gesichtskreis der gültigen Moral.

Papst Hadrian

Inzwischen nahmen die Ereignisse in Italien einen Verlauf, der die gespannte Aufmerksamkeit der fränkischen Regierung erforderte. Papst Stephan war gestorben und an seine Stelle eine priesterliche Autorität ersten Ranges, der römische Aristokrat Hadrian, in großartiger Einmütigkeit gewählt worden. Aber niemand wußte, welche Haltung er der fränkischen Krone gegenüber einnehmen und wie er sich mit Desiderius stellen würde. Der Langobarde ließ ihn sofort wissen, daß nunmehr er und nicht mehr der fränkische König den heiligen Petrus beschützen würde; Hadrian antwortete, er werde denjenigen als „Patricius der Römer" anerkennen, der ihm die strittigen Gebiete aus den Vereinbarungen von Quiersy ausliefere.

Damit war das italienische Problem in ein kritisches Stadium geraten. Karl konnte nicht mehr abseitsstehen. Desiderius war tatsächlich der Herr Italiens und seine Macht stärker denn je. Es kam hinzu, daß die Karlmannsöhne sich bei ihm in Pavia befanden, deren Entrechtung jederzeit angefochten werden konnte. Eine freundschaftliche oder auch gewaltsame Verständigung zwischen Langobarden und Kurie mußte ihre Erhebung zu fränkischen Gegenkönigen und die Disqualifikation Karls zur Folge haben, womöglich gar die Rückberufung der Merowinger nach sich ziehen und den endgültigen Sturz des eben erst an die Spitze getretenen Kerrlingischen Geschlechtes.

Desiderius bearbeitete die Kurie mit allen Mitteln. Als es für Hadrian aber klar wurde, daß er ernsthaft doch nicht daran dachte, die strittigen Gebiete herauszugeben, brach er die weiteren Verhandlungen in mutiger Entschlossenheit ab. Der von den Langobarden an der Kurie eingesetzte Kanzler Afiarta drohte daraufhin mit offener Gewalt; er werden den Heiligen Vater in Ketten nach Pavia schaffen, wenn er nicht freiwillig käme, um die neue Allianz zu unterzeichnen und die Karlmannsöhne zu salben. Aber Hadrian blieb „fest wie ein Diamant" und ließ den Rebellen beiseiteschaffen. Nun marschierte Desiderius, von dem energischen Franken Otker gedrängt, auf Rom. Mit der Geste des Imperators bot er Krieg oder Frieden. Entweder komme der Heilige Vater nun unverzüglich nach Pavia, oder die langobardischen Waffen würden ihn verjagen. Hadrian antwortete, er wolle in dem Augenblick kommen, wenn die strittigen Gebiete ausgeliefert seien. Gleichzeitig ließ er Rom in aller Eile befestigen und die Peterskirche verriegeln, so daß niemand, ohne sein Seelenheil aufs Spiel zu setzen, eindringen konnte.

Als Desiderius in Begleitung Gerbergas mit den Karlmannsöhnen schon in der Umgegend Roms eingetroffen und es nicht mehr zweifelhaft war, daß er tatsächlich Ernst machen würde, übermittelte ihm der Apostelfürst das kategorische Verbot Sankt Petri, die Heilige Stadt zu betreten. Sollte er diesem Himmelsbefehl trotzen, so sei er mit seiner ganzen Begleitung für alle Ewigkeit gebannt und verflucht.

Da versagte Otkers Einfluß. Die abergläubischen Langobarden blieben „voll Scheu und Bestürzung" tatsächlich stehen, gaben ihre Sache in dem historischen Augenblick auf, als ihnen der Sieg sicher war, und drehten um. Ihrem König entglitt die Führung nun ein für allemal.

Inzwischen war Karl nach Diedenhofen übergesiedelt, wo ihn die Nachrichten aus Italien schneller erreichten, und hier nicht untätig geblieben. Er hatte eine Gesandtschaft Hadrians empfangen, die aus Furcht vor den Langobarden über Marseille ins Frankenreich gekommen war. Sie rief seinen Schutz an und gab zu erkennen, daß der Heilige Vater auch weiterhin in seiner Bündnistreue beharren wolle und die Aufstellung der Karlmannsöhne zu Gegenkönigen ablehne, wenn die Franken nun auch ihrerseits die Verpflichtungen aus dem Vertrage von Quiersy erfüllen wollten. Ein friedlicher Ausgleich zwischen Franken und Langobarden sei nach den letzten Ereignissen nicht mehr zu ermöglichen. Die Kurie müsse sich daher jetzt endgültig entscheiden, ob sie es mit Karl oder mit Desiderius halten wolle.

Die langobardische Regierung hatte von dieser Gesandtschaft erfahren und, in größte Unsicherheit geraten, es für richtig gehalten, nun auch ihrerseits den Franken versichern zu lassen, man habe der Kurie inzwischen alle strittigen Gebiete ausgeliefert; man solle den päpstlichen Herren deshalb kein Wort glauben. Die Schmach um Desiderata war vergessen.

In Pavia und Rom wurde es nun merkwürdig still. Lautlos schob sich die fränkische Gewalt wieder zwischen die Streitenden. Nüchterne und sachliche Herren erschienen vor Hadrian, die den Auftrag Karls überbrachten, sich persönlich über den Stand der Restitution zu informieren. Sie bereisten in Begleitung päpstlicher Legaten die strittigen Gebiete und ließen sich dann bei Desiderius melden, um ihm mitzuteilen, daß sie von einer Herausgabe nichts hätten feststellen können. Schließlich fuhren sie wieder ab, ohne sich zur Sache weiter geäußert zu haben. Man verharrte in Pavia und Rom in gespannter Erwartung.

Karl hatte inzwischen in Quiersy die dort niedergelegten Dokumente nochmals eingesehen, war in seiner nördlichen Pfalz Heristal gewesen, wo mit dem Staatsrat, einer Art ständigem Ausschuß der Reichsversammlung, Beratungen stattgefunden hatten, dann erschienen im April 773 die fränkischen Herren wieder in Pavia, um die Entscheidung des Königs bekanntzugeben.

Es war ein salomonisches Urteil. Die langobardischen Freunde wären, wie einwandfrei festgestellt sei, ihren Verpflichtungen gegen die Kurie nicht nachgekommen. Die Franken hätten deren Restitution aber bekanntlich garantiert und müßten auf

der Auslieferung bestehen. Da man aber wisse, daß die langobardischen Freunde hierdurch einen erheblichen materiellen
Verlust erleiden müßten, da sie jahrelang – allerdings widerrechtlich – im Genuß der Einkünfte aus den strittigen Gebieten
gestanden hätten, habe die fränkische Krone sich entschlossen,
ihnen unmittelbar nach Ausfolgung an die Kurie den Betrag
von vierzehntausend Goldsolidi anzuweisen.

Desiderius erinnerte sich wohl, daß sein Vorgänger von Pippin ein ähnliches Angebot erhalten hatte und, als er es ablehnte,
von der fränkischen Macht überrannt worden war. Aber er
glaubte, die Situation doch anders beurteilen zu sollen. Die langobardische Macht war inzwischen kräftig angewachsen; man
stand einem fränkischen Einbruch nicht mehr wehrlos gegenüber. Die Alpenübergänge hatten ausreichend befestigt werden
können, Pavia und Verona galten jetzt als die stärksten Plätze der
Welt. Pippin hatte unbeschränkte Autorität besessen, die un-
rechtmäßig angeeignete Herrschaft seines „Bastardes" stand dagegen wegen der uneinheitlichen Haltung an seinem Hofe auf
schwachen Füßen. Auch durfte es nicht außer Betracht bleiben,
daß selbst Pippin es nicht für nötig gehalten hatte, obwohl er
zweimal die Macht dazu in Händen hielt, die Herausgabe ernsthaft zu erzwingen. Seine Feldzüge hatten den Sinn gehabt, der
Kurie guten Willen zu zeigen, warum sollte der viel schwächere
Karl nun andere Wege gehen? Auch innerpolitische Bedenken
waren schließlich zu berücksichtigen. Desiderius hielt sich in seiner Stellung als König nur durch seine populäre panitalienische
Politik. Er war ein geschmeidiger Emporkömmling, der niemals
gegen die Volksstimmung hätte regieren können. Er mußte mit
seinem sofortigen Sturz rechnen, wenn er jetzt – allerdings für
einen sehr erheblichen Betrag – das schon fest der langobardischen Herrschaft einverleibte ehemals byzantinische Hoheitsgebiet verkauft haben würde.

Das fränkische Angebot wurde also abgelehnt.

König Karl berief jetzt die Reichsversammlung nach Genf;
das ganze Heer erhielt hierher seinen Stellungsbefehl. Karl erklärte, unter Darlegung des Sachverhaltes, daß der Krieg nun
unvermeidlich geworden sei, aber die Stimmung der fränkischen Herren war nicht einheitlich. Schließlich beschloß man,
noch einen letzten Versuch zu gütlicher Regelung zu machen
und, unter Hinweis auf die am Fuße der Alpen bereits versammelte Armee, das Angebot auf geldliche Abfindung zu wiederholen. Aber Desiderius würdigte die fränkische Gesandtschaft
kaum einer Antwort. Das war der Krieg.

Der Langobardenkrieg

In zwei Abteilungen traten die Franken an, um sich schließlich an den Klausenpässen zu vereinigen. Desiderius hatte bis zum letzten Augenblick geglaubt, es käme doch nicht zum Äußersten. Nun rückte er in Eilmärschen heran und besetzte die uneinnehmbaren Höhen. Man lag sich zunächst untätig gegenüber; an eine Erstürmung der Befestigungen war nicht zu denken. Die fränkische Sache stand äußerst ungünstig, ja, es war sogar zu befürchten, daß Tassilo von Bayern womöglich seinem Schwiegervater zu Hilfe käme und den Franken in den Rücken fiele.

In dieser fast hoffnungslosen Lage erinnerte man sich aus Pippins Feldzügen, daß es Hirtenpfade geben müsse, um die Klausen zu umgehen. Karl ließ das ganze Gelände genau erkunden, bis es schließlich gelang, solche Umgehungswege zu finden. Immerhin bedeutete es ein gefährliches Wagnis, eine Truppe, von unzuverlässigen Hirten geführt, mit einer solchen Aufgabe zu betrauen. Ehe Karl sich dazu entschloß, versuchte er daher nun zum drittenmal, durch Verhandlungen zum Ziele zu kommen. Es lag ihm an Italien so wenig, daß er zur Vermeidung der äußersten Konsequenzen das Prestige der fränkischen Krone nun schon in gefährlichem Ausmaß belastete. Aber selbstverständlich lehnte Desiderius ab, und das Abenteuer mußte gewagt werden. Es gelang vollständig.

Die Franken warteten alarmbereit in höchster Spannung auf die verabredeten Hornsignale, während die Langobarden schon den Augenblick gekommen sahen, um dem abziehenden Feind nachzusetzen. Da entstand plötzlich in ihrem Lager Panik; Hals über Kopf räumten sie die Stellung, während in ihrem Rücken Hörnerklang und Waffenlärm hörbar wurde. Nun stürmten die Franken in einem einzigen Anlauf die Höhen. Ein Sieg von unübersehbarem Ausmaß war errungen.

Die großartige Waffentat ward bald von der Sage umwoben. Es hieß, ein langobardischer Spielmann sei nächtlich ins fränkische Lager geschlichen und habe sich erboten, den Feind über die Berge zu führen. Als Belohnung forderte er, daß alles Land ihm gehören solle, so weit sein Horn vernommen würde. Nach dem Sieg bestieg er einen Berg und blies aus Leibeskräften. Dann lief er in die umliegenden Täler und fragte jeden, den er traf: *„Hast du blasen hören?"*, und wenn der Nichtsahnende bejahte, gab er ihm eine Ohrfeige und sagte: *„Dann bist du mein."* Noch viele Jahrhunderte später kannte man am Mont Cenis den „*Frankensteig*" und nannte die dortige Bevölkerung die „*Transcornati*", die „*Zusammengeblasenen*".

In wilder Flucht erreichte Desiderius Pavia, sein Sohn Adelchis mit Gerberga und den Karlmannsöhnen Verona. Die Franken folgten und schlossen beide Festungen ein.

Die große Wandlung

In Karl vollzog sich nun eine großartige Wandlung. Noch vor wenigen Wochen wäre er froh gewesen, wenn er die lästigen Verpflichtungen gegen die Kurie für vierzehntausend Solidi hätte loswerden können. Jetzt hielt er wie durch ein Wunder den Schlüssel zu ganz Italien selbst in der Hand. Damit schwand das traditionelle „Desinteressement" Pippins aus seinem Gesichtskreis; der schemenhafte Kampf um das „Gleichgewicht der Kräfte" wurde belanglos. Sein Blick weitete sich ins Universale, denn dem fränkischen Stammeskönigtum stand ja nun im Sonnenglast Italiens das Tor zur Weltherrschaft offen!

Die Frage, ob der Krieg, weil der Winter kam, nun abgebrochen und mit Desiderius ein vorteilhafter Frieden geschlossen werden sollte, bedurfte überhaupt keiner Überlegung mehr. Karl war über seine Taten hinausgewachsen und dachte nicht daran, sich im Demonstrativen zu verlieren. Hatte Pippin sich von sentimentalen Rücksichten auf die „traditionelle Freundschaft" mit den Langobarden noch leiten lassen; mochte er von der Sorge erfüllt gewesen sein, sich eine Expansionspolitik noch nicht leisten zu können: das Kraftbewußtsein des Sohnes wies neue Wege. Für ihn gab es jetzt nur noch ein fränkisches Italien.

Schon war Verona durch Verrat gefallen. Adelchis hatte zwar flüchten können, aber Gerberga mit den Karlmannsöhnen war in seiner Hand. Schon stellten sich die langobardischen Standesherren ein, um die Fühlung mit dem Eroberer aufzunehmen, der einen jeden mit größter Liebenswürdigkeit empfing. Auch das Schicksal der Hauptstadt und der Dynastie des Desiderius war besiegelt.

Im Feldlager vor Pavia reiften große Pläne. Eine einfache Übernahme des eroberten Königreiches in die fränkische Verwaltung als Provinz mußte ausgeschlossen sein. Nie hätte Karl jenseits der Alpen mit Gewalt eine Zwingherrschaft aufrechterhalten können. Die Langobarden mußten vielmehr freiwillig für die fränkische Sache gewonnen werden. In mühseligen Einzelverhandlungen mit den maßgebenden Standesherren des Landes hatte er herausgefunden, daß man auf die Person des Königs Desiderius keinen Wert mehr legte, daß es einem jeden vielmehr nur darauf ankam, im Rahmen einer nationalen Gemeinschaft in seinem Besitz und den damit verbundenen Ämtern unangetastet zu bleiben. Er zog nun die Summe aus diesen Erfahrungen und fand die einfachste Lösung: den Langobardenstaat zu lassen wie er war, sich aber selbst zu seinem König zu machen.

Es war eine Idee von faszinierender Originalität. Noch nie hatte ein germanischer, ja, nicht einmal römischer Sieger darauf verzichtet, erobertes Land vollständig zu unterjochen. Mit einer Personalunion der fränkischen und langobardischen Krone war aber praktisch die Einbeziehung des Königreichs unter die fränkische Herrschaft vollzogen, während sein eigenstaatliches Leben unangetastet blieb. Die Langobarden durften sogar damit rechnen, daß unter der mächtigen Hand des kraftvollen Franken ihrem Lande ein neuer Aufschwung beschieden würde; nun konnte ja auch der ewige Streit um die Kirchenrestitution im langobardischen Sinne beendet werden, wie der König, von einer „Wallfahrt" nach Rom zurückgekehrt, in sichere Aussicht stellte.

Die einzige Schwierigkeit war vom Heer zu erwarten, das sich durch eine Aufrechterhaltung der staatlichen Integrität des niedergeworfenen Landes womöglich um die Früchte seines Sieges betrogen sah. Aber es gelang Karl, auch hier zu überzeugen. Niemand würde in Zukunft als langobardischer Grundherr fränkischer Nation seines Lebens sicher sein, wenn er sich als Eroberer behaupten würde. Es handele sich ja hier nicht um Gebiete, die jederzeit, wie beispielsweise Aquitanien, von der Heimat aus geschützt werden könnten. Man befinde sich jenseits der Alpen weit ab von allen fränkischen Hilfsquellen. Wohl aber sei bei einer schrittweisen Durchdringung Langobardiens mit fränkischem Geist ein solcher Machtzuwachs nach und nach zu erwarten, daß man sich mit ganz anderer Wucht, als dies in früheren Zeiten möglich gewesen wäre, näherliegenden Zielen zuwenden könne, wie vor allem der endgültigen Unterwerfung der säxischen Stämme.

Karl setzte sich vollkommen durch und festigte aufs neue seine nun schon ins Imperiale greifende Autorität. Als endlich, im Juli 774, von Seuchen und Hunger bezwungen, Pavia kapitulieren mußte, wies er alle Verhandlungen mit dem im Büßerhemd flehenden Desiderius zurück; er mußte für immer mit seiner frommen Gemahlin, mit Karlmanns Witwe und ihren Söhnen in fränkische Klöster verschwinden.

Die große langobardische Reichsversammlung trat in Pavia zusammen. Sie erhob den glorreichen König der Franken unter jubelnder Zustimmung des Volkes auf den erledigten Thron, und Karl nannte sich von nun ab *„König der Franken und Langobarden".* Als er den Rückmarsch über die Alpen antrat, blieb nur eine kleine fränkische Vertretung in Pavia zurück. Der politische Sieg war fast noch größer als der militärische.

Die Neuordnung der Dinge erweckte in aller Welt Staunen und Bewunderung; überall berichtete man von den Heldentaten der Franken vor Pavia und ihrem unbesiegbaren König. Die Erinnerung an diese großen Tage verlief sich immer mehr ins Legendäre. So erzählte man sich später, wie der König Desiderius von einem Turm der Festung den Anmarsch der Franken beobachtet habe und angesichts der eisenstarrenden Krieger immer mutloser wurde. Wieder und wieder hatte er seinen Begleiter Otker, den Franken, gefragt, wer denn nun der König sei, und Otker hat immer wieder antworten müssen, noch wäre er nicht zu sehen. Schließlich naht sich eine Schar von gewappneten Riesen, unter ihnen einer, der sie noch alle überragt. Desiderius fragt leise: *„Ist das nun Karl?"* Da nickte Otker, und beide schweigen.

Man sprach auch vom traurigen Ende Desideratas, die in ihrer Leidenschaft zu Karl nicht müde wurde, nach ihm auszuschauen. Endlich gelingt es ihr, mit einem Pfeil die Botschaft ins Frankenlager zu schießen, daß sie des Nachts die Tore Pavias öffnen wolle, wenn Karl sie erhöre. Als er zusagt, schleicht sie an das Bett des schlafenden Vaters, stiehlt die Torschlüssel, die er unter seinem Polster verwahrt, und öffnet den wartenden Franken die Stadt. Aber da wird sie unerkannt von den Rossen der hereinstürmenden Reiter zertreten ...

König und Papst

*„Er ließ sich Geschichte vorlesen, die Taten
der Alten. Auch erfreute er sich an den Büchern
des heiligen Augustinus, besonders an dessen
Werk ‚Vom Gottesstaat‘ …“*

Einhard, Vita Caroli Magni,
um 820

Der Stellvertreter Gottes auf Erden

Es ist nicht ohne Reiz, zu erkennen, daß das Heilige Römische Reich Deutscher Nation seinen ersten Anfang einem fehlgeschlagenen Geldgeschäft verdankt. Der große Karl wäre niemals über die Alpen gegangen, wenn der Langobardenkönig die ihm zweimal gebotene Summe von vierzehntausend Goldstücken genommen und dafür dem Apostolischen Stuhl die ehemals byzantinischen Hoheitsgebiete ausgeliefert hätte. Das Bündnis zwischen der jungen fränkisch-arnulfingischen Monarchie mit dem heiligen Petrus würde dann seinen Sinn behalten und die fränkische Herrschaft auf Nordeuropa beschränkt haben.

Weil es anders kam, weil ein Emporkömmling, ohne die Autorität einer angestammten Königswürde zu besitzen, auf nationalistische Strömungen Rücksicht nehmen mußte, weil er das Gold zurückwies und die Waffenentscheidung suchte: nur deshalb war jetzt aus dem langobardischen Zusammenbruch jener „leere Raum" entstanden, in den überlegene Kräfte gesetzmäßig eindringen müssen. Italien krachte unter der Macht des Geschehens in den Fugen, bis die alte Form vom neuen Geist erfüllt und der letzte Widerstand im Schmelztiegel neu ordnender Gewalten zergangen war.

Als das Wagestück der Klausenumgehung den fränkischen Sieg entschieden hatte, lag das italische Neuland offen. Aber mit dem Zugriff allein begnügte der junge König sich nun nicht mehr. Die gottgewollte Sendung, das Bild einer nur als überirdische Fügung zu begreifenden Aufgabe flammte nun jählings in ihm auf, um den Traum seiner Väter zu vollenden und, der feurigen Wolke gleich, sein Königtum ins Gelobte Land einer fränkischen Weltherrschaft zu führen.

Aus dem Eroberer wider Willen sollte nun ein Staatenbildner von einzigartiger Größe werden, der sich fast vierzig Jahre lang in dem weiteren Ausbau seiner Macht und der Durchführung einer schon jetzt als richtig erkannten politischen Neuorientierung ohne das geringste Schwanken getreu geblieben ist.

Die Verhältnisse hatten sich jetzt mit einem Schlage völlig geändert. Der von Pippin dem Papst feierlich versprochene Schutz konnte nun anders gewährleistet werden als durch seine Ausstattung mit weltlicher Gewalt. Langobardische und fränkische Interessen waren nun identisch, der garantierte Schutz der Kirche also auch für die neue langobardische Politik eine Voraussetzung geworden.

Die Tatsache einer Personalunion der fränkischen und langobardischen Krone ließ daher Karls Interesse an einem weltlich starken und damit selbständigen Papsttum vollständig erlöschen und rückte seine Schutzverpflichtung in ein ganz anderes Licht. Sie begrenzte die auf Pippins Zusagen gegründeten Ansprüche der Kurie nur noch auf das schmale Recht, das Protektorat der Krone künftighin in Anspruch nehmen zu dürfen. Diese Auffassung war neu, aber die logische Folge der Eingliederung gerade derjenigen Interessenkreise ins Fränkische, die bislang naturgemäß in einem nach Territorialmacht strebenden Papst schwere Störung ihrer Politik hatten sehen müssen. Die Gleichschaltung der fränkischen und langobardischen Richtung, die Person des von seiner Pflicht, die Kirche zu schützen, nur allzu gern erfüllten Doppelkönigs, sollte nun ausreichende Gewähr bieten, daß der Heilige Vater als Stellvertreter Christi auf Erden fortan in Frieden seines geistlichen Amtes walten konnte.

Daß er mit solchen Ideengängen auf dem rechten Wege sei, wurde Karl bestätigt, als der angelsächsische Bischof Cathwulf, der sich bei den Franken als Haupt der in der Heidenmission führenden irischen Kirche hervorragenden Ansehens erfreute, seine Glückwünsche für die italienischen Waffensiege in die Worte gipfeln ließ, der König der Franken sei nunmehr der *„Stellvertreter Gottes auf Erden". „Gedenke stets, mein König, Gottes, deines Herrn, in Furcht und Liebe, weil du an seiner Stelle stehst und über alle seine Glieder zu wachen und zu regieren und Rechenschaft abzulegen hast am Tage des Gerichts. Der Bischof (von Rom) steht an zweiter Stelle, er steht an Christi Stelle."* Es bedeutete dies durchaus nicht Schmeichelei, vielmehr eine klare und prinzipielle Abkehr der angelsächsischen Kirche von ihrem bisherigen „Bonifatius-Kurs", der die oberste Autorität des Papstes dogmatisch festgestellt hatte. Der Engländer Bonifatius, Organisator der römischen Kirche in Deutschland und Taufpate der fränkisch-vatikanischen Allianz, hatte sich in Rom verpflichtet: *„Wenn ich von Gegenströmungen gegen die kanonischen Satzungen der Heiligen Väter etwas erfahre, so schwöre ich, niemals damit irgendeine Gemeinschaft zu haben. Ja, ich schwöre, sie zu bekämpfen, wenn ich vermag; bin ich dazu außerstande, so werde ich sofort meinem apostolischen Herrn darüber berichten."*

Einen weltlichen König als Stellvertreter Gottes auf Erden zu bezeichnen, hieß aber, ihn unzweideutig dem Stellvertreter

Christi überordnen; es war der klare Ausdruck einer „Gegen-
strömung gegen die kanonischen Satzungen", die bedeutungs-
volle Anerkennung einer Autoritätsverlagerung, deren Auswirkungen in eine völlig neue kirchliche Orientierung hinüber-
lenkten. Die Gedankengänge, wie sie ein angelsächsischer
Volksheiliger Aldebert verkündigt hatte, kamen damit wieder
ans Licht: Abkehr von Rom, Begründung der christlichen Heils-
lehre auf dem ethischen Gedankengut des Götterkultes, der
nicht ausgerottet, sondern durch das Evangelium erfüllt werden sollte, wie das Alte durch das Neue Testament.

Wenn Pippin beide Gewalten, Staat und Kirche, durch sein
Bündnis als gleichberechtigt anerkannt hatte, so war das politische Notwendigkeit gewesen. Der Wunschtraum der Christenheit ersehnte aber die gleiche Einheit, wie sie im islamitischen
Kalifat furchterregende Tatsache geworden war. Der Beherrscher
aller Gläubigen führte sein Amt als oberster Kriegsherr und Ge-
setzgeber ja nur in seiner Eigenschaft als Sachwalter Mohammeds. Seine unbegrenzte Autorität wurzelte in seiner Heiligkeit,
der Fanatismus der Seinen hatte kaum nationale Akzente.

Auch die christlich-byzantinischen Imperatoren strebten dieser islamitischen Einheit zu. Vor wenigen Jahrzehnten erst hatte
ein griechisches Konzil erklärt: *Wie ehemals seine einsichtsvollen
Jünger und Apostel, so hat Christus jetzt seinen Diener, den Kaiser,
Mitkämpfer der Apostel, mit der Kraft des Heiligen Geistes ausgerüstet, um die Verschanzungen der Dämonen zu zerstören ...*"

Aber mehr als all diese Zeichen einer gärenden Zeit: die
Identität von König- und Oberpriestertum war festverwurzelte
indogermanische Tradition. Sie konnte nicht verlöschen, solange der christliche „Heilsbringer" noch in vielen Zügen mit dem
heidnischen Mythos verschmolz und die atavistische Erinnerung der Menschen im Spektakel überragender Machtentfaltung mystisch-göttliche Offenbarung sah.

Um den Vertrag von Quiersy

Karl selbst, dessen Zeit nun schwach erkennbar die Formung
seines Willens anzunehmen begann, empfand überdies schon
jetzt, daß die allfränkische Herrschaft nicht um ihrer selbst willen Bestand haben könne, daß sie vielmehr einer zündenden
Idee bedurfte, die weiter griff, als Kriegsruhm und die Aussicht
auf Beute vermochten. Das nun erst zwanzig Jahre alte König-

tum der Arnulfinger mußte, was es auch unternahm, geheiligt oder doch zum mindesten populär werden. War der Frankenkönig nun der Stellvertreter Gottes auf Erden, so war er der Christenkönig überhaupt. Die Schirmherrschaft über die Kirche bedingte deshalb ihre unzweideutige Unterordnung; in erster Linie war nun die fränkische Krone und dann erst der Papst für die irdischen Geschehnisse verantwortlich.

Territoriale Ansprüche der Kurie konnte es nach der Angliederung Langobardiens deshalb überhaupt nicht mehr geben, denn ein „Reich von dieser Welt" hatte für den Heiligen Stuhl nur so lange Sinn gehabt, wie er, von äußeren Feinden bedroht, in der Lage sein mußte, sich verteidigen zu können. Dafür stand jetzt die langobardisch-fränkische Macht unmittelbar zu seinem Schutz zur Verfügung.

Mochte Karl unzweifelhaft mit dem Kriegsziel über die Alpen gezogen sein, der Kurie Mittelitalien zu verschaffen, die Ereignisse hatten einen anderen Lauf genommen. Durch den unerwarteten Zusammenbruch der Desideriusmonarchie war die fränkisch-vatikanische Allianz in der ursprünglichen Form erledigt. Die fränkische Krone brauchte den Papst nicht mehr. Aber noch konnte Karl es nicht wagen, nun auch schon auszusprechen, was er zwanzig Jahre später an Hadrians Nachfolger schreiben ließ: *„Unsere Aufgabe ist es, gemäß dem Beistand der göttlichen Güte überall Christi heilige Kirche gegen Einbruch der Heiden und Verheerungen durch Ungläubige nach außen mit Waffen zu verteidigen und nach innen durch Ausbreitung des katholischen Glaubens zu festigen; Euere Aufgabe ist es, heiligster Vater, mit zu Gott erhobenen Händen uns im Kampf zu unterstützen, auf daß durch Euer Eintreten, von Gott geführt und gefördert, das christliche Volk überall Sieg gewinne ..."*

Noch strahlte die Kurie ja im Widerschein des Glanzes, in dem sie aufgeleuchtet war als Pippin aus ihren Händen die Königskrone empfing; noch galten – leider – die zu diesem Zweck zu Quiersy getroffenen Vereinbarungen. Gegen den klaren Wortlaut des Dokumentes, auf Grund dessen Pippin mitsamt seinen Söhnen zum König gemacht worden war, ließ sich nichts einwenden.

Hadrian durfte also nunmehr mit gutem Recht darauf dringen, daß die noch immer unerfüllten Versprechungen Pippins von seinem Sohne eingelöst wurden, nachdem endlich die papstfeindliche Monarchie in Pavia von der auf die Allianz verpflichteten fränkischen Macht zu Boden geworfen war. Aber der König der Franken war jetzt langobardischer als die Langobarden.

Dennoch war es ihm klar, daß eine Regelung nicht mehr hinausgeschoben werden konnte; sie mußte erfolgt sein, bevor die Neuordnung der lombardischen Verhältnisse bekannt wurde. Sie konnte praktisch nichts anderes bedeuten als die Notwendigkeit, eine Methode zu finden, um die verbrieften Rechte der Kurie in Ansprüche, die eindeutig gegebenen Geschenke in huldvolle Versprechungen zu verwischen. Man prüfte den Wortlaut des Vertrages nach allen Richtungen. Sein Sinn war klar. Pippin hatte, nachdem Rom sich von Byzanz unabhängig gemacht, in der Diplomatensprache seiner Zeit der Kurie „den Schutz der fränkischen Krone" durch Übertragung des ehemals griechischen Besitzes zugesagt. Aber er hatte die beanspruchten Gebiete nicht geschenkt, sondern nur versprochen, sie zu schenken! Das war ein bedeutsamer Unterschied. König Karl konnte das Versprechen also unbedenklich so lange wiederholen, wie es in seiner Hand blieb, die Erfüllung immer wieder hinauszuschieben, bis man sich endlich auf einen billigen Vergleich geeinigt haben würde. In der Zwischenzeit mußte Vater Hadrian systematisch zermürbt werden. Zunächst aber galt es, ihn vertrauensselig zu machen und ihn zu gewinnen, bevor der große Plan verwirklicht war, die lombardische Krone mit der fränkischen durch Personalunion zu verbinden. Hatte er erst davon erfahren, so konnte man nicht mehr damit rechnen, ihn weiter zu vertrösten, vielmehr wurde Pippins „Wechsel" dann fällig. Es kam also alles darauf an, vorher eine neue Vereinbarung zustande zu bringen, die das „Zahlungsversprechen" zwar wiederholte, gleichzeitig aber nochmals präzisierte, daß es „unbefristet" war.

Der Fall Pavias konnte sich noch einige Zeit hinziehen; die Anwesenheit Karls bei der Belagerung war nicht erforderlich. So entschloß er sich nun, in Begleitung der Königin, der maßgebenden Standesherren und vor allem des alten Kanzlers Itherius nach Rom zu reisen. Definitiven Festlegungen konnte er jetzt noch aus dem Wege gehen; Pavia war ja noch nicht erobert, niemand durfte mit Bestimmtheit sagen, daß die Niederlage des Desiderius endgültig besiegelt sei.

Die Wallfahrt nach Rom

„Fast überwältigt vor Staunen" empfing Hadrian die Nachricht. Er hatte den König wohl erwartet, aber diese Plötzlichkeit störte ihn empfindlich in seinen Geschäften; die unanfechtbare

Eingliederung des Herzogtums Spoleto in die kuriale Souveränität war noch nicht beendet. Neben dem durch Pippin seinerzeit zugesagten Schutz der Kirche war ja auch die Gewährleistung ihres „derzeitigen Besitzes" verbrieft worden. Dieser umfaßte aber, wenn man nicht nach Ansprüchen, sondern nach dem klaren Tatbestand ging, so gut wie nichts. Es war also während der kriegerischen Verwicklungen im Norden die beste Gelegenheit und auch höchste Zeit, zu nehmen, was zu haben war, damit die nunmehr aufzumachende Gesamtrechnung für die noch immer unbezahlte Krönung in möglichst weitgehendem Ausmaß anerkannt werden mußte.

In größter Eile war nun ein glänzender Empfang und ein geeignetes Festprogramm vorzubereiten; die Abteilung Propaganda am Lateran arbeitete mit dem gleichen Hochdruck wie Archiv und Kanzlei. Als Karl mit den Seinen in Novi, dreißig Meilen vor Rom, angelangt war, stand dort der Klerus mit wehenden Bannern. Die Wege waren umsäumt von jauchzenden Kindern, die Palm- und Ölbaumzweige in den Händen hielten und Hosianna riefen. Als dann, schon kurz vor den Toren der Ewigen Stadt, in feierlicher Prozession auch die Kardinäle erschienen, stieg Karl ehrerbietig vom Pferde, tief beeindruckt von dem in seiner Steigerung fein abgewogenen und meisterlich geordneten Weiheakt. Vor der Peterskirche erwartete Hadrian den König. Der hatte schon manchen Empfang in Kirchen und Klöstern erlebt; hier aber, beim ersten Anblick der geweihten Stätte, überwältigte ihn gefährliche Demut; Stufe für Stufe der hohen Treppe küssend, glaubte er dem Angesicht Gottes selbst gegenüberzutreten, als Hadrian ihn an der Schwelle der Basilika in großer Würde segnend in die Arme schloß.

Aber er erwachte schnell aus dieser mystischen Verzückung. Entgegen aller Zeremonie ergriff er nun die rechte Hand des Heiligen Vaters und führte ihn, ehe der es noch hindern konnte, selbst in die Kirche hinein. Da stimmte die Gemeinde ein herrlich aufklingendes Halleluja an und „Gelobet sei, der da kommt im Namen des Herrn!" In gemessenen Schritten, der Heilige Vater immer noch wie ein Gefangener an der Hand des Königs, ging es dann zum Heiligen Grabe. Hier stiegen beide in die Gruft hinab, um sich angesichts der heiligsten Reliquie der Christenheit ewige Treue zu schwören.

Am nächsten Tage war Ostern. Hadrian ließ die Franken mit allem erdenklichen Pomp zur Messe geleiten, die er selbst zelebrierte. Dann ging es zum Festmahl im Lateran und wieder in die Kirche. Die Kurie wußte, worauf es ankam: den König so vollständig wie nur möglich unter Gebet und Weihrauch zu halten, damit er in den nun bevorstehenden entscheidenden Verhandlungen jede Auflehnung gegen den Wunsch des heiligen Petrus als todeswürdige Sünde betrachten müsse. Mit allen Mitteln traditionell geschulter Lebenskunst galt es nun, auf die germanische Religiosität einzuwirken, bis der König, in mystischer Ergriffenheit, umrauscht vom Sphärengesang der römischen Chöre, sich seines rohen Barbarentums schäme und glücklich schätze, das gottgefällige Werk seines Vaters nunmehr vollenden zu dürfen. Endlich nach drei Tagen unaufhörlicher Einwirkungen glaubte Hadrian am Ziel zu sein.

Man versammelte sich am Heiligen Grabe zur großen Staatssitzung. Der Apostelfürst hielt die Eröffnungsansprache, in der er den ruhmreichen König, den frommen Sohn der Kirche, väterlich ermahnte, niemals zu vergessen, wie sichtbar Sankt Peter seine Waffen gesegnet habe; solange er auch fürderhin für ihn kämpfen und die ihm feierlich gegebenen Versprechungen halten würde, nur so lange könne er auch in Zukunft auf Sieg rechnen. Nunmehr sei der von der ganzen Christenheit ersehnte Zeitpunkt herangekommen; dem fränkischen König sei endlich die Macht gegeben, um die väterlichen Versprechungen einzulösen. Er möge beginnen.

Der König dankte nicht minder würdevoll; demütige Bescheidenheit hindere ihn, solange der Langobardenkönig noch nicht in seiner Hand sei, von einem wirklichen Siege zu sprechen. Noch wären die Waffen nicht niedergelegt, noch wisse man nicht, ob Gott auch weiter mit den Franken sei. Aber er folge gern dem Zuge seines Herzens und wiederhole nun die im Vertrag von Quiersy niedergelegten Versprechungen seines hochseligen Vaters, wobei er besonderes Gewicht auf die feierliche Erneuerung des *„Liebesbündnisses"* mit der Kurie lege. Immer werde ihm die Verteidigung der heiligen Kirche als vordringlichste Sorge am Herzen liegen.

Hadrian war von dieser Erklärung nicht ganz befriedigt. Sosehr er die Bescheidenheit des fränkischen Helden rühmen müsse, so könne man doch erkennen, daß die endgültige Erledigung des „unaussprechlichen" Desiderius nur noch eine Frage von Wochen sei. Jetzt ginge es nicht mehr darum, die Langobarden mit mehr oder minder wirksamen Mitteln zur Herausgabe zu veranlassen: heute entscheide der Frankenkönig aus eigener Machtvollkommenheit, wann die päpstlichen Beamten vom Eigentum Sankt Peters endlich Besitz ergreifen sollten.

Damit war man am entscheidenden Punkt. Itherius äußerte erhebliche Bedenken, ob es der fränkischen Kriegskunst wirklich gelingen würde, Pavia zu nehmen. Schon aus diesem Grunde seien feste Vereinbarungen im Augenblick frevelhafter Übermut; er überreichte aber, gleichsam um die theoretische Konstruktion der Verhandlungen festzulegen, ein Verzeichnis aller Städte und Bezirke, die der Heilige Stuhl wohl beanspruche. Hadrian bestätigte die Richtigkeit und bejahte die nebensächlich hingeworfene Frage des schlauen Kanzlers, ob er das ganze als seinen „derzeitigen Besitz" betrachte. Das war das Stichwort für Karl. Bevor er eine tatsächliche Herausgabe – immer den Endsieg vorausgesetzt – verantworten könne, müsse natürlich die Rechtslage nachgeprüft werden, wogegen Hadrian, mißtrauisch geworden, einwandte, die Lage sei ja durch den Vertrag von Quiersy bereits hinreichend geklärt. Doch nicht so ganz, meinte Itherius. Pippin habe zwar versprochen, zu schenken, und daran sei die fränkische Krone natürlich gebunden; sie habe aber darüber hinaus auch für den derzeitigen Besitz einzustehen; es sei deshalb von größter Wichtigkeit, den Umfang des unanfechtbar in der kurialen Gewalt befindlichen Gebietes durch Sachverständige feststellen zu lassen.

Die päpstlichen Herren wurden bestürzt. Man wolle sich in dieser historischen Stunde nicht mit Spitzfindigkeiten abgeben; es ginge doch um weit mehr als um die Präzisierung von Begriffen, nämlich um die tatsächliche Restitution des heiligen Petrus. Da erhob sich Karl und erklärte, daß er ohne jede Einschränkung zu dem Vertrag von Quiersy stände; er wiederhole also nochmals die väterlichen Versprechungen, der Kurie alle diejenigen Gebiete zu schenken, auf die sie Anspruch habe. Das sei aber unwichtig gegenüber seiner hierdurch aufs neue in größter Feierlichkeit übernommenen Verpflichtung, die heilige Kirche bis zum letzten Atemzug zu schützen und als ihr Schirmherr für die Ausbreitung des katholischen, des weltumfassenden Glaubens Sorge zu tragen.

Diese Erklärung, mit hinreißendem Schwung vorgetragen, genügte Hadrian, der ja nicht wissen konnte, mit welchen Absichten man sich um die künftige Gestaltung des langobardischen Königreiches trug. Es war sein verhängnisvoller Fehler, ganz gleich, was werden würde, jetzt, wo er zum mindesten noch die uneingeschränkte Macht seiner himmlischen Fürsprache ins Gefecht führen konnte, auf die Festlegung eines Termines zu verzichten, bis zu dem die Versprechungen erfüllt sein mußten. Er war gewiß ein ehrenwerter Mann, aber es fehlte ihm ganz an der Intuition seines Verhandlungsgegners, von dem er nun völlig überspielt wurde.

Für ihn war der langobardische Feldzug des jungen Königs noch immer nichts anderes als die Wiederholung der Bemühungen Pippins, mit Gewalt die sogenannte „Restitution" des Heiligen Stuhles in Italien zu erzwingen, wobei der in solchem Begriff steckende „Anspruch" recht zweifelhafter Natur blieb. Er glaubte, daß auch für Karl Italien ebenso uninteressant sei wie damals für Pippin, verkannte damit aber vollkommen die Zeichen der vorgeschrittenen Zeit.

Kirchliche und weltliche Macht standen sich ja durchaus nicht mehr als gleichberechtigte Verbündete gegenüber. Der Frankenkönig empfand eine Berufung, beide Gewalten in seiner Person zu vereinen, und brauchte deshalb zur Erreichung dieses heiligen Zweckes vor keinem Mittel zurückzuscheuen. Der Besitz der Lombardei verbürgte – ebenso jetzt wie in späteren Jahrhunderten – die Herrschaft über die Kirche. Wenn den Franken jetzt der Sieg gegeben war, so hätte es unverzeihliche Schwäche bedeutet, ihn ungenutzt zu lassen. Hadrian hatte sich aber über das Ausmaß der neuen Lage noch keine Gedanken gemacht und fiel daher gründlich auf die leeren Versprechungen herein.

Langobardischer als die Langobarden

Als Karl Rom verließ, herrschte noch bestes Einvernehmen. Das Papstbuch registrierte die Verhandlungen als großen Fortschritt, da die Versprechungen von Quiersy nunmehr mit „furchtbaren Eiden" bekräftigt worden seien. Die amtlichen Aufzeichnungen der Franken sind kühler; sie sprechen nur davon, Karl sei *„um zu beten"* nach Rom gewallfahrtet; er habe den Langobardenkrieg auch nur zum Schutz der Kirche unternommen, also nicht etwa zu ihrer Bereicherung. Auch über die Erneuerung des „Liebesbündnisses" am Heiligen Grabe bestand zwischen Kurie und Hof abweichende Auffassung. Während der Papst darunter die Festigung der alten Allianz verstand, sah Karl darin die Ableistung einer Art von Huldigungseid, also die Konstitution eines Vasallenverhältnisses, wogegen er als Gegenleistung nach üblichem Recht seinen Schutz versprochen hatte. Er gab dieser Auffassung auch offiziell dadurch Ausdruck, daß er sich erst von nun an amtlich *„Schutzherr der Römer"* nannte.

Als kurze Zeit darauf Pavia gefallen, Desiderius abgeführt und der langobardische Reichstag zusammengetreten war, um den Sieger Karl als König der Langobarden zu konstituieren, wurde man in Rom nervös. Von der Auslieferung der strittigen Gebiete verlautete kein Wort. Leo, der Erzbischof von Ravenna, bislang unzweifelhaft der Untergebene des Papstes, hielt sich ständig in der Umgebung Karls und erlaubte sich plötzlich einen Ton, den man als unerträgliche Unbotmäßigkeit empfand. Es kam aber noch schlimmer. Kaum hatte Karl Italien verlassen, als Leo öffentlich eine Reihe päpstlicher Städte besetzte, Hadrians Beamte verjagte und auf die römischen Vorstellungen kurzerhand erklärte, sie seien ihm von den Franken geschenkt worden.

Hadrian schickte in höchster Empörung seinen Kanzler Anastasius zu Karl mit dem Auftrage, sich in nicht mißzuverstehender Weise hierüber zu beschweren. Es ginge der Kirche ja jetzt noch schlimmer als unter der Herrschaft eines Desiderius; schon verhöhne man den Heiligen Vater und spotte, die Franken dächten nicht daran, ihre Versprechungen zu halten, sie würden überdies dem heiligen Petrus noch das letzte nehmen, was er besäße. Der Apostolische Stuhl fordere daher sein Recht. Karl habe seine Verpflichtungen zu erfüllen, oder er sei wortbrüchig.

Das Ergebnis dieser Intervention war sensationell. Karl geriet über den anmaßenden Ton des päpstlichen Gesandten in Wut und ließ ihn „wegen seiner unerträglichen Unverschämtheit" einsperren. Seinem Begleiter, einem Langobarden, wurde der Prozeß gemacht, weil er angeblich versucht hatte, den königlichen Notar zu Urkundenfälschungen zu verleiten, um sich auf diese Weise bei der Neuordnung der langobardischen Verhältnisse namhaften Privatbesitz zu ergaunern.

Hadrian war entsetzt. Er schickte sofort eine neue Gesandtschaft, die in wesentlich bescheidenerem Ton um die Freilassung des Kanzlers bat. „Ganz Italien frohlockt, daß der König den Heiligen Vater nicht mehr liebt", seit Menschengedenken sei es noch niemals vorgekommen, daß ein Gesandter des heiligen Petrus von irgend jemandem der Freiheit beraubt worden wäre. „Und was haben denn Deine Gesandten in Rom für eine unerhörte Sprache geführt, und doch stehen sie, obwohl sie in unverantwortlicher Weise über mich geschimpft haben, hoch in Deiner Gunst!" Für Karl bot sich eine Gelegenheit zu vorteilhaftem Kompromiß. Er gab den Anastasius unter der Bedingung frei, daß in Zukunft nur ihm genehme Persönlichkeiten als Gesandte geschickt würden, kränkliche und servile Leute, mit denen er leichter fertig werden zu können glaubte als mit den arroganten und gefährlichen Diplomaten des Heiligen Stuhles.

Aber Hadrian wollte immer noch nicht begreifen, daß die Verhältnisse sich grundlegend geändert hatten und die Erfüllung der *„mit furchtbaren Eiden"* beschworenen Versprechungen mit der Politik eines immer mächtiger werdenden Volkskönigtums unvereinbar war. Die Zusammenfassung der weltlichen und der geistlichen Gewalt in der Person des fränkischen Königs, wie sie sich jetzt anbahnte, erschien ihm noch als eine solche Ungeheuerlichkeit, daß er an derartige Bestrebungen nicht glauben konnte.

Aber er sollte bald erfahren, woher Leo von Ravenna den Mut zu seiner Unbotmäßigkeit nahm. Er mußte hören, daß Karl ihn am Rhein empfangen hatte und im Zusammenhang damit die päpstlichen Beschwerden unbeantwortet geblieben waren. Es wurde immer klarer, daß der König einen Gegenspieler in Italien wünschte, und wäre es nur, um die Kurie unter Kontrolle zu halten. Noch konnte er ja nicht wissen, ob Hadrian sich auf die Dauer den neuen fränkischen Ton gefallen lassen, ob er nicht vielmehr im geheimen auf die Wiederherstellung Langobardiens unter griechischem Einfluß hinarbeiten würde. Die Geschäftigkeit des Desideriussohnes Adelchis in Konstantinopel war bekannt. Die Haltung Tassilos von Bayern und des Arichis von Benevent, seiner Schwäger, blieb undurchsichtig. Der byzantinische Kaiser Konstantin V. hatte überdies den Verlust seines italienischen Besitzes noch nicht verschmerzt. Wenn jetzt womöglich auch die verbitterte Kurie sich solchen Strömungen anschloß, so war es mit der italienischen Herrschaft für die Franken wahrscheinlich vorbei. Warum sollte der römische Aristokrat Hadrian zuverlässiger sein als seine vielgewandten Vorgänger? Unbestimmte Nachrichten über eine allgemeine Verschwörung in Langobardien verdichteten sich bald. Da war es für Karl von höchster Bedeutung, so schnell und so vollständig wie möglich über die Hintermänner der Bewegung aufgeklärt zu werden, als deren Führer Adelchis in Konstantinopel und Herzog Hrodgaud von Friaul genannt wurden. Vielleicht war jetzt für die Kurie die letzte Chance gegeben, das immer unerträglicher werdende Joch der Franken abzuschütteln und eine Entwicklung zu unterbrechen, die die Führung der Christenheit vom Apostelfürsten auf den Frankenkönig überleitete. Aber abgesehen davon, daß der anständige Hadrian viel zu konservativ war, um einen einmal für richtig erkannten Weg wieder aufzugeben, mußte er jetzt erfahren, daß er seine Handlungsfreiheit gar nicht mehr besaß.

Als nämlich sein Vertrauensmann im griechischen Hoheitsgebiet, der Patriarch Johannes von Grado, ihn auf dem üblichen Wege über Ravenna brieflich über den Verschwörerplan des Adelchis informierte, kam diese Geheimnachricht geöffnet in Rom an. Leo hatte kurzerhand die Siegel erbrochen. In äußerster Hast – weder er noch sein Schreiber hätten Zeit zum Essen gefunden – fertigte Hadrian nun Eilboten an Karl ab, um ihn über die bevorstehenden Ereignisse zu informieren und sich bitter über Leo zu beschweren; er warnte ihn gleichzeitig vor diesem unzuverlässigen Manne, der unzweifelhaft die Verschwörer inzwischen benachrichtigt habe.

In Wirklichkeit hätten der Heilige Vater und sein Schreiber in Ruhe essen können, denn Karl war durch Leo bereits eingehend informiert. Als die Eilboten eintrafen, waren seine Gegenmaßnahmen schon getroffen und zwei in sachgemäßer Bestechung besonders erfahrene fränkische Diplomaten, die Äbte Possessor und Rabigaud, nach Pavia unterwegs.

Als Hadrian von dieser Sondergesandtschaft hörte, wollte der unverbesserliche Optimist glauben, sie sei gekommen, um die Herausgabe der päpstlichen Gebiete nunmehr endlich zu veranlassen. Er wartete aber drei Monate vergeblich auf ihre Ankunft in Rom. Schließlich erkundigte er sich in Pavia und bekam zur Antwort, die Herren wären in Italien und würden später auch nach Rom kommen. Er ließ sie daraufhin ersuchen, sich nunmehr unverzüglich zu ihm aufzumachen. *„Bei Gott und dem Leben Karls, eilt, wie Ihr beauftragt seid, zu uns, damit wir miteinander beraten können, was im Interesse der Kirche und des Reiches nunmehr zu tun ist. Dann könnt Ihr auch nach Benevent Weiterreisen.“*

Aber die Franken erwiderten höflich, sie wollten vorher noch eine Kleinigkeit mit Hildeprand von Spoleto ordnen, dann würden sie kommen. Zu der gewünschten gemeinschaftlichen Beratung hatten sie natürlich keinen Auftrag.

Inzwischen war Konstantin V. von Byzanz plötzlich verstorben und die beabsichtigte Ausrüstung einer griechischen Flotte unter dem Oberbefehl des Adelchis blieb aus. Possessor und Rabigaud machten sich dieses Ereignis geschickt zunutze und bewiesen den in Spoleto versammelten Verschwörern die Aussichtslosigkeit ihrer Pläne. Sie sparten dabei nicht mit Gold und Versprechungen und hatten vollen Erfolg. Man gab zu, von Adelchis und Hrodgaud betört worden zu sein. Auch habe man die Großzügigkeit des glorreichen Karl unterschätzt. Natürlich wolle man die fränkisch-langobardische Oberhoheit nunmehr bedingungslos anerkennen. Aber Hildeprand war doch in Verlegenheit, weil er erst vor kurzem der Kurie den Vasalleneid geleistet hatte. Das sei nunmehr belanglos, versicherten die fränkischen Herren, denn über den Besitz des heiligen Petrus habe nur Karl zu entscheiden und kein anderer. Spoleto gehöre ein für allemal zum langobardischen Königreich. Karl würde ohnehin demnächst nach Pavia kommen, um Hrodgaud niederzuwerfen. Bei dieser Gelegenheit solle Hildeprand ihm den Vasalleneid leisten, er würde dann wohl sein Sachwalter in Mittelitalien werden. Im übrigen möge er mit ihnen jetzt nach Rom fahren, um auch seinerseits den Heiligen Vater über die Neuordnung der spoletanischen Besitzverhältnisse aufzuklären. Hildeprand war vorsichtig. Er könne das nur, wenn der Papst ihm durch Gestellung von Geiseln seine persönliche Sicherheit garantieren würde. Diese Bedingung bedeutete eine Zumutung sondergleichen, wenn man sich vergegenwärtigte, daß er durch seinen Vasalleneid an Hadrian als seinen Herrn gebunden war und daß ein Wort des Heiligen Vaters über jeden Zweifel erhaben sein mußte. Aber Possessor und Rabigaud legten so großen Wert auf sein persönliches Erscheinen in Rom, es lag ihnen im Rahmen der fränkischen Politik so viel an einer vollständigen Demütigung des Papstes, daß ihnen dieser Wunsch Hildeprands durchaus berechtigt erschien.

Nachdem die fränkische Delegation sich ihrer Aufgabe mit viel Geschick entledigt und den Erfolg an den König gemeldet hatte, erschien sie nun endlich in Rom. Hier erwiesen die Herren dem Heiligen Vater zwar die gebührende Ehrerbietung, setzten ihn aber gleichzeitig davon in Kenntnis, daß ihre Ermittlungen in Spoleto zu einem für den Besitzstand der Kurie ungünstigen Ergebnis geführt hätten. Es sei unzweifelhaft, daß Hadrian erst während der Belagerung von Pavia dieses treu zum langobardischen Königreich haltende Herzogtum sich unter Gewaltandrohung einverleibt habe, wahrscheinlich, um vollendete Tatsachen zu schaffen. Er möge dieses Unrecht deshalb unverzüglich wieder gutmachen und für die persönliche Sicherheit des als Zeugen mitgeführten Herzogs Hildeprand Geiseln stellen. Hadrian glaubte seinen Ohren nicht zu trauen, aber die Franken schlugen nun einen so energischen Ton an, stellten mit solchem Nachdruck die Folgen dar, die Karl aus diesem mehr wie merkwürdigen Verhalten des Heiligen Vaters ziehen würde, wenn er von der verdächtig durchsichtigen Aneignung des Dukates erst Kenntnis erhielt, daß der eingeschüchterte Apostelfürst sich wirklich zu der Ungeheuerlichkeit verstand. Nun erschien Hildeprand und bestätigte die peinlichen Vorgänge. Schließlich einigte man sich aber auf einen Vergleich. Hadrian erhielt für die Aufgabe seiner Ansprüche auf Spoleto einen erheblichen Geldbetrag. Dafür hatte er sich ein für allemal als abgefunden zu erklären. Er mußte schließlich schweren Herzens einwilligen, denn es war mit Recht zu befürchten, daß die Franken seine bisherige Stellungnahme, Spoleto wäre schon immer im Besitz der Kurie gewesen, zu einer Staatsaktion aufbauschen könnten; das einzige, was ihm verblieben war, sein moralisches Recht aus dem Ostervertrage und den Vereinbarungen von Quiersy, hätte dadurch in äußerste Gefahr geraten müssen. Die Geschicklichkeit der Franken manövrierte ihn aber in eine derartige Unsicherheit hinein, daß er über diese Lösung noch zufrieden sein mußte, wenn er auch kurz vorher noch an Karl geschrieben hatte: *„Deine Gesandten bestärken die Spoletaner in ihrer Unbotmäßigkeit. Ihr Auftreten steht in absolutem Widerspruch zu Deinen Briefen und mündlichen Versicherungen, in denen Du sagtest, nicht um irdischer Schätze willen, sondern zum Ruhme Sankt Peters hätten Du und die Deinen sich allen Mühseligkeiten ausgesetzt. Bestätige mir also nun schleunigst das Herzogtum Spoleto, wie Du es mir mündlich versprochen hast."*

Der Boden war jetzt genügend vorbereitet, Karl konnte erscheinen. Man verabschiedete sich von dem Apostelfürsten mit dem Hinweis, der König habe sich die Niederwerfung des letzten Rebellen, Hrodgaud, selbst vorbehalten. Er würde die Gelegenheit sicher benutzen, um auch nach Rom zu kommen. Vollmachten für die Auslieferung von Landgebieten an die Kurie habe man nicht. Der Heilige Vater möge dieserhalb selbst mit dem Könige sprechen.

Einer solchen Aussprache ging der neue Stellvertreter Gottes aber mit größter Bestimmtheit aus dem Wege. Er war inzwischen wirklich in Pavia eingetroffen und hatte den gänzlich isolierten Hrodgaud umbringen lassen, aber nach Rom war kein Lebenszeichen gelangt. Pavia sah glänzende Tage. Die meisterhaft durchgeführte Niederwerfung des Aufstandes hatte ihren Eindruck nicht verfehlt. Die langobardischen Standesherren beeilten sich, ihrem neuen König zu huldigen und sich für die Besetzung der nun zur Vergebung kommenden Staatsämter persönlich zu empfehlen. Über die letzten Patrioten – der niedere Adel und kleine Leute – wurde Gericht gehalten, ihr Vermögen zugunsten der Krone eingezogen, die Rebellen des Landes verwiesen. Langobardien schien sich unter der eisernen Hand des jungen Frankenkönigs zur Höhe längst vergangener Zeiten emporheben zu wollen; es war kein Zweifel, daß binnen kurzem ganz Italien von Pavia regiert werden würde.

Der „Gottesstaat"

In Treviso, im Zentrum der Aufstandsbewegung, ward pomphaft das Osterfest begangen. Karl versammelte die Standesherren, den hohen Klerus, die Akademiker des Landes. Zum erstenmal hatte er Gelegenheit, die in hoher Blüte stehende italienische Kultur bewundern zu lernen. Die Gespräche mit den langobardischen Gelehrten kamen bald ins Hochgeistige. Immer wißbegierig, erfuhr er aus den schmeichelhaften Vergleichen mit Alexander dem Großen nun auch von den Gedankengängen der alten Stoiker, die dem großen Eroberer dermaleinst die ethischen Sanktionen für seinen Imperialismus geliefert hatten. Wenn man Karl als den ruhmreichen Nachfahr jenes größten Helden der Antike pries, berichtete man zugleich, daß Alexander nicht etwa ein roher Krieger, sondern ein Mann von Bildung gewesen sei. In seinem Bestreben, alle Hellenen zu einen, habe er im Grunde nichts anderes gewollt als der fränkische Held, der jetzt von Gott zum Führer der gesamten Christenheit berufen sei. Wie die Stoiker einst, an ihrer Spitze der weise Aristoteles, den Gegensatz zwischen Hellenen und Barbaren mit dem zwischen guten und bösen Menschen identifiziert und damit an Stelle des Nationalitätenprinzips die übergeordnete Ethik des allgemeinen Sittlichkeitsgedankens gesetzt hätten – ein griffiges Werkzeug zur Befriedung der Welt in den Händen des Tyrannen –: ebenso gäbe es jetzt nur noch Christen und Heiden; das fränkische Prinzip sei zum allgemein christlichen geworden. Wie Alexander einst dem eroberten Persien seine nationale Selbständigkeit gelassen, sich selbst aber, die mazedonischen Interessen deutlich ins Orientalische verlagernd, zum persischen König gemacht habe, so müsse man nun wieder den ruhmreichen Karl zwangsläufig mit ihm vergleichen, der das kultivierte Langobardien nicht besiegt habe, um es zu unterjochen, sondern um es als sein bildungsempfänglicher König zu neuem Glanz emporzuführen.

Auch von Augustins großem Werk „De civitate dei" erfuhr der König, jener gewaltigen Konzeption vom Staate Gottes auf Erden. Mit brennendem Interesse ließ er sich über die Grundzüge unterrichten; hier flammte plötzlich die moralische Rechtfertigung auf, die historisch-theologische Sanktion und gleichzeitig die schon heilig gewordene Idee für eine große allfränkische Politik, wenn man es nur verstand, an der rechten Stelle zu spitzen und zu stutzen. Von irgendwelchen Herrschaftsrechten der Kirche verlautete kein Wort; die Priester sind Gottes Diener, die für nichts anderes zu sorgen haben als für das Seelenheil der Menschheit. Karl konnte nun seine Maßnahmen gegen Hadrian an Augustin überprüfen und befriedigt feststellen, daß er zur rechten Zeit eine kirchliche Entwicklung zerstörte, die mit den Lehren des heiligen Augustin ganz unvereinbar war. Er nahm diese Erkenntnis als ein sichtbares Zeichen seiner gottgewollten Sendung.

Der Römer Augustin hatte sein Werk allerdings niedergeschrieben, als Rom von Alarichs Goten erobert worden und den nationalstolzen Römern nichts als Weltflucht geblieben war. Der „Gottesstaat" sollte alle einigen, Sieger und Besiegte. Er war in seinem psychologischen Ursprung als eine Art „Paneuropa" des Geistes empfunden, der die rohe Willkür der Eroberer im frommen Glauben verlöschen lassen wollte, um damit die christliche Ethik den Gedemütigten als Waffe in die Arme zu legen. Augustin sah in seinem Idealgebilde, in dem *„das Böse keine Wesenheit hat und nur der Wegfall des Guten den Namen des Bösen erhielt",* tatsächlich etwas vom Reiche Gottes auf Erden, dessen Untertanen, die ganze Menschheit, nur ihm und darum den Gesetzen der Humanität unterworfen waren. *„Es ist weder an den Raum noch an irgendeine staatliche Gemeinschaft gebunden; es ist der Verband der Engel und der Menschen, die nach Gottes Gebot in der Hoffnung auf ewige Seligkeit ihr Leben gestalten ..."*

Dennoch stand Augustin jedem Nationalismus fern. Seine Gedankengänge sind abstrakt theologisch, trafen aber auf eine Zeit, die begierig nach Ersatz für das verlorengehende Idol des geeinten römischen Imperiums griff. Die „Civitas dei" wurde zu einer Art neuem Evangelium, seine Verwirklichung konnte aber nichts anderes bedeuten als das Klosterleben. Die Zeit schritt im Trubel der Geschehnisse über die asketische Psychose hinweg; die Antike, deren letzter Repräsentant Augustin gewesen ist, verblaßte, und mit ihr versank die „Civitas dei" ins Theologisch-Fachliche.

Aber Karl griff den Gedanken mit Begeisterung auf. Hier fand sich ja – weltpolitisch ausgewertet – die ersehnte Synthese zwischen den großväterlichen, ganz weltlich ausgerichteten Bestrebungen und der – mehr oder weniger – heiligen Allianz des Vaters mit dem Lateran. Hier war die Auflösung des überdies neu entstandenen Gegensatzes zwischen Kirche und Staat glorifiziert und der schon kanonisch gewordene Beweis gegeben, daß die Sehnsucht der Christenheit wohl dem „Gottesstaat" in seiner Einheit von jeher gegolten hatte, niemals aber seinem schwächlichen Ersatz, dem „Kirchenstaat", dessen Errichtung der Apostelfürst mit naiv anmutender Zähigkeit immer noch betrieb. Die Berufung auf Augustin mußte unangreifbare Rechtfertigung für die neue Orientierung der fränkischen Kirchenpolitik sein, weil auch der Heilige Vater an seine nun schon erstarrte Dogmatik gebunden war.

Unter der Fahne des Gottesstaates konnte der fränkische Imperialismus die große religiöse Bewegung, der „Aufbruch der Christenheit" werden, der es im Gegensatz zur islamitischen aber an dem entscheidenden Impuls immer fehlen mußte: der Glaubensraserei der Wüstensöhne. Die Lehre Mohammeds war unter den Seinen ja nichts Artfremdes. Sie bedeutete den gerade im rechten Augenblick erschollenen Sammlungsruf auf Allah, den alleinigen Gott, gegenüber einem immer mehr zum Fetischismus neigenden Kult der semitischen Araber. Die christliche Idee hatte aber nur wenig von jener Zündkraft in sich, wie sie eine religiöse Bewegung braucht. Die Kraftquellen der Franken wurzelten immer noch im Germanisch-Heidnischen, aus dem der christliche Gedanke nicht als Erfüllung hervorgegangen, dem er vielmehr aufgezwungen worden war. Das kirchliche Licht leuchtete wohl, aber es wärmte nicht. Man empfand die „Frohe Botschaft" nur allzuoft als unfrohes Gebot, das mittelmeerländische Ethos gestaltete sich noch auf der abergläubischen Psychose des „Nützt es nichts, so schadet es nichts". Das Vertrauen auf seine sinnfälligen Vorteile war schicklich als wohlanständiger Glauben. In einer Welt des heldischen Menschen mit animalisch anmutendem Eigennutzstreben hatte die möglichst deutlich zur Schau zu tragende christlich-gläubige Gesinnung eine erkennbare Färbung von religiösem Snobismus.

Karls Kraftbewußtsein ging an solchen Erkenntnissen vorüber. Er, der die „aufgehobenen Hände" des Heiligen Vaters brauchte, um seine jenseitige Geborgenheit und diesseitigen Erfolge zu sichern, der aber gleichzeitig Jesu Stellvertretung auf Erden durch rabulistische Kunststücke um ihre wohlerworbenen Rechte brachte, er, der Christenkönig, wollte nun die heterogenen Elemente seines schon fast Mitteleuropa umfassenden Reiches auf den Generalnenner des Katholizismus, das heißt des weltumspannenden Glaubens, bringen. Er fühlte sich stark genug, nun auch den Idealismus gesetzmäßig dekretieren zu können.

Je mehr die byzantinische Macht im ewigen Verteidigungskampf gegen Araber und Slawen von ihrem heroischen Glanz verlor, um so großartiger wuchs nun die fränkische Herrschaft zum Repräsentanten der christlichen Idee heran. In England hemmte der Widerstreit kleiner Könige die Entwicklung zur nationalen Einheit, die Auseinandersetzung zwischen schwingender Freigeisterei und puritanischer Orthodoxie den Aufstieg zur kirchlichen Führung. Aber die wogenden Kräfte der Zeit mußten sich nun formen, sollte der christliche Gedanke nicht der kompakten Macht des nordischen Götterglaubens oder der immer weiter um sich fressenden Glut des Islams erliegen.

Karl empfand seine Führerpflicht immer deutlicher als Sendung im guten Augenblick. Aber der ruhigen Selbstverständlichkeit des altgermanischen Götterkultes, der leidenschaftlichen Selbstentäußerung der Mohammedaner hatte er nichts entgegenzusetzen als einen künstlich überhitzten Glauben an den belohnenden und strafenden Christengott. Zur wirksamen Umschmelzung imperialistischen Machtstrebens in die Formen der allgemeinen religiösen Bewegung hätte vorerst die Auflösung seiner eigenen, aufs Realpolitische eingestellten Kraftnatur in prophetische Besessenheit gehört; dazu fehlte ihm aber jede Eignung. Der Flug seiner Gedanken hätte darum im Konstruktiven versacken müssen, wenn er sich allein auf das Religiöse stützen wollte. Neben der kirchlich-geistigen mußte auch die weltliche Idee stark bleiben, um den Gedanken des beide überdachenden Gottesstaates zu tragen. Erst wenn diese Voraussetzung erfüllt war, konnte für die Franken die Überzeugung heranreifen, daß man das von Gott neu „auserwählte Volk" geworden sei, und damit ein Neues entstehen, etwas großartig und geheimnisvoll in die Zukunft Greifendes: das einende Nationalgefühl.

Inzwischen wartete Hadrian von Tag zu Tag, von Woche zu Woche auf Nachricht. Endlich, Karl hatte sein neues Königreich schon wieder verlassen, kam ein kurzer Bescheid. Der Hof habe seine Absicht, nach Rom zu fahren, leider nicht mehr ausführen können, denn dringende Geschäfte hätten den König zurückgerufen; er würde aber seinen Besuch, sobald er die Zeit dazu fände, nachholen. Währenddessen richtete sich die fränkisch-langobardische Verwaltung in ganz Mittelitalien ein. Dem heiligen Petrus blieb nichts, als mit „erhobenen Händen" beiseitezustehen. Der langobardische Teufel war durch den fränkischen Beelzebub gründlich ausgetrieben.

Gladius Dei

„Entsagst du dem Teufel und allem Teufelswerk?
Und Thunaer und Wuotan und Saxnot
und allen Unholden?
Gelobst du dich dem allmächtigen Gott und
Vater und dem Heiligen Christ,
Gottes Sohn, und dem Heiligen Geist?"

„Ec gelobo!"

Taufformel für die säxische Mission,
um 800

Der zweite Saxenkrieg

Der nach Karlmanns Tod unternommene „heilige Krieg" gegen die Saxen und die Zerstörung der „Irminsul" sollte unübersehbare Folgen haben. Engern und Westfalen, die den Franken benachbarten Stämme, sahen in der Schändung ihres uralten Heiligtums gottlosen Frevel, den sie nicht ungestraft hinnehmen wollten. Die seit vierzehn Jahren mehr und mehr zur Ruhe gekommenen nachbarlichen Beziehungen wandelten sich jetzt mit einem Schlage in ungestümen Haß, der wie eine einzige Brandfackel aufloderte. *„Nicht um Beute zu machen, sondern um Rache zu nehmen"*, überfluteten die säxischen Scharen nun das fränkische Grenzgebiet, zerstörten Kirchen und Kreuze und jagten die verängsteten Christen vor sich her, die in Todesangst ihre heiligsten Reliquien zu bergen suchten. Wuotan und Saxnot mit *„allen Unholden und Dämonen"* stellten sich dem Christengott zum Kampf.

Noch in Italien hatte Karl die Nachricht erhalten; unheimlich schnell erschien er in Worms, wo die Reichsversammlung aufgeboten war. Ob die Franken erwartet hatten, daß die früheren „Unterwerfungen" vereinzelter säxischer Abteilungen wirklich für die Gesamtheit der volkreichen Stämme verbindlich waren, ob sie wirklich geglaubt hatten, mit der Zerstörung der „Irminsul" ein für allemal das Kreuz in Saxen errichtet zu haben: man glaubte jedenfalls, der Zeitpunkt sei jetzt endlich gekommen, um die seit Jahrhunderten immer wieder hinausgeschobene Endauseinandersetzung herbeizuführen. Noch ganz unter dem Eindruck der zerstörten Kirchen und der Berichte der im panischen Schrecken entflohenen Bevölkerung wurde nun der folgenschwere Entschluß programmatisch zum Gesetz erhoben: *„das treulose und bundbrüchige Volk der Saxen so lange zu bekriegen, bis es entweder vertilgt wäre oder das Christentum angenommen habe ..."*

Der Vernichtungskrieg sollte sofort mit der ganzen fränkischen Wehrmacht aufgenommen werden. Es dauerte drei Monate, bis alle Vorbereitungen beendet waren und der Vormarsch des größten Aufgebotes, das je unter fränkischem Kommando gestanden hatte, von Düren aus begann. Im Troß folgte eine Schar von Priestern, die unter Anleitung ehrwürdiger Bo-

nifatiusschüler ihre erste Ausbildung in sachgemäßer Heidenbekehrung erhalten sollten. Aber das fränkische Heer stieß ins
Leere. Die säxischen Scharen waren längst heimgekehrt; niemand dachte daran, sich in offener Feldschlacht zu stellen.

Erst an der *Sigiburg*, einem befestigten Adelssitz, kam es zu
einem kleinen Nachhutgefecht, dann zogen die Franken, an der

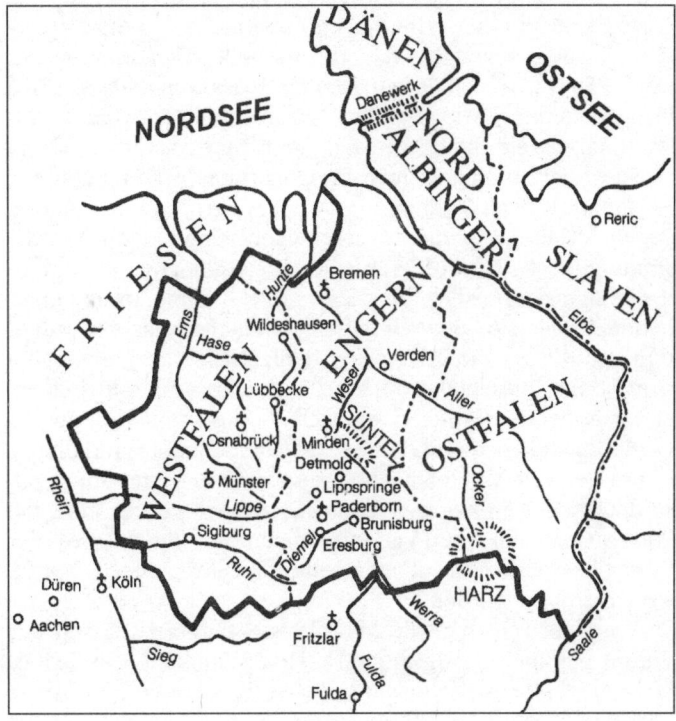

säxisch-thüringischen Nordgrenze marschierend, vorsichtig bis
zur *Eresburg*, die, mit der „Irminsul" zerstört, jetzt aber wieder
aufgebaut worden war. Da sich aber auch hier kein Feind zeigte, beschloß Karl, an der *Brunisburg*, dem Sitz des Engernher-
zogs Bruno, die Weser zu überschreiten. Zur Rückendeckung
blieb aber ein starkes Detachement am Westufer zurück. Noch
niemals seit Menschengedenken hatten die Franken sich weiter vorgewagt; jenseits des Flusses breitete sich das völlig unbekannte Land der Ostfalen, mit denen man noch nie in Berührung gekommen war.

Da fand man Menschenschädel als Trinkgefäße, da hingen
an jedem Giebel der verlassenen Häuser Pferdeköpfe und an-

derer Spuk, da war alles so völlig von Teufelswerk erfüllt, daß man nichts sehnlicher wünschte, als endlich zu schlagen oder umzukehren, zumal es immer herbstlicher wurde.

Karl war daher von einem Alp befreit, als nun plötzlich der von den Ostfalen durchs Los zum Herzog-Führer bestimmte *„Etheling"* Hassio im fränkischen Lager erschien und ohne jeden erkennbaren Grund die Kapitulation seines Stammes anbot. Es kam zu einer gründlichen Aussprache. Der Saxe durfte sich davon überzeugen, daß die formelle Anerkennung der fränkischen Oberhoheit keinerlei greifbare Nachteile mit sich bringen konnte; Karl verlangte – in Anbetracht der vorgeschrittenen Jahreszeit – nicht einmal die Annahme des Christentums.

Nach diesem eigenartigen Ereignis traten die Franken den Rückmarsch nach Westen an, nachdem Hassio einige Führer, zugleich Geiseln für die Zuverlässigkeit seiner friedlichen Gesinnung, gestellt hatte. Wenn der Engernherzog Bruno vielleicht dem Heer östlich der Weser im taktischen Zusammenarbeiten mit Hassio den Weg hatte abschneiden sollen, so gab er nun, auf die Nachricht von den erfolgreichen Verhandlungen der Ostfalen, diesen Plan auf. Auch er erschien nun gänzlich unerwartet bei den Franken, um sich von Karl seinen Besitz garantieren zu lassen und dafür seine Oberhoheit anzuerkennen.

Der gewagte Vorstoß an die Oker wurde in letzter Stunde also doch noch ein Erfolg. Wenn es jetzt noch gelang, auch die Westfalen zu ähnlichen Vereinbarungen zu bringen, so war der Zweck des Feldzuges vollauf erfüllt, ganz Saxen ohne Schwertstreich erobert worden.

Aber hier schienen die Verhältnisse anders zu liegen. Als Führer galt hier der mächtige Etheling Widukind, von dem es hieß, er stände von jeher im Gegensatz zu Hassio und Bruno. Karl mußte erfahren, daß er seinen Besitz schon zu einer Art Herrschaft erweitert habe und daraus Rechte in Anspruch nehme, die mit der freiheitlichen Verfassung aller säxischen Stämme mehr und mehr in Widerspruch gerieten.

Dieser Widukind hielt sich jedenfalls an eine Art von gemeinschaftlichem Kriegsplan. Hatte der Frankenkönig schon die unerwartete Vorsicht bezeigt, seinen Rücken durch ein besonderes Detachement zu decken, so mußte dieses überfallen werden, bevor das Gros des feindlichen Heeres sich wieder mit ihm vereinigt haben würde. Schlügen dann Hassio von Osten, Bruno von Norden her rechtzeitig los, so mußten die Franken bei einem westfälischen Vorstoß von Westen her von drei Seiten umfaßt und in die Harzhänge geworfen werden, wo man sie dann mühelos vernichten konnte. Die Ausführung dieses Planes wurde aber erst möglich, wenn das Weserdetachement beseitigt war. Aufmerksam verfolgte Widukind daher jede Bewegung dieser Truppe, die sich inzwischen befehlsgemäß bei Libheki verschanzt hatte. Schließlich bot sich eine Gelegenheit zum Zugriff. Als die Franken, leichtsinnig geworden, in einzel-

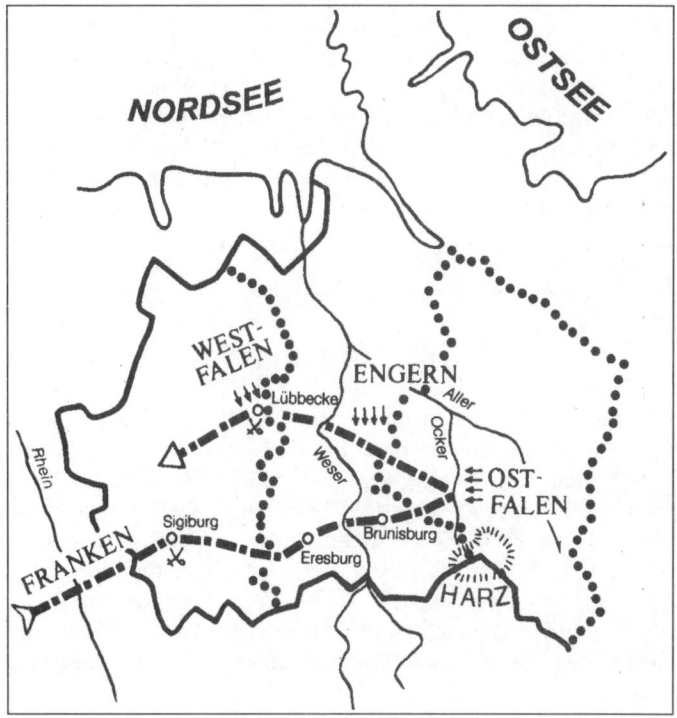

nen Trupps zum Fouragieren ausrückten, hieß er bei Dunkelheit seine Leute sich unter die Feinde mischen und mit ihnen in das befestigte Lager einrücken, *„als wären sie gleichfalls ihre Gefährten".* Auf ein verabredetes Zeichen schlugen sie dann auf die völlig überraschten Franken ein. Anstatt aber nun ganze Arbeit zu machen und sie alle zu erschlagen, wozu sie unzweifelhaft in der Lage waren, ließ Widukind sich auf Verhandlungen ein; man schloß schließlich einen förmlichen Friedensvertrag, der den westfälischen Sieg sicherstellte. Als er feierlich beschworen worden war, glaubten die Westfalen, die Meineid mit dem Tode bestraften, mit ihrem Erfolg zufrieden sein zu dürfen, und zogen ab.

Wenige Stunden später erschien Karl in Libheki. Kaum hatte er von den Ereignissen und dem „Friedensvertrage" Kenntnis erhalten, als er sofort aufsitzen ließ und den friedlich ziehenden Westfalen nachjagte. Sie waren bald eingeholt und umzingelt. Karl erzwang nun seinerseits einen „Friedensvertrag" von dem über solche „Bundbrüchigkeit" empörten Widukind; er mußte sich aber der Übermacht beugen und seine künftige Treue durch Geiselstellung anerkennen.

Damit war der große Zug beendet. Zwar hatten die Priester nicht in Aktion treten können, denn die Franken waren froh, daß sie mit heiler Haut nach Hause kamen, aber das Ergebnis entsprach doch wenigstens dem Anschein nach dem pompösen Reichsgesetz. Ostfalen, Engern und nun zum Schluß auch die gefürchteten Westfalen hatten sich unterworfen und Geiseln gestellt.

Die „Ethelinge"

Welcher Wert diesen „Unterwerfungen" beizumessen war, erwies sich aber schon im nächsten Frühjahr; Hassio und Bruno hatten sich vergeblich gegen den kraftvollen Einfluß ihres westfälischen Standesgenossen Widukind gewehrt, der, kaum waren die Franken wieder außer Landes, die Preisgabe der Geiseln und die Wiederaufnahme der Feindseligkeiten forderte.

Es zeigte sich nun, daß die Masse der „unterworfenen" Stämme die ganze Aktion in keiner Weise ernst genommen hatte, soweit sie überhaupt davon wußte. Nicht ohne System gingen sie nun in schon erkennbarer Einheitlichkeit gegen die von den Franken wieder aufgebaute Eresburg vor und nahmen sie so schnell, daß man von *„bösen Anschlägen und Verabredungen"* sprach. In wilder Flucht rettete sich die Bevölkerung in die Sigiburg an der Ruhr, die inzwischen von den Franken zu einer Art Grenzfestung ausgebaut worden war. Hier versagte aber der säxische Ansturm, und als die Besatzung einen Ausfall machte, flüchteten die Belagerer. Viel beachtet wurde die Tatsache, daß eine seinerzeit von Bonifatius in der Umgegend erbaute Kapelle auch jetzt von den Saxen nicht verbrannt werden konnte, was man auf eine Prophezeiung des heiligen Missionars zurückführte, der ihre Unzerstörbarkeit vorausgesagt hatte. Vielleicht lag es daran, daß sie im Gegensatz zu den sonst üblichen Holzbauten aus Stein aufgeführt war.

Als Karl aber bald darauf mit einem großen Heer erschien, regte sich kein Widerstand. Er stürmte bis zu den Quellen der Lippe vor, schlug hier ein befestigtes Lager auf und ließ die Führer der Engern, Ost- und Westfalen auffordern, unverzüglich zur Rechtfertigung zu erscheinen. Mit großer Spannung wartete er, ob und welchen Erfolg diese Ladung haben würde, die nun schon unzweideutig die fränkischen Herrenrechte auf Grund der Unterwerfungsverträge geltend machte. Tatsächlich erschienen bald die Abordnungen der Engern und Ostfalen, westfälische Bevollmächtigte blieben aus. Es waren die Vertreter der führenden „Ethelinge", an ihrer Spitze die erwählten Herzöge Bruno und Hassio, die nun als Wortführer ihrer Stämme auftraten. Karl lernte die Einzelheiten der politischen Zusammenhänge genau erkennen, die der säxischen Kulturgemeinschaft eine Art von staatlichem Leben gaben. Er erfuhr, welche überragende Bedeutung dem *„Etheling"* nicht allein bei der Führung der politischen Stammesgeschäfte zukam, sondern auch bei der alljährlich stattfindenden Versammlung aller Saxen in Marklo, die im ersten Anfang eine Art von Gesamtrepräsentation des national-säxischen Gedankens darstellte.

Es kam daher für die künftige Politik der fränkischen Krone in Saxen darauf an, diesen reichbegüterten Etheling, den Hochadel des Landes, für sich zu gewinnen. Er vereinigte immer noch so gut wie alle politische Macht in seiner Hand, als Nachfahr jener Eroberer, die von Holstein, dem *„kimbrischen Chersones",* vor Jahrhunderten aufgebrochen waren, um die britischen Inseln und das Rhein-Elbe-Gebiet zu unterwerfen. Dagegen stand die Masse der freien Bauern, die *„Frilinge",* und, von diesen kaum unterschieden, die der *„Laten",* solcher, deren Besitz in irgendeiner Form belastet war. Das allen säxischen Stämmen gemeinsame ungeschriebene Gesetz – die *„Ewa"* – hatte zwischen „Etheling" und „Friling" derartig scharfe Trennungsschranken gezogen, daß daraus viel weniger Klassen- als vielmehr Rassengegensätze erkennbar werden. Daher kam es auch, daß Friling und Late, der eingesessene Bauer als Nachkomme der von den säxisch-holsteinischen Eroberern unterjochten hermundurischen Stämme, die schon zu Hermann des Cheruskers Zeiten das Land besessen hatten, in wachsenden Gegensatz zu der Herrenkaste gerieten. Die absolut beherrschende Stellung der Ethelinge hatte im Lauf der seit der Eroberung vergangenen Jahrhunderte nicht viel von ihrem Charakter einer Zwingherrschaft verloren. Die im säxischen Volksrecht bis ins kleinste festgesetzte „Wergeld"-Ordnung, ein mit merkwürdig merkantilem Instinkt aufgestellter Tarif für körperliche Wertminderung eines Volksgenossen, bildete, wie bei allen indogermanischen Völkerstämmen, die unwandelbare Grundlage des sozialen Lebens.

Für die Tötung eines Ethelings war bei den Saxen wesentlich mehr als bei Franken und Langobarden, nämlich ein Betrag von vierzehnhundert Silberstücken im Gegenwert von etwa siebenhundert Rindern vorgesehen, während der gewöhnliche säxische Friling nur etwa hundertfünfzig Rinder kostete; es entsprach dies genau dem Wertansatz im (angel-)säxischen England, wo der Aristokrat geradezu als *„Twelfhyndemans"* bezeichnet wird, das hieß, daß für seine Tötung zwölfhundert Schillinge oder ebenfalls siebenhundert Rinder aufzubringen waren. Der Eid des Edlen galt zwölfmal soviel als der des Bauern; sein Wort im „Thing" entschied, wenn auch Friling und Late dort zum Zeichen ihrer Selbständigkeit in Waffen erschienen.

Diese Herrenstellung des Etheling war durch die Macht verstärkt, die sein Grundbesitz verkörperte, Erbe aus der über vierhundert Jahre zurückliegenden Eroberungszeit. Mochte auch inzwischen in den kinderreichen Familien noch so oft geteilt worden sein, die Geschlechter hielten in unwandelbarem Adelsstolz zusammen. Eine unstandesgemäße Ehe war nicht nur ungültig, sie galt als todeswürdiges Verbrechen; Säxinnen, die sich außer Landes verheirateten, verloren ihren Besitz. Außereheliche Verbindungen gab es so gut wie überhaupt nicht, da keine säxische Frau sich der grausamen Bestrafung für eine solche Schmach aussetzen konnte. Das Volk lebte daher noch im achten Jahrhundert in einer Sittenreinheit, wie sie Tacitus seinen Römern als eine Art Wunder geschildert hatte. Selbst Bonifatius nahm einmal Gelegenheit, seinen angelsäxischen Landsleuten die Keuschheit ihrer Stammesbrüder in Germanien ermahnend vor Augen zu führen. Dieser Zwang, unter sich zu bleiben, hatte aber die Klassen- und Rassengegensätze derart verschärft, daß der Drang nach Reformen sich als der erste Ansatz einer Art bäuerlicher Opposition durchzusetzen begann. Die freien Nachkommen dermaleinst unterworfener Herrengeschlechter wurden durch die immer mehr als Willkürherrschaft empfundene Betätigung der als *„Domini"* von den zeitgenössischen Chronisten bezeichneten Ethelinge in eine Interessenverbundenheit hineingedrängt, aus der die Umrisse einer ständischen Parteibestrebung schon langsam hervortraten. Fünfzig Jahre später entstand daraus der mächtige *Stellingabund,* dessen Anerkennung durch die letzten Karolinger eine vollständige politische und wirtschaftliche Umwälzung herbeizuführen geeignet war.

Für Karl konnte nur die entgegengesetzte Politik von Nutzen sein. Noch herrschten die Ethelinge unbeschränkt, aber doch schon in Sorge um ihre Latifundien. Er bot ihnen daher für die Anerkennung der fränkischen Oberherrschaft seinen mächtigen Königsschutz. Die Hassio und Bruno nahmen ihn, und nach und nach immer mehr der säxischen Standesherren, die erkannt hatten, daß sie auf die Dauer dem in seinen Anfängen schon fühlbaren demokratischen Druck doch nicht gewachsen sein konnten. Er war um so gefährlicher, als er womöglich die ganze Stoßkraft einer um ihre Bodenverbundenheit besorgten nationalen Gemeinschaft entfesseln würde. Man erinnerte sich daher jetzt gerne an die Waffenbrüderschaft mit den Franken aus vergangenen Jahrhunderten, ja sogar an gewisse peinliche Verträge der Väter, die nichts anderes als ein Vasallenverhältnis, sogar Tributverpflichtungen zu den Merowingerkönigen begründet hatten. Warum sollte man jetzt die ausgestreckte Freundeshand des fränkischen Riesen ausschlagen, der seinen gewaltig wirkenden Schutz anbot, sofern man ihn nach altem Adelsbrauch als so etwas wie einen „Primus inter pares" anerkannte und sich zur Annahme jenes christlichen Glaubens entschloß, dem die ganze Welt Untertan zu werden begann? Warum sollte man nicht die Formalitäten der sogenannten „Taufe" über sich ergehen und die fränkischen Priester als Sachwalter ihres Königs im Lande lassen, wenn die fränkische Krone dafür Recht und Besitz garantierte?

Die uradeligen Herren, die ihren Ursprung von Wuotan herleiteten, sahen darin viel weniger Gesinnungswechsel als vielmehr Politik auf weite Sicht. Für theologische Diskussionen hatte man weder Lust noch Veranlassung. Die Annahme der Taufe war eine Formsache, die den immer wichtiger werdenden Schutz einer machtvollen Königsgewalt verbürgte. Die Anerkennung der fränkischen Oberhoheit schien dagegen weder materiellen Verlust noch Unbequemlichkeit zu bringen; sie bedeutete im übrigen nichts anderes als eine Wiederholung traditioneller Verpflichtungen.

Karl triumphierte schließlich vollständig. Auf den Befehl ihrer für die fränkische Sache vollständig gewonnenen Herren fanden sich nun im Quellgebiet der Lippe und Pader die Scharen der Engern und Ostfalen ein. Am heiligen *Pathalbronn,* wo ein einsames Gehöft stand, später Paderborn genannt, traten die fränkischen Priester nun endlich in Aktion. Schubweise wurden die Saxnot-Söhne in das seit Urzeiten geweihte Wasser getrieben und, ohne daß sie verstanden, was mit ihnen geschah, zu Christen „angeheuert".

Mit diesem Erfolg begnügte Karl sich aber nicht. Ein Rückfall ins Heidentum war in dem Augenblick vorauszusehen, wo man damit begann, von den jungen Christen den „Zehnten" einzuziehen, der zur Finanzierung der nun einzurichtenden Missionstätigkeit unentbehrlich war. Praktisch bedeutete diese Mission zunächst viel weniger eine religiöse als vielmehr politische Angelegenheit. Die fränkischen Missionare unter Führung des klugen Bonifatiusschülers Sturm von Fulda hatten die wichtige Aufgabe, die Organisation einer fränkischen Verwaltung vorzubereiten. Sie wurden dadurch zu unentbehrlichen Vertrauensleuten zwischen Karl und den säxischen Ethelingen.

In durchaus richtiger Erkenntnis künftiger Gefahren suchte er daher nach einer anderen und besseren Methode, die neugewonnene Herrschaft zu befestigen. Das Geiselsystem hatte sich als unzulänglich erwiesen. Von den Massentaufen ging man daher nun mit Unterstützung der Ethelinge dazu über, jeden einzelnen Bauern unter Wahrung der landesüblichen Formalitäten zur Verpfändung seines Besitzes, ja seiner persönlichen Freiheit zu veranlassen, als Sicherheit für künftige Vasallentreue. Damit erwarben die Franken nach gültigem säxischen Volksrecht einen klaren Besitztitel auf das Land der Verpflichteten im Falle einer Wiedererhebung. Daß eine solche kommen mußte, war mit Sicherheit zum mindesten dann vorauszusehen, wenn die Einziehung der Kirchensteuern begann. Diese selbst wurden also durch diese Besitzverpfändungen gleichsam im voraus „dinglich gesichert".

Widukind

Vielleicht wäre die große Auseinandersetzung zwischen dem heidnisch-säxischen und dem christlich-fränkischen Prinzip nun beendet und die friedliche Einbeziehung des Rhein-Elbe-Gebietes in die fränkische Herrschaft gelungen, wenn auch der Westfalenherzog Widukind (das hieß vielleicht Wotanssohn) erschienen wäre. Er galt als der vornehmste Etheling in ganz Saxen, war überall begütert und unermeßlich reich. Sein Stammsitz an der Ostgrenze Westfalens lag in Wildeshausen am Einfluß der Hunte in die Weser. Als Schwiegersohn des Dänenkönigs Siegfried griffen seine Beziehungen weit über die Landesgrenzen. Der hochfahrende Mann überragte seine Standesgenossen so weit an Macht und Intelligenz, daß er ihnen immer verdächtiger wurde.

Für ihn bedeutete der fränkische Einbruch willkommene Gelegenheit, seine Führerstellung weiter zu vertiefen. Während nach dem Landesgesetz der Herzog durch das Los Jahr für Jahr neu bestimmt wurde, übte der Wotanssohn ohnehin schon eine Art von monarchischer Gewalt und drohte dadurch, seinen Standesgenossen gefährlich zu werden. Er war der Repräsentant der „Nordliudi", der jenseits der Elbe wohnenden „Nordleute", der Verbindungsmänner zu den geheimnisvoll-unbekannten Kraftquellen der Dänen und Skandinavier. Er vereinigte in seiner Person alle Voraussetzungen, um seine nun schon als Daueramt geführte Herzogswürde aus eigener Kraft zu einem Königtum auszugestalten, das die ungeschriebene Verfassung verbot.

Seine Kraftstellung überragte aber nicht allein durch äußerliche Macht die seiner Standesgenossen. Er hatte im Zusammenhang mit seinen häufigen Besuchen in Dänemark die Notwendigkeit erkannt, zur Erreichung seiner monarchistischen Ziele die Einheit zwischen Herrscher- und Oberpriestertum im altindogermanischen Sinn wieder herzustellen. Er galt deshalb als unbeugsamer Vertreter des starren Glaubenskultus, wie er bei den Dänen üblich war.

Der Franke war für ihn der Landesfeind, den zu vernichten die Götter geboten. Er fühlte sich stark genug, den Kampf aufzunehmen, weil er keine Veranlassung hatte, um Besitz und Recht besorgt zu sein; er fürchtete sich auch nicht, eine nationale Volksbewegung aus diesem Kampf zu machen, und wenn sie selbst die Hassio und Bruno Besitz und Leben kosten sollte.

Karl hatte von der Bedeutung Widukinds zunächst noch keine Vorstellung, zumal der größte Teil des säxischen Hochadels jetzt zu ihm hielt, weil er seine Interessenverbundenheit mit der fränkischen Krone durch die Tätigkeit der Missionare bestätigt sah. Es verging zwar keine Gelegenheit, ohne daß man ihn auf die Gefährlichkeit des Westfalen aufmerksam machte. Aber er nahm, angesichts der inzwischen erzielten Erfolge, solche Warnungen nicht ernst. Er konnte sich nicht vorstellen, daß noch etwas Nennenswertes hinter Widukinds Bemühungen stecken könne, nachdem jetzt während eines ganzen Jahres die Saxen sich nicht nur ruhig gehalten, sondern sogar willig die Taufe genommen hatten.

Er glaubte vielmehr wirklich, das Land endgültig unterworfen und dem Christenglauben gewonnen zu haben, und berief nun aller Welt zum Zeichen die Große Reichsversammlung des Jahres 777 mitten in das eroberte Feindesland nach Padabrun. Die Durchführung dieses Entschlusses bedurfte gründlicher Vorbereitungen. Es mußte eine Stafettenstraße angelegt werden, der sogenannte *„Hallweg"*, auf der die einzelnen Posten so verteilt waren, daß ein jeder die Hörner des Nachbarn „hallen" hören könnte. Auch die übrigen Zufahrtstraßen wurden militärisch gesichert, um den zu erwartenden lebhaften Verkehr vor jeder Überraschung zu schützen. Der gewaltige Eindruck, den das glanzvolle Bild eines fränkischen Reichstages auf die Bevölkerung machen mußte, wog schwerer als alle Gefahren. Die großartige Heerschau, die pompöse Hofhaltung mit ihrem Tagesbedarf von acht Ochsen und Hunderten von Schweinen sollten sie ein für allemal erkennen lehren, daß ein Widerstand gegen die fränkische Macht sinnlos war, ihre Anerkennung aber für jeden nur Nutzen bringen konnte.

Der große Staatsakt hatte mit einer allgemeinen Huldigung der säxischen Führer zu beginnen, die man im Beisein aller Standesherren des ganzen fränkischen Reiches, die Langobarden inbegriffen, als feierliche Handlung auszugestalten gedachte; umfangreiche Taufzeremonien waren vorgesehen, um der unter dem „Stellvertreter Gottes auf Erden" versammelten Christenheit zu beweisen, wie sichtbar wiederum dessen Waffen gesegnet worden waren. Die Tatsache an sich war schon eine Sensation, daß ein fränkischer König es wagen konnte, die Reichsversammlung mitten ins Saxenland zu berufen; noch vor ganz kurzer Zeit hatte es ja als tollkühnes Abenteuer für jeden Christen gegolten, nur die Grenze zu überschreiten. Nun war das wilde Volk nicht nur gebändigt, seine von jeher gefürchteten Herzöge nahmen, vom Schwerte Gottes zu Boden geworfen, die Taufe.

Aber nun fehlte bei dem großen Huldigungsakt doch einer, gerade der, von dem es hieß, er sei vielleicht der alleredelste, nämlich der Westfale Widukind! Man ließ amtlich diese etwas peinliche Programmwidrigkeit erklären; *„im Bewußtsein seiner vielen Übeltaten"* sei er vor des Königs Angesicht geflüchtet, weil er als einziger nicht auf dessen Großmut hätte rechnen dürfen. Seine säxischen Standesgenossen bestätigten gern die Richtigkeit.

Die Unterwerfung der übrigen lief störungslos ab. Nochmals schloß sich daran ihre feierliche Erklärung, daß ein jeder und mit ihm seine Gefolgsleute ihren gesamten Besitz und ihre persönliche Freiheit zum Unterpfand künftiger Treue gäben. Diese vor der Reichsversammlung wiederholte Verpflichtung wurde ein unwiderruflich gültiger Vertrag. Karl durfte nun davon überzeugt sein, daß die Unterwerfung Saxens geglückt wäre. Seine göttliche Sendung war nicht mehr anzuzweifeln, denn ohne Schwertstreich war der große Wurf fast im ersten Anlauf gelungen, um den nicht allein sein Vater und Großvater, sondern auch die Merowingerkönige unzählige Male vergeblich zu Feld hatten ziehen müssen. Seine heilige Aufgabe: *„überall Christi heilige Kirche gegen Einbruch der Heiden und Verheerungen durch Ungläubige mit Waffen zu verteidigen ..."* war schon jetzt so gut wie erfüllt; ja noch mehr. Das Heidentum war nicht nur entscheidend und endgültig zurückgedrängt, seine vornehmsten Vertreter hatten die Überlegenheit des Christengottes anerkennen müssen und die Taufe genommen. An Widukind dachte niemand mehr.

Das spanische Abenteuer

Karls stolzes Siegesbewußtsein kannte nun keine Grenzen. Hatte das Schwert Gottes Wuotan und Saxnot an der Ostgrenze des Reiches niedergeschlagen, so blieb ihm die nicht minder heilige Pflicht, jetzt auch im Süden ein für allemal mit den mohammedanischen Sarazenen ein Ende zu machen, die vor vierzig Jahren, schon mitten im Reich stehend, beinahe die christlich-fränkische Welt überrannt hätten. Zwar waren die Südgrenzen nun im allgemeinen gesichert, dennoch drohte an den Pyrenäen ähnliche Dauergefahr wie bislang am Rhein. Man empfand es auch allgemein als Schmach, daß die letzten Reste der einst weltbeherrschenden Goten, bis auf die schmalen Küstenstriche Asturiens zurückgedrängt, in sarazenischer Abhängigkeit nur geduldet ihrem christlichen Glauben leben durften. Ein merkwürdiger Zufall wollte es nun, daß gerade jetzt eine Gesandtschaft aus Spanien nach Kerrlingen kam, als die Franken in Paderborn sich in kreuzzugartiger Siegesstimmung berauschten. Es war eine Abordnung der sogenannten Abbasidischen Opposition gegen einen Revolutionär, Abderr Haman, der die Herrschaft über ganz Spanien an sich gerissen hatte. Sie wurde von dem gestürzten Statthalter des Kalifen in Bagdad, dem vornehmen Araber Suleiman, geführt und hatte die Aufgabe, die Franken für einen insgeheim geplanten Aufstand gegen Abderr Haman zu gewinnen und sie davon zu überzeugen, daß ein Erfolg dieser Bewegung auch für die christlichen Nachbarn von größter Bedeutung werden müsse.

Karl zeigte so großes Interesse für die Darstellungen Suleimans, daß dieser nun aufs ganze ging und seine gewaltige Überredungsgabe aufbot, um ihn zu aktiver Mitwirkung zu bestimmen. Mit vielen Gesten und blumenreichen Worten schilderte er die Zustände in seiner Heimat, allerdings so einseitig, daß man glauben mußte, Abderr Haman stände unmittelbar vor dem Sturz. Aber dennoch habe er sich gerühmt, erzählte Suleiman, die Niederlage von Tours und Poitiers an den Franken bald zu rächen; schon unterdrücke er deshalb die christlichen Gemeinden, die bislang volle Glaubensfreiheit genossen hätten. Wenn aber jetzt der glorreiche Saxen- und Langobardenbezwinger, der anerkannte Herr der Christenheit, über die Pyrenäen seinen Glaubensgenossen zu Hilfe käme, so sei nicht nur der christliche Gedanke in Spanien gerettet, auch mit der Herrschaft des Tyrannen wäre es dann für immer vorbei. Im Namen seines rechtmäßigen Herrn, des Kalifen in Bagdad, dem die fränkischen Könige schon seit langer Zeit in Freundschaft verbunden wären, biete er ihm zum Dank die Herrschaft über die vorwiegend christlich besiedelte Nordmark Spaniens, vom Westmeer bis zum reichen Barcelona.

So viel er sprach, so viel verschwieg er auch. Die Berufung auf Harun al Raschid in Bagdad war Phantasie. Der „Herr aller Gläubigen" hatte Spanien längst aufgegeben, weil dem genialen Feldherrn Abderr Haman, dem mächtigen Führer der omaijadischen Familie, das Westreich des Islams willig gehorchte. Das Angebot auf die spanische Nordmark hatte nur sehr begrenzten Wert, weil auch hier Abderr Haman unbestritten herrschte und die dort lebenden Christen sich unter seiner toleranten Regierung durchaus zufrieden fühlten. Um sie zu besitzen, hätte Karl sie erst erwerben müssen. Suleiman und seine Freunde waren entrechtete Fürsten, die nichts mehr besaßen.

Karl erinnerte sich wohl, daß derselbe Suleiman vor Jahren mit Pippin zum gleichen Zweck verhandelt hatte, aber freundschaftlich abgewiesen worden war. Der redegewandte Araber wußte aber auch diesen Einwand zu widerlegen. Damals sei die fränkische Südmark, Aquitanien, ein Aufstandsgebiet gewesen. Ein spanischer Feldzug hätte also für Pippin, so gern er ihn auch unternehmen wollte, ein gewaltiges Wagestück bedeutet. Heute lägen die Verhältnisse aber ganz anders, nachdem sein ruhmreicher Sohn schon im ersten Jahr seiner Regierung dieses immer unruhige Herzogtum fest seiner Herrschaft einverleibt und nun auch die Ostgrenze gesichert hätte, so daß die väterlichen Bedenken heute nicht mehr am Platze wären. Suleimans Anerbietungen schienen schließlich so verlockend, daß Karl zustimmen zu sollen glaubte. Ein Friedensjahr war vorüber und das Heer, durch langobardische Kontingente mächtig verstärkt, in glänzender Verfassung, wie die Paderborner Truppenschau erwiesen hatte. Die Unterwerfung Saxens konnte als abgeschlossen gelten, nachdem von nun ab auch noch die fränkische Freigebigkeit durch immer neue Kanäle ins Land floß, so daß ein saxenstämmiger Annalist hundert Jahre später bewundernd feststellte, es seien mehr Wotanssöhne durch das fränkische Gold als durch das fränkische Schwert gewonnen worden. Die Missionsstationen waren nicht nur geduldet, sondern nun auch schon für die getauften Ethelinge unentbehrliche Organisationen von behördlichem Charakter. Von der Ostgrenze brauchte nach menschlicher Voraussicht nichts mehr befürchtet zu werden. Die Überführung der spanischen Nordmark in feste fränkische Verwaltung mußte das immer noch unruhige Südgallien mit seinen gefährlichen nationalistischen Tendenzen entscheidend zur Ruhe bringen und überdies der fränkischen Krone wertvolles Siedlungsland zuführen. Die Vorstellung schließlich, daß christliche Glaubensgenossen unter muselmännischem Joch schmachten sollten, mußte den Krieg ungeheuer populär machen, Karls imperialistischer Drang durch die Erfüllung einer heiligen Pflicht, Gottes Willen zu vollstrecken, sich sinnfällig veredeln.

Ja, selbst wenn alle diese Gründe noch nicht ausschlaggebend waren, um sich für Suleimans Vorschläge zu entscheiden: die Verlockung, neue, dichtbevölkerte, in hoher wirtschaftlicher Kultur stehende Gebiete, die zudem überwiegend von Christen besiedelt waren, seiner Herrschaft mühelos einverleiben zu können und mit Barcelona einen bedeutungsvollen Stützpunkt im Mittelmeer zu gewinnen, war derart bestechend für den jungen, im Glanz seiner gottgewollten Erfolge strahlenden König, daß die nüchtern rechnende Vernunft ihn jetzt unter dem fremdartigen Einfluß der orientalischen Beredsamkeit zum ersten und letzten Mal in seinem Leben verließ. Ohne sich ausreichend darüber zu vergewissern, inwieweit die Angaben Suleimans tatsächlich der Wirklichkeit entsprachen, glaubte er, was er wünschte, vertraute auf sein bisher untrügerisches Glück, sein unbesiegbares Heer und sagte dem Spanier zu. Im stillen hoffte er dabei, wenn er erst einmal in Nordspanien, dank der Unterstützung Suleimans und seiner Freunde, die zu Zeiten seines Vaters unzweifelhaft machtvolle Fürsten gewesen waren, Fuß gefaßt hätte, dann bald mit Leichtigkeit dem Heidenspuk in ganz Spanien ein Ende machen zu können, um die Herrschaft des Kreuzes bis an die Säulen des Herakles vorzutragen.

Mit einer Wucht ohnegleichen ließ seine Regierung nun in systematischer Vorbereitung des großen Eroberungskrieges alle Register amtlicher Propaganda spielen, um das Wagnis eines Feldzuges an der äußersten Reichsgrenze volkstümlich zu machen. Noch bis ins späte Mittelalter hinein wirkte diese Propaganda nach, denn nicht allein die Kreuzfahrer der Stauferzeit beriefen sich auf Karls, des „Kaisers aller Christen", glorreichen Kampf wider die Sarazenen; die Legendenbildung fand acht Jahrhunderte lang immer neue Nahrung an diesem „ersten Kreuzzuge" und ließ die Franken unter Karls Führung schließlich über Spanien nach Jerusalem und zurück über Konstantinopel ihren siegreichen Weg genommen haben.

Die Notwendigkeit, das ganze Volk für diesen Krieg zu entflammen, war aber um so eher gegeben, als innerhalb der fränkischen Stämme unverkennbare Kriegsmüdigkeit herrschte. Der kostspielige Militärdienst mußte vom Grundbesitz finanziert werden; er hatte nach altem Brauch je nach Leistungsfähigkeit und Ertragswert nicht nur Soldaten zu stellen, sondern sie auch auszurüsten und zu verpflegen. Wer seinen Verpflichtungen nicht nachkam, mußte ruinierende Geldstrafen zahlen, den sogenannten „Heerbann", dessen Eintreibung mit rücksichtsloser Härte erfolgte. Die mit einer einzigen Ausnahme jetzt alljährlich geführten Kriege Karls mit ihrer verhältnismäßig nur geringen Beute erstickten alle Ansätze zum wirtschaftlichen Aufschwung des Reiches. Der Ackerbau mußte notgedrungen vernachlässigt werden; die Rodungstätigkeit, die besonders viel Menschenmaterial erforderte, kam nur ganz langsam vorwärts, viel zu langsam, um den wachsenden Landhunger befriedigen zu können.

Welche ungeheuren Anforderungen der Kriegsdienst an den einzelnen stellte, zeigt eine Art von Mobilmachungsorder Karls an den Abt von Fulda. Da heißt es: „... *Deshalb befehlen wir Dir, daß Du mit vollzähliger Mannschaft, alle wohl bewaffnet und ausgerüstet, am 17. Juni an den genannten Ort kommest, das ist sieben Tage vor der Messe Sankt Johannes des Täufers. So ausgerüstet, sollst Du mit Deiner Mannschaft an den genannten Ort kommen, daß Du von dort, wohin auch unser Befehl weist, feldmarschmäßig abrücken kannst, also mit Waffen und Werkzeugen und allem Kriegsbedarf an Kleidung und Kost. Demnach muß jeder Reiter Schild, Lanze, Schwert und Halbschwert, Bogen und Köcher mit Pfeilen haben, auf ihren Karren Werkzeuge jeder Art, nämlich Beile und Brecheisen, Bohrer, Äxte, Hacken, eiserne Spaten und was sonst an Geräten im Felde notwendig ist. Lebensmittel auf den Karren: von der Versammlung ab für drei Monate. Waffen und Kleider: für ein halbes Jahr.*

Und das befehlen wir unbedingt – sorgt Ihr für die Befolgung –, daß Ihr im vollen Frieden nach dem genannten Ort ziehet, durch welchen Teil unseres Reiches Euer Weg Euch auch führen mag, daß Ihr Euch also nicht untersteht, außer Heu, Holz und Wasser irgend etwas anzurühren, und jeder von Euch lasse seine Leute zusammen mit ihren Karren und Reitern marschieren und bleibe stets bei ihnen, damit die Abwesenheit des Herrn den Leuten nicht etwa Gelegenheit zu Übergriffen gibt."

Aber es gelang tatsächlich, daß nicht nur ein begeistertes fränkisches Heer sich im März 778 in Cassinogilum befehlsmäßig versammelte, auch die Bayern erschienen erstmalig seit Tassilos „Heeresliz", um sich Karls Oberbefehl zu unterstellen; man zog ja nicht allein um des Kreuzes willen, sondern in Erwartung unermeßlicher Beute ins Sarazenenland! Von allen Kanzeln des Reiches flehten sorgsam instruierte Priester den Segen des Himmels herab, an ihrer Spitze der Heilige Vater in Rom mit befehlsgemäß „aufgehobenen Händen".

Ein ungewöhnlich milder Winter hatte die Pyrenäenpässe schon im März schneefrei gemacht, so daß Anfang April „*das größte Heer, das seitdem je die christliche Welt gesehen*", in zwei Armeegruppen geteilt, den Vormarsch antrat. Die achtzehnjährige Königin Hildegard, die ihrer fünften Entbindung entgegensah, blieb mit der königlichen Familie in Cassinogilum zurück, um bald darauf einem Zwillingspaar das Leben zu schenken. Sie nannte die beiden Brüder Lothar und Ludwig, aber nur Ludwig blieb am Leben, um sechsunddreißig Jahre später als Nachfolger seines Vaters der Totengräber der karolingischen Dynastie zu werden.

Als die beiden Armeegruppen nach Überwindung unvermuteter Schwierigkeiten mit ihrem umfangreichen Troß das Gebirge auf zwei Pässen überschritten und die eine, deutschstämmige, unter Karls persönlicher Führung in Vasconien, die andere, westfränkische, östlich davon das spanische Flachland erreicht hatten, ergab sich als erste peinliche Überraschung,

daß die Bevölkerung eine eindeutig feindliche Stellung ein-
nahm. Nachrichten aus den weiter südlich gelegenen Provinzen ließen jedoch auf ein planmäßiges Vorgehen Suleimans
schließen, der, wie man berichtete, überall den Aufstand gegen
Abderr Haman geschürt hatte. Bevor das Heer den weiteren
Vormarsch antrat, kam aber die merkwürdige Meldung, daß
aufständische Berberstämme bei Murcia gelandet seien, aber
mit Suleiman in Streit geraten und von diesem daraufhin blutig
zurückgeschlagen wären. Unmittelbar darauf sollte Abderr Haman selbst mit einem starken Truppenaufgebot eingegriffen
und die Aufständischen vollständig vernichtet haben. Damit
entfiel die im Kriegsplan vorgesehene Unterstützung der fränkischen Operationen von Süden her.

Die in Paderborn geschilderte Lage begann sich zu verwir-
ren. Karl erkannte, daß die gegen Abderr Haman gerichtete Bewegung zum mindesten nicht einheitlich geführt würde, ja, es
schien sogar, als ob sie bereits niedergeschlagen sei.

Dennoch verfolgte er seinen Plan weiter und marschierte
nach Pampellona, der Hauptstadt des christlichen Vasconiens.
Anstatt daß aber die Nachfahren der Goten die Franken als
Glaubensgenossen und Befreier vom sarazenischen Joch ju-
belnd begrüßten, schloß die feste Stadt ihre Tore, und es kam
zu erbitterten Kämpfen. Karl erkannte nun klar, daß Suleiman
ihm von den nordspanischen Verhältnissen ein ganz falsches
Bild entworfen hatte. Den dort lebenden Christen ging es unter
der kraftvollen Herrschaft des kultivierten Abderr Haman vortrefflich; von einer kampflosen Eroberung der nordspanischen
Gebiete war nicht nur keine Rede, die Bevölkerung sah in den
Franken Eindringlinge und Landesfeinde; das Heer geriet in
große und völlig unerwartete Gefahr. Unter der lähmenden
spanischen Sommerhitze sank die Stimmung der „Kreuzfahrer"
immer mehr, die den Sinn des Feldzuges nun überhaupt nicht
mehr verstanden.

Nach dem Kriegsplan sollte der deutschstämmige Teil des
Heeres längst in Saragossa sein, um sich dort mit dem west-
fränkischen zu vereinen. Solange Pampellona aber Widerstand
leistete, war an einen weiteren Vormarsch nicht zu denken.
Karl ging daher mit aller Energie vor und erstürmte schließlich
die Stadt. Es gab nun aber keinen großen Dankgottesdienst,
sondern ein blutiges Strafgericht. Die Festung wurde vollständig zerstört, *„auf daß sie in Zukunft nicht mehr rebellieren könne",*
womit gleichzeitig der Verzicht zum Ausdruck kam, eine nord-
spanische Mark zu begründen und sich auf die Dauer hier fest-

zusetzen. Das Heer ging nun in Eilmärschen über den Ebro und näherte sich Saragossa in der Hoffnung, wenigstens hier freundschaftlich empfangen zu werden. Es kamen aber keine Friedensgesandten mit Hosiannarufen, dagegen nahm die Bevölkerung eine so feindselige Haltung ein, daß man sich auch hier auf erbitterten Kampf gefaßt machte. Eine Erstürmung der ausgedehnten Festungsanlagen war völlig ausgeschlossen. Auf eine Belagerung konnten die Franken sich kaum einlassen, weil jederzeit von Süden her Abderr Haman anrücken konnte. Die Lage war äußerst kritisch, aber Karl mußte auf die westfränkische Gruppe warten, die auf Saragossa angesetzt war, von wo man in großer Ostschwenkung dann Front gegen Barcelona hatte nehmen wollen. Viel lieber wäre er gleich umgekehrt, denn der „militärische Spaziergang" entwickelte sich zu einem schweren Krieg, auf den man in keiner Weise vorbereitet war. Das „wankende Reich" Abderr Hamans erwies sich als ein fest gefügter, glänzend regierter Staat.

Als endlich die zweite Gruppe eingetroffen war, brach Karl entschlossen die weiteren Operationen vor Saragossa ab und trat den Rückmarsch auf Pampellona an. Reichlich bedrückt stellte Suleiman sich ein, um die Schlüssel von Barcelona und Gerona zu übergeben, eine völlig wertlose Geste, denn beide Städte erwarteten den Feind kampfbereit und siegesbewußt. Aber Karl fiel nicht zum zweitenmal auf die Überredungskünste herein, sondern ließ den falschen Gesandten kurzerhand verhaften und in Ketten legen. Dann wurde der schwerwiegende Entschluß gefaßt, den Feldzug abzubrechen, obwohl außer der Eroberung Pampellonas überhaupt keine Erfolge erzielt worden waren und die geringe Beute in gar keinem Verhältnis zu den Mobilmachungskosten stand. Die bittere Erfahrung, daß die spanischen Glaubensgenossen von Gottes fränkischem Schwert nicht das geringste wissen wollten, mußte hingenommen werden. Doch es wog leicht gegen die unübersehbaren Gefahren, denen die Franken sich bei einer weiteren Fortsetzung des aussichtslosen Krieges ausgesetzt hätten. Das Prestige der Krone sank allerdings gewaltig, da von den großen Versprechungen nichts erfüllt worden war. Gott hatte seinen Stellvertreter auf Erden sichtbarlich verlassen. Die schon als eine Art von Evangelium gepredigte Idee des fränkischen Gottesstaates erwies sich eben nur innerhalb der Reichsgrenzen als durchführbar. Die ausländischen Christen hatten eine ganz andere Art von religiösem Idealismus und verspürten keinerlei Bedürfnis, ihren spanischen Nationalstolz einer – zudem noch fränkischen – Ideologie zu opfern. Karl mußte erkennen, daß sein Gottesstaat eine innerfränkische Angelegenheit zu bleiben hatte; er konnte sich nur innerhalb der königlichen Machtgrenzen entwickeln, weil das ihm innewohnende Ideengut über den Charakter einer amtlichen Ethik hinaus nicht verstanden wurde.

Schon auf dem Rückmarsch über das Gebirge, als das Gros des Heeres den Paß von Roncesvalles hinter sich gelassen hatte, ereignete sich ein schweres Mißgeschick. Ob es die spanische Hitze war, die die mißgelaunte Führung ausreichende Vorsicht außer acht lassen ließ, ob Karl sich noch immer nicht an den Gedanken gewöhnt hatte, daß die vasconischen Christen nach der Zerstörung ihrer Hauptstadt nun erst recht frankenfeindlich eingestellt waren: in dunkler Nacht wurde der Troß des Heeres, von schwacher Nachhut gedeckt, auf den engen Paßhöhen überfallen. *„Während das Heer in langausgedehnter Marschordnung, wie diese der schmale Paß erzwang, sich vorwärtsschob, brachen plötzlich die Vasconen aus einem auf dem höchsten Berggipfel gelegenen Hinterhalt – die dichten Wälder, deren es dort noch viele gibt, sind für solche Zwecke sehr geeignet –; sie überfielen den letzten Teil des Trosses und die zur Deckung bestimmten Mannschaften von oben her, warfen sie in die gähnenden Schluchten, erschlugen im Handgemenge, wer sich zur Wehr setzte, und raubten alles Gepäck. Im Dunkel der Nacht stoben sie dann nach allen Seiten auseinander."* Dieser mit auffallender Genauigkeit überlieferte Überfall von Roncesvalles war mehr als ein schmerzlicher Ausklang des unglücklichen Feldzuges. Unter den Gefallenen befand sich auch der Markgraf Hroudland, der berühmteste Held des fränkischen Heeres, dem Karl so zugetan war, daß man sich später zuraunte, er sei des Königs eigener Sohn gewesen, ja, es hieß sogar, seine Mutter wäre Gisela, Karls Schwester, vielleicht weil sie bald darauf der Welt entsagte und den Schleier nahm. Der Gestalt Hroudlands bemächtigte sich die Phantasie immer mehr, bis sein Tod schließlich in der Rolandsage verherrlicht wurde. Sein heldenmütiger Kampf gegen die Heiden wird hier geschildert, wie er, von dem verräterischen Ganelun getäuscht, in ihren Hinterhalt geriet, indessen Karl bereits in Paris eingetroffen war. Mit epischem Schwung erzählt die frühmittelalterliche Romantik, wie er zum Schluß sich mühte, sein gutes Schwert Durandot zu zerschlagen, damit es den Heiden nicht in die Hände fiele; aber der Stahl, der ihm in allen Schlachten gegen die Lombarden, Saxen und sonstigen Christenfeinde treu geblieben war, läßt sich nicht zertrümmern. Da bläst er mit letzter Kraft, bis ihm die Adern springen, in sein elfenbeinernes Horn *Olifant,* so laut, daß Karl in Paris es hört und sofort zu Hilfe eilt, aber nur noch die Leichen seiner Getreuen bergen kann.

„Die schleichenden Verführer"

Die Nachricht von dem unglücklichen Feldzug lief in maßloser Übertreibung dem Heere voraus, schon hieß es, der König sei gefallen und die Truppen völlig aufgerieben. Als Karl endlich in Auxerre eintraf, nachdem er, durch die Erfahrungen mit den Vasconen klüger geworden, alle bisherigen Beamten Aquitaniens durch ostfränkische Vertrauensleute ersetzt hatte, erreichte ihn die Schreckensnachricht, daß Saxen in hellem Aufruhr stände. Ohne sich um seine Treueschwüre, Verträge, ja um die Geiseln zu kümmern, sei das ganze Volk aufgestanden. Der Einfluß der Ethelinge und Herzöge war unter dem Sammelruf des Westfalen Widukind zerschmolzen. In breiter Front wären die säxischen Scharen bis zum Rhein vorgestoßen und hätten das ganze Gebiet von Deutz bis herunter nach Fulda verwüstet. Da sei kein Stein auf dem anderen geblieben. Karl setzte sofort seine rheinfränkische Garde, die Scara Francisca, in Marsch, aber sie kam zu spät. Schon war es winterlich kühl geworden und der Zweck des Rachefeldzuges erfüllt. Die Franken stellten nur noch ein paar Nachzügler, die schnell in den Wäldern verschwanden. In Heristal ließ Karl sich berichten. Er mußte hören, daß die Mönche von Fulda unter Sturm sich und die Gebeine des heiligen Bonifatius nur mit genauer Not hätten retten können. Alle Missionare hatte man erschlagen oder verjagt. Der Name Widukind war in aller Munde. Karl begann zu erkennen, daß der pompöse Reichstag von Paderborn nur einen Scheinerfolg dargestellt hatte, ja, daß jede Unterwerfung wertlos blieb, solange dieser unheimliche Widukind nicht gewonnen war. Er wartete nun in Ungeduld auf das Frühjahr, um die Ordnung endgültig wieder herzustellen. Es schien auch so, als ob die Ereignisse ihm recht gaben, denn als die Jahreszeit den Vormarsch endlich gestattete, regte sich nicht der leiseste Widerstand. Die Franken stießen bis zur Weser vor, wo Bruno und Hassio sich stellten und ihre Unschuld an den Ereignissen nachwiesen. Sie wiederholten für alle Engern und Westfalen erneut die Anerkennung der fränkischen Herrschaft. Nur Widukind war nirgends zu finden. Als aber das ganze Jahr über Ruhe herrschte, beschloß Karl, die Wiedereinrichtung der Missionen zu betreiben. Er ging dabei mit äußerster Vorsicht zu Werke und untersagte vor allem jede Gewalt. Man sollte nach dem Beispiel der altirischen Schule versuchen, die christliche Idee aus den indogermanischen Mythologien zu entwickeln, die ebenso wie das Evangelium von einem einzigen Urvater-Gott berichteten. Noch waren die Traditionen ja nicht erloschen, die geboten, *„den Beherrscher des Alls, dem alles unterworfen ist"*, zu verehren. Ja, selbst Wuotan wurde als Allvater gepriesen. Dem religiösen Empfinden der säxischen Menschen konnte eine solche Gott-Auffassung nicht unbegreiflich sein, denn schon die Römer hatten ja von ihnen erzählt: *„Sie glauben, man könne die Götter weder in Tempel einschließen noch in menschlicher Weise nachbilden, denn die Götter seien zu erhaben. Sie weihen ihnen deshalb Haine und Wälder und benennen diese stillen Heiligtümer nach ihnen."* War inzwischen auch das Urerinnern an atlantidische Überlieferungen verblaßt, letzte Reste davon schimmerten doch noch aus der kultischen Naturverbundenheit hervor. Es war ein säxischer Mönch, der, nur wenig später, die dunklen Überlieferungen seiner Väter vom Weltuntergang unter dem Titel *„Muspilli"* niederschrieb, das hieß: „Alter Zauber", letzter Bericht von jenen unfaßbaren kosmischen Katastrophen, die eine frühe Menschheit erlebte. Auch die „Seherin" in der Edda prophezeit ganz ähnlich den Untergang des Menschengeschlechtes, aus gleichem Urerinnern schöpfend. Das mystische Wissen um den *„einen allmächtigen Gott"* war an sich kein Gegensatz zum Christentum. Das erhabene Gebet vom Kloster Wessobrunn, in säxisch-deutschen Versen niedergeschrieben – mit isländischer Überlieferung fast wörtlich übereinstimmend –, schöpft noch ganz aus heidnischem Mythos, ohne den geringsten Anklang an die biblische Schöpfungsgeschichte. *„Das erfuhr ich unter den Menschen als der Wunder größtes: Daß Erde nicht war noch Himmel droben, noch Baum noch Berg nicht war, noch ein einziger Bach, noch die Sonne nicht schien, noch der Mond nicht leuchtete, noch die herrliche See: da da nichts war von Erden und Grenzen, war dennoch da der eine allmächtige Gott."* Dieser Allvater sandte auch bei den Nordländern seinen „eingeborenen Sohn" auf die Erde, aber nicht um die Menschheit von einer Schuld zu erlösen, sondern um sie zu erzeugen. Die neue christliche Lehre fußte wohl auf dem gleichen Urglauben der Menschheit von dem einen allmächtigen und unsichtbaren Gott, aber sie entsprach einer Lebensentwicklung, die keine Berührung mit dem versteinerten Ethos der säxischen Menschen von Heldentum und Waffenehre vertrug. Der Saxe „hielt nicht den linken Backen hin", wenn ihn einer auf den rechten schlug. Er ehrte Vater und Mutter nicht, „auf daß es ihm wohl gehe", sondern weil ritterliche Dankbarkeit es gebot. Wenn der Schöpfer der christlichen Lehre nicht weiß, „wohin der Wind geht und von wannen er kommt", so war das für den Saxen durchaus kein göttliches Mysterium, denn am Ende der Welt horstete ein riesiger Adler, der mit den Flügeln schlug. Die Gedankenwelt der Germanen, die wie ein fernes, geheimnisvoll strahlendes Licht nun zum letztenmal, wenn auch schon verlöschend, aufleuchtet, war im Sinnlichen ganz und gar verwurzelt. Wo das Begreifen fehlte, schob eine dichterische Phantasie lichtvolles Götterleben in dunkle Hintergründe.

Sturms von Fulda vorsichtig tastende Missionsarbeit gewann nun wirklich langsam an Boden, weil er sich überall an den Hochadel halten konnte. Als der heilige Lebuin, ein angelsächsischer Missionar, zu einer neuen Bekehrungsrundreise aufbrach, stieg er zuerst *„im Hause eines berühmten und mächtigen Mannes namens Folcbert"* ab. Der empfahl ihn weiter, bat ihn aber dringend, von seinem tollkühnen Wagnis abzulassen, auf der Volksversammlung in Marklo zu predigen. Aber Lebuin verließ sich auf seine Freunde. Dennoch hätte nicht viel gefehlt, und der heilige Mann wäre in Marklo erschlagen worden, als er, mit den christlichen Priesterinsignien geschmückt, während der Wuotansopfer in die feierliche Stille rief: *„Hört alle nur auf mich und den Gott, der durch mich spricht!"*

Einen Augenblick war alles über solchen Frevel erstarrt; dann schrien die in ihren religiösen Gefühlen aufs tiefste beleidigten Männer: *„Da ist ja wieder der schleichende Verführer, der Feind unserer Heiligtümer und des ganzen Vaterlandes, jetzt soll er aber bluten!"* In rasender Wut rissen die säxischen *„Schwertmänner"* Phähle aus den benachbarten Zäunen und stürzten sich auf ihn. Lebuin brüllte mit seiner *wie eine Trompete dröhnenden Stimme: ‚Er, der Beherrscher aller Himmel und Zeiten, sandte einen gewaltigen König, den klügsten und tapfersten, daß er nicht etwa aus der Ferne, sondern aus nächster Nähe wie ein reißender Gießbach sich auf euch stürzen wird, um eure trotzigen Nacken zu beugen. Er wird über euer Land herfallen, wird es mit dem Schwerte, mit Verwüstung, Brand und Versklavung heimsuchen, als Rächer des Gottes, den ihr schmäht! Auf euch paßt das Wort der alten Verheißung: Sie wurden wenige und von Kummer und Elend bewegt!'"*

Da sprangen im allerletzten Augenblick einige Ethelinge vor, und einer von ihnen, namens Buto, *„der die andern an Adel noch übertraf, rief, auf einem erhöhten Platz stehend: ‚Schwertmänner, oft kamen Gesandtschaften hierher, Normannen, Slawen und Friesen. Wir haben sie stets nach Altvätersitte in Frieden gastlich aufgenommen. Da steht nun der Gesandte des, wie er sagt, höchsten Gottes; er bringt uns dessen Botschaft, und ihr schmäht ihn und bedroht ihn am Leben!'"*

Dieser tadelnde Hinweis auf Bruch des Gastrechtes, von einem gesprochen, „der die übrigen noch an Adel übertraf", wandelte die Wut in Beschämung und ließ vergessen, daß dieser Gesandte sich eben noch erkühnt hatte, die heiligen Opfer und Gebete zu stören. *„Und sie beschlossen nun gemeinsam, jener Bote Gottes solle unantastbar sein und, wohin er wolle, sicher seines Weges ziehn ..."*

Die ersten Gesetze

Unter dem Schutz der Ethelinge geschah keinem Priester von nun an ein Leid, und es wäre vielleicht wirklich allmählich zu einer friedlichen Bekehrung der Saxen gekommen, wenn Karl diese Gutmütigkeit nicht falsch verstanden und geglaubt hätte, nun endlich am Ziel zu sein. Wieder berief er eine Reichsversammlung nach Saxen an den Versammlungsort der Engern, den Heerberg, und wieder erschien alles, was Namen und Besitz hatte, nur Widukind fehlte.

Nach der üblichen Huldigungszeremonie wurden die säxischen Herren nun erstmalig zur Mitberatung und Abstimmung über ein großes Gesetz herangezogen, das die Überführung der unterworfenen Gebiete in die fränkische Verwaltung vorbereiten sollte. Karl bestätigte den Hochadel in seinen wankend gewordenen Rechten; das war praktisch nicht viel anderes als die Niederschrift der altsäxischen Wergeldordnung im fränkischen Kanzleistil. Es wurde festgestellt, wieviel und in welcher Münze zu zahlen sei, wieviel der Brautkaufpreis betrug, sei es im Falle der Entführung, sei es bei ordnungsgemäßer Werbung, und was sonst im Interesse der Ethelingsherrschaft gelegen war. Über diese Wergeldbestätigung hinaus wurde aber nun die Todesstrafe für Ungehorsam gegen den adligen Herrn angedroht, die bislang nur die Versammlung der säxischen Freien hatte verhängen dürfen. Erst in zweiter Linie wurden vorsichtige Verbindungsli nien zwischen der neuen christlichen und der „abgeschafften" heidnischen Religion gezogen, um damit die Schutzrechte des Wotanglaubens kurzerhand auf den Christengott zu übertragen. Da die Verhandlungsteilnehmer inzwischen, und wäre es auch nur, um „hoffähig" zu sein, die Taufe angenommen hatten, bedeutete ihre Zustimmung eine Selbstverständlichkeit. Man nahm es ohne Widerrede hin, daß künftig mit dem Tode bestraft werden solle, wer eine Kirche *schändet, beraubt oder verbrennt*, denn ein Gleiches galt ja bislang von den Heiligtümern Wotans und Saxnots. Von weiteren Maßnahmen sah Karl vorläufig noch ab, insbesondere verzichtete er darauf, den gefährlichen Zehnten schon jetzt einzuführen, obwohl in der Winterstille von Worms „das Gesetz über die säxischen Gebiete" in viel weitergehender Form ausgearbeitet worden war.

Nach langobardischem Muster zog man nun die der Krone verpflichteten Ethelinge zur Begründung einer Verwaltung auf eigenstaatlicher Grundlage heran. Die angestammten Adelsherrschaften verloren damit, zunächst noch unmerklich, ihren souveränen Charakter und wurden zu fränkischen Behörden.

Aber die Franken erkannten nicht, daß sie sich mit dieser Übersteigerung gerade um diejenigen Errungenschaften brachten, die sie sich durch Einrichtung dieser eigenstaatlichen Verwaltung hatten sichern wollen. Der in seinen Funktionen nun mit dem fränkischen Gaugrafen schon völlig zu identifizierende Etheling hörte eben auf, ein Saxe zu sein.

Karl glaubte sich seiner Sache ganz sicher. Hatte er infolge des Nichterscheinens Widukinds vielleicht doch noch irgendwelche Zweifel gehabt, so wurden diese nun behoben, als zu seiner größten Genugtuung eine dänische Gesandtschaft unter Führung eines mit dem Westfalen verwandten Fürsten Halptan am Heerberg erschien, um dem großen Frankenkönig freundnachbarliche Ehrerbietung seines Herrn Siegfried auszurichten. Gleichzeitig ließen sich ost-elbische Slawen melden, um Karl in gleicher Weise einen Höflichkeitsbesuch abzustatten. Er empfing sie huldvoll und schöpfte keinerlei Verdacht, auch als beide Gesandtschaften sich mit auffallender Schnelligkeit wieder verabschiedeten. In ausgezeichneter Laune stellte er, noch ganz unter dem Eindruck der dänischen Fremden, die Frage an seine Priester, welchen Märtyrertod sie sich wünschten, gefesselt zu verschmachten, lebendig begraben zu werden oder – den Dänenkönig zu taufen.

Vom Süntel bis zum Tag von Verden

Es sollte sich aber nur allzubald herausstellen, daß diese Höflichkeitsbesuche nichts anderes waren als gut maskierte Spionage. Karl war nämlich ebenerst in Westfranken eingetroffen, als an der Grenze des ostfälischen Gebietes derselbe slawische Fürst, der ihm eben noch seine Grüße hatte übermitteln lassen, die Elbe zu einem Raubzug überschritt. Es war dies ein an sich belangloser und alltäglicher Vorgang, der kaum die Entsendung einer fränkischen Truppe verlohnte. Aber im Zusammenhang damit war auch Widukind wieder ins Land gekommen, um sich am Süntelgebirge, unweit der Porta Westfalika, zunächst noch verborgen zu halten. Karl ordnete eine ostfränkische Truppe unter dem Befehl zweier Hofbeamten, die sich die Sporen verdienen wollten, in die bedrohte Gegend ab und gab ihnen die ausdrückliche Anweisung, sich durch Aufbietung eines rein säxischen Kontingentes an der Weser zu verstärken. Er faßte die Aktion mehr als Manöver denn als Feldzug auf, um Erfahrungen darüber zu sammeln, wie die Saxen sich unter fränkischem Oberbefehl schlagen würden.

Nach Ankunft der Truppe am rechten Weserufer ergingen die Gestellungsbefehle in die Gegend östlich des Süntels, von wo man sich dann nordwärts gegen die Slawen wenden wollte. Aber man wartete an der vereinbarten Stelle vergeblich, bis endlich, nach Tagen, Boten des Rheingaugrafen Theoderich, eines Vetters Karls, eintrafen und in heller Aufregung meldeten, ganz Saxen stände wieder in Aufruhr. Theoderich habe alle verfügbaren Truppen schnell zusammengezogen und läge jenseits des Süntels, man solle sich dort mit ihm sofort vereinigen. Ehe die beiden fränkischen Führer die Ungeheuerlichkeit dieser Nachricht ganz begriffen hatten, erschienen säxische Reiter vor ihrem Lager, wichen aber sofort zurück, als die ehrgeizigen Franken in jähzorniger Wut, ohne einen Widerstand auch nur für möglich zu halten, sich einzeln auf die Pferde warfen um den Verrätern nachzusetzen. Auf diesen Augenblick hatte Widukind gewartet. In den Waldungen lagen nämlich seine kampfbegeisterten Westfalen im Hinterhalt. Sie schlossen nun die truppweise heransprengenden Franken ein und machten sie nieder; nur wenige konnten sich über den Süntel zu Theoderich retten, der schleunigst die Flucht ergriff.

Die Nachricht von dieser Vernichtungsschlacht, nicht weit von jener Gegend geschlagen, wo Hermann der Cherusker aus westfälischem Geschlecht vor achthundert Jahren die römische

Herrschaft in Germanien brach, einigte nun plötzlich alle Stämme der Saxen zu flammendem Aufruhr. Die ebenerst eingesetzten franko-säxischen Gaugrafen wechselten in Todesangst die Front, flüchteten oder wurden erschlagen; alle Kirchen und Kreuze gingen in Flammen auf.

Willehad, der Missionsführer im bremensischen Gau Wigmodia, rettete in panischem Entsetzen sein nacktes Leben über Friesland ins Frankenreich, aber auch hier fühlte er sich noch nicht sicher vor der rasenden Urkraft, die er aus nächster Nähe hatte aufflammen sehen. Er floh über die Alpen bis nach Rom, um dann endlich in den Armen Hadrians sein inzwischen gesichertes und aller seiner Priester geheiligtes Leben der göttlichen Gnade anzuempfehlen.

Von unbändigem Rachedrang für die Schmach erfüllt, die Wuotan-Saxnot und den „übrigen Unholden" angetan war, rief Widukind nun an der Spitze einer erlesenen Freischar todentschlossener Verschworener zum heiligen Krieg gegen die verhaßten Franken. Anstatt des stählernen Riesen Karl erkennt man nun in ihm den „vom ewigen Beherrscher aller Himmel und Zeiten" verheißenen König, der das Verbrechen gegen die seit Urzeit waltenden Götter sühnen und das Saxenvolk in einem einzigen Siegeslauf nach Westen führen will. In wenigen Tagen brennt das Land; überall schallt der uralte Schlachtruf, der schon England bezwang: *„Zieht eure Schwerter, Saxen!"*

Aber es zeigte sich nun, wie gründlich Karls Missionare gearbeitet hatten. Als nichts mehr zu verbrennen war, begann man, sich der vielen Aufmerksamkeiten der nun vertriebenen Franken zu entsinnen, denn *„die bis dahin anspruchslosen Saxen lernten damals zuerst durch Karls Geschenke jene Fülle von köstlichen Dingen kennen, welche das reiche Gallien erzeugt. Der König schenkte ihnen kostbare Gewänder, Haufen Silbers und die süßen Gaben des Bacchos ..."*, wie wenig später ein säxischer Chronist berichtete.

Die Begeisterung flaute ab, Zweifel wurden laut, ob Widukind denn wirklich dem gewaltigen Karl gewachsen sei. Der Zweifel wandelte sich in Furcht vor dem Grundherrn, der jeden Anschluß an Widukind bei Todesstrafe verboten hatte, weil er ein Rechtsbrecher sei. Ohne daß er durch Los erwählt worden wäre, wie das Gesetz es vorschrieb, hätte er sich nun Jahr für Jahr die Herzogsrechte angemaßt, aber – man solle sich erinnern – immer wieder wäre er außer Landes gegangen, wenn die Franken kamen! Als es nun gar hieß, die schon mystisch gewordene Majestät des Frankenkönigs sei aufgebrochen, um die

Niederlage am Süntel zu rächen, und alles nach dem Herzog suchte, da war er nirgends zu finden.

Und plötzlich sind die Franken da, obwohl es schon Winter werden will. Sofort wandelt sich die letzte Begeisterung in Furcht und Entsetzen der Führerlosen. Aller Widerstand verstummte; ohne Schwertstreich gelangt der wutschäumende Christenkönig nach Verden, am Einfluß der Aller in die Weser, wo die Trümmer der Willehadschen Niederlassung noch rauchen. Er ist vollständig Herr der Lage und befiehlt alle Führer mit dem gesamten Adel in sein Standquartier. Niemand wagt zu trotzen, alle schieben die Schuld auf Widukind. Karl verlangt die Auslieferung der Freiheitskämpfer, und es beginnt ein allgemeines Denunzieren und Verhaften. Endlich ist die Gelegenheit gekommen, sich der gefährlichsten Rebellen unter den Bauern zu entledigen, zu deren Beseitigung die eigene Macht nicht hinreicht. Tausende säxischer Bauern, Väter und Söhne, werden vor das königliche Kriegsgericht geschleppt. Wer leugnet, wird überführt; wer schweigt, ist schuldig.

Da stehen sich nun zwei Welten gegenüber, ein naturverbundenes Bauerngeschlecht, wild und furchtlos, aber gezügelt vom Glauben an die Unabänderlichkeit der ungeschriebenen Gesetze, die sie nicht als Menschenwerk, sondern schon wie eine Schicksalsmacht empfinden, dagegen das von seinem allein seligmachenden Christenglauben erfüllte fränkische Europäertum. Die führerlosen Saxen, von ihren Fürsten dem Landesfeind ans Messer geliefert, die Franken unter dem mächtigsten König des Abendlandes, der nun die ganze Wildheit seines Geschlechtes aus vergangenen Generationen mit der frommen Gesittung eines künftigen Gottesstaates zu einem Gewaltakt des Augenblicks vereinen zu müssen glaubte.

Es sollen viertausendfünfhundert „unbekannte Saxen" gewesen sein, die nun wegen Treubruches zum Tode verurteilt und noch am gleichen Tage erbarmungslos enthauptet wurden, wie glaubhaft überliefert ist. Aber Karl erreichte damit das Gegenteil dessen, was er bezweckt haben mochte. Wie er sich schon vor kurzem ein falsches Bild von der nunmehr durchgeführten Unterwerfung gemacht hatte, so hielt er es jetzt wieder für unmöglich, daß nach dem schrecklichen Tag von Verden der säxische Freiheitsdrang noch einmal erstarken und Widukind künftig Gefolgschaft finden könne.

Doch der Herzog war sofort wieder da, als Karl das Land verlassen hatte, um zunächst im geheimen, dann ganz offen nicht einen neuen Aufstand, sondern jetzt den Aufbruch des ganzen säxischen Volkes für das Frühjahr vorzubereiten. Seine ungeheure Popularität setzte sich auch tatsächlich durch und griff sogar über die Landesgrenzen bis nach Friesland hinaus, wo man sich verpflichtete, den bevorstehenden Entscheidungskampf mit Waffenhilfe zu unterstützen. Scharenweise strömten die säxischen Bauern ihrem Führer zu. Es gab keine Entscheidung mehr, ob man ihm folgen wolle oder nicht, da man an seinen, von den Göttern gewollten Endsieg glaubte, dessen großartiger Erfolg nicht nur die Vernichtung des Landesfeindes bedeuten würde, sondern darüber hinaus die Wiederherstellung der seit Jahrhunderten niedergetretenen Bauernrechte durch den Heldenführer, den man alsdann zum Volkskönig zu erwählen beabsichtigte. Über alle Widerstände seiner Standesgenossen hinweg einte Widukind nun wirklich sein Volk im Zeichen Wotans.

Der Endkampf

Der Sommer kam, und der Sturm brach los. Karl, schnell unterrichtet, vertraute auf den Nimbus seiner Unwiderstehlichkeit und wartete die Versammlung des in aller Eile aufgebotenen Heeres nicht erst ab. Mit der Scara Francisca ging er schleunigst über den Rhein und stieß auf Paderborn vor. Auf die Nachricht, daß die Vorhut eines feindlichen Volksheeres bei Detmold in der Versammlung begriffen sei, ging er mit seiner kleinen Truppe sofort vor, um den Feind auseinander zu sprengen. Aber Widukind ordnete schnell die Seinen zum Kampf. Es kam zu einer erbitterten Feldschlacht, bei der es auf beiden Seiten schwere Verluste gab. Bis zur Dunkelheit wogte der Kampf, dann zog Karl sich in eiligem Nachtmarsch auf Paderborn zurück. Unzweifelhaft rettete ihn dieser Entschluß, wie unlängst in Spanien, vor einer vernichtenden Niederlage.

Wieder, wie nach der Schlacht am Süntel, durfte Widukind frohlocken. Es war ja nun sogar gelungen, ein unter Führung seines Königs stehendes Frankenheer zurückzuschlagen, dessen Ruf der Unbesiegbarkeit damit endlich zerflatterte. Aber noch war keine Entscheidung herbeigeführt; man brauchte ihr jetzt aber nicht mehr aus dem Wege zu gehen. Noch waren die letzten säxischen Aufgebote und auch die Friesen nicht eingetroffen, aber stand erst das ganze Volk aller Stämme und Gaue zum Endkampf für Wuotan und Saxnot bereit, so sollte der Ausgang nicht mehr zweifelhaft sein.

Karls Plan, in einem großen Verwüstungszug bis zur Elbe vorzustoßen, wurde undurchführbar, denn das säxische Volksheer erwartete ihn in siegesbewußter Kampfbereitschaft in den Niederungen des Haseflusses bei Detmold.

Bei unerträglicher Sommerhitze kam es nun zur größten und blutigsten Schlacht, die jemals auf säxischem Boden stattgefunden hat. Es ging lange, wie es hieß drei Tage, unentschieden hin und her; aber endlich siegte doch die überlegene Kriegskunst der Franken. Die Saxen wurden vollständig geschlagen, die überlebenden Friesen, Engern und Falen warfen, an Wuotans Sache verzweifelnd, die Waffen fort und flohen. Auch Widukind entkam.

Nun zog Karl zu seinem großen Vernichtungszug durch das entvölkerte Land. In breiter Front gingen die Franken beiderseits der großen Straße vor, die den Rhein mit der Elbe verband. Hinter ihnen regte sich kein Leben mehr. Von der Sommerhitze ausgedörrte Wälder wurden verbrannt, die Saaten vernichtet, die Häuser niedergerissen, die Brunnen verschüttet. Wo sich ein verängstigter Bauer zeigte, der zur rechtzeitigen Flucht zu alt oder zu stolz gewesen war, wurde er niedergemetzelt. Aber es kam nirgendwo zur Unterwerfung. Das Land war ausgestorben.

Karl mußte schließlich wieder umkehren, aber er wollte nun ein für allemal ein Ende machen. Die Erfahrung hatte ihn gelehrt, daß nur seine persönliche Anwesenheit im Lande die Saxen niederhielt; er beschloß deshalb, in weiteren Kreuz- und Querzügen umherzustreifen, ja sogar in Saxen zu überwintern. Überall tauchen nun die fränkischen Reiter auf, noch im Dezember ist das Heer in Bewegung. Kein Haus, kein Dorf steht mehr, die Bewohner fliehen frierend und zu Tode gehetzt vor der Geißel des Christengottes in die verschneiten Wälder.

Endlich, schon tief im Januar, gebietet das winterliche Unwetter Halt. Strenge Kälte und Schnee wechseln mit Sturm und Regenschauern. Die Wege wandeln sich in Schmutz und Sumpf, die Karren bleiben stecken, der Nachschub bleibt aus, im Lande gibt es keine Verpflegung mehr.

In Eresburg wird nun ein festes Winterlager bezogen. Aber die kriegerische Tätigkeit hört deshalb nicht auf, wenn sie sich auch nur auf kleine Streifzüge beschränkt. Irgendwelche Vorbereitungen zu einem neuen Sommerfeldzug scheitern an der Allgegenwart der Franken, an einen neuen Aufruf zu den Waffen ist nicht mehr zu denken. Der Götterhimmel ist verhangen. Widukind erkennt, daß der Traum vom säxischen Königreich zu Ende ist.

Das Blutgesetz

Die Entscheidung war jetzt endgültig gefallen, jeder Widerstand gebrochen. Karl hielt nun zum dritten Male Reichstag in Saxen, um das Gesetz über die säxischen Gebiete, das am Heerberg noch nicht in Kraft gesetzt worden war, nunmehr zu verkünden. Der erneute Aufstand und die Gefahr, in der die Franken sich befunden hatten, bewies, daß die allerschärfsten Maßnahmen ergriffen werden mußten. Saxen war nun fränkische Provinz; durch den wiederholten Bruch ihres Treuversprechens hatten die meisten Bauern Besitz und Freiheit verwirkt. Weite Landstrecken wurden für die fränkische Besiedlung damit frei. Es kam nun alles darauf an, die Ruhe herzustellen, damit die fränkische Verwaltung mit der Mission Hand in Hand arbeiten konnte.

Das Gesetz verbietet deshalb kurzerhand jeden heidnischen Kult. Das Christentum wird zur Staatsreligion; die christliche Kirche hat in Zukunft die höchsten Ehren zu genießen, die den allerheiligsten Götterhainen jemals zuteil geworden sind. Glaube und Überzeugung sind Nebensächlichkeiten. Wer es wagt, an seiner überlieferten Religiosität weiter festzuhalten, ja, wer auch nur die Formalitäten des neuen Kultes, ganz gleich, ob er sie kennt oder nicht, unbeachtet läßt, wird enthauptet oder verbrannt. Wer sich nicht fristgemäß taufen läßt, wer die vierzigtägige Fastenzeit bricht, die selbst die fränkischen Priester nicht halten konnten, *„soll des Todes sterben".* Jeder Saxe hat an Sonn- und Feiertagen in der Kirche zu erscheinen, wehe dem, der fehlt. Jedes Kind ist binnen Jahresfrist zu taufen. Die althergebrachte Totenverbrennung wird verboten. Die heidnischen Priester und Wahrsager sind sofort zur Aburteilung den königlichen Gerichten auszuliefern, Versammlungen unter freiem Himmel nicht mehr gestattet; nur der fränkische Graf ist berechtigt, Gericht zu halten, zu dem niemand in Waffen erscheinen darf. Erstmalig wird jetzt – eine Ungeheuerlichkeit für das Saxenvolk – die Aufbringung des Kirchenzehnten angeordnet, aber zum Beweis, daß es sich auch hierbei nur um eine Forderung des Christengottes handelt, gleichzeitig verkündet, daß auch die königlichen Einnahmen aus Friedens- und Strafgeldern, Konfiskationen und so weiter zehntpflichtig sind.

In der Praxis mußten diese Bestimmungen geradezu auf eine Massenhinrichtung der säxischen Bevölkerung hinauslaufen, denn es war unmöglich, daß selbst beim besten Willen die unverstandenen Vorschriften gehalten werden konnten. Deshalb wurden aber „mildernde Umstände" dergestalt vorgesehen, daß die Kirche dem Religionsverbrecher ein Asylrecht zu gewähren hat. Jeder rechtsgültig Verurteilte, der sich in eine christliche Kirche flüchtet, soll außer Verfolgung gesetzt werden. Die verhaßte Kirche wird dadurch zum lebensrettenden Element. Fast scheint es, als hätte Karl die drakonischen Strafbestimmungen nur deshalb ersonnen, um möglichst viele der Zwangschristen in ihren Maschen zu fangen und sie dann von der christlichen Barmherzigkeit wieder erlösen zu lassen. Der Priester, der über die Gnadenwürdigkeit der Verurteilten zu befinden hat, wird damit zum Herren über Leben und Tod; hierdurch steigert sich seine Autorität ins Glorienhafte. Je mehr Kirchen erbaut werden, um so wirksamer ist das Asylrecht, das Interesse der Bevölkerung an ihrer Instandhaltung wird zur Existenzfrage.

Der letzte Teil des Gesetzes führt nun endlich die fränkischen Verwaltungen ein. Das ganze Land wird in Grafschaften und Kirchensprengel eingeteilt; alle Beamten stehen von jetzt an unter besonderem Wergeld-Schutz. Vor den Gerichten hat jeder Eidespflichtige auf Ladungen zu erscheinen, die Gestellung von Vertretern wird streng verboten. Für die Bestrafung des gerichtlichen Meineides gelten die ältesten und schärfsten Bestimmungen des ungeschriebenen Volksrechtes.

Die Inkraftsetzung des Gesetzes hieß nicht viel anderes, als ein ganzes Volk unter kirchliche Polizeiaufsicht stellen. Die erzwungene Abführung des Zehnten bedeutete überdies eine schwere materielle Belastung und wurde als unerträgliche Schmach empfunden. Aber die fränkischen Priester trieben ihn rücksichtslos mit allen ihnen nun zu Gebote stehenden Mitteln ein, so daß man sich selbst in fränkischen Kreisen darüber empörte. Ja, man schrieb an Karl: „*Wenn das leichte Joch Christi und die süße Last mit der gleichen Inbrunst dem äußerst hartnäckigen Saxenvolk gepredigt würde wie die Leistung des Zehnten und beim kleinsten Verschulden die Ausführung der gesetzlichen Vorschrift gefordert wird, so würden sie die Taufe kaum verabscheuen ...*" Aber Karl kümmerte sich nicht darum und ließ seinen Missionaren freie Hand. Er brauchte das säxische Land zur Ansiedlung seiner Veteranen und durfte ja nicht ruhen, „bis das treulose und bundbrüchige Volk der Saxen entweder vertilgt wäre oder das Christentum angenommen habe".

Widukinds Ausgang

Und Widukind? Karl wollte seiner nun unter allen Umständen habhaft werden, denn er wußte jetzt, daß nur er allein die Seele des Widerstandes gegen Frankenherrschaft und Christentum war. Darum zog der Herr des Abendlandes nun *„durch ganz Saxen, wohin er wollte, alle Wege waren offen, niemand wehrte ihm"*, um den letzten großen Rebellen zu fangen, dessen Spur sich immer wieder verlor, weil niemand ihn verriet und er auf der Flucht den Pferden die Hufe verkehrt anschlagen zu lassen pflegte. Schließlich glaubte Karl ihn auf seinem Stammsitz Wildeshausen suchen zu sollen, aber auch von hier war er schon wieder fort, als die Franken kamen. Er sei bei den Nordleuten, jenseits der Elbe, gestanden schließlich die eingeschüchterten Diener. Sofort jagte Karl ihm dorthin nach, machte aber diesseits der Elbe halt. Seine Boten, die ihn zu ihm führen sollten, kamen unverrichteter Sache zurück. *„Da begann er ihn durch Saxen überreden zu lassen, daß er seinen Widerstand aufgäbe und sich seiner Gnade anvertraute."*

Man weiß nicht, wie lange diese Verhandlungen gegangen sind, aber schließlich erklärte Widukind, er wolle sich ergeben, wenn Karl für seine Sicherheit Geiseln stelle. Hierin sah der siegreiche Herr des Abendlandes durchaus keine Zumutung, sondern *„kehrte nun ins Frankenreich zurück, von wo aus er durch seinen Königsboten Amalvin die Geiseln schicken"* und Widukind mit den Seinen zu sich holen ließ.

Wie es kam, man weiß es nicht, aber es kann kein Zweifel sein: der stolze Herzog erschien *„mit vielen Genossen"* tief in Westfranken, in Attigny, und nahm die Taufe. *„Karl selbst versah die Patenstelle bei seinem langjährigen großen Gegner und ehrte ihn durch reiche Geschenke."*

Ob diese nur in der kostbaren Schale bestanden haben die heute noch in der Kirche von Enger gezeigt wird? Von der es hieß, sie sei ein Geschenk Harun al Raschids an Karl gewesen und habe die geheimnisvolle Kraft, Gift erkennen zu lassen, das in sie geschüttet sei? Widukinds Enkelin Mathilde, die spätere Gattin des ersten Saxenkönigs Heinrich „vom Vogelherd", schrieb: *„Er kehrte von der Taufe in seine ureigenste Heimat zurück"*; man darf annehmen nach Wildeshausen, wo sie selbst aufgewachsen ist und später ein Kloster gestiftet hat. Karl scheint ihm also seine Güter zurückgegeben und überdies auch den verhaßten Zehnten erlassen zu haben, denn erst im Jahre 922 erhalten die säxischen Bischöfe den Zehnten von den Erbgütern *„des alten Grafen (?) oder Herzogs Widukind"* zuerkannt. Es ist auch vermutet worden, daß er an der hessisch-säxischen Grenze in Büddefeld belehnt worden sei, jedenfalls hat er dort in späteren Jahren gelebt.

Sicher ist, daß er sein Treueversprechen gegen Karl und Christentum gehalten und sich auch mit seinem langjährigen Gegner, dem Frankenfreund und Engernherzog Bruno, versöhnt hat. Seine Tochter Hasala heiratet ein Jahr nach der Taufe zu Attigny Berno, dessen Sohn, und Mathilde schreibt über seine christliche Gesinnung: *„Nachdem er seine Irrtümer aufgegeben hat, ist er zur Erkenntnis der Wahrheit gekommen; wie er vordem ein wilder Zerstörer der Kirchen war, so ist er dann der allerchristlichste Anbeter Gottes und seiner Heiligtümer geworden ..."* Rom hat ihn jedenfalls heilig gesprochen. Niemand kann sich heute über die Zusammenhänge ein Bild machen, die zur Taufe von Attigny führten: für Karl bedeutete Widukinds Unterwerfung aber einen ungeheuren Erfolg und den endgültigen Sieg über das säxische Volk. Wohl sollte es fast noch zwanzig Jahre dauern, bis die heldenmütige Freiheitsliebe der säxischen Bauern in Blut und Schrecken endgültig erlosch, nachdem die Bevölkerung ganzer Gaue ins Frankenreich verschleppt worden war, aber jeder kraftvoll geführte und systematisch geordnete Widerstand war ohne Widukind unmöglich. Sein Geschlecht, das die späteren Franken als *„außerordentlich vornehm"* bezeichneten, hat sich durch allerchristlichste Frömmigkeit noch dreihundert Jahre lang hervorgetan, bis es spurlos verschwand.

Karl aber ließ alle Glocken läuten und von allen Kanzeln Gott für seinen wunderbaren Endsieg über *„das treulose und bundbrüchige Volk der Saxen"* danken. Und Hadrian schloß seinen Bericht über die von ihm persönlich angeordneten Dankesfeste mit den Worten: *„Darauf aber magst du sicher vertrauen: wenn du die dem Hl. Petrus und Uns zugesagten Versprechungen reinen Herzens und ohne Hintergedanken erfüllt haben wirst, dann wird dir Gott noch mächtigere Völker zu Füßen legen!"*

HOHE POLITIK

„Wohl dem Volk,
dessen Herr sein Gott ist!"

Alchwin,
um 800

Staat und Kirche

Der große Sieg von Tours und Poitiers, der die christliche Kultur in Europa vor der islamitischen Überflutung gerettet hatte, schien damals aber auch das Ende der christlichen Kirche bringen zu sollen, denn der Sieger Karl-Martell fühlte sich stark genug, zur Ansiedlung seiner Veteranen auf den ungeheuren Besitz der Toten Hand im fränkischen Reich – der fast ein Drittel des ganzen ausmachte – zurückzugreifen. Seine Söhne folgten ihm in dieser Politik, ja sie gingen so weit, sich auf Kosten des Kirchenbesitzes ein Reiterheer zu verschaffen. Dennoch entsagte der eine, Karlmann, bald der Welt, um Mönch zu werden, und der andere, Pippin, mußte sich zur Sanktionierung seines Staatsstreiches die Autorität derselben Kirche ausleihen, die er eben noch entrechtet hatte.

Nach seiner Krönung und der damit zusammenhängenden heiligen Allianz sollte es aber damit ein Ende haben. Die fränkisch-arnulfingische Krone konnte sich durch weltliche Macht allein nicht halten, sondern brauchte die freiwillige Mitarbeit des Klerus, dessen im Aufbau begriffene Organisationen schon jetzt eine kompakte Macht darstellten. Pippin durfte deshalb nicht länger im Gegensatz zur Kirche bleiben, sondern mußte sie zur Befestigung der Königsgewalt seinen übergeordneten Zwecken dienstbar machen.

War sein Reich noch eine Dynastie gewesen, deren Charakter als Familienbesitz zwar mehr und mehr verblaßte, aber doch noch vorherrschte, so hatte Karl nach der Eroberung Saxens und Norditaliens im geographischen Sinne, nach der Auseinandersetzung mit der Kurie nun auch im gedanklichen die Grenzen überschritten, innerhalb deren die Reichweite königlicher Zentralgewalt noch wirksam war. Neben die überlieferte Verwaltung durch landeingesessene königliche Grafen, die eigentliche Regierungsbehörde des Frankenreiches, hatte daher eine andere zu treten, um auch mit ihren Mitteln die Krongewalt zu verstärken. Diese andere Gewalt konnte nur die geistliche sein. Bedeutete die weltliche Verwaltung in ihrer Gesamtheit den Staat an sich, so mußte die immer schwerer lastende Krongewalt nun auch die Kirche als Stütze heranziehen und deshalb deren Gefüge von Grund auf neu untermauern. Um ihr

Gewicht zu tragen, reichte der Staat allein eben nicht mehr aus. Damit sollte jede Gegensätzlichkeit zwischen Staat und Kirche aufhören, nicht aber so, daß die Kirche verstaatlicht oder der Staat verkirchlicht wurde; vielmehr wuchs nun das eindimensionale „Nurkönigsein" in die doppelnde Kraft hinein, wie sie von der faszinierenden Idee des Gottesstaates auszustrahlen begann. Wohl diente der Ausbau der kirchlichen Macht weltlichem Zweck, aber der weltliche Gedanke ging dafür im christlichen auf. Dadurch verloren beide den Sinn am Gegeneinander, und der Gottesstaat hob sich aus ideologischen Nebeln ins klare Licht fränkisch-universaler Realpolitik.

Die Heranziehung der Kirche zur Verstärkung der Krongewalt war seit Pippins Königskrönung ein selbstverständliches Regierungsprinzip geworden, aber Pippin hatte die offene Wunde nicht schließen können, die den Beziehungen zu ihr seit Karl-Martells – und seiner eigenen – Gewaltpolitik geschlagen war. Über Ansätze zur Versöhnung ist es nicht gekommen, obwohl schon fünfundzwanzig Jahre vor Karls Regierungsantritt in einer großen Synode versucht worden war, Ordnung zu schaffen. Man hatte damals tatsächlich einen kleinen Teil des beschlagnahmten Kirchenvermögens herausgegeben, sich der versprochenen Gesamtauslieferung aber unter dem Vorwand entzogen, daß der Rest „im Interesse der Landesverteidigung" zurückgehalten werden müsse. Immerhin legte man den mit solchem Kirchengut belehnten Vasallen eine kleine Pachtzahlung auf, die aber sehr bald nicht mehr geleistet wurde.

Karl mußte einsehen, daß der Kirche ihr Recht zu geben war, wenn er sich auf ihre Mitarbeit stützen wollte, kaum, um moralische Ansprüche zu erfüllen, als aus dem Grunde, sie stark genug zu machen, damit sie der weltlichen Gewalt ebenbürtig gegenübertreten könne. Der königliche Gaugraf war ja viel weniger Beamter als Großgrundbesitzer und landeingesessener Standesherr, der nur im Nebenamt die Geschäfte der Krone besorgte, und auch das nur, soweit seine eigenen Interessen es erlaubten.

Sollte aber nun wirklich der Gottesstaat auf beiden Säulen, der weltlichen und der kirchlichen Gewalt, ruhen, so mußte der Aufbau der Kirche in ein schwingendes Gleichgewicht zur üppig aufgeschossenen Grafenmacht kommen, ehe mit der Überdachung begonnen werden konnte. Aber die Wiederherstellung des früheren Kirchenbesitzes war für Karl ebenso praktisch unmöglich wie für seinen Vater, denn er konnte die nun schon alteingesessenen Lehensleute nicht vertreiben oder ihnen geeigneten Ersatz bieten; es hätte dies unweigerlich zum Zusammenbruch seiner Herrschaft führen müssen. Auf der anderen Seite stellte die Kirche ihre nur allzu berechtigten Forderungen. Es war deshalb unumgänglich nötig, einen Vergleich zu finden, der in Form finanzieller Abfindung nun ein für allemal die Situation klärte. Man überschlug den Wert des beschlagnahmten Kirchengutes und bot dafür zunächst die gesetzliche Einführung des Zehnten im ganzen Frankenreich. Es bedeutete dies, daß aus einer frommen Pflicht nunmehr ein weltlicher Zwang werden sollte, also eine erste Interessenverflechtung der beiden Gewalten. Aber den Kirchenfürsten genügte dieses Angebot nicht, das ihnen nur geringfügige Mehreinnahmen sicherte, zumal nur ein Viertel des Zehnten den Bischöfen selber zufiel; sie verlangten jetzt darüber hinaus nicht nur die Staatsgarantie für die in früheren Zeiten verordnete Pachtzahlung, sondern auch eine gewaltige Erhöhung derselben. Auch hierzu mußte Karl sich schließlich bereitfinden.

So wurde dann der endgültige Verzicht der Toten Hand auf ihr seinerzeitiges Eigentum unter der Bedingung notifiziert, daß jeder Lehensmann der Krone, der mit solchem Besitz bedacht worden war, neben der „Reichs-Kirchensteuer" des Zehnten einen weiteren Neunten, außer seinen schon früher festgesetzten Pachtverpflichtungen, künftighin zu entrichten habe. Gleichzeitig sollte angeordnet werden, daß er sich ordnungsmäßige „Präkarienbriefe" verschaffe, rechtsgültige Schuldverschreibungen an die Kirche, auf denen diese als Eigentümer seines Landes verzeichnet war. Das Recht, solche Belehnungen nach ihrer Erledigung weiterzuvergeben, behielt sich die Krone aber vor. Der kirchliche Besitztitel wurde dadurch praktisch zu einer Formsache, die aber immerhin bedeutsam genug war, um bei etwaigen künftigen Streitigkeiten unumstößliche Ansprüche zu begründen. Der Zwang, solche Hypothekenbriefe auszustellen, ordnete mit einem Schlage die Besitzverhältnisse fast schon im Sinne eines modernen Grundbuches; er beschränkte gleichzeitig die Zinsverpflichtung der Pächter auf dasjenige Lehensland, das die Kirche einwandfrei als ihren ehemaligen Besitz nachweisen konnte. Der große Auseinandersetzungsvertrag berücksichtigte aber auch sonst alle nur denkbaren Möglichkeiten. So unterschied er streng *„zwischen denjenigen Präkarien, die wir selbst verliehen haben, und solchen, die künftighin von den Bischöfen und Äbten gewährt werden; auf diese erstreckt sich unser Heimfallrecht nicht."* Es wurde verabredet, ihn in Form eines Reichsgesetzes in Kraft treten zu lassen, nachdem er endlich nach langwierigen

Verhandlungen mit *„Bischöfen, Äbten und erlauchten Grafen"* in Heristal zustande gekommen war. Obwohl Karl mit dem endgültigen Abschluß dieses Konkordates viel weiter gegangen war als sein Vater, hielt er es aber doch für gut, sich auf dessen Autorität zu berufen, und setzte dem Gesetz die Präambel voraus: *„Wir trachten danach, die Gesichtspunkte, die unser Vater guten Angedenkens durch Reichsversammlungs- und Synodalbeschlüsse festsetzen ließ, auch unsererseits zu erhalten."* Aber es genügte nicht, die Härte dieser nun Gesetz gewordenen und erheblich vergrößerten Kirchensteuer mit Hilfe solcher Reminiszenzen abzumildern. Durch strenge Vorschriften für Mönche und Priester, ein makelloses Leben zu führen und die Regeln des heiligen Benedikt zu befolgen, das heißt keusch, gehorsam und arm zu sein, sollte der Bevölkerung klargemacht werden, daß die neuen Opfer einem guten Zweck, nämlich dem christlichen Ethos, dienten. Gleichzeitig erging an die Kleriker ein Runderlaß: *„Ihr Bischöfe und Äbte, die ihr nun den Zehnten und Neunten nehmen dürft, sorgt jetzt auch für die Instandhaltung der Kirchen."*

War auf der einen Seite nun die Grundlage geschaffen, um die kirchliche Macht in den Dienst der Krone zu stellen, so mußte gleichzeitig die weltliche in ihrer Anmaßung angehalten und auf ihre verfassungsmäßige Stellung zurückgeführt werden. Nur dann waren beide Gewalten miteinander ins Gleichgewicht zu bringen. Im zweiten Teil des Gesetzes wird daher die gräfliche Verwaltung unter dem Motto: *„Das Richteramt ist ein Gottesamt und keine Pfründe"* auf ihre Pflichten hingewiesen, nach bestem Wissen Recht zu sprechen und den König würdig zu vertreten. Über diese ethischen Erinnerungen hinaus, die im kunstvollen Gegenrhythmus den Ermahnungen an die Kleriker entsprechen, wird die Verflechtung beider Gewalten erstmalig gesetzlich verankert, indem nur der Graf das Vollstreckungsrecht über Zehnten und Neunten erhält, die Kirche also von der vollziehenden Gewalt ausgeschlossen ist. Die gräfliche Behörde darf aber nur diejenigen Beträge eintreiben, von deren Fälligkeit und Rechtmäßigkeit sie sich nach gründlicher Prüfung überzeugt hat. Sie bleibt also das zuständige Gericht im Verkehr zwischen Kirche und Untertan; aber: *„Sollte sich, was Gott verhüte, einer von euch in Abführung des Neunten oder Zehnten saumselig finden lassen und sich gegenüber unseren Bischöfen widerspenstig zeigen oder gar gegen das, was verbrieftes Recht ist, zu widersprechen wagen, der wisse, daß er, sofern er sich nicht bald bessert, ganz sicher vor unserem Angesicht erscheinen muß."*

Wenn auch in Zukunft der Bischof dem Grafen übergeordnet sein soll, so ist er deshalb aber doch nicht etwa sein Vorgesetzter; er steht lediglich im „Beamtenrang" über ihm, kirchliche und weltliche Gewalten gehen nebeneinander her. Der Graf hat kein Recht, sich in die interne kirchliche Regierung einzumischen. Innerhalb des Kirchenbesitzes gilt nur die klerikale Justiz und nicht die gräfliche. Kirchen dienen ausschließlich dem Gottesdienst; der Graf darf in ihnen nicht mehr Versammlungen oder Gerichtstag abhalten, er soll vielmehr selbst zu diesem Zweck geeignete Hallen errichten.

Demgegenüber verbleibt aber dem Grafen die souveräne Gerichtsbarkeit außerhalb der internen kirchlichen Belange – nicht allein für die Veranlagung und Eintreibung des Zehnten und Neunten –; nur er kann Grundstücksverkäufe an die Kirche und von dieser rechtsgültig beurkunden; nur er entscheidet bei Streitigkeiten aller Art, die über solche Dienstleistungen entstehen.

Immer wieder werden beide Gewalten in gegenseitige Abhängigkeit gebracht und ihre Interessen verflochten. Immer wieder werden sie ermahnt, ihre Ämter als von Gott gegeben zu betrachten und jeden Eigennutz beiseitezulassen. Kleriker, die ein unkirchliches Leben führen, die auf Jagd gehen, die die Fastenzeit nicht halten, kurz, ihre weltliche Gesinnung nicht aufgeben, sollen des Zehnten verlustig gehen. Damit mußte ihr übermäßiger Aufwand unschicklich, ja gefährlich werden. Ihre Ansprüche sanken, und der Druck hörte auf, immer neue Methoden zur gewaltsamen Erhöhung ihrer Einkünfte zu ersinnen. Schon war es vorgekommen, daß nur diejenigen Gläubigen zum Gottesdienst zugelassen wurden, die an der Kirchentür geschworen hatten, keine Steuerschulden mehr zu besitzen, schon erhielt Karl warnende Briefe wohlmeinender Freunde, in denen es hieß: *„Der Zehnte ist eine gute Sache; aber es ist besser ihn einzubüßen als den Glauben!"* Demgegenüber wurden aber auch die Grafen persönlich mit ihrem ganzen Besitz zur Verantwortung gezogen, wenn sie sich Ungesetzmäßigkeiten zuschulden kommen ließen. Volksrechtlich bestand diese Regreßpflicht schon lange, indem zu Grafen nur bemittelte Standesherren ernannt werden durften, auf deren Besitz man gegebenenfalls zurückgreifen konnte. Karl vereinfachte diese persönliche Verantwortlichkeit auf drastische und volkstümliche Weise, indem er verfügte, daß in Zukunft die „Königsboten", seine von Fall zu Fall bevollmächtigten Kommissare, sich so lange auf dem Besitz eines unredlichen Grafen mit ihrem ganzen Gefolge einnisten sollten, bis dieser nach ihrer Ansicht in Zukunft die Gewähr für korrekte Geschäftsführung bot. Praktisch bedeutete dies seinen völligen Ruin. Diese Oberaufsicht der weltlichen Kommissare wurde aber auch auf die kirchlichen Einrichtungen erstreckt. Sie hatten ebenso Klöster und Abteien zu besichtigen, wie die klerikalen Verwaltungen zu kontrollieren. Es sollte Jahrzehnte dauern, bis Karl – erst kurz vor seinem Tode – sich dazu verstehen konnte, für solche Kontrolle des geistlichen Lebens ihnen zum mindesten einen hohen Kleriker beizuordnen.

Aber es genügte nicht, den Gottesstaatsgedanken durch Schaffung einer Doppelverwaltung zu untermauern. Auch die sozialen Gesetze wurden jetzt religiös durchtränkt. Gegen die allgemeine Hungersnot, wie sie durch Mißernten und unaufhörliche Einberufungen der männlichen Bevölkerung zum Kriegsdienst hervorgerufen war, ging Karl jetzt mit kirchlichen Mitteln vor und ordnete an, daß neben täglichen Bittgebeten in allen Kirchen allgemeine Fasttage gehalten wurden, geschickte Verbindung von Ökonomie und Frömmigkeit, denn er glorifizierte so das Hungern und streckte die Vorräte. Eine solch Anweisung an den Bischof Garibald von Lüttich lautet:

„Diese Fasten mögen, wie uns allen gut dünkt, unter Gottes Huld auf folgende Weise durchgeführt werden: Zum ersten Mal sollen sich an den Tagen des 13., 14. und 15. Dezembers alle des Weines und Fleisches enthalten und bis zur dritten Nachmittagsstunde fasten, außer wenn Alter oder Krankheit es nicht erlaubt; auch diese sollen aber je nach ihrem Stand oder ihrer Regel entweder durch geringere Rationen oder durch entsprechende Almosen mit dem Rate der Meister das auszugleichen suchen, was sie durch Fasten und Enthaltung nicht zu leisten vermögen. Zur dritten Nachmittagsstunde aber sollen alle gemeinsam andächtigen Sinnes zur nächsten Kirche eilen, wo es ihnen angesagt ist, sollen, wenn das Wetter es erlaubt, in Prozessionen umziehen, singend die Kirche betreten und in aller Andacht die Messe hören. Danach gehe jeder nach Haus und befriedige den Körper mit den erlaubten Speisen, nicht zur Lust, sondern zur Not und mit Maß. Ferner ermahnen wir auch jeden, daß er Almosen gebe, soweit sein Vermögen es gestattet und seine Frömmigkeit es ihm unter Gottes Eingebung empfiehlt. Und jeder Priester soll eine Messe singen, und die übrigen Kleriker, Mönche und geweihten Frauen sollen, wenn sie die Psalmen können, fünfzig Psalmen singen. Arbeit lassen wir an diesen Tagen nur so weit zu, als sie nicht am Gang zur Kirche hindert und nicht vor der angesetzten Stunde zum Essen oder Trinken zwingt. Auch die beiden anderen dreitägigen Fasten sollen in allem auf gleiche Weise begangen werden: die einen am 7., 10. und 12. Januar, die anderen am 12., 15. und 17. Februar.

Die Nöte aber, die anzugeben wir oben versprachen, sind außer anderen, deren Anführung wir diesmal nicht für nötig halten, die folgenden: Durch Bericht unserer Getreuen aus den einzelnen Teilen unseres Reiches haben wir erfahren, daß überall eine ungewöhnliche, unverhältnismäßige Unfruchtbarkeit besteht und die Gefahr einer Hungersnot heranrückt; auch ist das Wetter für die Feldfrucht sehr ungünstig, Seuchen breiten sich aus, in unseren Marken herrscht ständiger Krieg mit den umwohnenden Heiden. Dazu kommt vieles, was wir nicht erst aufzählen und was durch Erfahrung nur zu bekannt ist – täglich erfahren wir ja Widerwärtigkeiten um unserer Verdienste willen.

Wenn Du diesen Brief gelesen hast, so laß ihn auch gemäß der Dir von Gott verliehenen Weisheit allen anderen genau vorlesen und übersetzen, damit alle verstehen, um welcher Not willen dies geschehen soll. Und ein jeder schicke ihn weiter an die einzelnen Taufkirchen; und sendet gute Dolmetscher, daß sie alles übersetzen, wie wir eben gesagt haben. Auch für die einzelnen Klöster in Deinem Sprengel sollst Du das tun."

Auch das karitätische Prinzip der Nächstenliebe wurde nun Reichsgesetz. Jeder Grundbesitzer war auf seine Leistungsfähigkeit einzuschätzen und zu verpflichten, eine bestimmte Mindestzahl armer Familien täglich zu speisen. Zur Sicherung dieser Zwangswohltätigkeit haftete jede Veranlagte mit seinem ganzen Vermögen für die strenge Befolgung der Vorschriften und setzte sich bei geringster Klage peinlichen Prozessen aus.

So sehr die Krone sich bemüht, populär zu bleiben, sie wird nie demokratisch. War das Volk vielfach im Drange seiner wirtschaftlichen Nöte und unter dem Druck einer immer mehr zur Willkürherrschaft ausartenden Grafenregierung zur Selbsthilfe geschritten und hatte sich zu „Gilden" vereinigt – der bedeutsame Begriff erscheint damit erstmalig in der Geschichte –, so werden diese jetzt zur Stärkung der Reichsgewalt kategorisch verboten. In feiner juristischer Definition wird festgestellt, daß unter den untersagten Gilden solche Vereinigungen von Untertanen zu verstehen sind, deren Mitglieder sich zur Erreichung eines bestimmten gemeinsam zu verfolgenden Zweckes untereinander eidlich verpflichten. Zugelassen bleiben lediglich genossenschaftliche Einrichtungen, die eine Art von Versicherung gegen Not, Armut, Hungersnot, Brand und Schiffbruch bezwecken. Dabei ist aber ebenfalls – im Interesse der Heiligkeit des Eides – jede Beschwörung verboten. Es tritt hier zum erstenmal erkennbar der Begriff einer „legitimen Solidarhaftung" für bestimmte Einzelfälle auf. Ebenso verfallen die sogenannten

„Trustes" dem allgemeinen Verbot, organisierte Räuberbanden, die sich gegen Entgelt zur Verfügung stellen, um ihren Auftraggebern mit Gewalt ihr vermeintliches Recht zu verschaffen.

Der Eid als Beweismittel bei Rechtsstreitigkeiten sollte von nun an verschwinden und an seiner Stelle das sogenannte Gottesurteil zur Feststellung der Wahrheit angewandt werden, dessen beliebteste Form der einfache Zweikampf war, *„denn es ist besser, man prügelt sich, als daß man falsch schwört".* Beim Leben des Königs und seiner Söhne zu schwören, wird ausdrücklich verboten. Auch von der Kreuzprobe versprach man sich viel; die beiden Widersacher mußten mit ausgestreckten Armen unter ein Kreuz treten; wer die Arme zuerst sinken ließ, hatte verloren. Es wurde aber erlaubt, eigens zu diesem Zweck trainierte Leute zu stellen. Die Probe wurde dadurch zu einem sportlichen Ereignis; so kämpften auf Karls Geheiß unter ungeheurer Anteilnahme der Bevölkerung die Knechte der Bischöfe von Mainz und Metz miteinander, weil ein großer Streit beider Episkopate auf anderem Wege nicht geschlichtet werden konnte. Auch mußten sämtliche Nonnen eines Klosters zur Kreuzprobe antreten, als man im Klosterteich die Leiche eines neugeborenen Kindes gefunden hatte, um die Schuldige zu ermitteln.

Ein Machtkampf zwischen Staat und Kirche, wie er unvermeidlich gewesen wäre, nachdem die Königsgewalt seit Pippin sich auf Gottes Gnade und nicht mehr auf angestammtes Volksrecht stützen mußte, war nun vermieden. Karls gewaltige Autorität ließ ein Gegeneinander beider Mächte nur noch insoweit zu, wie es dem Gesamtwohl diente. Wo es gut war, spielte er die eine gegen die andere aus, fügte sie dann aber wieder im rechten Augenblick zusammen. Überwog zeitweise die Macht des grundbesitzenden Grafen, so glich die Krone durch huldvolle Schenkungen von Grund und Boden an die Klöster und Abteien wieder aus. Wo ein schwerwiegender Streit in weltlichen Fragen auftauchen wollte, sprang die Königsgewalt dazwischen und verlieh der Kirche die sogenannte Immunität, das heißt die eigene Gerichtsbarkeit innerhalb ihres Besitzes. Dadurch wurde dem Grafen die Strafgewalt entzogen und doch nicht gegen ihn Partei genommen, aber: *„Wenn ein Priester das heilige Öl verkauft, so soll er vom Bischof entlassen und dann vom weltlichen Richter mit Handverlust bestraft werden."*

Die Gnadenbeweise an die Kirche überwiegen bei weitem, weil sich bald herausstellte, daß ihre „Staatsrenten" zwar großen Reichtum verschafften, aber doch nur langsam den Erwerb des für ihr machtvolles Auftreten erforderlichen Grundbesitzes gestatteten. Die unzähligen Schenkungen sind aber auch aus anderem Grunde viel weniger königliche Freigebigkeit als vielmehr fein durchdachtes System. Karl, dessen Charakterzug aus allen seinen Handlungen immer wieder herausleuchtet: das Bemühen um Doppelwirkung, verband eben auch mit allen seinen Schenkungen einen Zweck. Es sind meist nur Teile eines Dorfes oder Waldes oder ganz genau beschriebene Ackerstreifen. Es fehlt ganz bewußt an jeder Großzügigkeit, denn er schenkt immer nur das, was er selbst nicht gebrauchen kann. Mit der Entgegennahme dieser Huldbeweise sind zumeist weitgehende Verpflichtungen verbunden, sei es, Wege oder Brücken zu erhalten, die sonst verfielen, seien es Militärlasten, die durch den Zusammenfall verschiedener winziger Landparzellen in einer Hand erst neu entstanden. Das reiche Bistum Reims blieb jahrelang unbesetzt und damit in der königlichen Verwaltung. Als Karl sich dann zu einer Verleihung entschloß, mußte der neue Bischof sich auf eine hohe Rentenzahlung an die Krone verpflichten, was einen klaren „Pfründenhandel" darstellte, den er an anderer Stelle streng untersagte. Nie werden zwei Pfründen in einer Hand vereint, denn Karl meinte, dadurch erhöhe sich nicht, sondern vermindere sich nur die Treue seiner Vasallen.

Bemühungen um Rom

War nun die Grundlage des Gottesstaates durch die Doppelverwaltung und die Verflechtung von kirchlichem mit weltlichem Gesetz geschaffen, war nach der Eroberung der Lombardei und Saxens der Frankenkönig im besten Zuge, der Christenkönig überhaupt zu werden, so konnte es doch noch nicht klar sein, in welcher Richtung sein Gottesstaat sich weiter entwickeln würde. Christenkönig und Papst beanspruchten ja nun beide, das Haupt der Christenheit zu sein. Mochte der Konflikt mit Rom um die Landansprüche inzwischen auch noch so einseitig in Karls Interesse gelöst worden sein: die geistliche Autorität des Apostelfürsten als Oberhirten wuchtete unbestritten. Karl empfand diese Idealkonkurrenz als eine große Schwierigkeit für seine weiteren Pläne. Vielleicht wäre die gewaltsame Beseitigung des Heiligen Vaters und die Verpflanzung der kirchlichen Oberleitung an den Frankenhof eine Lösung gewesen, die ein für allemal die Leitung der christlichen Geschicke mit der Führung des fränkischen Reiches verbunden hätte; aber ein solches

Unternehmen hätte womöglich alle nichtfränkischen Christen, das byzantinische Kaiserreich einbegriffen, in gefährlichen Aufruhr gebracht. Es kam hinzu, daß Karl einen im Schein voller Unabhängigkeit herrschenden Papst immer noch brauchte, um sich jetzt auch im Außenpolitischen auf die beiden Gewalten, Kirche und Weltmacht, stützen zu können.

Er mußte den Heiligen Stuhl intakt lassen und sich deshalb damit abfinden, alles zu tun, um ihn so vollständig wie möglich in seine Abhängigkeit zu bringen, denn es war unendlich viel wichtiger, über die unangetastete Autorität des Apostelfürsten nach Belieben verfügen zu können, als sie zu vernichten. Von entscheidender Bedeutung blieb dabei die Frage, ob die kanonischen Satzungen für den Gottesstaat Verbindlichkeit hatten. Traf dies zu, so verlor die fränkische Krone das Recht, die Landeskirche souverän zu beherrschen, denn die Bestellung von Bischöfen kam unbestreitbar dem Papste zu. Auch die Befugnis, Synoden zu berufen und ihnen vorzusitzen, mußte einem weltlichen König abgesprochen werden können.

Karl bezeichnete sich selbst als *„Führer der Kirche",* dann aber wieder als ihren *„ergebenen Beschützer und Mehrer".* Er ernennt, ohne Rom zu befragen, seine Bischöfe und Äbte, aber an den Erzbischof von York läßt er schreiben, er dürfe keine Gewalt bei bischöflichen Neuwahlen dulden, denn ein schreckliches Anathema drohe den Tyrannen, die sich den kanonischen Satzungen widersetzen. Die italienischen Bischöfe richten an ihn eine Adresse mit der Ansprache *„Herr und Vater, König und Priester, aller Christen Leiter und Führer"* –, aber als er sich beim italienischen Musterkloster Monte Cassino nach der Eignung eines dortigen Mönches zum Abt erkundigt, wird er kühl belehrt, Äbte seien nach kanonischen Satzungen zu erwählen, nicht aber zu ernennen.

Je mehr Karls politischer Sinn zu einer eindeutigen Klärung dieser Fragenkomplexe drängte, um so hoffnungsloser mußte die Aussicht auf Lösung beurteilt werden. Es gab eben nur das eine oder das andere: Anerkennung der päpstlichen Autorität in allen kirchenrechtlichen Fragen, das hieß praktisch die Unterwerfung, oder die totale Abkehr von Rom, aber beides war für den Gottesstaat eine Unmöglichkeit. Immer klarer mußte es sich erweisen, daß die weitere Entwicklung, die Steigerung des Königtums zur Herrschaft über die Christenheit überhaupt, in gefährliche Konflikte mit dem Heiligen Stuhl führen mußte. Noch vor zwanzig Jahren, als eine von Pippin einberufene Synode ihre Beschlüsse im Gegensatz zum Apostelfürsten faßte, *"sagte der König dagegen, was er will";* über den Protest der päpstlichen Legaten wurde hinweggegangen.

Aber heute war die Lage ganz anders. Karl begann eine klar umrissene Außenpolitik zu betreiben, deren Gedankengänge die Einbeziehung aller festländischen Christen des Abendlandes umspielten. Dazu war die Mitwirkung des Heiligen Vaters unumgängliche Notwendigkeit. Vor allem kam es darauf an, das ehemals eindeutig der fränkischen Autorität unterworfene Bayern wieder zurückzugewinnen, zumal Bertrada und Sturm von Fulda seine Unabhängigkeit ja nur für eine gewisse Frist garantiert hatten. Niemals war dies mit Waffengewalt allein zu erreichen, abgesehen davon, daß Karl, in unaufhörliche Grenzkriege mit den Saxen verwickelt, dazu nur schwer in der Lage war. Im Zusammenwirken mit dem Papste aber erschien es durchaus nicht unmöglich, auch auf friedlichem Wege zum Ziele zu kommen.

Es trat hinzu, daß die Haltung des byzantinischen Imperiums immer undurchsichtiger wurde; dort führte nun schon ganz unumschränkt die Kaiserin Irene nach dem Tode des Konstantin als Vormünderin ihres Sohnes die Herrschaft. Es sei gut, so hieß es jetzt aus Konstantinopel, die Franken zu Freunden zu haben, nicht aber zu Nachbarn. Diese Nachbarschaft war durch die Eingliederung der an Venetien und Istrien grenzenden Lombardei und die Ausstrahlung des fränkischen Einflusses über Benevent bis nach Neapel nun begründet. Man hörte von bedenklicher Geschäftigkeit des Desideriussohnes Adelchis am Bosporus, der dort mit allen Mitteln die Wiederherstellung der langobardischen Unabhängigkeit, und sei es unter byzantinischer Souveränität, betrieb.

Auch die im Zusammenhang mit dem Umsturz immer unübersichtlicher werdende Verwirrung der inneren Zustände in der Lombardei ließ eine baldige Klärung wünschenswert erscheinen, zumal der Ruf nach der „guten alten Zeit" schon allenthalben erklang. Auch aus diesem Grunde wäre nun der Bruch mit der Kurie ein schwerer Fehler gewesen, denn Rom war der geistige und religiöse Mittelpunkt Italiens, wenn nicht der ganzen Welt; eine im fränkischen Sinne wirkende Autorität des Apostelfürsten war die unentbehrliche, weil von außen kommende Ergänzung der fränkischen Verwaltung in der Lombardei.

Karl beschloß daher, sich mit dem Heiligen Vater freundschaftlich auszusprechen. Bei der Gelegenheit konnte man ihm eine huldvolle Geste zeigen und ihn bitten, die Errichtung zweier Unterkönigreiche, Langobardien und Aquitanien, durch Krönung der zu ihren Königen ausersehenen Prinzen Karlmann und Ludwig im Namen Sankt Petri zu sanktionieren. Es hätte zwar der Mitwirkung des Heiligen Vaters zu diesem Staatsakt nicht bedurft, aber die rein weltliche Bestellung der Könige oder auch nur ihre Salbung durch einen Landesbischof hätte bei dem gespannten Verhältnis, das zwischen Kurie und Krone seit den letzten Ereignissen vorherrschte, wie ein beabsichtigter Affront gegen den Papst gewirkt.

Die Verbindung mit Rom war gerade in letzter Zeit wieder aufgelebt. Hadrian hatte erneut bei seinem Schutzherrn über die Bedrohungen geklagt, die vom Herzogtum Benevent, das immer mehr unter griechischen Einfluß geriet, gegen den heiligen Petrus sich auftürmten. Es sei darum höchste Zeit, daß Karl endlich die großen Versprechungen einlöse, wie sie in der – vorsorglich beigefügten – Urkunde Pippins aufgezeichnet seien. Ebenso wie der große Konstantin dermaleinst die apostolische Kirche zur Macht geführt habe, ebenso möge nun unter Karls glücklicher Gegenwartsregierung die heilige Kirche aufblühen, *„damit alle Völker bekennen: Herr, bewahre den König, denn siehe, ein neuer aller christlicher Gotteskaiser ist in unserer Zeit entstanden!"*

Karl durfte mit Recht annehmen, daß mit solchem Bekenntnis der Boden genügend vorbereitet war, um die Italienfahrt nunmehr anzutreten. Seine Anwesenheit in der Lombardei war dringend erforderlich, wo die inneren Zustände immer schneller einem allgemeinen Chaos zutrieben. Schon war es vorgekommen, daß vornehme Langobarden sich, aller Existenzmittel beraubt, auf griechische Schiffe begeben und sich selbst als Sklaven verkauft hatten. Es war auch höchste Zeit, sich in Rom wieder zur Geltung zu bringen, da Leo von Ravenna, der zum Gegenspieler Hadrians ernannte fränkische Vertrauensmann, inzwischen gestorben war und bei der weiteren Niederhaltung der Kurie durchaus die Gefahr bestand, daß Hadrian endlich genug von den Franken hatte. Schon warb Byzanz aus Capua, Salerno, den beneventanischen Städten und durch seinen sizilianischen Statthalter mit Schalmeientönen, um der Kurie *„unermeßlichen Machtzuwachs"* in Aussicht zu stellen, wenn sie sich griechisch orientieren, das heißt die Kirchen des Orients und Okzidents in gemeinsame Verwaltung nehmen wolle.

Der zunehmende byzantinische Einfluß auf Benevent bedeutete überdies eine Gefahr für die fränkischen Interessen. Das Fürstentum gehörte zur langobardischen Herrschaft, aber Herzog Arichis war der Schwiegersohn des Desiderius und schon aus diesem Grunde den Franken feindlich gesinnt. Seine Verschwägerung mit Tassilo – die beneventanischen und bayrischen Herzoginnen waren ja Schwestern – schien den oströmischen Wirkungsgrad über die Alpen tragen zu wollen und die fränkische Lombardei damit gefährlich zu bedrohen. Aber gerade Bayern war unter allen Umständen jetzt zu isolieren, denn das von Bertrada und Sturm von Fulda *„für mehrere Jahre geschlossene Freundschaftsbündnis"* war nach fränkischer Ansicht abgelaufen.

„Um eines Gelübdes und der Gebete willen" machte Karl sich mit dem ganzen Hof nun auf den Weg; nur sein ältester Sohn Pippin von der um Desideratas willen verstoßenen Himiltrud blieb zurück, denn der König hatte endlich dem Drängen seiner Gemahlin Hildegard nachgegeben und in die Umtaufe des für die langobardische Königskrone ausersehenen Karlmann auf den Namen Pippin eingewilligt. In Pavia angekommen, mußte Karl erkennen, daß an eine baldige Weiterreise nach Rom nicht zu denken war, denn in dem neugewonnenen Reichsland herrschte Anarchie. Durch die kriegerischen Verwicklungen, die Aufstandsbewegungen, die rücksichtslosen Methoden der fränkischen Kleriker, zu ihrem auch in der Lombardei verhaßten Zehnten zu kommen, waren Zustände entstanden, die eine fränkische Staatsautorität völlig zum Erlöschen zu bringen drohten. Die neuen landfremden Beamten und Priester hatten sich noch nicht daran gewöhnen können, in den Langobarden nunmehr fränkische Volksgenossen zu sehen; sie waren für sie besiegte Landesfeinde, die man ausnutzen mußte, solange sie etwas besaßen. Der langobardische Nationalreichtum war dahin, der Handel stockte, der Grundbesitz, hoffnungslos verschuldet, ging in Schieberhände über; die langobardischen Städte wurden zum Tummelplatz landfremder Sklavenhändler.

Karl griff mit großer Autorität ein. Um die Sehnsucht nach der „guten alten Zeit" zu erfüllen, verordnete er kurzerhand, daß alle Rechtsgeschäfte, seit dem Sturz des Desiderius, bis zum Inkrafttreten des Erlasses auf Antrag rückgängig gemacht werden könnten! Sobald ein Langobarde nachweise, daß er seinen Besitz unter dem Drang der Not innerhalb dieser Zeit habe veräußern müssen oder gar seine persönliche Freiheit verloren habe, so solle dies nichtig sein. Damit wurden auf dem Verordnungswege die „Vorkriegszustände" wiederhergestellt und der gegen die fränkische Herrschaft gerichteten Unzufriedenheit die Spitze genommen. Es war ein vernichtender Schlag gegen das griechisch-syrische Schiebertum und die großartige Wiederherstellung der fränkischen Popularität.

Endlich, nach Monaten, war wieder Ordnung und die Vorbedingung für die neue Hofhaltung geschaffen. Auf der Weiterreise nach Rom kam es in Parma zur schicksalhaften Begegnung zwischen Karl und einem angelsäxischen Priesterdiplomaten, Alchwin, der im Auftrage des Erzbischofs von York zum Heiligen Vater wollte. Er war als einer der hervorragendsten Gelehrten seiner Zeit hochberühmt und galt als der beste Kenner der kanonischen Gesetze. Karl erkannte sofort, daß er diesen Mann haben mußte, denn er war nicht nur hochgelehrt und deshalb anregend und interessant: für den werdenden Gottesstaat schien er dank seiner Autorität als Kirchenrechtler geradezu unentbehrlich. Es gab unter den fränkischen Klerikern niemanden, der ihm an Wissen und Namen auch nur im entferntesten gleichkam, ja, er war sogar den Sachverständigen am Lateran ebenbürtig, wenn nicht gar überlegen. Seine intimen Beziehungen zur angelsäxischen Kirche und zu den führenden Höfen der Könige Offa von Mercia und Aethelbert von York mußten dem Gottesstaat überdies auch dort den Boden bereiten.

Karl besprach sich gründlich mit ihm und machte ihm dann verlockende Angebote. Er solle in zweifacher Eigenschaft ins Frankenreich übersiedeln, einmal um dort das Bildungswesen durch Gründung von Klosterschulen zu organisieren, und sodann, um als Referent für die zu immer größerer Bedeutung anwachsende „römische Frage" die künftige Kirchenpolitik des Gottesstaates zu leiten. In diesem Zusammenhang gab Alchwin Karl den Rat, sich bei den bevorstehenden Besprechungen mit Hadrian in der entscheidenden Frage über die Ernennung von Bischöfen dergestalt zu vergleichen, daß die Kurie zwar das „Pallium" erteilen solle, das heißt die formelle Bestallung auszufertigen habe, die Persönlichkeiten aber auf Karls Vorschlag bestimme.

Als Alchwin sich schließlich bereit erklärte, die ehrenvolle Aufgabe anzunehmen und ins Frankenreich zu kommen, war damit die Entscheidung für die künftige Kirchenpolitik des Gottesstaates im römischen Sinne gefallen. Alchwin gehörte eindeutig der Bonifatiusschule an, die den Papst und die Kirchenväter als oberste Instanz in allen kirchlichen Fragen bedingungslos anerkannte. Die von ihm vorgeschlagene vergleichsweise Lösung des Kompetenzkonfliktes zwischen dem Stuhl Petri und dem fränkischen Gottesstaat mußte eine Halbheit bleiben, die der fränkischen Kirche trotz ihrer eindeutig nationalen Beanspruchung ultramontanen Charakter verlieh. Zwar bot die Persönlichkeit Karls alle Gewähr dafür, daß der „römische Kurs" nicht etwa dem Gedanken des Gottesstaates abträglich werden konnte, etwa dadurch, daß die kirchliche Verwaltung die weltliche überwucherte, aber die Krone mußte nun ihre kuriale Politik ändern, um durch größere Nachgiebigkeit gegenüber den Wünschen des Heiligen Vaters diesen auf die fränkischen Interessen festzulegen. Dadurch entstand zwangsläufig ein wogendes Hin und Her zwischen Aachen und Rom, das die Beziehungen immer mehr vom festen Untergrund staatsrechtlicher Klarheit entfernte und sie ins Wirkungsfeld eines freien Kräftespieles schob. Solange der fränkische König etwas zu bieten hatte und alle Künste diplomatischer Zurückhaltung einsetzte, nur so lange war Gewähr dafür gegeben, daß er auch die Führung behielt. War Rom aber erst hinreichend erstarkt und die italienische Welt vergeben, so mußte der Gottesstaat sein Eigenleben verlieren und ins römische Fahrwasser abgleiten. Aber Karls Kraftbewußtsein ließ derartige Bedenken nicht erst aufkommen. Er hatte noch keine Vorstellung für die Gefahren, die einem Staatswerk drohen müssen, wenn es nur auf zwei Augen steht.

Verabredungen mit Hadrian

Der römische Aufenthalt, durch die Tauf- und Krönungszeremonien der Prinzen eingeleitet, brachte bald eine große Überraschung. Hadrian, von dem Bestreben erfüllt, das Aufeinanderprallen fränkischer und byzantinischer Gegensätze zu vermeiden, bei dem der Heilige Stuhl womöglich zermalmt worden wäre, hatte in Konstantinopel die Vermählung des griechischen Thronfolgers mit Karls ältester Tochter Hrothrud angeregt. Und wirklich waren in Rom die byzantinischen Unterhändler eingetroffen, um – gleichsam am dritten Ort, im Lateran – sich dieserhalb mit Karl zu besprechen.

Eine solche Verbindung mußte überragende Folgen haben. Die „Res publica Romanorum", die Papst Zacharias unter Lösung von der byzantinischen Oberhoheit im Zusammenhang mit seiner Festlegung auf die heilige Allianz und Pippins Krönung geschaffen hatte, war von Konstantinopel nie anerkannt worden. Rom und Ravenna, Benevent und Spoleto gehörten staatsrechtlich immer noch zu Byzanz. Auf die Dauer konnte die Endauseinandersetzung mit den Franken nicht vermieden werden, die der lombardische „Emigrant" Adelchis am Bosporus mit allen Mitteln herbeizuführen trachtete. Die fränkische

Herrschaft in Langobardien war gerade in den letzten Monaten in einer Form neu gefestigt worden, die einen griechischen Einfluß in Zukunft auszuschließen schien. Die altlangobardischen Tendenzen, ganz Italien zu besitzen, kamen wieder kraftvoll an die Oberfläche und bedrohten den süditalienischen Besitz des byzantinischen Imperiums in Neapel und Sizilien schon unmittelbar. Die schwankenden Dynastien eines Aistulf und Desiderius mit ihrer in Byzanz gern gesehenen Einstellung, es mit niemandem zu verderben, darum immer zu Geheimabreden bereit, waren nun durch eine praktisch absolute Königsgewalt ersetzt, deren Machtvollkommenheit nicht mehr auf die Ausmünzung jeweiliger Konjunkturen angewiesen war, sondern aus weitausladenden Kraftquellen der geeinten nordeuropäischen Frankenstämme schöpfte.

Darum bedeutete der Eheplan für Byzanz zwar den endgültigen Verzicht auf die nun fränkisch-langobardisch gewordenen ehemaligen Hoheitsgebiete in Italien, aber er mußte wenigstens Venetien und Istrien ebenso wie Neapel und Sizilien vor dem fränkischen Zugriff bewahren.

Ostrom hielt sich ja viel weniger kraft eigener Machtvollkommenheit souverän als dank seiner hervorragenden Politiker, deren offene und versteckte Diplomatie es im Laufe der Jahrhunderte immer wieder verstanden hatte, die hohlgewordene Regierungsgewalt straff und prall zu erhalten. Ob man nun mit großer Geste sich auf die angestammte Cäsarenhoheit berief und legitime Erbrechte aus dem goldenen römischen Imperium geltend machte, ob man durch geschickte Intrigen und zweckmäßig angewandte Bestechung das Kalifat von Bagdad derart schwächte, daß ein Harun schon vor den Toren Konstantinopels ermordet wurde und das persisch-arabische Heer unmittelbar vor der Eroberung der Hauptstadt wieder umkehrte, oder ob man gar ohne jede nationale Würde den slawischen Awarenfürsten im Norden offizielle Jahrestribute zahlte: auf den Erfolg allein kam es an, und dieser blieb dem byzantinischen Kaiserreich noch fünfhundert Jahre lang treu.

Bei jedem Thronwechsel gab es blutige Wirren, aber nur der hielt sich als Kaiser, der in einem die Gemüter der Bevölkerung entscheidend bewegenden und dadurch hochpolitisch gewordenen Problem die seinen Vorgängern entgegengesetzte Meinung vertrat: im sogenannten Bilderstreit, der Frage, ob den Heiligenbildern göttliche Verehrung zukomme oder nicht. Die Meinung darüber schwankte derart hin und her, daß sich zwei etwa gleich starke Parteien bildeten und sich in leidenschaftlichem Haß bekämpften. Wer zur Kaiserwürde wollte, hielt es mit der jeweils stärkeren, bis die Opposition mächtig genug war, ihn wieder zu stürzen.

Die byzantinische Kaiserin Irene paktierte mit beiden. Als Vormünderin ihres Sohnes Konstantin führte sie eine absolute Herrschaft mit mongolisch anmutender Verschlagenheit; alle Versuche, sie vorzeitig zu stürzen, erstickten in Blut und Schrecken. Immer wieder setzte sie sich mit Hilfe eines Gesinnungswechsels im Bilderstreit durch. Ihr „Silentium", der geheime Staatsrat, wurde von gewalttätigen Eunuchen beherrscht, die damit in Wirklichkeit das Regiment führten.

Die schöne Asiatin, die mit Stolz bekannte, in Athen geboren zu sein, hatte eine unverkennbare Schwäche für den nun immer mächtiger aufstrahlenden Karl und sah daher in dem päpstlichen Eheprojekt willkommene Gelegenheit, sich die kraftvollen Franken zu Bundesgenossen zu machen und damit den übriggebliebenen italienischen Besitz, so gut es ging, zu sichern.

Aber auch für die fränkische Politik hatte dieser Plan Interesse, denn ein Freundschaftsbündnis mit der den weiteren Ausbau der italienischen Herrschaft entscheidend gefährdenden Macht mußte zum mindesten vorläufig Ruhe schaffen. Es kam ja vor allem jetzt darauf an, die gehörige Zeit zu gewinnen, um ungestört von byzantinischen Machenschaften direkter und indirekter Art den langobardischen Besitz auszubauen und so fest mit dem altfränkischen zu verbinden, daß man später, wenn es sein mußte, eine Auseinandersetzung nicht mehr zu scheuen hatte. Man war ja noch weit davon entfernt, sich in Pavia sicher fühlen zu dürfen; auch der Herzog von Benevent nahm so zweideutige Haltung ein, daß Karl noch obendrein eine frankenfeindliche Strömung am Bosporus sich nicht mehr leisten konnte.

Wenn er auch die degenerierten Byzantiner wenig schätzte, so imponierte ihm doch das alte Kaiserreich mit seinen tiefverwurzelten Traditionen und seinem nicht zu bestreitenden Anspruch auf Führung. Er erkannte sein Recht des Älteren an, mit dem sich zu verständigen ehrenvoll und gewinnbringend sein mußte, solange die eigenen Interessen es nur irgend gestatteten.

Aber ebensowenig wie Pippin seinerzeit in die Ehe seiner Tochter Gisela mit dem Griechenkaiser gewilligt hatte – er gäbe sie nicht außer Landes, hatte er einfach erklärt –, ebensowenig dachte Karl im Ernst daran, seine jetzt etwa sechsjährige Tochter tatsächlich einem Halbasiaten zu vermählen. Es gab ja keine größeren Gegensätze der Kultur, der Lebensführung, der Religion als zwischen dem unheimlichen Prachtgebäude des byzantinischen Imperiums und dem einfachen fränkischen Volkskönigtum. Aber es mußten wenigstens zehn Jahre vergehen, bis die Vermählung stattfinden konnte, denn der Grieche war auch noch ein Kind. Karl wußte, daß bis dahin die Welt ganz anders aussehen und die fränkische Herrschaft in Italien stark genug sein würde, es notfalls auch mit den Byzantinern aufzunehmen.

Also wurde man einig. Die Griechen erkannten die neue Machtgruppierung in Italien an und verzichteten endgültig auf ihren ehemaligen Besitz; dafür hatte Karl ihnen die Integrität von Istrien, Venetien, Neapel und Sizilien zu garantieren. Mit diesen Vereinbarungen war auch die „Res publica Romanorum" staatsrechtlich frei geworden und die byzantinische Oberhoheit nur noch auf gewisse repräsentative Rechte, wie die Gestellung des Stadtpräfekten in Rom, beschränkt. Hadrian atmete auf, denn nun war Karl unbestritten der Herr Italiens, und es war an der Zeit, daran zu erinnern, daß der heilige Petrus weitergehende Ansprüche habe als huldvoll dargebrachte Geschenke aus Gold und Silber.

Merkwürdig genug, Karl ging darauf ein. Es sei selbstverständlich, daß dem Apostelfürsten sein Recht werden müsse. Aber zu einer sofortigen Auslieferung der in Frage kommenden früheren päpstlichen Patrimonien – mehr forderte Hadrian schon gar nicht – konnte er sich doch nicht verstehen, weil er zuvor der Gegenleistung sicher sein wollte. Er erklärte deshalb, die mit solcher Leidenschaftlichkeit vorgetragenen Rechtsansprüche des Heiligen Vaters einer sorgfältigen Prüfung unterziehen zu wollen, und bestellte auch sogleich im Einvernehmen mit dem wieder ganz vertrauensselig gewordenen Hadrian eine Prüfungskommission, nämlich den inzwischen als Abt von Tours in den Ruhestand getretenen Kanzler Itherius und den nicht weniger antirömisch gesinnten Schatzmeister Meginfred, einen hageren, kahlköpfigen Finanzmann.

Hadrian sollte bald erkennen, was er damit bezweckte. Aus der „Prüfung" wurde offensichtliche Verschleppung; überdies war von irgendwelcher Objektivität überhaupt keine Rede; die Herren Sachverständigen standen vielmehr von vornherein auf dem Standpunkt, daß nur die Kurie in vollem Umfange beweispflichtig sei, und setzten jeder ihrer Behauptungen das größte Mißtrauen entgegen. Die päpstlichen Kronzeugen, hundertjährige Greise, die aus ihrer Erinnerung die Richtigkeit der Ansprüche beschwören sollten, wurden erst durch scharfes Verhör eingeschüchtert und nur in Abwesenheit der päpstlichen Beamten zum Eid zugelassen. Trotzdem hielten Itherius und Meginfred so lange ihren Wahrspruch zurück, bis sie – nach Jahresfrist – von Karl die Weisung erhielten, die angemeldeten Ansprüche in relativ geringfügigem, vorher festgelegtem Umfange anzuerkennen.

Vorderhand war Hadrian aber zufriedengestellt. Die Aussicht, nunmehr endlich in den Besitz derjenigen Güter im Umkreis von Rom zu gelangen, die ihn zum reichen Grundbesitzer machen und einen entscheidenden Einfluß innerhalb der Herzogtümer Spoleto und Benevent zusichern mußten, machte ihn den fränkischen Wünschen vollkommen geneigt. Er willigte nicht nur in das von Alchwin vorgeschlagene Kompromiß zur Regelung der Investiturfrage, er machte sich vor allem auch mit der fränkischen Auffassung über die bayrische Frage vertraut.

Karls mehr oder minder deutlich vorgebrachter Hinweis auf die Tätigkeit der Prüfungskommission während der Verhandlungen ließ Hadrian bald erkennen, daß seine endgültige Stellungnahme von vorwiegend realpolitischen Gesichtspunkten abhängen müsse. Die Selbständigkeit Tassilos war nur mit der Unterstützung Roms aufrechtzuerhalten, denn der bayrische Landadel schien an einer Stärkung der Herzogsmacht viel weniger interessiert zu sein als die von seiner Freigebigkeit abhängige Kirche. Diese Kirche ultramontan zu erhalten, war dem Heiligen Stuhl bislang ebenso gelungen wie die Beeinflussung des Herzogs selbst. Wenn Hadrian sich daher nun entschließen sollte, dem Wunsch Karls zu entsprechen, um gemeinschaftlich mit ihm den Bayernherzog an seinen Pippin und seinen Söhnen gelobten Treueid zu erinnern, so war dies die für die Kurie gefährliche Fortsetzung einer Politik, die das Schwergewicht der Kirchenführung immer mehr von dem römischen Mittelpunkt zu entfernen geeignet war.

Die ganze Frage spitzte sich schließlich auf die einfache Entscheidung zu, woran dem heiligen Petrus mehr gelegen sein müsse: an einer im wohl zu verstehenden Gegensatz zur fränkischen Politik festzuhaltenden Souveränität des frommen Tassilo oder an dem in nunmehr sichere Aussicht gestellten Landbesitz in Italien. Karls Hinweis, daß er über kurz oder lang auch ohne Hadrians Mitwirkung seine Suprematie über das Herzogtum geltend zu machen in der Lage sei, daß überdies der Gatte einer Desideriustochter immer als unzuverlässig anzusehen wäre und schon aus diesem Grunde keine Souveränitätsrechte verdiene, ja, daß er solche ohnehin schon nach göttlichem Recht durch seinen „Heeresliez" verwirkt habe, all diese wuchtigen Tatsachen entschieden schließlich. Hadrian erklärte sich zu der gemeinschaftlichen Gesandtschaft bereit, die nicht nur Tassilo an seine Verpflichtungen erinnern, sondern ihn auch auf die Folgen aufmerksam machen sollte, die ihm durch eine etwaige Verweigerung des Vasalleneides erwachsen müßten.

Damit war Karl am Ziel, aber er begnügte sich noch nicht. Er machte des weiteren geltend, daß der Heilige Vater auch in Bayern künftighin nur nach seinem Vorschlage Bischöfe ernennen dürfe. So sei zum Beispiel für den infolge Überalterung des jetzigen, ohnehin der Freigeisterei verdächtigen Bischofs Virgil bald freiwerdenden Sitz in Salzburg der bayernstämmige Abt von Elmon im belgischen Franken, Arno, als besonders geeignet zu empfehlen. Er wußte, daß es für seine künftige Politik gegen das Herzogtum von ausschlaggebender Bedeutung werden müsse, wenn das führende Bistum Salzburg mit diesem Manne besetzt würde, der, ein Freund Alchwins, für den fränkischen Gottesstaat im stillen schon gewonnen war.

Hadrian konnte auch hiergegen nichts einwenden, und der *„Schwarze Arn",* wie seine Zeitgenossen ihn nannten, nahm von nun an ein erhöhtes Interesse an den kirchlichen Belangen seiner Heimat. Bald darauf wurde er dann auch *„durch Gottes Erbarmen und die Gnade Karls"* zum Bischof von Salzburg bestellt.

Tassilos Vasalleneid

Karl hatte nun erreicht, was er wollte. Seine Pläne um die Wiedereingliederung Bayerns nahmen feste Gestalt an. Die gemeinschaftliche Gesandtschaft hatte sich ihrer Aufgabe entledigt und Tassilos und seiner Gemahlin Träume um die nun scheinbar endgültig gewonnene Souveränität mit einem Schlage zerstört. Karls Maßnahmen gingen aber weiter. Mochte der offizielle Schritt wie ein Fanfarenstoß die Wendung angekündigt haben, im geheimen begann jetzt die unwiderstehliche Wühlarbeit der fränkischen Agenten. Die großen Adelsfamilien Bayerns, die den Herzog ohnehin nur ungern als einen „Primus inter pares" duldeten, begannen sich als „reichsunmittelbar" zu fühlen; eine direkte und ausschließliche Lehenspflicht gegenüber dem immer mächtiger werdenden Frankenkönig konnte nur vorteilhaft sein, zumal man Zusicherungen erhielt, daß die fränkische Krone nur in einem starken und reichen Adel die beste Gewähr für einen gesunden Staat erblicke. Bayrisch-nationalistische Tendenzen gab es nur am Herzogshof, den die Desideriustochter Luitperga, die sich zum Zeichen ihrer Herkunft als Königstochter „*Virgo regalis*", also etwa „Königliche Hoheit", anreden ließ, immer selbstherrlicher beherrschte. Man erkannte auch, daß ein Gegensatz Bayerns zum fränkischen König in Anbetracht der inzwischen vollendeten dreiseitigen Umklammerung durch Langobarden, Alemannen und Thüringer zu höchst unerwünschten Folgen führen konnte. Die plötzlich zutage getretene Identität zwischen Kurie und Frankenkönig auch in der bayrischen Frage begann nun auch den Klerus stutzig zu machen, als dessen Führer Arno von Salzburg immer deutlicher hervortrat.

Zwischen Adel und Geistlichkeit herrschte bislang ein lebhafter Gegensatz, weil Tassilo glaubte, sich auf den Klerus eher verlassen zu können als auf die weltlichen Standesherren. Er hatte deshalb auch vielfach ein Auge zugedrückt, wenn die Äbte seiner neubegründeten Klöster sich Adelsgut angeeignet hatten. Karl aber ließ wissen, daß er solche Unrechtmäßigkeiten sofort unterbinden würde. Wenn Tassilo aber damit gerechnet hatte, sich durch seine Freigebigkeit gegenüber der Kirche wenigstens diese vollkommen verpflichtet zu haben, so stand er jetzt vor einer ebenso peinlichen wie überraschenden Enttäuschung. Hatten die Agilolfinger auch in achtunddreißig Jahren neunundzwanzig Klöster gestiftet – in hundert Jahren lassen sich in Ostfranken nur fünfzehn nachweisen –, galten sie auch als die treuesten Söhne des heiligen Petrus: gegen die von der weltlichen und kirchlichen Zentralmacht nun gemeinschaftlich erhobene Ermahnung gab es für den bestürzten Herzog keine Auflehnung. Wenige Jahre später wäre er vielleicht stark genug gewesen, den Kampf mit dem Vetter aufzunehmen; wenige Jahre früher, als Karl an den Klausen festgerannt saß, hätte ein Bruch seines Neutralitätsversprechens die Weltgeschichte vielleicht anders gestaltet. Jetzt blieb nur die Unterwerfung, und die Annalen melden: „*Da wurde schließlich sein Herz so erweicht, daß er sogleich vor dem König erscheinen zu wollen erklärte, wenn ihm nur durch Stellung von Geiseln seine Sicherheit verbürgt würde. Als das geschehen war, kam er unverweilt nach Worms, schwur den verlangten Eid und stellte ohne Zögern die Geiseln, die von ihm gefordert wurden. Jedoch nach seiner Heimkehr hielt er nicht lange die Treue, die er versprochen hatte ...*" Karl wußte, daß seine Stunde kommen würde, und wartete nun.

Die letzten Schlacken

„Wie nun überall Frieden war,
beschloß Karl nach Rom zu ziehen und den Teil
von Italien anzugreifen, der jetzt Beneventus heißt,
um sich auch den Rest des Reiches zu
unterwerfen, dessen Haupt, den gefangenen
König Desiderius, er bereits in seiner Gewalt hatte ...“

Einhard,
um 790

„Er war schon früher dem König Karl
und den Franken treuer als mir selbst ...“

Tassilo über den Bischof von Freising,
um 787

Bayern und Benevent

Aber es sollten doch noch sechs Jahre vergehen, bis die bayrische Frucht reif zur Ernte war. Erst als durch Widukinds Kapitulation der Saxenkrieg beendet schien und allenthalben Ruhe herrschte, konnte mit der Beiseiteräumung der letzten Schlacken des antifränkischen Desiderius-Blockes, Bayerns und Benevents, begonnen werden. Die Frankisierung Langobardiens, seit Hrothruds Verlobung von Byzanz ungestört, war inzwischen vollständig geworden und dadurch eine unübersteigbare Schranke zwischen den Schwiegersöhnen des Desiderius errichtet, Arichis von Benevent im Süden, Tassilo von Bayern im Norden. Beide waren immer noch selbständige Herzöge, von ihren ehrgeizigen Frauen zum äußersten Widerstand gegen jede Kapitulation gestachelt. Tassilos Erniedrigung in Worms war schon so gut wie vergessen. Er, der seinen Vasallen geboten hatte, bei ihrem Treueschwur *„es anders dabei im Sinn zu meinen und betrügerisch zu schwören"*, und, noch mehr, der gesagt hatte, wenn er auch zwei Söhne hätte, so wolle er lieber, daß alle zugrunde gingen, *„als daß er es so bestehen lasse, wie er geschworen …"*, Tassilo hielt sich nicht im geringsten an seine erneuerten Vasallenpflichten. Auch Arichis glaubte bei einem ernsthaften Konflikt mit den Franken auf die Zusagen seines Schwagers Adelchis in Konstantinopel rechnen zu dürfen, man würde dort niemals ein fränkisches Benevent dulden, was um so wahrscheinlicher war, als Karl alle Anfragen aus Konstantinopel, wann Hrothrud zur Hochzeit abgeholt werden könne, ausweichend beantwortet hatte.

Aber die direkte Verbindung zwischen Bayern und Benevent war unterbrochen, und das von Byzanz zu beiden geknüpfte Halteseil zu lang und zu fadenscheinig, um die nun schon ins Schwimmen geratenen Souveränitäten beider Herzogtümer festzuhalten. Der Torso einer antifränkisch-langobardischen Dynastie in Benevent schien aber ohne energische griechische Intervention schutzlos dem Zugriff der Franken preisgegeben, sofern diese zustießen; die Kraftquellen des eigenen Landes waren zu schwach für militärischen Widerstand, die bedeutende diplomatische Geschicklichkeit des Herzogs, aus der Schule des Desiderius hervorgegangen, konnte einen solchen Zusammenstoß vielleicht aufhalten, niemals aber, wenn der Zugriff wirklich erfolgte, den Zusammenbruch der beneventanischen Souveränität verhindern.

Die Lage eines auf sich selbst angewiesenen Tassilo war nur wenig günstiger. Seine nahe Verwandtschaft mit Karl mütterlicher-, seine Abstammung von altem Herzogsgeschlecht väterlicherseits, seine unbestreitbaren Erfolge um die Christianisierung des Ostens, die fromme Lebensführung seines Vaters, unter dessen Regierung kein geringerer als Bonifatius Bayerns Kirche geordnet hatte: das alles sollte ihm berechtigte Hoffnung geben, bei einem Unterliegen nicht mehr verlieren zu brauchen als bei einer erneuten freiwilligen Unterwerfung. Er war von Karls Vater, Pippin, zum Herzog eingesetzt; Karls stets bewiesene Hochachtung vor den Maßnahmen Pippins ließ vermuten, daß er auch nach einer Niederlage – zu welcher er es im übrigen gar nicht kommen lassen zu brauchte – seine Herzogswürde behalten dürfte; das große Land verfügte über ein nicht zu verachtendes Heer, das Karl vor tatsächlicher Eröffnung kriegerischer Verwicklung unzweifelhaft gebührend berücksichtigen würde. Aber all dies konnte nicht genügen, um es wirklich zum Äußersten kommen zu lassen, zum mindesten nicht, solange Bayern ganz auf sich allein angewiesen blieb. Daß dieses „Äußerste" kommen mußte, war für jedermann klar, der die Beweglichkeit und Tatkraft des Frankenkönigs kannte, dessen Ziel immer deutlicher erkennbar wurde: die gesamte Christenheit einem Großkönigtum zu unterstellen, das man den Gottesstaat zu nennen sich gewöhnte. Die Beseitigung der bayerischen und beneventanischen Souveränitäten bedeutete aber nunmehr den letzten Schritt zur Vollendung.

Wenn noch irgendein Zweifel an Karls Entschluß, nunmehr Ernst zu machen, berechtigt war, so wurde er durch sein Verhalten bei einem Grenzzwischenfall zwischen Bayern und langobardischen Franken beseitigt. Der fränkische Gaugraf beanspruchte das dortige Grenzgebiet für sich, ließ sich in ein Scharmützel ein und wurde von den Bayern mit seiner Truppe in die Flucht gejagt. Karl reagierte entgegen seiner Gewohnheit, sich nie etwas gefallen zu lassen, hierauf aber überhaupt nicht und gab damit unzweideutig zu verstehen, daß seine Pläne weiter griffen, als daß sie durch solch eine Schlappe von rein lokaler Bedeutung gestört werden konnten. Seine Absichten blieben aber undurchdringlich dunkel. Weder ließ er das Heer antreten, noch zeigte sich an den bayrisch-fränkischen Grenzen, abgesehen von dem Bozener Zwischenfall, irgendwelche Unruhe. Man hob sogar allenthalben mit auffallender Einmütigkeit lobend hervor – und zwar nicht allein in der fränkischen „Hofzeitung" –, der Welt sei endlich ein Jahr ohne Krieg geschenkt.

Daß es sich bei dieser friedlichen Stimmung aber nur um die Ruhe vor dem Sturm handelte, ging aus der lebhaften Geschäftigkeit hervor, die von den europäischen Höfen entfaltet wurde. Zwischen Regensburg, Capua, Konstantinopel und Rom waren die Gesandtschaften unaufhörlich unterwegs, die schon traditionell gewordenen Feindseligkeiten zwischen Bayern und Awaren verstummten, um einer versöhnlichen Stimmung zu weichen, die darauf hindeuten mochte, daß man in Regensburg unter gewissen Umständen die Aufgabe der östlichen Missions- und Kolonisationstätigkeit, wie man den Vernichtungskrieg gegen die Heiden damals nannte, ins Auge zu fassen bereit war, wenn um diesen Preis die Erhaltung der selbständigen bayrischen Herzogswürde sichergestellt werden konnte.

Der „durch Gottes Erbarmen und Karls Gnade" neu ernannte Salzburger Bischof Arno übernahm die Leitung der diplomatischen Beziehungen mit dem Lateran, die vor allem dem Ausbau der altfreundschaftlichen Verbundenheit des Heiligen Vaters mit dem Bayernherzog dienen sollten. Das Haus der Agilolfinger galt in Rom immer noch als „allerchristlichstes". Tassilos Starrheit übersah aber, daß sich im Laufe von vierzig Jahren manches geändert hatte. Als nämlich Karls Vater, Pippin, damals gegen Tassilos Vater Odilo zu Felde lag, hatte die Kurie sehr energisch zugunsten der Bayern interveniert, der päpstliche Legat dem mit dem Lechübergang beschäftigten Franken sogar das Verbot des heiligen Peters übermittelt, die bayrische Selbständigkeit anzutasten. Als Pippin aber nach anfänglicher Beklemmung hierüber eine Furt fand, die ihn in den Rücken der vom heiligen Peter geschützten Feinde führte, bestritt er nach dem Siege dem Gesandten mit feinem Lächeln die Vollmacht, im Namen des heiligen Peters gesprochen zu haben, denn sein Erfolg habe das Gegenteil erwiesen. Infolge dieser unangenehmen Erfahrung war man in Rom vorsichtig geworden. Zwar hatte Hadrian keine Gelegenheit ausgelassen, Tassilo auszuzeichnen: er taufte seinen Sohn eigenhändig und schenkte ihm die außerordentlich kostbaren Gebeine des heiligen Tertulin zur Überführung nach Regensburg, im entscheidenden Augenblick aber, als es um die Anerkenntnis der fränkischen Oberhoheit ging, war die Einigkeit von Papst und Frankenkönig bedrohlich klar geworden; Tassilo hätte daraus erkennen sollen, daß es der liebe Gott immer mit den stärkeren Bataillonen zu halten pflegt.

Um so größere Bedeutung mußte für die nächste Zukunft einer geschickten Diplomatie beim Heiligen Stuhl beigemessen werden und um so verhängnisvoller erwies sich für Tassilo die Bestellung Arnos zum Verhandlungsführer. Der verschlagene Mann war durchaus reichsfränkisch eingestellt und betrachtete sich, wie die meisten Angehörigen des bayrischen Hochadels, viel weniger als nationalbayrischen Kirchenfürsten als vielmehr als Diener des reichsfränkischen Gottesstaates von Karls inzwischen immer unbestreitbarer gewordenen Gnaden.

Den Lateran für eine antifränkische Koalition zu gewinnen, war dabei eine durchaus erfolgversprechende Aufgabe. Hadrian hatte mit den Franken die schlechtesten Erfahrungen gemacht, die Einfügung eines souveränen Kirchenstaates mit Ravenna als Bindeglied in den bayrisch-beneventanischen Block unter griechischer Führung konnte dagegen ohne weiteres versprochen werden.

Neben dieser Sicherstellung ihrer territorialen Wünsche winkte der Kurie überdies, bei einem Überschwenken ins griechische Lager, die gesamte geistliche Oberherrschaft in dem ihrem Einfluß bisher entzogenen byzantinischen Kulturkreis als Betätigungsfeld. Die sich hieraus für die Machterweiterung Roms ergebenden Möglichkeiten und Auswirkungen waren unübersehbar. Dagegen hatten die Franken tatsächlich nichts zu bieten als die Anerkennung päpstlicher Eigentumsrechte in einigen mittelitalienischen Patrimonien, jedenfalls konnte Hadrian von einem siegreichen Karl bei Beachtung seiner bisherigen Erfahrungen die Erfüllung weitergehender Ansprüche niemals erwarten.

Alle diese Trümpfe spielte die antifränkische Koalition aber so ungeschickt oder überhaupt nicht aus, daß Karls entschlossenes Dazwischentreten Hadrian zu äußerster Zurückhaltung nötigte. Karl ließ in Rom mit aller Deutlichkeit erklären, daß seine weiteren Maßnahmen von der Haltung des Heiligen Vaters abhängen würden; bei einer Fortsetzung der antibayrischen Politik, das heißt korrekter Überwachung und Garantie beschworener Verträge, erfülle der Papst seine gegen Gott und die Menschheit übernommenen Pflichten, wofür der Frankenkönig sich im übrigen erkenntlich zeigen werde; jede andere Stellungnahme müsse der Kurie die ganze Macht eines fränkisch gewordenen Langobardiens zu fühlen geben. Im übrigen werde er selbst binnen kurzem in Rom erscheinen, um im Einverständnis mit dem Stellvertreter Christi die künftigen Geschicke der Welt zu ordnen.

Endlich ließ der fränkische Nachrichtendienst verkünden, da *„nach allen Seiten Ruhe und Frieden"* sei, habe der König beschlossen, sich nunmehr *„nach Italien zu begeben, um an den Stätten der heiligen Apostel zu beten, die Angelegenheiten Italiens zu ordnen und mit den Gesandten des griechischen Kaisers eine Besprechung zu halten"*; im Spätsommer 786 trat das fränkische Heer den Marsch an, auf den alle Welt gewartet hatte. Tassilos Überlegungen, gegebenenfalls die Klausen zu besetzen und die Franken im ungewohnten Berggelände zu einer Entscheidungsschlacht zu stellen, wurden schnell hinfällig, als gemeldet wurde, daß Karl vorsichtshalber die westliche Route durch Burgund gewählt habe und in St. Maurice an der Rhone Rast halte. Bald darauf erschien er in Florenz, besprach sich mit der langobardischen Regierung seines Sohnes Pippin; seine Vertrauensleute Adalhart und Angilbert nahmen dort die Wünsche ihres königlichen Herrn für den weiteren Ausbau der langobardischen Verwaltung entgegen, vor allem eine vielsagende königliche Verordnung, den Zehnten für die Kirche nur in Gegenwart von erwählten Vertrauensleuten der Bevölkerung zur Einziehung zu bringen.

Karl erschien dann im Februar in Rom, wo die großen Verhandlungen mit der Kurie sogleich begannen.

Die dritte „Wallfahrt"

So wenig Karl auch zu bieten hatte, so großartig setzte er sich in Szene. Seine persönliche Anwesenheit, der rückhaltlose Einsatz bezwingenden Charmes und drohender Schrecklichkeit verschafften ihm sofort einen entscheidenden Vorsprung vor den Gegnern. Wenn durch die gemeinschaftliche Gesandtschaft an Tassilo der erste Schritt auch schon getan war, Bayern von der Kurie zu trennen und diese trotz aller Enttäuschungen auf die fränkische Politik festzulegen, so mußte eine nun nicht mehr zu verheimlichende Absicht, das Herzogtum der Agilolfinger vollständig aufzuheben und das bayrische Land kurzerhand als fränkische Provinz dem Gesamtreich einzugliedern, doch das Ende jeder päpstlichen Freizügigkeit bringen, ganz gleich, ob sie schon jetzt kaum mehr aufrechtzuhalten war. Mit der Übernahme Bayerns hatte Karl die gesamte abendländische Christenheit in der Hand und der Kirche ein für allemal die Möglichkeit genommen, sich zur Durchsetzung ihrer Wünsche anderer als geistlicher Mittel zu bedienen. Die Mitwirkung Hadrians bei dieser Neugliederung bedeutete für Karl eine ungeheure Erleichterung, weil die Einheitsfront von weltlicher und geistlicher Macht auf Tassilo und vor allem seinen maßgebenden Landesadel einen derart überwältigenden Eindruck machen mußte, daß jeder etwa geplante gewaltsame Widerstand von vornherein nutzlos war. Andererseits mußte Hadrian wiederum erkennen, daß Karl schließlich auch ohne seine Mitwirkung zu dem gewünschten Ziel kommen konnte, während es zweifelhaft blieb, ob das unzuverlässige Byzanz unter Führung einer wankelmütigen Frau ihn vor den Folgen einer antifränkischen Politik würde schützen können und wollen.

Hadrians konservative Einstellung, eine einmal für richtig erkannte Politik nicht aufzugeben, entschied angesichts des in Rom versammelten fränkischen Heeres, der Marschbereitschaft der Langobarden und der unwiderstehlichen Diplomatie des Königs, der sich auch weiterhin als frommer Sohn der Kirche zu bezeigen versprach, selbst wenn der Gottesstaat im unvereinbaren Gegensatz zum Kirchenstaat errichtet und vollendet und damit die weltliche und geistliche Führung in der Person des übermächtigen Großkönigs vereinigt war. Die prinzipielle Bereitschaft der Kurie, sich auch fernerhin auf Gedeih und Verderb mit den Franken zu vereinen, war natürlich nicht ohne Gegenleistung zu haben. Karl mußte sich verpflichten, gewisse und nicht unbeträchtliche Eigentumsrechte auf spoletanische und vor allem beneventanische Patrimonien anzuerkennen und dieselben unverzüglich dem heiligen Petrus zu übergeben. Auf die bewährte Methode, diese Rechte erst zu überprüfen, ließ Hadrian sich allerdings nicht mehr ein, da aber die Ausfolgung der beanspruchten Gebiete wahrscheinlich einen Druck auf Arichis von Benevent erforderte, wurde das „unverzüglich" schließlich dahingehend modifiziert, daß Karl versprach, Italien nicht eher zu verlassen, bis daß der Heilige Vater in seine neuen Besitztümer tatsächlich eingesetzt war. Hierin lag ein beide Teile befriedigender Kompromiß, denn Hadrian wußte, daß Karl so schnell wie möglich wieder nach Hause wollte und mußte, der König hatte es andererseits in der Hand, seine Versprechungen rückgängig zu machen, falls Hadrian Tassilo gegenüber eine andere als die vereinbarte Haltung einnehmen sollte.

Diese „Schenkung" von 787 ist die letzte, die unter Karls Regierung erfolgte und beendete seine Mithilfe am Ausbau des Kirchenstaates. Von einer päpstlichen Souveränität über die neuen Gebiete war selbstverständlich keine Rede; sie unterstanden staatsrechtlich der fränkischen Krone wie jeder andere Privatbesitz. Sie waren der Kaufpreis für die endgültige Aufgabe eines selbständigen Herzogtums Bayern seitens der Kurie; die Franken wußten ja aus den Verhandlungen um die päpstliche Mitwirkung bei der Erinnerung an Tassilos Vasalleneid, wie zweckmäßig solche „Schenkungen" wirken konnten.

Der Herzog von Benevent war durch die zwar erwartete, aber doch vorzeitig erfolgte Ankunft der Franken in Rom ebenso überrascht wie durch die Mitteilung von der vollständigen Einigkeit zwischen Karl und Hadrian. Er bemühte sich daher um eine Verständigung. Zwar gab es keine offenen Gegensätze, aber seine Beziehungen zu Konstantinopel und Regensburg waren zu bekannt, als daß Arichis nicht alle Veranlassung gehabt hätte, sich vor Karl zu fürchten. Bald erschien sein Sohn Romuald zur großen Staatsvisite in Rom, überbrachte Karl die üblichen Geschenke und Versicherung der Ergebenheit seines Vaters. Er stellte sich zu etwa gewünschten Verhandlungen zur Verfügung und gab die beneventanische Bereitwilligkeit zu erkennen, die dem Papst zugesprochenen Gebiete anstandslos herauszugeben.

Für Karl war Benevent identisch mit Byzanz. Er fürchtete deshalb bei einer schroffen Ablehnung der übermittelten Angebote, die nicht der Form, aber der Tatsache nach auf ein Souveränitätsverhältnis des Herzogtums zu den Franken herauskamen, die Kaiserin Irene zu brüskieren. Ostrom mit seinen großen Traditionen und Einflüssen, seinen asiatischen Hilfsquellen und vor allem seiner bedeutenden Flotte blieb für ihn ein Machtfaktor, den er vielleicht überschätzte, während die meisten seiner Zeitgenossen und Berater die ganze Herrlichkeit nur noch für eine Art Bluff hielten, der beim ersten energischen Zugriff zusammenfallen mußte.

Um die Antwort an Arichis gab es nun in Rom heftige Auseinandersetzungen innerhalb des fränkischen Staatsrates, zu dem Hadrian hinzugezogen worden war. Die überwiegende Mehrheit setzte sich mit Leidenschaft für die Ablehnung und die sofortige Aufnahme der Feindseligkeiten ein; Karl weigerte sich lange. Schließlich gab er doch nach, als Hadrian erklärte, er betrachte die ihm zugesprochenen beneventanischen Liegenschaften nur dann als tatsächlichen Besitz, wenn sie unter fränkischer Hoheit ständen. Der heilige Peter habe aus seinen Erfahrungen mit einem Desiderius und seinen Vorgängern genügend gelernt, um zu wissen, daß diese *„unaussprechlichen"* Menschen – und Arichis gehöre dazu – in keiner Weise vertrauenswürdig seien. Sollte also Karl wirklich auf die sich vielleicht nie wieder bietende Gelegenheit verzichten, das beneventanische Herzogtum nunmehr ein für allemal so vollständig zu unterwerfen, wie er dies mit dem langobardischen Stammland getan habe, so dürfte der ihm dort zugesprochene Besitz nicht als so ausreichend gesichert angesehen werden, daß die Kurie darin ein Äquivalent für das Fallenlassen Bayerns erkennen könne.

Diese Willensäußerung entschied. Für begründete Drohungen hatte der Realpolitiker Karl ein viel besser reagierendes Organ als für Bettelei. Mit Gewalt konnte der Heilige Vater nicht zur Mitwirkung gegen Tassilo gezwungen werden, und um diese allein ging es ja jetzt. Die Verwicklung mit Benevent war Episode von lokaler Bedeutung.

Also beschloß man den Krieg und nahm zu seiner besseren Durchführung gegen jedes Völkerrecht zunächst den Herzogsohn und Gesandten Romuald gefangen. In hellem Entsetzen schickte Arichis dem über Monte Casino vorrückenden Heer eine neue Gesandtschaft entgegen, die eine vollständige Kapitulation anzubieten hatte, *„und versprach, mit seinem Volk allen seinen Befehlen nachzukommen, das eine ausgenommen, daß er selbst vor ihm erscheinen müsse".* Jetzt nahm Karl an. An Stelle des gefangen gehaltenen Romuald gab Arichis seinen zweiten Sohn Grimoald als Geisel, leistete den Franken den großen Vasalleneid und verpflichtete sich zu einer ungeheuren Tributzahlung in jährlichen Raten. Die päpstlichen Gebiete wurden aus jeder beneventanischen Oberhoheit entlassen und direkt und ausschließlich dem königlichen Schutze unterstellt. Dagegen verzichtete Karl auf eine Entfernung des Herzogs und *„erließ es ihm, vor sein Antlitz zu treten".*

Mit den Griechen mußte es jetzt allerdings zum Bruch kommen, zumal eine Gesandtschaft der Kaiserin mittlerweile in Capua angelangt war, um die Prinzessin Hrothrud vereinbarungsgemäß als Braut des Thronfolgers abzuholen. Karl dachte aber heute noch weniger als vor sechs Jahren daran, sein Wort einzulösen. Der Zweck des Verlöbnisses war vollauf erfüllt, die italienisch-langobardische Herrschaft ausreichend befestigt, Benevent, wenn auch zunächst noch lose, eingefügt. Der Heilige Stuhl war zuverlässig auf die fränkische Außenpolitik verpflichtet, der Zusammenbruch eines nicht fränkisch gesinnten Bayerns stand vor der Tür. Er lehnte die Einlösung des Eheversprechens daher mit der lakonischen Begründung ab, er könne sich von seinen Töchtern nicht trennen, was allenthalben außerordentlich befremdete. Es hat nicht an dunklen Andeutungen gefehlt, die die väterliche Liebe zu den schönen, nun-

mehr fast erwachsenen Töchtern als etwas mysteriös bezeichneten, Vermutungen, die bei den Sitten am fränkischen Hof
und der gewalttätigen Unersättlichkeit des Königs immerhin so
weit geglaubt wurden, daß in der französischen Literatur des
achtzehnten Jahrhunderts der Nationalheros Charle Magne einen merkwürdigen väterlichen Nimbus erhielt.

Kaum hatte der König in Capua die entrüsteten Griechen mit
seinem ablehnenden Bescheide entlassen, als die lang erwartete Gesandtschaft Tassilos unter persönlicher Führung Bischof
Arnos in Rom eintraf. Damit war Karl am Ziel, denn nun mußte es sich erweisen, daß Sankt Petrus mittlerweile in den Franken und nur in diesen die Garanten für seinen Einfluß auf Erden sah. Karl wollte von Verhandlungen zunächst überhaupt
nichts wissen, denn es gab seiner Ansicht nach nichts zu verhandeln. Hadrian, durch die Erfolge seiner beneventanischen
Intervention mutig gemacht, bestand aber auf einer gemeinschaftlichen Festlegung der künftigen Position Bayerns. Wieder
mußte Karl nachgeben, um nicht den ganzen Zweck seiner Italienfahrt im entscheidenden Augenblick zu gefährden.

Arno verlangte vom Heiligen Stuhl die Garantie einer bayrischen Unabhängigkeit oder, wenn dies nicht zu erreichen war,
doch zum mindesten seine Vermittlung, auf daß eine gewaltsame Auseinandersetzung zwischen Franken und Bayern vermieden würde. Noch ehe Hadrian aber Stellung nehmen konnte, pol-
terte Karl mit der Frage dazwischen, ob der Herzog Tassilo sich
an seinen neuerlich geleisteten Vasalleneid gebunden halte oder
nicht. Falls etwa sein Wunsch um päpstliche Anerkennung seiner Unabhängigkeit mit dieser Verpflichtung im Widerspruch
stehe, so bedeute dies nicht mehr und nicht weniger, als den Heiligen Vater selbst zum Spießgesellen von Meineidigen zu machen. Im übrigen sei es vollkommen unklar, wo denn Sankt Peter
zu vermitteln habe. Entweder sei Herr Tassilo fränkischer Vasall,
wie das beschworen wäre, und halte seine Verpflichtungen,
dann gäbe es keinen Grund für gewaltsame Auseinandersetzung, oder aber er breche seinen Eid, dann würden die
fränkischen Waffen seiner Herrschaft sofort ein Ende machen.
Eine päpstliche Intervention in diesem Fall sei nicht nur zweck-
los, sondern in sich unmöglich, da die Kurie kraft apostolischer
Gewalt auch ihre Machtmittel für die Heilighaltung feierlich beschworener Verträge einzusetzen verpflichtet wäre. Wenn es daher überhaupt etwas zu verhandeln gäbe, so könne der fränkische König hierzu nur unter der Voraussetzung bereit sein, daß
die bayrischen Bevollmächtigten zuvor eindeutig und feierlich

erklärten, das bayrische Herzogtum sei fränkisches Lehnsland und der bayrische Herzog fränkischer Vasall.

Arno gab ausweichende Antwort. Seine Vollmachten erstreckten sich lediglich auf gewisse Verhandlungen, nicht aber auf Erklärungen staatsrechtlicher Natur; solche abzugeben, sei Sache seines Herzogs und nicht des Gesandten. Da schlug Karl auf den Tisch. Es fiele ihm gar nicht ein, mit seinen Untertanen zu verhandeln, und wenn Herr Tassilo sich nicht als solcher fühle, dann möge sein Abgesandter den Heiligen Vater selber fragen, wie der um Vermittlung ersuchte Petrus einen solchen Eidbruch auffassen würde.

Der große Augenblick war damit gekommen; der neue Besitz in Benevent, die wertvolle Huld des übermächtigen Franken, Frieden und Ruhe vor Griechen und Sarazenen standen auf dem Spiel; da wogen das Interesse an dem allerchristlichsten Agilolfinger und der Dank für seine und seiner Väter Verdienste um Erhaltung und Ausbreitung des katholischen Glaubens nur leicht. Der Stellvertreter Christi auf Erden war deshalb nun *„schwer aufgebracht und erklärte, sie als Lügner und Betrüger mit dem Schwerte des Bannes zu schlagen, wenn sie die einst dem König gelobte Treue brechen sollten".* Alle Folgen einer solchen Meineidigkeit kämen über der Sündigen Haupt, Karl aber sei von vornherein als der Vollstrecker des Willens Gottes von jeder Schuld absolviert.

Nach dieser eindeutigen Erklärung Hadrians blieb nichts mehr zu verhandeln. Arno nahm sie mit Befriedigung auf, weil er durch diese nicht mehr mißzuverstehende Identifizierung der Kurie mit der fränkischen Politik kraft seiner bischöflichen Würde nunmehr auch offiziell die reichsfränkische Idee zu vertreten hatte. Karls einzigartige Begabung, immer im rechten Zeitpunkt am rechten Platz zu sein, hatte damit das Schicksal Bayerns und seines stolzstarren Herzogsgeschlechtes entschieden. Mit dem Salzburger Bischof war der Klerus kirchlich gewonnen und der Schwiegersohn des Desiderius seines mit Sorgfalt und Freigebigkeit ausgebauten Stützpunktes, der Kirche, im eigenen Lande beraubt. Tassilos Herrschaft konnte sich gegen den reichsfränkisch unmittelbaren Hochadel ja nur noch mit Hilfe des Klerus halten, fiel dieser ab, so war er isoliert und verloren.

Die Art, wie Tassilo nun in völlige Isolierung hineinmanövriert wurde, um im rechten Augenblick durch einen einzigen Zugriff um seine Herzogswürde gebracht zu werden, ist in ihrer Systematik, gefühlsmäßigen Erkenntnis und virtuosen Beherrschung diplomatischer Instrumentation einzigartig und zeitlos. Karl hat damit nicht allein das ursprünglich beabsichtigte Ziel erreicht, den herzoglichbayrischen und antifränkischen Tendenzen die klerikale Verankerung abzureißen: durch ihre Festlegung auf die fränkischen Interessen war nun auch die Kurie endgültig im Netz verstrickt, da sie sich durch ihre Entscheidung um den letzten Bundesgenossen gebracht hatte, mit dessen Hilfe, ja, nur durch dessen Vorhandensein den Franken die Einlösung der alten Krönungsversprechungen vielleicht doch noch hätte abgetrotzt werden können. Hadrian blieb jetzt tatsächlich nichts mehr, als „mit erhobenen Händen" beiseitezustehen; der heilige Petrus war in der Totalität des fränkischen Großkönigtums untergegangen. Weltherrschaft und Frankentum begannen eins zu werden, sowohl praktisch wie in der Idee, die nun schon überall der Gottesstaat hieß.

Langobardische Gesetze

Obwohl der Hauptzweck seiner großen Heerfahrt erreicht und die bayrische Gesandtschaft wieder abgereist war, dachte Karl nicht daran, sofort in die Heimat zurückzukehren, wo man neugierig und tatendurstig seiner wartete. Es kam jetzt vor allem für ihn darauf an, die Ereignisse in Bayern reifen zu lassen. Arnos Berichterstattung bei Tassilo mußte erst erfolgt und sein Klerus und der Hochadel darüber unterrichtet sein, welche Folgen eine erneute Aufsässigkeit des Bayernherzogs gegen fränkische Lehnsoberhoheit für alle Beteiligten nach sich ziehen sollte. Die wellenförmige Ausbreitung dieser Ideenkreise mußte viel weiter schlagen, wenn sie von keiner Seite unter national-fränkischem Druck stand. Ein säbelrasselnder Karl in Worms konnte die feinen Nerven germanischer Oppositionslust leicht treffen, die neue Ordnung der Dinge wurde in ihrer Unwiderruflichkeit viel schneller klar, wenn Karl mit seiner Garde und seinem Hof, seinen Ministern und seinen Schätzen weit vom Schusse war und in Mantua Gesetze verkündend „stabte".

So ließ der König sich zur Heimkehr Zeit, die er mit sorgfältiger Prüfung der langobardischen Mißstände und Erlaß tief einschneidender Reformgesetze ausfüllte. Die großen Verordnungen von 781 hatten sich praktisch nicht durchsetzen können, insbesondere herrschte auch hier offene Auflehnung gegen die Abgabe des Zehnten an die Kirche, weil man jede Art von Steuer, genau wie in Saxen, als schimpflichen Tribut empfand; bei der wirtschaftlich schon vortrefflich geschulten Denkungsart der römisch-germanischen Mischlinge wurde die Zurückweisung einer solchen beleidigenden Kränkung zugleich zündende Rechtfertigung gegen die Hinnahme empfindlicher materieller Verluste. Der durch diesen geradezu als „Steuerstreik" zu bezeichnenden Akt der Selbsthilfe um die Früchte seiner Seelsorge äußerst besorgte Klerus ging andererseits mit geistloser Brutalität vor, um sein Geld einzutreiben. Kirche und Volk standen sich daher bald in unversöhnlicher Feindschaft gegenüber. Mit der weltlichen Gewalt allein war das fränkische Hoheitsgebiet aber nicht mehr zusammenzuhalten. Der Staat bedurfte nun schon dringend des Einsatzes geistlicher Hilfe, wie der Klerus auf den Schutz der königlichen Behörde angewiesen war.

Karl erkannte, daß die größte Gefahr von der Kirchenentartung drohte, verzichtete aber darauf, ihre ins Wanken geratene Autorität durch drakonische Gesetze gegen etwaigen Ungehorsam, gleichsam mit „Blut und Eisen", zu stützen, sondern nahm vielmehr, nach bewährter Methode, rücksichtslos und souverän mit der Volksstimmung Partei gegen den Klerus, seine unheilige Lebensführung und eindeutige Habgier. Damit waren seine Gesetze sofort populär, und er erreichte trotzdem den beabsichtigten Zweck, vor allem die Ableistung des Zehnten sicherzustellen. Um auch unter allen Umständen die richtigen Persönlichkeiten für das verantwortungsvolle Priesteramt zu gewinnen, stellte er den „Pfründenhandel" unter schwerste Strafe. Es war dies den Menschen des achten Jahrhunderts ein schwer verständliches Verbot. Die Ausstattung mit einer Pfründe war ein vollkommen legales kirchliches Geschäft, für das der Begünstigte eine tarifmäßig feststehende Gebühr und jährliche Abgaben zu leisten hatte. Ein erheblicher Teil der königlichen Hofhaltung – nicht nur in Pavia – wurde aus solchen Einnahmen bestritten. Aber auch damit machte der König nun Schluß, indem er seinen Verordnungen die feierliche Erklärung beifügte, daß künftighin auch seine Regierung auf jedwede Bezahlung für die Vergebung kirchlicher Ämter verzichte, „öffentlich und im geheimen". Dafür habe der Kirche aber nun der volle Zehnte zur Verfügung zu stehen, nicht mehr und nicht weniger.

Die so reorganisierte und durch aufgezwungenen heiligen Lebenswandel nunmehr in ihrer Autorität gekräftigte Kirche konnte nun wieder fest in den Verwaltungsdienst eingespannt und das Zusammenarbeiten kirchlicher und weltlicher Behörden in seiner Doppelwirkung vertieft werden.

Nach Verkündung und Inkraftsetzung dieser ausdrücklich als Notverordnung bezeichneten Gesetze – weil die Zustimmung des langobardischen Reichstages wohl nicht zu erzielen war – verfügte Karl zum Zeichen seiner souveränen Gewalt als Hüter der irdischen Gerechtigkeit die sofortige Verhaftung aller verantwortlichen Persönlichkeiten, die sich gegen den Sinn der Reformen vergangen hatten. Ohne Rücksicht auf Einwendungen zu nehmen, die zur Last gelegten Delikte seien vor der Inkraftsetzung der königlichen Verfügung begangen – der Grundsatz „nulla poena sine lege" war ja uraltes germanisches Volksrecht –, wurden sie in einer großen, von Karl selbst in aller Öffentlichkeit geleiteten Gerichtssitzung in Pavia ihrer Ämter entsetzt und zur Verbannung ins altfränkische Reich verurteilt, ganz gleich, ob es sich um noch so hochgestellte und angesehene Persönlichkeiten handelte.

Neben dieser innerpolitischen Reformarbeit wurde das langobardische Heer nach fränkischen Gesichtspunkten organisiert. Es hatte dies seine besondere Bedeutung, da ein langobardisches Detachement in dem in seinen Einzelheiten schon fertiggestellten Kriegsplan gegen Bayern eine wichtige Aufgabe zu erfüllen hatte: den Einmarsch von Süden und die gleichzeitige Abwehr gegen etwaige awarische Grenzmanöver.

Endlich, im Frühsommer 787, schien es Karl an der Zeit, den Heimweg anzutreten, um in Worms die große Reichstagung abzuhalten, nachdem die Nachrichten aus Bayern darin übereinstimmten, daß die päpstliche Banndrohung auf Klerus und Hochadel die gewünschte Wirkung gehabt habe, Tassilo also mit einem vollständigen Abfall rechnen müsse, falls er, zu eindeutiger Stellungnahme aufgefordert, sich zur feierlichen Wiederholung seiner Unterwerfung nicht verstehen würde.

Tassilos Ende

Trotz dieser zuverlässigen Nachrichten wollte Karl aber ganz sicher gehen und entsandte noch während des Marsches nach Worms seine Mobilmachungsbefehle. Das austrasische Heer, Rheinländer, Thüringer und zum ersten Male auch Saxen, wurde an der bayrischen Nordgrenze angesetzt, das langobardische, unter dem Befehl des Knaben Pippin, marschierte im Raume von Trient auf, wo der kleine König zurückzubleiben hatte, falls es ernst werden sollte. Das neustrische Heer, vor allem aus

Westfranken bestehend, wurde im Raum von Worms versammelt, wo eine große Rheinflottille aufgefahren war, um die Truppen zu einem Vorstoß zu verladen.

Endlich, im Juli, erscheint Karl in Worms, um über seine italienischen Maßnahmen zu berichten und den Krieg gegen Tassilo zu verlangen. Nur eine gewaltsame Unterwerfung, deren Vorbereitungen bis in die kleinste Einzelheit ausgearbeitet seien, könne endlich das Frankenreich von der gefährlichen Bedrohung durch die unzuverlässigen Bayern befreien. Der Herzog habe in Rom durch seine Abgesandten eine derart zweideutige Erklärung abgeben lassen, daß auf seine frühere Unterwerfung kein Verlaß mehr sei. Die Idee des Gottesstaates bedeute überdies die Vereinigung der gesamten Christenheit unter dem Zepter des fränkischen Königs; die Duldung einer lauen und unklaren Zugehörigkeit eines unter dem Einfluß einer Desideriustochter stehenden Herzogs sei im heutigen Zeitpunkt Schwäche. Es komme hinzu, daß eine Endauseinandersetzung mit Byzanz auf italienischem Boden unvermeidlich erscheine, zu deren siegreicher Abwehr die gesamte Kraft eines nordeuropäischen Blokkes erforderlich sei. Bei dieser so gespannten außenpolitischen Lage heiße es, alle Hilfsmittel zu organisieren.

Karl hielt eine glänzende Rede vor den Abgesandten des ganzen Volkes, konnte sich aber dennoch nicht durchsetzen. Ein Krieg gegen Bayern erschien immer noch als eine Ungeheuerlichkeit, zumal die letzten Mittel, eine nochmalige Aufforderung an Tassilo, sich unzweideutig als Vasall des Frankenkönigs zu bekennen, noch nicht erschöpft waren. Karl war zweifellos stark genug, ein „Parlament" nach Hause zu schicken, das sich seinem Willen nicht fügte; aber der Nachfahre eines Geschlechtes von Hausmeier-Kanzlern empfand viel zu verfassungstreu trotz aller Machtfülle und Autorität, als daß er eine solche Brüskierung des Rechtsempfindens seiner Volksgenossen für gut gehalten hätte. Auch der Frankenkönig war ja nicht mehr und nicht weniger als ein Primus inter pares, über dem die Souveränität des Reichstages stand. Er hütete sich, offene Diktatur zu verkünden, solange die Unmöglichkeit, verfassungsgemäß zu regieren, nicht erwiesen war. Die Idee des Gottesstaates konnte sich nur von dem Ethos freiwilliger und damit einmütiger Unterwerfung der gesamten Christenheit unter die Führung des gottgesandten Königs halten; noch brannte die Flamme nicht im heiligen Feuer, die jeden Widerstand zu Asche werden ließ.

So beschloß der Reichstag von Worms, vor Eröffnung der Feindseligkeiten eine letzte Gesandtschaft an Tassilo zu entsenden, um ihn zum sofortigen Erscheinen zwecks Wiederholung seines Lehnseides aufzufordern. Man befleißigte sich dabei sogar eines verbindlichen Tones, ließ aber erkennen, daß eine Weigerung nicht nur die bekannten kirchlichen Folgen nach sich ziehen müsse.

Als aber Tassilo in seiner vielleicht heldischen, sicherlich aber törichten Starrheit beharrte – es sei besser tot zu sein, als in Knechtschaft zu leben, war seine Antwort, die er unter dem Einfluß der „königlichen Hoheit", Luitpergas, erteilte –, war Karl endlich am Ziel. Die Ereignisse hatten ihm recht gegeben und durch sein kluges Nachgeben seine Autorität vor dem Reichstage nunmehr aufs neue gefestigt. Kostbare Zeit war nutzlos vertan, obwohl man angesichts der bedrohlichen Nachrichten aus Italien so schnell und entschlossen wie möglich hätte handeln sollen. Einmütig wurde nunmehr der Krieg beschlossen.

In wenigen Tagen ist dank der inzwischen getroffenen Vorbereitungen an der Nordgrenze Bayerns das austrasische Heer im Raume zwischen Regensburg und Ingolstadt, das langobardische im Süden auf der Linie Trient-Bozen versammelt. Der König selbst setzt sich an die Spitze des neustrasischen, das auf der Rheinflottille verladen wird. Es ist die größte kriegerische Operation, die bislang auf europäischem Boden eingeleitet wurde, in ihrer einheitlichen Anlage über weite Landgebiete vielleicht die größte überhaupt bis auf die Tage Friedrichs des Großen und Napoleons. Jede Armeegruppe, die nördliche, westliche und südliche, mußte absolut selbständig, aber doch genau nach den erteilten Anweisungen des königlichen Hauptquartiers handeln. Irgendwelche Nachrichten- oder Befehlsübermittlung an die einmal im Vormarsch befindlichen Truppen war nach Lage der Dinge ausgeschlossen.

Der konzentrische Vormarsch erreichte auch sofort seinen Zweck. Ob Tassilo, wie einst sein Schwiegervater, nur an einen Bluff, ob er an einen militärischen Widerstand gedacht hatte: er mußte nun mit Entsetzen erkennen, daß ihm allenthalben der Gehorsam verweigert wurde. Weder trat das bayrische Heer wie befohlen an, noch rührte sich der Klerus. Ja, als Karl auf dem Lechfelde haltmachte und im ganzen Herzogtum mit mysteriöser Schnelligkeit bekannt wurde, der fränkische König sei gekommen, die Huldigung nicht allein des Herzogs, sondern auch aller bayrischen Standesherren entgegenzunehmen, wartete niemand auf Tassilo mehr. Ganz Bayern, Arno von Salzburg an der Spitze, erschien auf dem Lechfelde, Standesherren, weltliche und geistliche, beugten das Knie vor dem reichsfränkischen Oberhaupt. Endlich, am 3. Oktober 788, erschien als letzter auch Tassilo, das Leben in Knechtschaft dem Tode vielleicht aber nur deshalb vorziehend, weil er von den großen Vorbereitungen wußte, die in Konstantinopel als Antwort auf das gebrochene Eheversprechen im Gange waren, um den Franken ganz Italien zu entreißen, Rom in die byzantinische Machtsphäre zu zwingen und das langobardische Königreich seinem rechtmäßigen Herrn, dem Desideriussohn Adelchis, wieder zuzuführen.

Zum Zeichen seiner vollständigen Unterwerfung übergab der letzte Agilolfinger dem verhaßten Vetter nun sein Zepter, um es gleich darauf wieder aus Karls Händen in Empfang zu nehmen. Obwohl Karl fest davon überzeugt war, daß Tassilo es auch mit dieser zweiten Unterwerfung genau so wenig ernst meinte wie mit der ersten, daß sein Verstand nicht scharf genug war, seine ganze Isolierung und Machtlosigkeit einzusehen, daß dieser störrische Mann jedem Phantom nachjagen würde, um seine Selbständigkeit wiederzugewinnen und den Frankenkönig zu vernichten: trotz alledem überschüttete er den Vetter nun mit allen Zeichen seiner königlichen Huld, bestätigte ihn neu als Herzog und suchte ihn noch obendrein durch reiche Geschenke zu beschämen.

Sicherheitshalber mußte nun aber das ganze bayrische Volk dem neuen Reichsoberhaupt den Treueid leisten und darüber hinaus Tassilo selbst dreizehn Geiseln stellen, an der Spitze seinen Sohn und Thronfolger, den vom Papst getauften Theodo.

Mit dieser formellen Unterwerfung des Herzogs, den Einzelhuldigungen der großen Familien, dem Generaltreueid des Volkes, der Umschaltung des Klerus vom National-Bayrischen auf das Reichsfränkisch-Gottesstaatliche war der Zweck des Krieges erfüllt, wenn auch die Belassung Tassilos in schattenhafter Selbständigkeit die endgültige Eingliederung Bayerns als fränkische Provinz noch nicht gestattete. Immerhin war das Herzogtum jetzt derart vom fränkischen Geiste durchdrungen und die Stützen jeder antifränkischen Politik zerbrochen, daß an eine neue Revolte nur dann überhaupt noch gedacht werden konnte, wenn von außen her Ereignisse eintraten, die alle Kräfte der Franken in Anspruch nahmen. Wenn Karl sich mit den getroffenen Maßnahmen angesichts der fränkischbyzantinischen Spannung dennoch begnügte, so lag auch hierin klare Überlegung. Die großspurige Art des gedemütigten Herzogs und vor allem seiner Gattin mochte, obwohl Bayern praktisch als antifränkischer Faktor ausgeschaltet war, in Byzanz und damit auch Süditalien immer noch Wirkung haben. Eine von Konstantinopel geführte antifränkische Koalition wurde durch das weitere Bestehen eines bayrischen Herzogtums unter dem Todfeinde Karls ganz von selbst dazu getrieben, dieses bayrische Herzogtum in ihre Pläne einzubeziehen, ja, ihm vielleicht bei dem bevorstehenden Generalangriff eine Rolle zuzudenken, die der tatsächlich völlig machtlos gewordene Herzog niemals mehr spielen konnte. Karl hatte ein Interesse daran, Tassilo nach außen hin noch als bündnisfähig erscheinen zu lassen, um durch dessen Vernichtung im rechten Augenblick, wozu er ja jederzeit in der Lage war, alsdann das falsch aufgebaute Spiel seiner Gegner um so leichter zerschlagen zu können.

Solche Kühnheit, den als Todfeind erkannten Vetter gleichsam als Köder in Amt und Würden zu belassen, erforderte aber gespannteste Aufmerksamkeit und ganz genaue Informationen. Daß es zum Kampf mit den Griechen kommen mußte und die italienische Herrschaft mit dem für die fränkische Politik unentbehrlichen Einfluß auf die Kurie dadurch aufs höchste bedroht wurde, war mit Sicherheit zu erwarten, die Gefahr stand sogar unmittelbar bevor und kündigte sich durch untrügliche Zeichen der feinen Witterung des Königs an.

Nicht allein, daß positive Nachrichten aus Konstantinopel kamen, Kaiserin Irene rüste ein großes Heer aus, *„aufgebracht darüber, daß ihr der König seine Tochter abgeschlagen hatte";* schon flammte die erste Brandfackel in Benevent auf, als kurz hintereinander Arichis und zwei seiner Söhne vergiftet wurden, Persönlichkeiten, die, wenn auch widerstrebend, infolge ihrer Verpflichtungen gegen Karl sich einem vollständigen Anschluß Benevents an Byzanz widersetzt hatten. Die byzantinische Partei beherrschte vollkommen die beneventanische Politik. Man schlug Münzen mit dem Bilde der Irene, man nahm bislang verbotene griechische Sitten an, die Männer ließen sich Kinnbärte stehen, die Frauen kleideten sich nach byzantinischer Mode.

Die durch den Tod des Arichis ganz zurückgedrängte fränkische Partei betrieb nun mit aller Macht die Einsetzung des zweiten Arichissohnes Grimoald zum Herzog, der sich als Geisel in Karls Gewahrsam befand. Karl lehnte jedoch die Freilassung ab, woraufhin in Benevent anarchische Zustände einrissen, denn Grimoald war der einzige legitime Kronprätendent. Neben Griechen- und Frankenpartei bildete sich auch noch eine päpstliche, die den Anschluß Benevents an Rom propagierte.

In Sizilien landeten byzantinische Offiziere, um eine Armee aufzustellen, in Kalabrien und Apulien war Adelchis tätig, um von dort aus auf griechischem Hoheitsgebiet den Kampf gegen die Franken zu organisieren. Seine Schwester Adalperga, die Witwe des Arichis, arbeitete mit ihm Hand in Hand, die Fäden der Geschwister sponnen sich bis nach Regensburg, um auch dort die geheime Auflehnung gegen die Franken zu betreiben. Luitperga verkannte die Ohnmacht ihres Gemahles ebenso wie Adelchis und hetzte ihn, um die gemeinschaftliche Aktion gegen die Franken auch von bayrischer Seite aus zu unterstützen, in die Verzweiflungspolitik: sich nunmehr mit dem Landesfeind, den heidnischen Awaren, zu verbünden.

Karl verfolgte alle diese Geschehnisse, über die er fortlaufend orientiert wurde, mit der gespannten Aufmerksamkeit des großen Spielers, der auf den Augenblick seines Einsatzes wartet. Er ließ die weitere Verstrickung aller gegen ihn gerichteten Bestrebungen ruhig zu, weil er in Kenntnis der bayrischen Ohnmacht und im Besitz des wertvollen Geisels Grimoald glaubte, Herr der Lage zu sein.

Immerhin war er zu Beginn des Jahres 789 aufs äußerste bedroht. Irenes Heer mußte bald in Italien landen, und die mächtige griechische Flotte konnte für Langobardien höchst gefährlich werden. Benevent stand in vollem Aufruhr und bildete für die Griechen ein sehr geeignetes Aufmarschgebiet. Adelchis und Adalperga handelten einheitlich, in Salerno ging Irenes Bevollmächtigter ein und aus. Der beneventanische Staatsschatz war aus der Hauptstadt schon entfernt. Als überdies die Nachrichten immer positiver lauteten, daß Tassilo wirklich das ungeheuerliche Geheimbündnis mit den Awaren geschlossen habe, demzufolge seine Bayern bei einem genau verabredeten Einbruch der Heiden nur scheinbaren Widerstand leisten, während gleichzeitig die Hauptmasse der awarischen Truppen in Friaul, dem Herzen Langobardiens, einbrechen sollte, begann Karl sich zu regen.

Vorerst verzichtete er noch darauf, durch feindselige Stellungnahme den Ausbruch des Krieges mit den Griechen zu beschleunigen, begnügte sich vielmehr damit, eine Gesandtschaft nach Benevent zu schicken, um die dortigen Verhältnisse zu studieren und insbesondere mit Adalperga über die Frage der Thronfolge zu unterhandeln. Das Ergebnis war beunruhigend. Die Gesandten wurden als Landesfeinde behandelt, eingesperrt, mit dem Tode bedroht und konnten sich schließlich nur mit genauer Not dadurch retten, daß sie versprachen, sich für die sofortige Freilassung Grimoalds bei Karl einzusetzen. Benevent stand völlig unter griechischem Einfluß. Hadrian schilderte die Lage geradezu als verzweifelt.

Aber Karl hatte einen besseren Überblick. Zwar entschloß er sich, den jungen Grimoald tatsächlich freizulassen, um ihn in Begleitung eines zuverlässigen fränkischen Thronrates als Herzog von Benevent in seine Heimat zu entlassen, aber er schickte kein Heer. So kühn das Wagnis auch erscheinen mußte, unter den geschilderten Umständen in die Thronbesteigung des Desideriusenkels zu willigen – es war mit größter Wahrscheinlichkeit anzunehmen, daß er schnell ins byzantinische Fahrwasser geraten würde –, so rechtfertigten die Ereignisse diesen Entschluß doch; Grimoald wurde mit Jubel in Benevent empfangen, schaffte nicht nur schnell Ordnung, sondern trat in Gemeinschaft mit dem Herzog von Spoleto und dem dortigen fränkischen Befehlshaber weniger aus Treue zu den Franken als zur Erhaltung der beneventanischen Selbständigkeit kurz nach seiner Krönung dem griechischen Heer entgegen, das unter der Führung seines Oheims Adelchis sich zum verabredeten Einmarsch in sein Herzogtum anschickte.

Damit war ein vollkommen neues, von Byzanz bisher überhaupt nicht berücksichtigtes Moment in die Erscheinung getreten: ein von Karl stark gemachter beneventanischer Nationalismus, der für die Erhaltung seiner Freiheit kämpfte. Adelchis war auf alles andere gefaßt als auf diesen Widerstand und wurde – überraschend zur Schlacht gestellt – vollkommen geschlagen. Die damit verbundene Stärkung Benevents bedeutete für die fränkische Politik keine akute Gefahr, denn Grimoald hatte sich Karl unterworfen und seine Handlungsfreiheit an den fränkischen Regentschaftsrat verloren. Wieweit er in Wirklichkeit die Abhängigkeit von den Franken einschätzte und wie groß dagegen sein innerliches Widerstreben war, geht aus der Tatsache seiner baldigen demonstrativen Vermählung mit einer Griechin hervor, ein romantischer Liebesbund gegen alle Staatsräson. Aber die fränkischen Herren waren die Machthaber und erzwangen sehr bald die Lösung dieser Ehe, die man geradezu als Affront gegen Karl empfand.

Der Schlußstein

Die Gesamtlage begann sich nun schnell zu entwirren, nachdem das griechische Heer zersprengt, Adelchis geflohen und Adalperga kaltgestellt worden war; Benevent, aus kurzem Freiheitstraum erwacht, saß nun fest im Gefüge des Gottesstaates.

Nun galt es für Karl, den Schlußstein auf das große Staatswerk zu setzen und Bayern endlich unter Auflösung des Herzogtums als fränkische Provinz zu annektieren. Es war dies jetzt um so mehr geboten, als die Nachrichten von der Konspiration des Herzogs mit den Awaren sich verdichteten und, bevor der phantastische Plan zur Durchführung kommen konnte, das Land in fränkischer Militär- und Zivilverwaltung stehen mußte.

Mit einer Übersicht und einem Instinkt für das Richtige, die in ihrem Zusammenwirken mit harter Entschlossenheit einzigartig sind, packte die fränkische Politik nun zu. Der König berief im Hochsommer den großen Reichstag nach Ingelheim, Franken jeden Stammes, Saxen, Langobarden und nun zum erstenmal auch Bayern wurden geladen. Auch Tassilo *„kam zum Herrn König der Franken auf das Hofgut Ingelheim. Hierauf schickte der König seine Boten gen Baiern nach des Herzogs Weib und Kindern. Sie taten eifrig und wirksam wie ihnen befohlen und brachten diese mitsamt ihren Schätzen und dem ganzen Personal vor ihn. Alsdann ward der Herzog von den Franken seiner Waffen entkleidet und vorgeführt.“*

Krachend stürzte nun das stolze, aber morschgewordene Gebäude der in mehr als dreißig Jahren aufgebauten bayrischen Selbständigkeit zusammen. Als Ankläger erhoben sich, vom „schwarzen Arn“ geführt, die bayrischen Standesherren und klagten ihren Herzog des Hochverrates an. Das Komplott mit den Awaren, seine auch noch in den letzten Wochen und Monaten nach der Huldigung auf dem Lechfelde immer wieder zutage getretene antifränkische Gesinnung, alle seine geheimen Konspirationen gegen die Reichseinheit wurden nun unter Zeugeneid beurkundet.

Der letzte Agilolfinger war zu stolz, sich zu verteidigen. Er schwieg zu allen Anschuldigungen, vielleicht auch, weil er wußte, daß nur der vollendete Hochverrat strafbar war, der ihm keinesfalls nachgewiesen werden konnte.

Schon hatte es wirklich den Anschein, als könne das Gericht unter dem starken Eindruck der königlichen Haltung des angeklagten Herzogs zu einer Verurteilung nicht kommen, da ließ

Karl seinen letzten Trumpf ausspielen. Plötzlich erhoben sich neue Ankläger, dieses Mal aus den Reihen der Altfranken, und verlangten Sühne für das Verbrechen des *„Heerisliez"*, der Desertion vor dem Feinde, begangen von Herzog Tassilo vor fünfundzwanzig Jahren, als er, unter dem Vorwand einer Erkrankung, im aquitanischen Feldzuge seines Oheims König Pippin mit dem Schwur, ihn nie wiederzusehen, mit seinen Bayern das fränkische Lager verließ.

Nach dem Buchstaben des Gesetzes verjährte dieses Verbrechen nie. In Wirklichkeit aber hatte Karl durch Entgegennahme der Huldigung in Worms 781 und auf dem Lechfelde im Vorjahr eine solche Verjährung anerkannt. Auch hatten die Königin Bertrada und Abt Sturm von Fulda auf ihrer großen Diplomatenfahrt unmittelbar nach Karls Thronbesteigung dem Herzog Zugeständnisse hinsichtlich seiner künftigen Unabhängigkeit gemacht, die eine Strafverfolgung wegen dieses Heerisliez selbstverständlich von selber außer Kraft setzen mußten.

Aber das Ungeheuerliche geschah. Der Reichstag von Ingelheim mußte zu einem Todesurteil kommen, weil Bayern königlich-fränkisch werden sollte und im übrigen nur durch eine rechtsgültige Verurteilung das Privateigentum der herzoglichen Familie der Krone zufallen konnte. Karl war aber nur dann in der Lage, in Zukunft die von ihm geplante Frankisierung durchzuführen, wenn er dort über ausreichenden Privatbesitz verfügte, um durch große Belehnungen das Standesherrentum und den Klerus fest an sich zu binden.

Nach kurzer Beratung fand man die geeignete Formulierung. Einstimmig verurteilten Bayern, Franken, Saxen, Thüringer und Langobarden den Vetter ihres Königs wegen *„Heerisliez"* zum Tode mitsamt seiner ganzen Familie. Karl hatte sein Ziel erreicht, wie immer vorsichtig tastend zuerst, Stimmungen und Machtverhältnisse erkundend, endgültig vorgehend im rechten Augenblick, keinen Tag zu früh und keinen zu spät. Mit allen Schlichen diplomatischer Geschicklichkeit war dem Gegner das geistliche Netz gesponnen und über den Kopf geworfen, mit allem Bombast glanzvoller Majestät zum Schluß die weltliche Macht eingesetzt worden.

„Wie aber alle einstimmig das Todesurteil über ihn aussprachen, wurde der fromme König von Milde ergriffen, und aus Liebe zu Gott, und weil er sein Anvertrauter war, bewog er die Geistlichen und seine Getreuen, daß ihm das Leben geschenkt ward."

Dem königlichen Wunsch ward selbstverständlich entsprochen und das Urteil über Tassilo mit den Seinen in lebenslängliche Klosterhaft verwandelt. Der Herzog *„bat flehentlich den Kö-nig, daß er nicht daselbst im Palast geschoren würde, der Schmach und Schande wegen, die er davon bei den Franken hätte. Der König willfahrte seiner Bitte und schickte ihn nach St. Goar am Rhein, und daselbst wurde er zum Geistlichen gemacht, dann in das Klo-ster St. Jumiège verbannt. Auch seine beiden Söhne, mit Namen Theodo und Theodbert, wurden geschoren und ins Exil geschickt. Ebenso auch des Herzogs Frau Luitperga. Das alles nun geschah zu Ruhm und Ehren des Königs und zu Schmach und Schande seiner Feinde, darum, daß der Schöpfer aller Dinge ihn alle Zeit hat tri-umphieren lassen."*

Damit war Bayern endlich fränkische Provinz geworden; bevor Karl aber das erledigte Besitztum der Agilolfinger ein-zog, hatte er noch eine Art privatrechtlichen Anspruch nach-zuweisen, um sich nicht womöglich den ihm besonders pein-lichen Vorwurf eines Rechtsbruches zuzuziehen. Wenn auch die strafrechtliche Verurteilung Tassilos nunmehr rechtskräf-tig war, die zivilrechtlichen Folgen dieses Urteils waren den-noch nicht klar genug gegeben, um die Vermögenseinziehung des „Deserteurs" ohne seine ausdrückliche Zustimmung unan-fechtbar zu machen. Das Rechtsgefühl war im achten Jahr-hundert schon oder noch zu fein entwickelt, als daß ein Herr-scher selbst von Karls Format und Machtfülle es wagen konn-te, auf Grund eines zweifelhaften Titels sich persönlich zu bereichern. Es dauerte daher auch noch fünf Jahre, bis die Verhältnisse klar genug waren und die endgültige Meinung dahin ging, daß „Bruder Tassilo", der ja inzwischen das Mönchsgelübde abgelegt hatte, zur Lösung der Schwierigkei-ten offiziell auf alle etwa noch bestehenden Rechtsansprüche zugunsten der fränkischen Krone verzichten solle. Gelegent-lich der im Jahre 794 abgehaltenen Frankfurter Synode wurde der völlig gealterte, in seinen Gedanken nicht mehr auf dieser Welt weilende Mönch auch wirklich aus der Klosterhaft vor-geführt, um hier auf Befragen zu erklären, daß er für sich und seine Familie endgültig und unwiderruflich auf Herzogswür-de und irdischen Besitz Verzicht geleistet habe. Erst jetzt konnte der Großkönig Karl es wagen, das erledigte Privatei-gentum der Agilolfinger an sich zu nehmen.

Seine Idee vom Gottesstaat war nun Wirklichkeit. Von den Pyrenäen bis zur Elbe, von der Nordsee bis Neapel zählte die Christenheit die Jahre nach der Geburt des Heilands und der glorreichen Regierung des Königs, den sie nun den „Großen" nannte.

Der Kaiser
des Abendlandes

DER MENSCH

„Er haßte die Ärzte, weil sie ihm rieten,
dem Braten, den er liebte, zu entsagen und sich
an gesottenes Fleisch zu halten ..."

„Auch zu schreiben versuchte er und
pflegte deswegen Tafel und Papier im Bett
unter dem Kopfkissen mit sich herumzuführen,
um in schlaflosen Stunden seine Hand an die
Gestaltung von Buchstaben zu gewöhnen ..."

Einhard, Vita Caroli Magni,
um 820

Er selbst

„Über alle ragt König Karl hervor mit seinen hohen Schultern", sagten sie, wenn sie ihn im Volksgedränge suchten, denn er unterschied sich nur durch seine majestätische Erscheinung vom
einfachen Mann. Da er von *„ausländischer Kleidung, mochte sie
auch noch so schön sein",* nichts wissen wollte, trug er stets die
fränkische Volkstracht, Wams und Hose, lederne Wickelgama-
schen, derbe Stiefel und einen meergrünen Mantel. Nur bei besonderen Gelegenheiten, wenn es galt, zu repräsentieren, klei-
dete er sich festlich in golddurchwirkte Gewänder, den edel-
steinblitzenden Königsreif auf der Stirn.

Fast zwei Meter groß, breit gebaut und stark beleibt, den
runden Kopf mit dem dichten dunklen Haar auf wulstigem
Stiernacken, wirkte er wie ein schwerfälliger Koloß, aber er war
trotzdem der beste Schwimmer am Hof und ein glänzender
Reiter. Seine großen klugen Augen konnten *„wie Karfunkelstein
blitzen",* die etwas zu lange Nase, der starke Mund, von kurz her-
abhängendem, dunklem Schnurrbart verdeckt, verrieten ge-
nußfreudige Lebhaftigkeit, aber dieses Urbild der Kraft hatte
eine dünne Kinderstimme.

In den frühen Morgenstunden begab er sich im Schlafrock in
die Kirche, dann erst zog er sich an und erteilte währenddessen
seine Anweisungen für die tägliche Arbeit, ließ auch schon die
Rechtsuchenden herein und sprach ihnen, im Hemd, *„als säße
er auf dem Richterstuhl",* sein unwiderrufliches Urteil. Aus solcher Formlosigkeit ward später die Zeremonie des „Lever".

Er verfügte über ungeheure Körperkräfte und konnte, wie es
hieß, einen Krieger im vollen Harnisch mit einem Arm hochhe-
ben, auch vier Hufeisen in der Hand zerdrücken. Er scheute keine Strapazen auf Reisen und Feldzügen und nahm in seinem
Tempo nicht die mindeste Rücksicht auf seine Umgebung. Ohne Schlaf, wenn es sein mußte, Tag und Nacht unterwegs, erschien er, eben noch in Italien, plötzlich am Rhein und von dort
wieder an den Pyrenäen. Aber wenn er Ruhe hatte, verschlief
er den ganzen Nachmittag.

Er konnte perfekt Latein, die Umgangssprache der gesitteten
Welt, wie unter Friedrich dem Großen das Französische, sprach
aber fast nur in seiner *„volkstümlichen, das heißt deutschen Mut-*

tersprache", die er liebte. Von der Systematik des Lateinischen gefesselt, versuchte er sich mit der Abfassung einer deutschen Grammatik. Er bekämpfte die Fremdwörter und gab den Monaten, *„für die bei den Franken bis dahin lateinische oder barbarische Bezeichnungen im Gebrauch waren"*, neue Namen, wie *„Hornung, Wonnemond, Heiligmond"*. Die deutschen Heldenlieder ließ er sammeln und aufschreiben, *„damit sie unvergessen blieben"*, aber den Nonnen verbot er, alte Liebeslieder zu singen.

Dieser Volkskönig, ohne jedes Pathos, blieb immer bäurisch-derb und unfehlbar gerecht. Der Gegensatz der dünnen Stimme zu seiner brutal wirkenden Massivität war kein Zufall. Denn der Koloß hatte eine zarte, alles durchdringende Geistigkeit, die, auf immer wache Intelligenz gestützt, Zusammenhänge phantasievoll erfassen, aber auch logisch einordnen konnte. Phantasie und Logik, die beiden ewigen Gegensätze, die den Menschen zum Schwärmer oder Pedanten formen, wirkten bei ihm in vollendeter Harmonie zusammen und verliehen ihm ganz und gar zweidimensionale Einheit, eben den Geist, das Geheimnis dieser widerspruchsvollen Erscheinung lösend und verklärend.

Darum sind seine gewaltigen Krafteinsätze nie eindeutig brutal, denn immer dienen sie einer übergeordneten Idee. In allen seinen Geschäften drängt die überragende Fähigkeit hervor, Spielraum für Doppelwirkung zu schaffen, doch seine kraftvolle Impulsivität fängt sich immer rechtzeitig im Getriebe sorgfältiger Systematik, und der ordnende Sinn bleibt Instrument der Idee. Die intuitive Konzeption des Gottesstaates vertieft die Königsmacht, hebt sie aus der menschlichen, ja auch päpstlichen Bedingtheit ins Glorienhafte und identifiziert Königsdienst mit Gottesdienst. Sie spannt die kirchlichen Interessen vor den Staat, aber die Staatsidee ist jetzt das Christentum, in dessen Zeichen auch gewalttätiger Imperialismus zum gottgefälligen Werk wird. Für die Ansiedlung der Veteranen arbeitet die Heidenmission, die Zertrümmerung der bayrischen Selbständigkeit geschieht im Zusammenwirken mit der Kurie, der er wieder durch bescheidene Schenkungen in Italien Ersatz für diese nun zusammenbrechende Stütze ihrer Freizügigkeit gewährt. Bevor die fränkischen Armeen – von drei Seiten, nicht etwa frontal – aufmarschiert sind, ist der bayrische Adel und dann auch der Klerus gewonnen. Mit der Garantie einer scheinbaren Unabhängigkeit wird den langobardischen Patrioten die Waffe zum Widerstand aus der Hand gespielt, ebenso wie die endliche Unterwerfung Saxens nur gelingt, weil der führende

Hochadel sich fränkisch orientiert hat. *„Teils durch das Schwert, teils durch Überredung, teils auch durch Geschenke"* siegte hier das in einheitlicher Geschlossenheit geführte Christentum; die Gewalttaten heiligt der übergeordnete Zweck, *„auf daß sie ein Volk mit den Franken werden".*

In jeder Einzelheit ist diese Fähigkeit, Doppelwirkungen zu schaffen, erkennbar. Ob Karl – getrennt marschierend, vereint schlagend – mit zwei Heeren über Alpen und Pyrenäen zieht, ob er zur Bekämpfung der Hungersnot die Menschen beten und fasten läßt, ob die in den Maschen der Kirchenjustiz gefangenen Saxen nur durch die Gnade des verhaßten Priesters dem Tode wieder entrinnen können: überall flammen die Spuren seines Doppelgriffes.

Aber dennoch ist Karl viel weniger eine schöpferische Natur als vielmehr ein Vollender. Als er zur Regierung kam, *„fesselte er durch große Geschenke als Freunde an sich, die sein Vater mit Ehren bedacht hatte".* Es fehlt ihm alles Revolutionäre und Oppositionelle. Nirgends ist ein Gegensatz zu seinem Vater Pippin zu erkennen, aber überall das Bestreben, in seinem Sinne weiterzuwirken. Zwar verleiht der Sechsundzwanzigjährige wenige Stunden nach dem Tode des Vaters das seit vielen Jahren unbesetzte Bistum Metz seinem Freunde Angilram; als der Bischof aber fünfundzwanzig Jahre später stirbt, kann Karl sich ebensowenig wie sein Vater zu einer Neuvergebung entschließen. Als die Byzantiner, um einen Keil zwischen Pippin und Rom zu treiben, um die Königstochter Gisela anhielten, lehnte Pippin ab, weil er nichts ohne das Einverständnis des Papstes zu tun gedenke und – die Hauptsache – seine Tochter nicht außer Landes geben wolle. Karl willigt in die etwas dunkle Verlobung seiner Hrothrud mit dem Griechen auf Betreiben des Papstes, aber als es Ernst wird, kann er sich nicht entschließen, sie an einen fremdstämmigen Mann zu verheiraten. Das Angebot an Desiderius, gegen geldliche Abfindung die Kurie zu restituieren, ist nichts als eine Wiederholung eines ähnlichen Vorschlages Pippins an König Aistulf. Auch die Umgehung der Klausenbefestigungen hatte schon Pippins Langobardenkrieg entschieden. Ja, selbst der große Gedanke, die Kirche für die Interessen des Staates heranzuziehen, lag in der Linie der väterlichen Politik, wenn auch Pippin sich noch nicht für eine Parität zwischen weltlicher und kirchlicher Gewalt verstand. Die Ausstellung von „Praekarienbriefen" als formelle Besitztitel der Kirche an ihrem säkularisierten Besitz, die Karl dann grundbuchmäßig ausgestaltete, hat Pippin schon in Angriff genommen, ohne allerdings Zehnten und Neunten als Rente obendrein zu gewähren. Auch die eigenartige Methode gegenüber dem Apostelfürsten: ihn ehrerbietig anzuerkennen, solange es sich um religiöse Angelegenheiten handelt, sich ihm aber als Herrn zu zeigen, wenn es Zeit wird, hat Karl von seinem Vater gelernt. Pippin ging ehrerbietig zu Fuß neben dem reitenden Papst und hielt ihm in voller Dienstbereitschaft den Bügel; als der Heilige Vater aber nicht aufhört, sich über die *„aussätzigen"* Langobarden zu beschweren, wird er so energisch zurechtgewiesen, daß er von da ab nur noch von dem *„ausgezeichneten Mann Desiderius"* spricht, *„mit dem in Friedensliebe zu verkehren du uns befohlen hast".* Ja, auch bei der Kärglichkeit seiner Geschenke an die Kirche hält Karl sich genau an die Tradition. Denn auch Bonifatius bekam von Pippin *„alles, was wir dort als Eigentum zu besitzen vermeinen",* als er in der *„Einöde, sehr nahe den wilden Saxen",* für das neugegründete Kloster Fulda Land forderte. Es war aber genau besehen nur ein kleines Gehöft mit nicht einmal zwei Morgen Wildnis.

In der großartigen Vielgestaltigkeit seiner Mittel geht Karl dagegen weit über den Vater hinaus. In dem Bestreben, die Eigenstaatlichkeit Aquitaniens nicht ganz untergehen zu lassen, hatte Pippin den Nachfahren des Helden aus dem „Waltharilied" eine Art von Provinziallandtag bewilligt; Karl beläßt dem eroberten Langobardien seine scheinbar vollständige Souveränität und verleiht bald darauf auch der Provinz Aquitanien durch Begründung eines Unterkönigtums die gleiche Selbständigkeit im Rahmen seiner Gesamtpolitik. Pippin ging eigenwillig seinen Weg, ja, er handelte, vor die schicksalsvolle Entscheidung gestellt, die Königskrone aus den Händen des römischen Papstes anzunehmen, seinem Vater direkt entgegengesetzt. Karl dagegen zerschlägt nicht nur keine Tradition, sondern erkennt alle väterlichen Maßnahmen als heiliges Gesetz an, dem sich entgegenzustellen er nicht befugt ist. Darum bedeutet seine Machtentwicklung die geradlinige Fortsetzung der väterlichen, wenn sie sich auch – naturgegeben – in immer schnellerem Tempo zum Cäsaropapismus des Gottesstaates emporsteigert.

So innig ist seine immer flutende Erfindungsgabe mit formender Kraft, der starre Willen mit schwingenden Ideen durchsetzt, daß Sorgen um Recht und Unrecht sich gar nicht erst entwickeln können. Der Riesenmechanismus reagiert nicht auf die feinen Einwirkungen selbsttätiger Moral. Erst wenn das Sicherheitsventil „Gewissen" die Übersteigerung der Spannungsgrade anzeigt, werden sie durch reuige Beichte und Gebet am Grabe einflußreicher Märtyrer gelöst. Seine Frömmigkeit, die in aller Munde war, ist eben viel weniger Herzensbedürfnis als Furcht vor jenseitigen Strafen. Sein Glaube an den Christengott, der nach Augustin dieselbe Macht ist, die alle Völker, auch die letzten Heiden, als Allvater verehren, ist traditionell verwurzelt, aber Karl gehorcht dessen von der Kirche formulierten Geboten vor allem aus Sorge um sein Seelenheil, ohne deshalb ein Heuchler zu sein. Sein Interesse an kirchlichen Fragen, ja seine in der zweiten Lebenshälfte immer deutlicher hervortretende Neigung, in theologische Streitigkeiten entscheidend einzugreifen, ist aus der Freude am Philosophieren entsprungen. Er, *„dem leicht und sicher die Rede vom Munde floß, der alles klar ausdrücken konnte, was er dachte",* erschien deshalb auch seiner Umgebung oft *„wie ein Schwätzer".* Für seine hervorragende juristische Begabung wurden die Grenzen bald zu eng, die dem obersten Gerichtsherrn eines Weltreiches gezogen waren; der Drang zum Zweidimensionalen mußte seine Fähigkeit zur scharfsinnigen Analyse in die höhere Sphäre transzendentaler Begriffe lenken.

Es ist auch etwas vom Stolz des Autodidakten dabei, der jede Gelegenheit ergreift, es den Fachgelehrten gleichzutun. Der Herrscher, in dessen täglichem Leben auch nicht eine Spur von Eitelkeit zu finden ist, bedarf zur letzten Selbstbestätigung doch theologischer Diskussionen und Korrespondenzen, auch wenn sie in gar keinem Zusammenhang mehr zu seinen Regierungspflichten stehen. Auslegungsstreitigkeiten über das Abendmahl veranlassen den Vielbeschäftigten zu einer fein stilisierten Rundfrage an die Landesbischöfe; die Antworten bestätigen ihm wunschgemäß seine oberste Autorität als Theologe. Niemand wagt endgültige Stellungnahme, denn *„jenem bieten wir unser Wissen dar, der mehr zu belehren als zu tadeln pflegt, dessen Tadel übrigens heilsame Lehre bringt".* Auch die Streitfrage, ob der Heilige Geist vom Vater allein oder auch vom Sohne ausgegangen sei, hielt auf sein Geheiß den Klerus in Atem. Man mußte ihm darüber umfangreiche Gutachten anfertigen, die der Beherrscher des Abendlandes studierte, anerkannte oder verwarf. Soweit seine theologischen Interessen nicht politischen Zwecken dienten, wie die Investiturfrage, die Leitung von Synoden und andere mehr, werden sie – je älter er wird – immer mehr zu einer Plage für den Klerus, der sich um des königlichen Geltungstriebes willen über sinnlose Haarspaltereien den Kopf zerbrechen muß.

Mit Frömmigkeit, ja auch nur Religiosität haben sie nichts zu tun; auch der Ausbau der Landeskirche ist sorgsam abgewogene innere Politik. In seinem Privatleben ist Karl sogar so eindeutig unfromm, daß der Heilige Vater sich genötigt sah, ihn ernsthaft zu ermahnen. *„Und wenn wir bis jetzt geschwiegen haben, so müssen wir Euch nun auf das Gute ebenso wie das Böse hinweisen ..."*

Der Mann, der in sich das Haupt der Christenheit sah und deshalb Königsdienst mit Gottesdienst identifizierte, der die Führung in allen kirchlichen Fragen grundsätzlich für sich beanspruchte, die ihm auch willig überlassen wurde, der die Vorschriften der Kirchenväter als unumstößlich bindend anerkannte: Karl der Große war alles andere als ein frommer Asket.

Hatte der heilige Gregorius erklärt: *„Die erste Ehe ist Gesetz, die zweite verzeihlich, die dritte Missetat: wer aber diese Zahl überschreitet, ist offenbar ein Tier ..."*, wenn andere die zweite Ehe für „legalen Ehebruch" oder gar für Unzucht hielten: der Stellvertreter Gottes auf Erden hat fünfmal geheiratet, was nach byzantinischem Recht sogar gesetzwidrig war. Aber Karl fühlte sich nicht veranlaßt, auf derartige Vorschriften Rücksicht zu nehmen; solange die abendländische Kirche, an ihrer Spitze der Papst, für ihn betete, konnte er sich solche Sündhaftigkeit eben leisten. Auch für das Unschickliche hatte er keinen Sinn, das bei allen seinen Hochzeiten zutage trat, wenn er sich nicht einmal die Zeit zur vorgeschriebenen Buße nahm. Hatte noch ein Bonifatius dagegen gewettert, daß es Männer gab, die sich an Stelle von Ehefrauen Konkubinen hielten: außer den fünf Königinnen werden vier Nebenfrauen amtlich genannt, und siebzehn Kinder wuchsen am Königshof auf.

Es steht daher auch in der Fülle seiner schließlich mehr als Moralvorschriften denn als Untertanenpflicht verstandenen Gesetze nichts über die Ehe. Auch Pippin hatte sich in dieser Frage merklich zurückgehalten, aber doch wenigstens versucht, die Rechte der Frau festzulegen, um so die Willkürherrschaft des Ehemannes in gesittete Bahnen zu lenken. An seinen Vorschriften, daß die Ebenbürtigkeit der Frau ihr Gleichberechtigung mit dem Manne schafft, hat Karl nichts geändert, aber ihnen auch nichts hinzugefügt; auch die rechtlichen Scheidungsgründe für die Frau – Impotenz oder Krankheit des Mannes, Irrtum über seine Abstammung – hat er entgegen seiner sonstigen Gewohnheit nicht im geringsten ergänzt. Die Sittlichkeit seiner Franken hat den Herrn der Christenheit sehr wenig interessiert. Nur an die Kleriker ergehen immer wieder seine Vorschriften, nach der Regel des heiligen Benedikt, also auch keusch, zu leben. Er selbst, als ihr oberster Führer, war davon entbunden, weil er im letzten Grunde sein Amt doch als ein weltliches ansah. Er hat nie Rechte für sich beansprucht, die er anderen nicht zuzubilligen bereit war, denn er fühlte sich nur von Amts wegen und Gottes Gnaden als König, nie im alltäglichen Leben.

Die Kraft seiner Persönlichkeit lag in der Verbindung von Gerechtigkeit und Subjektivität; was er für gut hielt, wurde Gesetz, und deshalb gestaltete sich der fränkische Gottesstaat schließlich zu einer gewaltigen, Form gewordenen Ausweitung seiner selbst.

Weil er den Alkohol mied, setzte er strenge Strafen auf Trunkenheit, weil er aber das Fasten nicht vertrug – *„vier Gerichte ließ er sich auftragen außer dem Braten"* –, durfte ein jeder sich nach genau festgesetztem Tarif davon freikaufen; ja selbst die säxischen Zwangschristen konnten der für sie auf Bruch der Fastenzeit festgesetzten Todesstrafe entgehen, wenn der Priester feststellte, daß *„die Not sie dazu gebracht hat, Fleisch zu essen".*

Weil er sich selber keine Vorschriften gefallen ließ, war er deshalb auch in Fragen der Sittlichkeit auffallend milde. Einen Bischof, der ihm wegen skandalösen Lebenswandels angezeigt wurde, sonst aber hervorragend tüchtig war, ermahnte er lediglich, weniger zu trinken; über die Anklage, daß der Gottesmann sich Konkubinen hielte, ging er mit ein paar Worten hinweg. Ja selbst die mehr als anstößigen Affären seiner Töchter ignorierte er, *„als wäre nie der geringste Verdacht wegen ihrer Fehltritte oder ein Gerücht darüber laut geworden".*

Bei solcher Einstellung gegenüber den kanonischen Geboten mußte er naturgemäß den Widerspruch des Klerus immer schärfer herausfordern, aber zu seinen Lebzeiten wagte niemand sich energisch vor. Kurz nach seinem Tode begann die Kirche in ihrem nun aufflammenden Machtkampf gegen die weltliche Gewalt aber Kapital daraus zu schlagen und fand in seinem Nachfolger Ludwig, dem Frommen, ein gefügiges Werkzeug. Auf dem Reichstag zu Attigny tat der Sohn demütig Buße und mußte versprechen, *„alles wieder gut zu machen, was gegen ihn oder seinen Vater vorgebracht werden konnte".* Und um das Material gegen den Doppelherrscher über Welt und Kirche auch von der mystischen Seite zu ergänzen, hatte der Mönch Wettin eine viel beachtete Vision von dem eben Verstorbenen, der in der Hölle an einen Felsen geschmiedet – bizarres Promethidengeschick – unter unaussprechlichen Qualen erdulden mußte, daß ein Tier ihm – die „Wurzel allen Übels" abnagte ... Diese bemerkenswerte klösterliche Phantasie hob aber nur seinen immer legendärer werdenden Heldennimbus im Volke.

Seine Frauen, Töchter und Söhne

„So muß Hildegard mich sehen", hat er ausgerufen, als er einst auf der Jagd von einem Auerochsen übel zugerichtet worden war. Und wie er dann vor sie trat, blutend, mit zerrissener Kleidung, da *„weinte und stöhnte sie und schlug sich an die Brust".*

Sie war seine dritte Frau, nachdem er ihre Landsmännin, die schwäbische Himiltrud, um der Langobardin Desiderata willen und diese *„man weiß nicht aus welchem Grunde",* aber gewiß auch aus seiner Leidenschaft für die dreizehnjährige Prinzessin, verstoßen hatte. Drei Söhne und drei Töchter haben sie überlebt, bis sie – noch nicht fünfundzwanzig Jahre alt – ausgebrannt, erloschen – an ihrer neunten Niederkunft starb. Sie hat kein Mittel unversucht gelassen, den Makel aus der Welt zu schaffen, mit dem sie als dritte Gemahlin mit ihren Söhnen behaftet war. Da sie die Rechtsgültigkeit der zweiten, der langobardischen Ehe nicht beanstanden konnte, ja, sich selbst noch während derselben *„dem König ehebrecherisch gesellt"* hatte, mußte daher unter allen Umständen die erste angefochten werden. Karl hat sich lange dagegen gewehrt, denn es bedeutete dies gleichzeitig die Entrechtung seines Erstgeborenen, den die Mutter *„unter unseligen Vorzeichen"* nach dem Großvater Pippin getauft hatte. *„Du bist durch den Willen und Ratschluß Gottes in rechtmäßiger Ehe vermählt und hast die schönste Frau aus edelstem Frankengeschlecht",* hatte Papst Stephan seinerzeit erklärt, um das Eheprojekt mit der Langobardin zu hintertreiben. Aber Hildegard hat keine Ruhe gegeben, bis sie am Ziele war, obwohl ihr die heilige Äbtissin Lioba die Freundschaft kündigte, als sie um ihre Mitwirkung dabei gebeten wurde. *„Christus gebe, daß wir uns am Tage des Gerichtes ohne Erröten wiedersehen mögen; von heute ab sind unsere Wege geschieden",* waren die peinlichen und genau überlieferten Abschiedsworte der heiligen Frau. Aber nach neunjährigem Kampf gab Karl endlich nach, und Hildegards Lieblingssohn, der goldblonde Karlmann, wurde von Hadrian auf den großväterlichen Namen Pippin getauft. Der Erstgeborene, der bis dahin stets vor seinen Stiefbrüdern in den Urkunden genannt wird, kam dadurch um seine Erbfolge-berechtigung; sein Name verschwand aus den amtlichen Dokumenten.

Als sie – mitten in den Wirren der Saxenkriege – starb, *„fielen dem König schwere Tränen zwischen Schwert und Schild".* Neben dem Grabe seines heiligen Urahns Arnulf ward sie in Metz feierlich bestattet. Paulus, der langobardische Diakon, mußte ihr die Grabschrift dichten. Damit an ihrem Grabe bis zum Jüngsten Tage die Lichter brennen und Tag für Tag um ihres Seelenheiles willen die Messe gelesen werde, schenkte Karl der Sankt-Arnulf-Kapelle ein Landgut im Moselland. Nie dürfe es zu weltlichem Zwecke Verwendung finden, war sein Wille. Und als er drei Jahre später auf dem Wege nach Rom zu Florenz einsam in San Miniato betete, stieg die Erinnerung an die mit seiner kleinen Hildegard dort verbrachten Tage so wehmütig in ihm auf, daß er um ihres Seelenheiles willen dem Kloster vier schöne Häuser schenkte.

Aber dennoch führte er die vierte Gemahlin nur wenige Monate nach Hildegards Tode heim, die dämonische Fastrada, aus ostfränkischem, *„das heißt deutschem Geschlecht".* Sie war eine morbide Schönheit, so grausam und herrschsüchtig, daß es während dieser Ehe zu den beiden einzigen Revolten gegen den König kam, *„weil er, dem blutdürstigen Sinn seiner Gemahlin zustimmend, von seiner angeborenen Milde und seiner gewöhnlichen Güte eine schreckliche Ausnahme gemacht zu haben schien".* Die eine ging von keinem Geringeren als dem unglücklichen älteren Pippin aus, der unter dem Spott der Stiefmutter seine Entrechtung doppelt empfand. Die Verschwörung wurde im letzten Augenblick verraten. Karl lag, wie es hieß, schon im Bett, als ein Italiener ihn dringend sprechen und sich keinesfalls abweisen lassen wollte. Schließlich schickte *„der König die Frauen aus dem Schlafgemach, die ihn zum Dienst der Königin und seiner Töchter zu begleiten pflegten"* – etwa um ihm nach merowingischer Königssitte *„nachts den Becher zu kredenzen"?* –, und erfuhr von dem gefährlichen Komplott. Nur der *„bucklige Zwerg"* Pippin kam nach *„schrecklicher Geißelung"* mit dem Leben davon und endete als Staatsgefangener im Kloster Prüm.

Karl war um die immer kränkelnde Fastrada rührend besorgt; sie hat ihn eine Zeitlang unzweifelhaft beherrscht. Von einem Feldzug schrieb er ihr – der einzige persönliche Brief, der sich erhalten hat –: *„Karl, von Gottes Gnaden König der Franken und Langobarden, Schutzherr der Römer; an unsre geliebte und gar holde Gemahlin Königin Fastrada. Freundlichen Gruß lassen*

wir im Herrn durch diese Zeilen Dir zugehen und durch Dich un-
sern herzlieben Töchtern sowie unsern übrigen Getreuen die bei Dir
weilen. Wir geben Dir zu wissen, daß wir Gott sei Dank heil und ge-
sund sind.

Ein Bote unsres lieben Sohnes Pippin hat uns dessen und des
päpstlichen Herren Gesundheit gemeldet, dazu die Befreiung unsrer
italienischen Gebiete: das hat uns in große Freude versetzt.

Wir haben unter Gottes Beistand an drei Tagen Prozessionen be-
gangen, nämlich an den Nonen des September, einem Montag, be-
ginnend, dann am Dienstag und Mittwoch: wobei wir Gottes Er-
barmen anriefen, er wolle uns Frieden und Gesundheit, Sieg und
glücklichen Marsch gewähren, er möge uns in seiner Barmherzig-
keit und Milde ein Helfer, Ratgeber und Verteidiger in all unsern
Bedrängnissen bleiben. Und von Wein und Fleisch verordneten uns-
re Priester Enthaltung denen, die sich trotz Schwachheit, Alter oder
Jugend enthalten konnten; und wollte einer sich loskaufen, um an
den drei Tagen Wein trinken zu dürfen, so sollten die reicheren und
mächtigeren jeden Tag einen Schilling geben, die minderen nach
Vermögen, und wer nicht mehr geben konnte und Wein trinken
wollte, sollte wenigstens einen Pfennig geben. Almosen aber sollte
ein jeder nach dem eignen guten Willen und nach Vermögen spen-
den. Und jeder Priester sollte eine besondre Messe lesen, wenn nicht
Krankheit ihn hinderte, und die Kleriker, die die Psalmen konnten,
jeder fünfzig singen und, derweil daß sie die Prozession machten,
barfuß einherschreiten. So dünkte es unsern Priestern, und wir alle
haben uns danach gerichtet und es mit Gottes Beistand erfüllt.

Darum wollen wir, daß Du mit unsern Getreuen erwägen mö-
gest, wie diese Prozessionen bei euch zu begehen seien. Du selbst,
wie es Deine Krankheit erlaubt – wir überlassen das Deinem Gut-
dünken.

Es hat uns verwundert, daß kein Bote oder Brief von euch seit
dem Aufbruch aus Regensburg an uns gelangt ist. Darum wollen
wir, Du sollest uns öfter über Deine Gesundheit und was sonst be-
liebt berichten. Und nochmals grüßen wir Dich vielfach im Herrn."

In den letzten Jahren dieser Ehe nahm Fastradas Einfluß so
bedenkliche Ausmaße an, daß er selbst überhaupt nicht mehr
zu Felde zog, weil sie ihn nicht begleiten wollte, und deshalb
schwere Mißgeschicke in Kauf nehmen mußte. Selbst seine Gewohnheit, schnell zu reisen, gab er auf, weil Fastrada die Anstrengungen dieser Gewaltmärsche scheute, und fuhr nur noch
zu Schiff. Von ständigen Zahnschmerzen geplagt, machte sie
dem Hof das Leben zur Hölle. Das Kloster von Sankt Goar verdankt diesem ihrem Leiden ein ansehnliches Besitztum, denn

Karl beschenkte es zum Dank dafür, daß die Königin dort Linderung erfahren hatte.

Schließlich ertrug aber auch er ihre Launen nicht mehr und verband sich mit einer Schwäbin, Luitgard, die er – nach dem nun plötzlich erfolgenden Tode Fastradas – sofort zu seiner fünften Gemahlin machte. Sie war eine bescheidene Natur, jung, gesund und sportlich. In einem Gedicht über einen Jagdausflug heißt es von ihr: *„Länger säumte die Königin, endlich kam sie aus dem Schlafgemach, gefolgt von großer Schar. Die Locken hingen, mit Purpurband durchzogen, auf dem hellen Hals, goldene Fransen umsäumten das dunkele Purpurgewand, an der Schulter glänzte ein kostbarer Beryll, auf der Stirne das goldene Diadem, am Hals ein Band von Edelsteinen. Die Königin bestieg ihr Roß, das unter der Hand des Knaben hoch aufbäumte ...“*

Aber auch sie starb schon nach vier Jahren auf einer Reise durch Südfrankreich, ausgesogen von der Urkraft dieses Mannes. Karl und die Seinen waren tief betrübt, aber, in schwerwiegende Auseinandersetzungen mit der Kurie verstrickt, blieb keine Zeit zum Trauern. Er hat nicht wieder geheiratet, aber es werden noch drei Frauen, darunter eine Säxin, als Mütter seiner Kinder genannt.

Es ist nur allzu selbstverständlich, daß die ganz und gar unkirchliche Lebensauffassung des Königs am Hofe Schule machte. Man feierte dort fröhliche Feste, bei denen es bunt genug herging. Unter dem Klang von Flöten und Hoboen traten die Seiltänzer und Possenreißer auf; dressierte Hunde, Bären und Affen spielten miteinander so lustige Komödien, daß die Priester immer wieder daran Anstoß nahmen. Es wird auch berichtet, man sei bei solchen Gelagen zu dem fröhlichen Spiel übergegangen, unter den anwesenden Frauen den „Tugendpreis" zu verteilen. *„Aber nur Guntrada, die Nichte des Königs, erhielt die Siegespalme der Keuschheit, denn nur ihr allein gelang es, unter den sinnlich nach dem Mann Rasenden, ohne zu straucheln im Taumel der Begierden, die Sinnenlust zu überwinden ...“*

(Der vorsichtige Chronist schickt allerdings diesem Bericht die Worte *„wie es heißt"* voraus.)

Bei solchen Festlichkeiten waren natürlich auch die Königstöchter unter den „sinnlich nach dem Mann Rasenden", und es ist daher nicht weiter verwunderlich, wenn die schöne Hrothrud sich über ihr byzantinisches Mißgeschick bald tröstete und mit dem Grafen Rorich von Mainz ein Verhältnis einging, dem ein Sohn, Ludwig, entsproß. Auch Bertha, die zweite Tochter der Hildegard, lebte in freier Liebe mit Angilbert, einem glänzenden Weltmann, dem Abt von Sankt Riquier, der nur wenig jünger als ihr Vater war. Sie bekam zwei Söhne, Hartnid und Nidhart, von denen der eine später als Geschichtsschreiber hervortrat.

Der Hofklatsch um die beiden wucherte üppig empor. Es hieß, der Abt sei, als die Prinzessin ihn endlich erhört habe, durchs Fenster in ihr Zimmer gestiegen. Als er dann am frühen Morgen wieder ebenso entweichen wollte, stellten die Liebenden mit Entsetzen fest, daß es inzwischen stark geschneit hatte. Die Fußstapfen des Mannes mußten das Mädchen unweigerlich bloßstellen. Es war aber höchste Zeit, daß er verschwand, denn der Morgen dämmerte. Da kam die kräftige Bertha auf den guten Gedanken, den Geliebten auf die Schulter zu nehmen und ihn durch den Schnee zu tragen, damit nur ihre harmlosen Fußspuren zu erkennen waren. So geschah es, doch das Unglück wollte es, daß Karl nicht schlafen konnte und, am Fenster stehend, die merkwürdige Szene mit ansah. Aber er hatte Humor genug, die Sache nicht tragisch zu nehmen, der Sage nach vermählte er die beiden sogar miteinander.

In Wirklichkeit hatte er seinen Töchtern, *„da sie ungemein schön waren und von ihm aufs zärtlichste geliebt wurden",* nicht erlaubt, zu heiraten, denn *„er sagte, er könne ohne ihre Gesellschaft nicht leben. Deshalb mußte er, sonst so glücklich, die Tücke des Schicksals erfahren ..."* So sagt wenigstens Einhard, sein immer taktvoller Biograph.

Von den erbfolgeberechtigten Söhnen der Hildegard stand ihm der älteste, Karl, am nächsten, im Äußeren sein Ebenbild. Er sollte immer um ihn, ja sein Stellvertreter sein und wurde darum in alle Einzelheiten der Regierungsgeschäfte eingeweiht. Er mußte vom Geist des Vaters ganz und gar durchdrungen werden, damit er das Neue und Großartige des Gottesstaates verstehen konnte, dessen Aufbau er von der ersten Jugend an in allen Phasen miterlebte. Aber er ist nie bemerkenswert hervorgetreten. Auf den Saxenzügen wird er einige Male genannt, späterhin als Führer eines Feldzuges gegen die Böhmen; nur einmal tritt er in den Vordergrund der fränkischen Politik, als er die väterliche Einwilligung erbat, die Tochter des angelsächsischen Königs Offa von Mercia zu heiraten. Die englischen Damen hatten aber sogar bei den sicherlich nicht prüden Franken von jeher einen schlechten Ruf. So nahm schon der Angelsaxe Bonifatius Veranlassung, sich über sie mit den Worten zu beschweren: *„Ehre und Würde Angelsaxens wird durch Eure Pilgerinnen verletzt, da es nur wenig Städte in der Lombardei, in*

Francien und Gallien gibt, die nicht Zeugen der Schande irgendei-
ner nach Rom wallfahrtenden Landsmännin sind, was ein Skandal
und eine Schmach für ihre Kirche bedeutet."

Da zu gleicher Zeit in Mercia gefährliche Wirren auftraten, konnte Karl sich zu einer Genehmigung nicht verstehen, obwohl auch diese Ehe, ebenso wie die byzantinische, für die freundschaftlichen Beziehungen zwischen beiden Höfen nur vorteilhaft gewesen wäre. Sie hätte sogar dazu dienen können, auch die angelsäxischen Christen in die Grenzen des Gottesstaates einzubeziehen. Offa stellte im übrigen seine Bedingungen: Karl sollte seine Tochter Bertha seinem Sohne vermählen, damit das künftige Bündnis doppelt gesichert war. Gleichzeitig ließ der fromme Angelsaxe aber, der dem Papst freiwillig eine Art von Jahrestribut zahlte, den Nachbarkönig Aethelbert von York, der ebenfalls um seine Tochter freite, hinterlistig ermorden.

Das genügte. Karl empfand schon die Vermählung seines Lieblingssohnes mit einer fremdländischen Frau als kaum erträglich; darüber hinaus nun aber noch seine eigene Tochter in die angelsäxische Mörderhöhle geben zu sollen, schien ihm eine unverschämte Zumutung. Er verbot nicht nur die Verbindungen, sondern brach in offensichtlich feindseliger Absicht sogar die Beziehungen zu Offa ab, ja er ging so weit, eine „Kontinentalsperre" für englische Schiffe zu erlassen; alle fränkischen Häfen sollten kurzerhand für sie geschlossen werden. Aber der Abt von Fontanella, der bislang, mit der Eintreibung von Hafengebühren und Zöllen betraut, ein gutes Geschäft daran gemacht hatte, hintertrieb die Ausführung der Verordnung. Der erschrockene Offa bemühte sich herzlich um die Versöhnung, und schließlich verrauchte der Vaterzorn. Prinz Karl aber blieb unvermählt und kinderlos.

Während seine beiden Brüder Karlmann-Pippin und Ludwig schon in frühem Knabenalter Könige von Langobardien und Aquitanien wurden, kam er erst später zur Würde eines Königs von Austrasien, dem vorwiegend deutschstämmigen Teil der fränkischen Herrschaft; mit dieser Erhebung seines Ältesten, der die päpstliche Salbung erst viele Jahre danach erhielt, gab sein Vater gleichzeitig zu verstehen, daß für ihn der Schwerpunkt der fränkischen Herrschaft überhaupt, genau wie seine Vorfahren es gehalten hatten, im deutschen Austrasien verankert lag.

Pippin von Langobardien war eine viel lebhaftere Natur und der Liebling des Hofes. Als Führer des italienischen Heeres trat er mehrfach hervor und wurde schließlich ein guter Feldherr. Die Ermahnungen Alchwins, die ihm dieser zu seiner Hochzeit übersandte: *„Sei ehrbar und keusch in deinem Lebenswandel, genieße die Freuden der Ehe mit dem Weib deiner Jugend, laß aber keine andere Frau an dir teilhaben",* hat er nicht berücksichtigt, denn sein einziger Sohn stammte von einer Nebenfrau.

Der unfähigste unter den Brüdern war Ludwig von Aquitanien. Immer wieder befahl Karl ihn zu sich, in der erkennbaren Besorgnis, er möge sonst vollständig zum Aquitaner werden. Er erschien dann in Pumphosen und weiten Gewändern, über seine langen Sporen stolpernd, und alles machte sich über ihn lustig. War sein Heer aufgeboten, so kam er grundsätzlich zu spät; nahm er auf väterlichen Befehl an dessen Kriegszügen teil, so schickte Karl ihn meistens bald wieder nach Hause. Bei seinen eigenen, vom Vater entworfenen Feldzügen gegen Spanien blieb er diesseits der Pyrenäen in Sicherheit; seine Geschenke an den Hof waren so kärglich, daß Karl ihm deshalb Vorhaltungen machte, er entschuldigte sich aber damit, selbst in größter Dürftigkeit zu leben. Schließlich setzte Karl seinen Kanzler ab und ernannte einen tüchtigen Vetter zu seinem Sachwalter, der bald Ordnung schaffte und ein berühmt gewordenes *„Gesetz über die königlichen Landgüter"* erließ, das die Aufgaben der Verwalter, ihre Ablieferungsverpflichtungen regelte, ja, bis in die letzte Einzelheit Anweisungen erteilte, welche Zier- und Nutzsträucher, wieviel Bienen, Pfauen und Singvögel zu halten seien. Er griff gegen das Bestechungswesen mit eiserner Energie durch und verschaffte der weltlichen Gewalt, die von der kirchlichen ganz überwuchert zu werden drohte, wieder die erforderliche Autorität.

Aber Ludwig blieb stumpf wie ein Nachtwandler. Von dem übergeordneten Staatsinteresse, die Kirche mit der weltlichen Gewalt im Gleichgewicht zu halten, um die Königsmacht durch beide zu verstärken, vom Gottesstaate seines Vaters verstand er nichts, weil ihm jeder Überblick fehlte. Später wird sogar von ihm berichtet, *„daß ihn die heidnischen (das heißt deutschen) Gedichte, die er in der Jugend gelernt hatte, ekelten. Er wollte sie weder lesen noch hören und verbot, sie zu lehren."* Karls Sammlung altgermanischer Heldenlieder hat er verbrennen lassen; nur die zufällig erhaltenen Trümmer des Hildebrandliedes zeugen heute noch von deren vergangener Pracht.

Die Umgebung

Als Alchwin dem König einst vom Leben des heiligen Augustin und Hieronymus erzählte, rief Karl seufzend aus: *„Wenn ich doch nur zwölf solcher Männer in meinem Reiche hätte!"* Aber Alchwin erhob mahnend den Zeigefinger und sagte: *„Gott der Herr hat nur ihrer zwei gehabt, und du willst gleich zwölf?"* Frage und Antwort sind gleich bedeutungsvoll, denn sie lassen erkennen, wie Karl um sein Lebenswerk wegen der Unzulänglichkeit seiner Mitarbeiter doch manchmal bangt und der übermächtige Reichsmagister Alchwin alle Sorgen mit Hilfe religiöser Demut auflösen zu können glaubt, die schließlich die karolingische Herrschaft vernichten sollte.

Er war ja nicht allein als Referent für die Kirchenpolitik ins Frankenreich berufen worden, sondern um gleichzeitig als eine Art von Kultusminister das Bildungswesen im Gottesstaat zu leiten. Er sollte die Ideen liefern, vor allem die Lehrpläne aufstellen; die eigentliche Organisation erfolgte dann nach einheitlichem, von Karl ausgearbeitetem Plan.

Mit der Einrichtung einer „Hofakademie" wurde das große Werk begonnen, um dem König und seiner Familie Gelegenheit zu geben, gleichsam als „erste Schüler" dem Volk beispielhaft voranzuleuchten. Eine solche Hofschule hatte es während der Merowingerherrschaft schon gegeben, sie war aber mehr und mehr zur Ausbildungsstätte für das Kanzleipersonal herabgesunken. Immerhin konnten die meisten Merowingerkönige – merkwürdige Persönlichkeiten, die mit vierzehn Jahren Vater und meistens nicht älter als dreißig wurden – fast durchweg lesen und schreiben. Diese alte Einrichtung hatte sich aber im siebenten Jahrhundert immer mehr verloren, um schließlich unter Karl-Martells gewalttätiger Reichsführung zu Anfang des achten ganz zu erlöschen.

Karl bezweckte mit seinen Maßnahmen aber viel mehr. Auf seinen Reisen nach Italien hatte er sich, je mehr er Gelegenheit nahm, sich mit Langobarden, Römern, ja, auch Byzantinern zu unterhalten, seines rohen Barbarentums immer wieder schämen müssen und schließlich erkannt, daß der fränkische Gottesstaat praktisch niemals aus der päpstlichen Abhängigkeit herauskommen konnte, solange alles Wissen aus Italien bezogen werden mußte. Aus der eigenen Wißbegierde schloß er in subjektiver Selbstverständlichkeit auf eine gleiche bei seinen Untertanen und nahm sich daher vor, mit Hilfe der besten Lehrer, die es jenseits der Alpen gab, sein rohes Jäger- und Kriegervolk zu gesitteten Europäern „aufzubilden". Wie schwer dieser unter dem Einfluß des römischen Glanzes schnell gefaßte Entschluß aber durchzuführen war, mußte er an sich selbst erfahren, denn, so energisch und gewissenhaft er sich auch darum mühte: die Kunst des Schreibens hat er selber nie erlernt.

Alchwins Weltruf als Schüler des gelehrten Beda, als Bibelausleger, als erste Autorität im kanonischen Recht und Lehrer an der berühmten Universität von York machte ihn hervorragend geeignet zur Mitarbeit bei der Durchführung dieser Pläne. Gemeinschaftlich mit dem Lehrer der Grammatik an der Universität von Pisa, einem gelehrten Kleriker Petrus, und dem geistvollen langobardischen Diakon Paulus eröffnete er die Hofakademie, gleichsam als Zelle für den weiteren Aufbau des Schulwesens im ganzen Reich. Als er sich in England ganz frei gemacht und die reiche Abtei Sankt Martin von Tours mit ihren zwanzigtausend Leibeigenen erhalten hatte, die durch den Tod des altverdienten Itherius frei geworden war, ging er mit Feuereifer ans Werk. Karl erließ ein Rundschreiben an Bischöfe und Äbte, in dem es hieß: *„Es sei Eurer Gott wohlgefälligen Frömmigkeit bekannt, wie wir in Übereinstimmung mit unseren Getreuen es für nützlich gehalten haben, daß die unserer Regierung anvertrauten Bischofssitze und Klöster außer einem der Ordensregel entsprechenden Lebenswandel ihren Fleiß auch auf die Beschäftigung mit den Wissenschaften und die Unterweisung derjenigen richten, die vermöge der Gabe Gottes lernen können, nach der Fähigkeit eines jeden. Denn da uns in den letzten Jahren von verschiedenen Klöstern Schreiben zugegangen sind, so haben wir aus den meisten derselben zwar den guten Willen der Brüder, ebenso aber ihre Unbildung erkannt. Denn was die fromme Demut innerlich treu eingab, das konnte äußerlich wegen des vernachlässigten Unterrichts die ungebildete Sprache ohne Fehler nicht ausdrücken.*

Es sollen aber zum Zwecke des Unterrichtes solche Männer gewählt werden, die den Willen und die Fähigkeit zu lernen und gleichzeitig den Trieb haben, andere zu unterrichten ..."

Es folgte ein Reichsgesetz, durch das allen Geistlichen befohlen wurde, Leseschulen für die Jugend einzurichten, wo gleichzeitig Rechnen und Grammatik getrieben werden solle. Auch habe man auf fehlerlos geschriebene Lehrbücher zu achten. *„Lasset sie nicht etwa durch eure Knaben vorlesen und abschreiben und so verderben, sondern wenn es nötig ist, einen Psalter oder ein Meßbuch abzuschreiben, so sollen das erwachsene Leute mit aller Sorgfalt tun ..."*

Da er selbst am besten wußte, wie schwer man schreiben lernte, befahl er nur den Leseunterricht.

Alchwin entwarf die Lehrpläne, nach denen das ganze Schulwissen in Ethik, Physik und Theologie eingeteilt wurde. Für alle drei Disziplinen war die Bibel das grundlegende Lehrbuch, wobei die Physik, zu der auch Astronomie gehörte, aus der Apokalypse, die Rhetorik und Dialektik als Unterabteilungen der Ethik aus den Psalmen und den Aussprüchen der Kirchenväter abgeleitet wurden. Mit Bienenfleiß schrieb er dazu Kommentare; seine drei Lehrbücher der Grammatik, der Geometrie, ja sogar der Musikkunde wurden grundlegender Lehrstoff.

In Form von Frage und Antwort oder Rätseln gehalten, glichen sie genau der in York üblichen Lehrmethode, nur daß der Fragende stets ein Franke, der antwortend Belehrende ein Angelsaxe war. Daneben schrieb er Bibelauslegungen, erklärte mit einer Widmung für die tugendhafte Guntrada und die Prinzessin Hrothrud den Prediger Salomo und die Apokalypse, erläuterte endlich dem König das Geheimnis der göttlichen Dreieinigkeit, wieder im Frage- und Antwortspiel, diesmal zwischen Karl und dem weisen Albinus, ihm selbst, gehalten und nicht ohne Hinweis, daß Karl von ihm die Dialektik erlernen mußte, weil Augustin diese zum Verständnis der Dreieinigkeit als unerläßliche Voraussetzung erklärt hatte!

Sein trockener Geist verlor sich immer mehr im mathematisch Abstrakten, weshalb die Arithmetik im Vordergrunde der physikalischen Disziplin stand. Die Zahl sechs, erklärte er, habe in der Heiligen Schrift deshalb mystische Bedeutung, weil ihre Hälfte drei, ihr Drittel zwei, ihr Sechstel eins betrage; addiere man diese Bruchteile miteinander, so ergäbe sich in runder Vollkommenheit wieder sechs. Der Hang zum Mathematischen übertrug sich aber auch auf seine theologische Weltauffassung, die das menschliche Wirken mit erbarmungsloser Nüchternheit dem – allerdings gottgewollten – Kausalgesetz unterstellte und zum Leitsatz seiner Philosophie die Behauptung erhob: *„Jede menschliche Einrichtung gestaltet sich nur durch den Druck der Verhältnisse; sie verliert, wenn dieser aufgehört hat, jede Bedeutung, ohne daß sie jemals durch künstliche Mittel wieder zurückgewonnen werden kann."* Das bedeutete also auch die Verneinung des weltlichen Staates, der nur noch im Kompromiß des „Gottesstaates" seine Berechtigung behalten konnte. Für ihn und seine – die Klosterschulen bald als Lehrer durchdringenden – Schüler hießen die Stufen zur menschlichen Vollkommenheit zunächst: Demut und Glaube, dann: das höhere Verlangen nach dem himmlischen Jerusalem; daraus muß Vertrauen und Geduld erwachsen, bis schließlich das himmlische Jerusalem sich wirklich dem Verklärten öffnet, Gedankengänge, die den buddhistischen Vorstufen zum Nirwana merkwürdig verwandt erscheinen.

Die Akademie von Tours wurde unter der Leitung dieses Universaltheologen und Staatsmannes bald hochberühmt als Pflanzschule für priesterliche Lehrer. In dem ihr angegliederten Schreibatelier, einem „Museum" genannten Saal, wurden die sorgfältigsten Abschriften des Zeitalters hergestellt. An den Wänden mahnten zierliche Verse die Schreibkünstler, sich nicht zu übereilen und ja nicht eigene Gedanken in ihre Arbeit einzuflechten.

Auch auf die Staatsgeschäfte gewann er bald so überragenden Einfluß, daß er sich mit Recht für unentbehrlich halten durfte. Er war der führende Kopf, der die politische Idee des Gottesstaates ins Theokratische verwandelte, auf der anderen Seite aber durch seine bedingungslose Anerkennung der päpstlichen Oberherrschaft eine Klärung verhinderte, wem die letzte Autorität gebührte, dem Papst oder dem Frankenkönig. Als Karl ihn im Drang der sich dadurch anbahnenden Verwirrung um seine Stellungnahme ersuchte, erklärte er geradezu, an erster Stelle im Getriebe der Welt stehe der Papst, an zweiter der kaiserliche Imperator in Byzanz, und erst an dritter käme der Frankenkönig; da aber, so redete er sich dann heraus und schaffte damit neue Verwirrung, zur Zeit eine Frau sich die Kaiserwürde anmaße, so sei der Schutz der Kirche dem König allein anvertraut. Karl folgte ihm willig in allen kirchenrechtlichen Fragen und entfernte den Kurs des Gottesstaates damit unabänderlich aus dem Blickfeld germanischer Traditionen. Die Heilige Schrift und die kanonischen Gesetze wurden zum Leitfaden der fränkischen Innenpolitik.

Alchwins Ratschläge aber, die zwangsweise bekehrten Saxen so lange mit dem Zehnten zu verschonen, bis sie dessen Sinn erkannt hätten, verwarf Karl als Humanitätsduselei. Er wußte zu genau, daß der Priesterstand für die Ethik seines Berufes noch nicht genug Verständnis hatte; ohne diesen Zehnten, also nur aus religiösem Idealismus, hätte er nicht für die unentbehrlich gewordene Mitwirkung an der Reichsverwaltung zur Verfügung gestanden. Da nützte es auch nichts, daß Alchwin in seinem Kampf gegen diese *„von jüdischen Leviten"* erfundene Steuer nachwies, es fände sich kein Hinweis in der Heiligen Schrift, auf Grund dessen auch die Apostel den Zehnten anerkannt hätten. In seine Realpolitik ließ Karl sich nicht hineinreden, die Kirchensteuer hatte weltliche Bedeutung bekommen. Mit den Jahren wurde der Reichsmagister immer eitler. Die Verehrung seiner Schüler nahm er als Vergötterung, seine Wahrsprüche hielt er für unabänderlich richtig. Schließlich glaubte er sich gar einen Nimbus als Prophet verschaffen zu müssen und nahm die Gewohnheit an, Geschehnisse visionär vorauszusagen, die er – unbezähmbar neugierig wie er war – durch seine Vertrauensleute vorzeitig erfahren hatte. Über alle Vorkommnisse im Frankenreich war er sofort orientiert, oft so schnell, daß man an Wunder glauben mochte.

Seine letzten Lebensjahre brachten ihn in schweren Konflikt mit Karl. Er nahm einen vom Bischof von Orleans unter Strafverfolgung gesetzten Kleriker in seinen Schutz und verweigerte seine Auslieferung. *„Wir können uns nicht genug darüber wundern"*, schreibt Karl an die Mönche von Tours, nicht an ihn selbst, *„daß ihr allein es gewagt habt, unserem Befehl zu trotzen, da es doch sowohl nach altem Herkommen wie nach den gesetzlichen Bestimmungen Vorschrift ist, daß die königlichen Entscheidungen bindend sind."* Als diese vorsichtige Ermahnung nichts nützte – Alchwin hatte seinen Schützling inzwischen bei Arno von Salzburg in Sicherheit gebracht –, schickte Karl einen Kommissar zur Untersuchung. Alchwin beschwerte sich bitter darüber und schrieb: *„Wen er wollte, ließ er geißeln, in Ketten legen und schwören; bei wem es ihm paßte, schickte er ihn vor Euer Angesicht."* Aber Karl antwortete nicht und Alchwin mußte erkennen, daß er kaltgestellt war. Bald darauf starb er in hohem Alter, ohne Karl wiedergesehen zu haben.

Der langobardische Patriot Paulus, Diakon und Historiker, war sein Antipode; er hatte seine Berufung aus dem Kloster Monte Casino an den Frankenhof nur widerwillig angenommen und auch nur deshalb, weil er auf diese Weise für seinen aus der Heimat verbannten und seiner Güter beraubten Bruder wirken zu können glaubte. Dieser Bruder, wie er selbst am Hofe in Pavia aufgewachsen, hatte zu den Rebellen gehört, die sich unter Hrodgaud von Friaul gegen die fränkische Herrschaft empörten. Die beiden Söhne aus altlangobardischem Geschlecht der Warnefried standen in freundschaftlichen Beziehungen zu Desiderius und seinen Kindern, Grund genug für die Franken, sie für Staatsfeinde zu halten. Paulus hat seine Geschichte der Römer der beneventanischen Herzogin Adalperga gewidmet, mit der er in lebhafter Korrespondenz stand; auch Briefe an Luitperga von Bayern haben sich erhalten. Sie verraten ein Kulturniveau, das hoch über dem des fränkischen Hofes stand; die gemütvolle Vaterlandsliebe des Diakons gründet sich auf ein wenn auch schmerzlich empfundenes Nationalbewußtsein, das es jenseits der Alpen überhaupt noch nicht gab. Es hat deshalb auch nicht an Versuchen gefehlt, ihn bei Karl zu verdächtigen. Aber der König wußte, ob die Anschuldigungen berechtigt waren oder nicht, daß ihm dieser feinsinnige Priester niemals gefährlich werden konnte, seine wissenschaftlichen Leistungen für die fränkischen Schulen aber unentbehrlich waren. *„Wenn ich ihm nun die Hände abhauen lasse"*, so führte er die Denunzianten mit feiner Bosheit ab, *„wer soll im ganzen Reich dann überhaupt noch anständig schreiben können? Und wenn ich ihn blende, wer soll dann noch durch Studium unser Wissen bereichern?"*

Paulus war an der Hofschule als Lehrer der Geschichte tätig, brachte aber längere Zeit in Metz zu, mit der Aufgabe betraut, eine Chronologie der dortigen Bischöfe zu verfassen, also damit auch den heiligen Arnulf, Karls Urahn, zu verherrlichen. Es heißt darin: *„Eine außerordentliche Geschichte will ich erzählen, von der ich mich sehr wundern muß, daß frühere Biographen sie ganz vergessen haben. Ich habe sie nicht von irgendeiner belanglosen Person gehört, sondern mein Gewährsmann ist der erhabene König Karl selbst, der sie mir erzählt hat ..."* Als Paulus aber die Begnadigung seines Bruders und die Rückgabe der Güter bei Karl erwirkt hatte, hielt es ihn nicht länger bei dem Manne, der sein Vaterland zu Boden geworfen, seinen König gestürzt hatte, auch wenn er dessen Fähigkeiten in der Bischofsgeschichte mit objektiver Würdigung anerkannte. Schweren Herzens mußte Karl ihn schließlich ziehen lassen; er trat wieder in sein geliebtes Monte Cassino ein, mit dessen Abt und Brüdern ihn tiefinnerliche Freundschaft verband. Immer wieder betraute Karl ihn auch dort mit Aufgaben, in der Hoffnung, ihn zurückzugewinnen. Seine Bitte um eine Predigtsammlung beginnt mit den Worten: *„daß er von den blumenreichen Matten der Kirchenväter die schönsten Blüten zu einem Strauß sammle, um dadurch das ganze Jahr hindurch die Tage der Heiligen zu schmücken ..."* Ein anderes Mal schickt er seinem Ersuchen um Rückkehr die fast rührend anmutende Vorrede voraus: *„Schnell soll durch Stadt und Dorf, über Berg, Wald und Fluß der Brief die Worte des Königs vor das Antlitz des ehrwürdigen Paulus tragen, und wenn er den Greis gefunden, soll er mit freundlicher Rede zu ihm sagen: Es grüßt dich Karl, der König!"*

Aber Bruder Paulus verließ die Klosterheimat nicht mehr und starb bald, nachdem er seine berühmte Geschichte der Langobarden abgeschlossen hatte, die bezeichnenderweise vor der Unterwerfung durch Karl endet.

Im Gegensatz zu diesen beiden in sich so verschiedenen Priestern spielten zwei glänzende Weltmänner von bedeutendem politischen Format am Hofe die Hauptrollen: Angilbert, später Abt von Sankt Riquier, und der spanische Westgote Theodulf, Bischof von Orleans. Angilbert war bald Karls vertrautester Freund, der ihm seine Beziehungen zu Bertha in keiner Weise verübelte. Eine Zeitlang wurde er mit der Vormundschaft Pippins in Italien betraut und dann so etwas wie ein Minister des Äußeren am Hofe. Als Abt von Sankt Riquier trat er formell in den geistlichen Stand über, blieb aber deshalb doch Diplomat und prachtliebender Weltmann. Sein Kloster baute er prunkvoll aus und schenkte ihm aus eigenen Mitteln eine wertvolle Bibliothek. Seine dichterische Befähigung trug ihm an der königlichen Tafelrunde, wo man sich mit alttestamentarischen und klassischen Namen anzureden beliebte – Karl selbst nannte sich David –, die Bezeichnung „Homer" ein. Einige seiner in lateinischen Hexametern geschriebenen Gedichte im Stil höfischer Frühromantik haben sich erhalten; sie schildern das Leben um Karl, feiern den König und seine Familie; Berthas, *„der meine Lieder gefallen mögen",* wird mit liebenswürdiger Zartheit besonders gedacht. Er haßte das theologische Salbadern und geriet – anfangs mit Alchwin gut befreundet – schließlich in lebhaften Gegensatz zu ihm, weil er als Abt seine Passion für das Theater nicht aufgeben wollte und sich seine eigenen Possenreißer hielt.

Theodulf, nicht minder dichterisch begabt, gehört seit dem spanischen Feldzug zum Hof. Er war wegen seiner sarkastischen Art gefürchtet, aber doch so kunstsinnig und gebildet, daß man ihn wieder aufrichtig bewunderte. Als man ihn einst, von Karl als Königsbote zu besonderen Feststellungen beauftragt, mit einer antiken Vase bestechen wollte, begeisterte ihn das Prachtstück derart, daß er eine schwungvolle Hymne darauf dichtete. Ob er sie genommen hat, sagt er nicht. Seine Mönche und Priester mußten unentgeltlich Schule halten und zu diesem Zweck die entferntesten Höfe seines Bistums aufsuchen. *„Um ebenso dem Geist wie dem Leibe Nahrung zu spenden",* ließ er seine Tafel durch künstlerische Plastiken im allegorisch-symbolisierenden Stil schmücken, die ihn dann wieder zur dichterischen Beschreibung reizten.

Nach Alchwins Tod nahm er dessen Stelle als Referent in kirchlichkanonischen Fragen ein, versuchte aber vergeblich, den weltlichen Reichseinheitsgedanken über die schon zu fest eingewurzelte theokratische Gottesstaatidee hinauszuheben. Wenn er Karl in diesem Sinne allzu eindringlich bearbeitete oder gar seinen ältesten Sohn dafür gewinnen wollte, schickte der König ihn auf Reisen.

In diesem Bemühen, die Reichseinheit auch über Karls Tod hinaus zu erhalten, war er unvorsichtig genug, sich schließlich so leidenschaftlich für die alleinige Thronfolge des ältesten Sohnes einzusetzen, daß er darüber mit Pippin und vor allem Ludwig in gefährlichen Gegensatz geriet, dessen Schwäche und Belanglosigkeit er bald erkannte. Als dann später Karls tüchtiger Enkel, Bernhard, durch eine neue Reichsteilung um sein großväterliches Erbe gebracht werden sollte, empörte sich der Neffe gegen seinen kaiserlichen Oheim. Theodulf geriet in den kaum unberechtigten Verdacht der Mitverschwörung, wurde aller seiner Ämter entsetzt und eingekerkert. Vergeblich schickte er seine ergreifenden Klagelieder hinaus; man legte ihm nahe, die kaiserliche Gnade Ludwigs durch ein Geständnis seiner Schuld zu erkaufen, aber er verweigerte es ebenso standhaft wie klug und starb in seiner Klosterhaft sieben Jahre nach Karl.

Der neue Geist der Jahrhundertwende, die mehr vom Glanz des Reiches als von seinem mühevollen Aufbau wußte, gab Einhard das Gepräge, dem Idealtyp des geschmeidigen und hochgebildeten Hofmannes, wie Karl ihn sich wünschte. Als Sohn einfacher deutschfränkischer Eltern war er in frühester Jugend in die Klosterschule von Fulda eingetreten und hatte es hier, intelligent, geschickt und glänzend beanlagt, zum Meisterschüler gebracht. Abt Baugolf empfahl ihn um die Mitte der neunziger Jahre dem König, der ihn auch als Ansporn für andere zu sich nahm. Hier machte er sich bald so unentbehrlich, daß er königlicher Geheimsekretär wurde, dem auch die Abfassung und Redaktion der Hofannalen übertragen war. Immer hilfsbereit und taktvoll, aber ebenso gewandt und bescheiden, war er von den großen Herren am Hofe gern gesehen, wenn man ihn auch wegen seiner winzigen Körpergestalt gutmütig verspottete. Theodulf sagte von ihm: *„Der Ameise gleich, nicht scheut er den Weg, nicht scheut er den Rückweg.“* An allgemeiner Bildung war niemand ihm überlegen; in der Beherrschung der lateinischen Sprache übertraf er alle.

Als eine große Bautätigkeit einsetzte, übertrug Karl ihm nicht allein die Oberaufsicht über die königlichen Bauten, er machte den noch nicht Dreißigjährigen zu seinem „Minister für die öffentlichen Arbeiten"; als solcher hatte er einen einheitlichen Plan aufzustellen, auf Grund dessen Kirchen, Klöster, Brücken und Wege instand zu setzen waren, nachdem die Klagen sich häuften, die Bevölkerung wäre mit Bauarbeiten überlastet.

Immer zurückhaltend, mischte er sich nie in Staatsgeschäfte, ohne dazu aufgefordert zu sein, wartete aber geschickt auf seine große Chance. Sie kam, als nach dem Tode der beiden ältesten Söhne eine Nachfolgekrise wegen Ludwigs allgemein bekannter Unfähigkeit ausgebrochen war. Da „*warf er sich, durch Karls Liebe geehrt, klug von Verstand, durch Herzensgüte ausgezeichnet, dem Kaiser zu Füßen und bewog ihn durch seinen Rat, Ludwig zum Mitregenten und Kaiser zu machen.*" Auf diese Weise war er der einzige von Karls Paladinen, der bei Ludwig in Gnaden blieb, zog sich aber bald, reich beschenkt, auf seine Güter zurück, ohne deshalb mit dem Hof die Fühlung aufzugeben. Als der Zusammenbruch des Reiches sich immer deutlicher abzeichnete, schrieb er an einen Freund: „*Über die Zustände bei Hofe bitte ich dich ganz zu schweigen, da es nicht erfreulich ist, von dem, was dort vorgeht, zu hören*", und später, als der Vertrag von Verdun Karls Werk endgültig vernichtet hatte: „*Die Umwälzung, die vor kurzem im Reich stattgefunden hat, macht mich so niedergeschlagen, daß wir nach den Worten Josaphats gar nicht wissen, was wir tun sollen, außer unsere Augen auf den Herrn zu wenden, da die menschliche Hilfe aufhört.*"

In dieser Erkenntnis hätte er sich wohl nicht zu Füßen Karls geworfen, um die Einsetzung Ludwigs zum Kaiser zu erflehen. Er starb mit vierundsiebzig Jahren als letzter, der die Einheit Europas mit sehenden Augen erlebt hatte.

Sechs Jahre nach Karls Tod verfaßte er „*Das Leben Karls des Großen*", nach Stil und Inhalt in souveräner Beherrschung des Lateinischen das Meisterwerk mittelalterlicher Biographie überhaupt. Aber wenn auch noch so glänzend geschrieben, war es doch nichts anderes als der allerdings vollkommen geglückte Versuch, Suetons Leben des Augustus auf Karl zu übertragen. Trotz aller seiner hervorragenden Begabung fehlte ihm wie allen seinen Zeitgenossen, ja der ganzen karolingischen Epoche, ein Entscheidendes: das Eigenwillig-Schöpferische. Selbst Karl, der alle überragende Gestalter seiner Zeit, hat es nicht besessen, und über seine Kraftnatur hinaus, die alle bösen und guten Geister seines Geschlechtes in sich zu vereinigen schien, gab es keine Steigerung mehr.

Zwei Fragen

Zwei Fragen, die Karl ungefähr gleichzeitig an Alchwin richtete, ragen, in sich unerklärlich verschieden, aus dem überlieferten Schreibwerk heraus, beide aus der Wißbegierde eines philosophierenden Kopfes entsprungen, aber beide im Gedanklichen so unendlich voneinander entfernt, daß man sie eben nur aus der Unbegreiflichkeit der Epoche begreifen kann.

Wie es komme, fragt Karl, daß nichts von einem Lobgesang Jesu vor dem Ostermahl berichtet wird. *„Wir können uns nicht genug darüber wundern, warum solch ein interessanter Lobgesang, den Jesus oder seine Jünger doch sicherlich gehalten haben, von allen Evangelisten übergangen wird."* Das Vaterunser sei dieser Lobgesang, antwortet Alchwin.

„Ich wundere mich", fragt er dann, *„daß wir Christen so oft von den Tugenden abweichen, da uns doch, wenn wir sie halten, eine ewige Herrlichkeit als Belohnung versprochen wird, daß hingegen die heidnischen Philosophen sie nur wegen ihrer Würde und um den Ruhm eines guten Lebenswandels beobachtet haben."*

Eine Antwort Alchwins hat sich nicht erhalten.

Nur kindischer Geltungstrieb kann auf den Gedanken kommen, daß „solch ein interessanter Lobgesang" vergessen wurde, aber es ist tiefinnerliches Zweifeln am eigenen Lebensweg, wenn derselbe Mensch die um ihrer selbst willen wirkende Sittlichkeit der antiken Ethik auf einmal begreift. In solchem Manne wohnen die formenden Gedanken nicht leicht beieinander, sie zerstoßen sich fast in der Härte ihrer Gegensätzlichkeit.

Oder sind beide doch aus dem einheitlichen Bestreben entstanden, schuljungenhaft den Herrn Magister „hineinzulegen", der alle seine Ermahnungen immer wieder in ein „damit du" enden läßt, „damit du ins Jenseits kommst", „damit dich Gott segne", „damit du Gott angenehm bist"? Ein Aufbegehren gegen dieses nun auf einmal als gesinnungsniedrig erkannte „damit", das jeder frommen Regung einen geschäftlichen Charakter gibt?

Doch wohl nicht. Derselbe König, der es merkwürdig findet, daß, wie es im Psalm heißt, „die Sonne des Tages und der Mond des Nachts brennen" kann, ermahnt die Rompilger zur Innerlichkeit, *„denn nicht der Weg der Füße, sondern der Herzen führt zu Gott!"* Der es nicht begreifen kann, daß Petrus dem Kalchas ein Ohr abgeschlagen habe, wo Christus doch verboten habe, Schwerter zu kaufen, derselbe Mensch ermahnt seine um Sinnlosigkeiten keifenden Pfaffen: *„Ihr könnt nicht durch Klügeln die göttlichen Geheimnisse durchdringen; ehrt lieber im Glauben, was die menschliche Unzulänglichkeit nicht erfassen kann!"*

Sein Zeitalter ist schon von der selbstverständlichen Geradheit der frühen Götterkulte zu fern, zu weit aber auch noch von der besinnlichen Ehrlichkeit der heutigen Welt, als daß seine Widersprüche sich organisch lösen ließen. Es ist das Kraftfeld, auf dem sich die Spannungen zwischen verdämmerndem Gestern und heraufziehendem Morgen in elementarer Wucht entladen.

Daher hat man für die Erkenntnis der mörderischen Widersprüche kein Organ. Man muß sich mit dem Nebeneinander der Dinge abfinden, die keine ordnende Vernunft bindet, und in sinnloser Kraftverschwendung sich selbst verausgaben. Darum zerschlägt man die Heiden ohne jedes Gefühl für die Lebensberechtigung ihrer Kulturen im Zeichen des Wortes: „Wer nicht für mich ist, ist gegen mich!" Darum schwingt sich der demütige Diener der Kirche zu ihrem Herrn auf, um seiner sonst unhaltbaren Weltherrschaft einen heiligen Sinn zu geben.

Darum zersplittert aber auch die heilige Einheit, als der Gigant nicht mehr ist, der ihr seinen und nicht Gottes Odem eingeblasen hat. Die gewaltsam zurückgedämmten volksbildenden Kräfte der Stämme formen sich, mittefliehend, zu neuen, naturgewollten Nationen. Nur lose verbindet sie noch der christliche Gedanke; aber seine einende Kraft ist mit Karl dahin, und im Zeichen des Kreuzes zerfleischen sich seine epileptischen Enkel.

IRRLEHRE

*„Es ist wider die Natur, daß eine Jungfrau
ohne Verbindung mit einem Manne
einen Sohn gebiert ..."*

Felix von Urgel,
um 798

*„Erhebe dich, du von Gott gewählter Mann,
und verteidige die Braut Gottes, deines Herrn.
Denke, es wolle einer deine Braut entehren,
wie würde sich dein Feind darüber freuen!"*

Alchwin an Karl,
um 798

Die Irrlehre des Adoptianismus

Sollte der Gottesstaat einem ekstatischen Zeitalter Ruhe und Erfüllung bringen oder auch nur zum Fundament einer ewigen
Herrschaft werden: die wichtigste Voraussetzung für seine endliche Vollendung war die Erhaltung eines einheitlichen Glaubens, der darum der katholische, der weltumspannende hieß.
Diese Einheit gründete sich auf die unwandelbare Wahrheit der
Schrift und ihre Auslegung durch die Kirchenväter, vor allem also auf die bedingungslose Anerkennung des göttlichen Mysteriums in der Fleischwerdung Christi. Dieses Mysterium hatte in einer Zeit, die der Antike noch nicht allzu fern, dem Heidentum
aber noch sehr nahe war, eine ganz andere Bedeutung, als man
sie heute begreifen mag. Das Wunder der unbefleckten Emp-
fängnis und die schon dadurch bewirkte göttliche Natur des Heilands war den Zeitgenossen Karls viel eher verständlich als die
mittelmeerländische Ethik des Evangeliums. In seinem Grund-
zug deckte sich ja auch der den Germanen verheißene Erlöser-
mythos mit dieser neuen Lehre der Christen, als deren einzigen
Sinn man die Tatsache dieses Mysteriums erkannte. Erst der
überzeugte Glaube an dieses Geheimnisvoll-Göttliche machte
die Menschen gehorsam gegen die artfremden Gebote Christi,
man begriff seine Persönlichkeit nicht durch die Lehre, sondern
umgekehrt die Lehre, weil er eben ein Gott war.

Es kam hinzu, daß der germanische Mensch, wie er das fränkische Volk nicht allein in seinen Führern maßgebend gestaltete, tiefeingewurzelte Demut vor jeder als „höhere" anerkannten
Macht empfand, ob das ein König war, ein säxischer Etheling
oder ein Gott, ja, diese Demut formte sein Leben so natürlich,
daß er jede bewiesene Überlegenheit, sei es den Sieger im
Kampf, seien es die dunklen Schicksalsmächte, für göttlich
hielt, weil er sich schließlich nur dem Göttlichen ohne
Schmach beugen durfte.

Es wurde also zur stärksten Waffe des Christentums im
Kampf gegen die Heiden, wenn es sich auf die göttliche Person
des Heilands berufen und ihr Walten auch glaubhaft machen
konnte, dank der Erfolge, die eine christliche Gesittung den
Waffen zu verleihen pflegte. Bevor Chlodovech, der große Begründer der fränkischen Herrschaft, die Taufe in der politi-

schen Erkenntnis ihrer offensichtlichen Nützlichkeit nahm, war sein scheinbar unwiderlegbarer Standpunkt gewesen: *„Auf Befehl unserer Götter wird Alles erschaffen, kommt Alles hervor. Es zeigt sich aber, daß euer Gott nichts kann, ja, was mehr ist, es läßt sich nicht einmal beweisen, daß er von göttlichem Geschlecht abstammt ..."*

Aber auch der *„stolze Sigamber"* beugte sein Haupt und betete an, was er zerstört, und zerstörte, was er angebetet hatte, bis der Glaube an das Mysterium Christi endgültig den Sieg errang.

Da bedeutete es nun eine ungeheuerliche Gefahr für den auf diesen Glauben gegründeten Gottesstaat, als von der fast im Märtyrerruf stehenden spanischen Kirche, dem gotischen Greis Elipant von Toledo und seinem wegen Frommheit und Bildung gleich berühmten Bruder in Christo Felix, Bischof im asturischen Urgel, öffentlich behauptet wurde, Christus sei nicht Gottes leiblicher, sondern nur sein Adoptivsohn, das heißt, er wäre ein Mensch und kein Gott, was er durch seine Bezeichnung als der Menschensohn ja auch selbst immer wieder bekräftigt habe.

Im mohammedanischen Spanien war diese Auffassung nichts Neues, sie hatte sogar schon in der Kirchengeschichte der christlichen Goten eine Rolle gespielt. Für die orthodoxen Koranausleger mußte eine Einheit von Mensch und Gott in der Person Christi ohnehin anstößig sein, um so mehr belächelten gebildete Freigeister unter ihnen die christlichen Schwärmer und suchten sie in freundschaftlichen Disputationen vom Mysterium fort und zur übergeordneten Ethik hinzulenken.

Elipant, *„der häufigen Verkehr mit den Mauren hatte",* sah in seiner Lehre so sehr eine Selbstverständlichkeit, daß er durch den Widerspruch zweier Mönche erst die Notwendigkeit erkannte, sie nun auch zu vertreten. Bald hatte sich ihm der größte Teil aller christlichen Enklaven in Spanien angeschlossen, ja auch jenseits der Pyrenäen, mitten im Gottesstaat, ging Felix in seinem Sinne mit Leidenschaftlichkeit zu Werk.

Als Karl, auf der Auerochsenjagd im bayrischen Wald, von diesen Geschehnissen erfuhr, berief er sofort den am schnellsten erreichbaren bayrischen Klerus zu einer Synode nach Regensburg. Durch Eilboten ließ er den Felix bitten, vor dieser Versammlung zu sprechen. Dieser neue Geist, der sich mit unheimlicher Schnelligkeit nun auch schon im fränkischen Reich auszubreiten begann, mußte, so rasch es ging, ausgerottet werden. Karl fühlte sich dazu nicht nur als Führer und Beschützer der heiligen Kirche verpflichtet, es handelte sich hier auch um eine politische Gefahr allererster Ordnung, denn die weitere Ausbreitung dieser

Irrlehre – und nur als solche empfand er sie selbst aus tiefster Überzeugung – mußte ja für seine Herrschaft die verhängnisvollsten Folgen haben. Sie nahm nicht nur das von Christi Stellvertreter der arnulfingischen Krone verliehene göttliche Piedestal – der Adoptivsohn Gottes war ja nur ein elender Schreinergeselle –: mit ihrer Verleugnung des Mysteriums brachte sie die christlich-fränkische Staatsreligion um jeden Sinn.

Felix erschien wirklich in Regensburg, mußte aber bald erkennen, daß die Franken ihn nicht verstanden oder nicht verstehen wollten. Er war kein Schwärmer, sondern ein aufgeklärter Kopf, und hatte keine Lust, seine wissenschaftlichen Arbeiten und die in ständiger Auseinandersetzung mit den sarazenischen Behörden oft schwierige Seelsorgetätigkeit durch ein noch dazu als überflüssig erkanntes Märtyrergeschick aufs Spiel zu setzen. So gab er bald darauf den Kampf um seine ihm nach wie vor richtig erscheinenden Ideen auf, schwur ab und erklärte sich für bekehrt.

Aber so leicht gab Karl sich nicht zufrieden. Die Gefahr war zu groß, als daß seine eigene Autorität als Haupt der Christenheit ihm auch in diesem Fall genügte: Felix sollte seinen Widerruf vor dem Heiligen Vater nochmals in aller Feierlichkeit wiederholen, ehe er ihm die Rückreise gestattete. Der Bischof protestierte vergeblich; in Begleitung des zuverlässigen Angilbert mußte er die beschwerliche Reise nach Rom antreten, um sich auch vor Hadrian zu rechtfertigen. Es blieb ihm keine andere Wahl, als auch hier in aller Form den *„Adoptianismus"*, wie man die Lehre nannte, als Ketzerei zu widerrufen; aber Hadrian traute ihm nicht und nahm ihn in Verwahrung. Doch es gelang ihm, zu entkommen.

Inzwischen hatte der bald achtzigjährige Elipant Kenntnis von den Regensburger Vorgängen erhalten und eine allgemeine spanische Gegensynode einberufen, die sich einstimmig zum Adoptianismus bekannte; ihre Beschlüsse wurden der fränkischen Geistlichkeit, wie es der Sitte entsprach, übermittelt. Gleichzeitig bat man in naiver Ehrerbietung den König Karl, er möge sich der von den Sarazenen bedrängten Christenheit annehmen und den Felix bald zurückschicken.

Wenig später landete dieser wieder in Spanien, und die beiden Freunde begannen nach gemeinschaftlichem Plan lebhafte Tätigkeit zur weiteren Ausbreitung ihrer Ideen zu entfalten, Elipant in den rein spanischen, Felix, unbekümmert um seine heiligen Widerrufe, in den fränkischen Grenzgebieten jenseits der Pyrenäen.

Die Beschlüsse der spanischen Synode waren inzwischen im Gottesstaat eingetroffen und hatten dort erhebliche Beklemmung hervorgerufen. Es schien zunächst überhaupt unmöglich, dazu Stellung zu nehmen, denn die Spanier gaben sich nicht etwa mit leeren Behauptungen ab, sondern wiesen die Richtigkeit ihrer Auffassungen von der Adoption Christi fast unwiderlegbar nach, indem sie sich auf das Zeugnis vor allem spanisch-gotischer, aber auch allgemein bekannter Kirchenväter beriefen. Dabei war sogar zu erkennen, daß selbst die Adoption nur im symbolischen Sinne gemeint war, die Person des Heilandes als gottgleicher Idealmensch und Verkünder seiner unantastbaren Lehre deshalb aber nicht weniger göttlichen Nimbus erhielt. Es bedeutete dies im orthodoxen Sinne unverkennbare Ketzerei, denn das Mysterium wurde abgeleugnet, aber in ihrer religiösen Gesamtauffassung wich die Schrift in nichts vom katholischen Glauben ab, ja sie erhob sich in ihrer Würde und Moralität weit über das Niveau der fränkischen Staatstheologie. Karls erster Eindruck war daher auch eine peinliche Unsicherheit, ob die Spanier, wie er es anfangs für selbstverständlich gehalten hatte, von ihm *„eine Belehrung wünschten"* oder ob sie ihm nicht vielmehr selbst eine Lektion erteilten.

Er tat das Vernünftigste, was er tun konnte, und schickte die Schrift an Hadrian, *„weil der Heilige Stuhl in der Auslegung apostolischer Überlieferungen die größeren Erfahrungen habe".* Hadrian war hocherfreut und versicherte, Sankt Petrus habe es wohlwollend vermerkt, daß sein irdischer Sachwalter nun endlich wieder als höchste Instanz bestätigt worden sei. Gleichzeitig berief Karl eine große Staatssynode nach Frankfurt, auf der sich die Geistlichkeit des Gottesstaates vollzählig einzufinden hatte; es ergingen Einladungen an Hadrian, den noch nicht vollkommen gleichgeschalteten Klerus Italiens, das byzantinische Istrien inbegriffen, ja selbst die gelehrten Angelsaxen wurden durch Alchwin aufgeboten.

Das Frankfurter Konzil

Am 1. Juni 794 eröffnete Karl dann diese glänzende Versammlung, die zum ersten Male die gesamte Christenheit der abendländischen Welt vereinte, wenn auch der greise Hadrian sich hatte durch seine Sachverständigen vertreten lassen.

Karl saß auf einem erhöhten Thronsessel, um ihn herum der hohe Klerus, während der geringere nach der Art der Volksversammlung im Kreise umherstand. Bevor man sich der Tagesordnung zuwandte, wurde der wegen seines geringen kirchlichen Ranges kaum teilnahmeberechtigte Diakon Alchwin vom König vorgestellt.

Dann trat der königliche Notar vor und verlas mit lauter Stimme den spanischen Synodalbeschluß, wie er vom Metropoliten Elipant unterzeichnet worden sei, *„von Anfang bis zu Ende"*, während die Versammlung in atemloser Stille folgte. Als die Verlesung beendet war, *„trat Karl an die Stufen seines Thrones"* und erläuterte den Standpunkt des königlich-fränkischen Gottesstaates in hinreißender Rede, die darin gipfelte, *„daß Gottes Sohn des Menschen Sohn geworden und kraft göttlicher Natur als Gottes, kraft menschlicher als des Menschen Sohn geboren sei. Daß er nicht kraft der Adoption oder einer Wortverdrehung, sondern infolge seiner Doppelnatur als Gott und als Mensch den Namen Menschensohn habe, daß er also als wahrer Gott ebenso wie als wahrer Mensch Gottes eingeborener Sohn sei ..."* Dann schloß er: *„Was ist nun eure Ansicht? Die meine geht dahin, daß, nachdem diese Pest ein ganzes Jahr lang immer stärker angeschwollen und diese gefährliche Ketzerei in unseren eigenen Grenzgebieten immer weiter vorgedrungen ist, sie jetzt mit allen Mitteln auszurotten sei!"*

Aber die Versammlung sah sich außerstande zu sofortiger Stellungnahme. Die spanischen Ideen seien so neuartig und das vorgebrachte Beweismaterial so umfangreich, daß man Zeit zur ruhigen Überlegung gewinnen müsse. Die päpstlichen Legaten, die mit der Materie schon vertraut waren, präzisierten die Auffassung des Heiligen Stuhles, daß es sich hier um ein außerordentlich gefährliches Schriftstück handele, denn es sei nicht allein auf die Autorität hervorragender Priester gestützt, es enthalte auch neben dem unbedingt Verwerflichen so manche bestechende Sentenz. Erst nach sorgfältigster Prüfung sei der heilige Petrus aber doch zu einer Verdammung der Irrlehre gekommen.

Als nach wenigen Tagen die Synode wieder eröffnet wurde, kamen zuerst die Italiener zu Wort. Sie schlossen sich den Ausführungen der päpstlichen Legaten an, wenn auch *„der Giftbecher mit Honig versetzt sei"*. Aber die Streiter Christi dürften sich nicht täuschen lassen und müßten daher nun *„mit Herz und Zunge und Feder"* dem ketzerischen Irrwahn entgegentreten.

Auch die Engländer und dann die Franken vertraten denselben Standpunkt. *„Zwischen den schönsten Blumen des katholi-*

schen Glaubens schimmert der Schlangenbiß des Teufels." Es schiene auch so, als seien die Spanier auf bewußte Irreführung ausgegangen, wenn sie hie und da Wörter aus den Aussprüchen der heiligen Väter fortgelassen hätten, was – in Anbetracht der kurzen Zeit – jedoch nur oberflächlich hätte festgestellt werden können; ordnungsmäßige Quellenhinweise wären scheinbar absichtlich vergessen. Aber selbst wenn verschiedene Kirchenväter richtig zitiert seien, so stände dem die bezeichnenderweise nicht beanspruchte Autorität Gregors des Großen gegenüber, die einwandfrei für die Gotteskindschaft Christi zeuge.

Und dann, sagten sie: *„Welche Schande muß es gegenüber den Heiden bedeuten, wenn es nun von dem Gott der Christen heißen soll, er ist nur ein angenommener Sohn Gottes und ein Knecht!"*

Karl war, wo er wollte, und ließ nun durch Alchwin die Stellungnahme des Konzils in einem umfangreichen Schlußprotokoll zusammenfassen, in dem es hieß, die ganze Synode habe einstimmig, *„vom Heiligen Geist erleuchtet",* die spanische Irrlehre als Ketzerei verdammt. Sie sei absolut autoritär, denn „wo *Christus schon mitten unter ihnen ist, wenn zwei oder drei in seinem Namen versammelt sind, wieviel mehr, wenn es sich um die berufenen Vertreter der ganzen Christenheit handelt!"* Dem Elipant und Felix wurde der dringende Rat gegeben, Buße zu tun und abzuschwören, damit sie wieder in den Schoß der heiligen Kirche aufgenommen werden könnten.

Erst jetzt, auf die Synodalbeschlüsse gestützt, antwortete Karl auch auf die an ihn gerichtete Bitte der Spanier, sich der von den Sarazenen bedrückten Christen anzunehmen, und schrieb: *„Wir hatten uns schon lange entschlossen, euch in euren zeitlichen Nöten beizustehen, aber das kann nicht erfolgen, solange ihr die Ketzerei unter euch duldet. Ja, wir müssen sogar alle Gemeinschaft mit euch aufheben. Kehret zurück, damit nicht der Bannfluch euch erfasse. Noch ruft die Kirche, die zärtliche Mutter! Entzieht euch nicht ihrer mütterlichen Liebe, die alle ruft zum Reich ihres vielgeliebten Sohnes!"*

Bücherkrieg

Zwar jubelte Alchwin dem König als wahrhaftem Schirmherrn des katholischen Glaubens dithyrambisch zu, aber Felix und Elipant kümmerten sich nicht im geringsten um die pompösen Synodalbeschlüsse. Schon hatte es den Anschein, als glaubte in

Spanien niemand mehr an das göttliche Mysterium, auch die südfranzösischen Provinzen des Gottesstaates wurden von der neuen Lehre durchdrungen. Es kam hinzu, daß die fränkischen Waffen, in dauernde Grenzstreitigkeiten im Pyrenäengebiet verwickelt, unter Ludwigs Führung eine Schlappe nach der andern erlitten und nicht einmal in der Lage waren, sarazenische Einfälle nach Aquitanien nachhaltig abzuwehren.

Die Gefahr war nicht nur nicht gebannt, sie nahm jetzt bedrohliche Ausmaße an.

Da versicherte Alchwin, er sei durch ein Traumgesicht von Gott persönlich beauftragt worden, die Ketzerei auf dieser Welt niederzutreten. Dank seiner Gelehrsamkeit und seiner unwandelbaren orthodoxen Gesinnung sei er dazu auch wie kein anderer berufen. Karl wußte sich ohnehin keinen Rat mehr und erteilte ihm daher von Staats wegen den Auftrag, die Ketzer um jeden Preis unschädlich zu machen. Noch vor kurzem hatte Alchwin den Felix um seine einflußreiche Fürsprache in seinen Gebeten angefleht und versprach sich nun guten Erfolg bei dem gefährlichen Mann, wenn er sich auch auf diese seine freundschaftliche Gesinnung bezog. Er möge es ihm aber nicht verübeln, wenn er seinen ernsthaften Besorgnissen um dessen Seelenheil nunmehr Ausdruck gäbe, denn es heiße ja, er sei noch immer vom Irrglauben befangen. Im letzten Grunde wäre seine berühmte Lehre ja doch nichts als Wortklauberei, denn er meine genau dasselbe wie jeder rechtgläubige Christ; nur das *„eine, kleine Wort ‚Adoptio‘"* stünde wie eine trennende Schranke zwischen ihnen aufgerichtet, er solle es fallen lassen, und alles wäre gut. Aber gerade auf dieses *„eine, kleine Wort"* kam es ja an. Felix dachte ebensowenig wie Elipant daran, sich ohne Gegenbeweise in seiner Überzeugung erschüttern zu lassen, und empfand die Methoden des Alchwin überheblich und aufdringlich. Im Interesse der Sache verfaßte er aber eine Gegenschrift, die er an Karl und nicht an Alchwin schickte.

Er bewies darin, daß auch schon andere und größere vor ihm in göttlicher Erleuchtung von der Ansicht ihrer Vorgänger abgewichen seien. Wenn man sich nur an die Kirchenväter halten und alles selbständige Denken aufgeben wolle, so sei man eben ein leichtgläubiger Mensch ohne eigene Meinung. Zur Sache müsse festgestellt werden, daß es *„wider die Natur wäre"*, anzunehmen, daß *„eine Jungfrau ohne Verbindung mit einem Mann einen Sohn gebäre"*. Wie könne denn Christus zwei Väter haben, nämlich Gott und den Nachkommen des David, aus dessen Geschlecht er doch ausweislich der Evangelien stamme? Es wäre der Sache im übrigen dienlicher, wenn Alchwin, der immer die Kirchenväter im Munde führe, erst einmal nachweise, daß er sie überhaupt richtig verstanden habe.

Karl schickte den Brief ohne Kommentar an Alchwin, der ihn *„neugierig und in aller Eile"* durchblätterte, begierig, den Erfolg seiner sanftmütigen Bemühungen um Felix bestätigt zu sehen. Aber je mehr er las, um so mehr geriet er in Aufregung, nicht allein über die neuen und ganz unerhörten Ketzereien, sondern nicht minder über die gegen ihn selbst gerichteten Bemerkungen. *„Seht, seht!"* rief er immer wieder aus, *„ein neuer Ausleger der Heiligen Schrift!"* Aber die eigene Meinung des Felix erschien ihm immerhin so schwierig zu widerlegen, daß er dem König schrieb, er sei dazu wohl doch zu schwach. Er möge deshalb dem Papst und allen maßgebenden Kirchenfürsten Abschriften dieser Epistel zukommen lassen und sie um ihre Stellungnahme bitten. Er, Alchwin, wolle alsdann die einzelnen Gutachten bearbeiten und als der von Gott zum Führer wider die Ketzer bestellte Prophet die unwiderlegbare Gegenschrift zusammenstellen.

Der große Widerruf

Aber Karl hatte den „trockenen Ton nun satt". Dreimal war diese Irrlehre von allen maßgebenden Persönlichkeiten verdammt worden, aber trotzdem nicht ausgerottet, sondern im Gegenteil noch in dauerndem Anwachsen. Ja, derselbe Alchwin, der ihr mit seinen Bibelauslegungen zuleibe rückte, hatte insgeheim zugestanden: *„Wir arbeiten Tag und Nacht dagegen und erreichen doch nichts!"* Schon debattierte man innerhalb der aquitanischen Klöster über das Für und Wider; wartete Karl jetzt noch länger zu, so mochte bald das Fundament seiner Herrschaft und der ganze Gottesstaat unterwühlt sein.

Er mußte das Haupt dieser spanischen Ketzerschule, Felix selbst, in seiner Gewalt haben. Dann mochte er auf einer neuen Synode, im scharfen Hin und Her einer von Alchwin geleiteten Disputation, schon mürbe werden und widerrufen, wie einst in Regensburg. Inzwischen konnte es natürlich nichts schaden, wenn Alchwin sich in der von ihm vorgeschlagenen Weise, also mit Unterstützung der ganzen fränkischen Geistlichkeit, grundlegend vorbereitete.

Er schickte daher eine Kommission unter Führung des Bischofs von Lyon mit dem Auftrag nach Spanien, den Felix unter allen Umständen vorzuführen. Inzwischen traf er alle Vorbereitungen, um im Anschluß an das *„Maifeld"* eine große Synode nach dem pompösen Muster der Frankfurter Tagung zusammenzubringen.

Alchwin war über diese Lösung hocherfreut und unterbrach seine schon begonnene Arbeit an der großen Widerlegungsschrift, um der königlichen Kommission ein Schreiben für den alten Elipant mitzugeben; hatten seine *„honigtriefenden"* Ermahnungen an Felix seinerzeit auch keinen Erfolg gehabt, der Alte sollte, wie er allerdings völlig grundlos annahm, eher bereit sein, *„das eine kleine Wort ‚Adoptio' durch ein ‚apostolisches' zu ersetzen".*

Die Kommission traf bald in Spanien ein und machte sich sogleich auf die Suche nach Felix, der sich, rechtzeitig gewarnt, in einsamen Gebirgshöhlen verborgen hielt. Aber man stöberte ihn auf und zwang ihn zu einem feierlichen Eid, sich mit seinen vertrauten Mitarbeitern der Reise nach Aachen nicht zu entziehen. Es ging hierbei nicht ohne die nötige Gewalt ab, denn Felix mußte in Erinnerung an die römische Kerkerhaft wissen, daß er sich in große Gefahr begab. Vor der Abreise schickte er daher auch noch dem Elipant einen freundschaftlichen Abschiedsbrief, den dieser zusammen mit Alchwins Epistel erhielt.

So kam im Frühsommer 799 die dritte Synode über die spanische Irrlehre in Aachen zustande. Nach dem gleichen Zeremoniell wie in Frankfurt eröffnete Karl die Tagung; *„unter erwartungsvoller Stille"* erhielt dann der berühmte Ketzer Felix das Wort. Er trug seine Ansicht sorgfältig gegliedert vor, derzufolge Christus eben nur ein Mensch gewesen sein könne, und begründete seine These ebenso mit der allgemeinen Vernunft wie nach den Aussprüchen kanonisierter Kirchenväter; er widerlegte jede andere Auffassung als engstirnige Sophistik und fragte schließlich, welches religiöse Ethos höher stände: der Gehorsam gegen einen Gott oder der gegen einen Knecht? Christus, der die Mühseligen und Beladenen an sein Herz gedrückt habe, sei selbst der Ärmste der Armen gewesen. Und darum sei gerade das der Sinn seiner Lehre: ihm in Demut zu folgen als dem vom allmächtigen Gott ganz und gar erleuchteten Menschensohn.

Man war ihm mit starker Bewegung und vollständiger Aufmerksamkeit gefolgt. Aber nun kam Alchwins große Stunde der Abrechnung mit einem Ketzer, der ihm das wahre Verständnis für die Kirchenväter bestritten hatte!

Gestützt auf das große Manuskript seiner aus den Gutachten des hohen Klerus zusammengestellten Widerlegung, hielt er nun die Gegenrede. Es wäre doch recht verwunderlich, hub er an, daß ausgerechnet ein Mann wie dieser Spanier das Recht für sich in Anspruch nähme, etwas Neues zu lehren, während dies vom heiligen Paulus doch ausdrücklich verboten worden sei. Dadurch müsse sich der Eindruck verstärken, daß alles, was er vorgebracht habe, einem *„mit Honig bestrichenen Mordschwert"* gleiche. Er unterlasse es ja geflissentlich, nach all dem Schönen, was man in seinem Vortrage hörte, nun auch in der viel gepriesenen Demut danach zu handeln. Wie könne sein ruhmsüchtiges Streben nach Neuerungen mit seiner Gehorsamspflicht gegen Christi Gebot in Einklang stehen? Wie wäre es möglich, wenn Gott wirklich mit ihm sei, daß nur bei einem einzigen Volk und in einem einzigen Winkel des Erdkreises seine Lehre sich ausgebreitet habe, während die ganze übrige Christenheit ihn als Ketzer verdamme? Oder habe ihm Gott etwa – so höhnte er jetzt schon – im Gewitter auf einsamer Bergeshöhe das Wort „Adoptio" ins Ohr geflüstert? In rollenden Tiraden hieß er diesen Verdammten nun *„ein freches Maul",* den er aber, möge er auch von einem Schlupfwinkel in den andern fliehen, mit den Spießen göttlicher Weisheit durchbohren werde.

Damit stand Meinung gegen Meinung, und die Diskussion verlor alle Sachlichkeit. Versuchte Felix oder sein Presbyter, von dem es alsbald hieß, er sei *„noch schlimmer als der Meister",* sich mit dem Hinweis auf die Kirchenväter zu verteidigen, so sprach ihm jetzt Alchwin neben dem Verstand auch noch den guten Willen ab. Auch der fränkische Patriarch von Aquileja, zu Alchwins Unterstützung auf dessen herzliche Bitten erschienen, ergriff nun das Wort, wegen seiner Urwüchsigkeit lebhaft beklatscht. Von heiligem Zorn erfüllt, erklärte er, man solle den Ketzer in die Wüste schicken, nachdem er aus dem Magen der Kirche ausgespien sei, weil er ihr Übelkeit verursacht habe. *„Wache endlich auf wenn du noch nicht ganz tot bist",* so donnerte er ihn an, *„wie lange willst du denn noch, vom Unglauben berauscht, deinen ketzerischen Bärenschlaf fortsetzen?"* Nun fahre ihm aber *„die Hand der Logik an den Adamsapfel des aufgeblasenen Schlundes",* um ihn so lange zu würgen, bis er alles Gift, das er auf andere habe ausspeien mögen, nun selbst heruntergeschluckt habe, damit er innerlich daran verbrenne!

Was nützte da noch längerer Widerstand? Aber dennoch dauerte es acht Tage, bis Felix die Waffen streckte, um auf die goldene Brücke zu treten: die ihm entgegen gehaltenen Aussprüche der Kirchenväter seien ihm vielfach unbekannt gewesen. Alchwin nahm zu Protokoll, daß der Ketzer ihm nun *„mit kläglicher Stimme"* die Worte des heiligen Cyrill nachgesprochen habe: *„Die vom Teufel verführte menschliche Natur wird über die Engel erhöht und um des Erlösers Jesu Christi willen zur Rechten Gottes gesetzt werden."* Unter einem *„Strom von Tränen und Seufzern"* sei er zusammengebrochen. Auf Karls Befehl hatte er dann aber noch durch seine Unterschrift zu bekräftigen, daß er *„ohne jede Gewalt, nur durch die Macht der Vernunft"* bekehrt worden sei, und dies aus vollster innerster Überzeugung, nicht etwa, wie dermaleinst mit heimlicher Verstellung.

Aber obwohl der Spanier nun alles getan hatte, was man von ihm verlangen konnte, Karl verwehrte die Heimreise und befahl dem Bischof Laidrad von Lyon, ihn im Gewahrsam zu behalten. Von hier aus mußte er dann einen Hirtenbrief an die spanische Kirche richten, in dem er sich des Irrtums schuldig bekannte und ein Bekenntnis seines nunmehr orthodoxen Glaubens niederlegte. Ohne daß sie im Innern etwas hinzudächten oder wegließen, sollten die spanischen Brüder ihm von nun an im rechten Glauben folgen.

Felix tat widerstandslos, was man befahl, und ein jeder glaubte nun, er sei wirklich und wahrhaft bekehrt. Nur Karl glaubte es nicht. Die Bitte, nun heimkehren zu dürfen, um selbst im Sinne seines Widerrufes wirken zu können, schlug er ab, ja, er ließ ihn überhaupt nicht mehr in die Heimat. Und wirklich, schon nach wenigen Jahren begann der alte Mann sonderliche Andeutungen zu machen und schickte sich an, als man ihn deshalb zur Rede stellte, nach den Aussprüchen der Kirchenväter zu beweisen, daß Christus, was seine menschliche Natur anginge, vom Begräbnis des Lazarus ebensowenig habe wissen können wie von dem, was die Jünger von Emmaus miteinander gesprochen hätten. Auch den Tag des Jüngsten Gerichtes könne er, solange er als Mensch lebte, nicht gekannt haben. Aber man ließ es nicht erst zu einem Disput kommen, und die Sache verlief im Sande.

Als er einige Jahre nach Karl im Exil von Lyon gestorben war, fand man unter den Papieren des reuigen Sünders eine erst vor kurzem niedergeschriebene Apologie seiner vor siebzehn Jahren widerrufenen Lehre. Der Versuch, diese Schrift als neue Ketzerei öffentlich zu brandmarken, mußte aber unterbleiben, denn in merkwürdiger Einigkeit erklärten die Mönche von Lyon, was so ein heiliger Mann verkündet habe, das müsse in *„allen Punkten unumstößliche Wahrheit"* sein.

Das Geheimnis seiner Überzeugungskraft war sein makelloses Leben gewesen, das er dem Knecht geweiht hatte und nicht dem Gott ...

Der Abschluß

Für Karl kam es aber nach dem großen Widerruf nur auf das eine an: so schnell und so vollständig wie möglich den Sieg auszunutzen. Wieder mußten seine Kommissare nach Spanien, dieses Mal, um als Wanderprediger, gestützt auf des Felix Hirtenbrief, der Irrlehre endlich den Garaus zu machen. Ihres Führers beraubt, erkannten zwanzigtausend Betörte, Bischöfe, Priester, Mönche *„und auch viele Frauen"*, ihren Irrtum, taten Buße und widerriefen. Ohne Blutvergießen und ohne Märtyrer zu schaffen, war mit behutsamer Hand nun endlich eine Bedrohung für den fränkischen Gottesstaat abgewandt worden, die unabsehbare Gefahren hätte nach sich ziehen können. Wenn Karl noch länger gewartet oder sich auf den Erfolg der gelehrten Korrespondenzen verlassen hätte: seine ganze Herrschaft wäre womöglich zusammengebrochen, denn der Glaube an das christliche Mysterium war die höhere Sphäre, aus der allein der Gottesstaat verstanden werden konnte ...

Nur einer hatte in all diesem Triumph bedeutsamen Ärger, Alchwin, der von Gott berufene Prophet. Nicht allein, daß Karl keine Zeit dazu fand, seine große Rede gegen Felix, in vier Büchern sauber niedergeschrieben, zu prüfen, ja auch nur zu lesen, jener störrische Greis in Toledo hatte nun endlich auf die Epistel geantwortet, die er ihm vor Jahresfrist übersandte. Aber was war das für eine Antwort, obwohl er doch *„mit dem Griffel der Liebe"* geschrieben hatte! Dabei war das allerschlimmste, daß er sie an den König und nicht an ihn selbst geschickt hatte. Nun mochten die Angilbert und Theodulf etwas zu spotten haben, denn auf das fürchterliche Argument des wahren Glaubens gegen die fluchwürdige Ketzerei, daß sie nur im äußersten Spanien geglaubt, sonst aber von der ganzen Christenheit verkannt würde, gegen dieses unwiderlegbare Wort schrieb nun der Alte aus Toledo: *„Und wenn die ganze Christenheit sich gegen uns wendet, ‚wo zwei oder drei in meinem Namen versammelt sind, da bin ich mitten unter ihnen, spricht der Herr."*

Großkönigtum im Gottesstaat

„Karl, guten Angedenkens,
mit Recht von allen Völkern der Große genannt ...“

Nidhard,
um 840

Der Herr der Christenheit

Aber derselbe Karl, der ebenerst dem Papst „dessen größere Erfahrung in der Auslegung apostolischer Überlieferungen" bestätigt hatte, weil er allein mit den Spaniern nicht fertig werden konnte, derselbe Karl bestritt ihm zur gleichen Zeit das Recht, die abendländische Christenheit bei der „Auslegung apostolischer Überlieferungen" zu vertreten, als die päpstliche Auffassung von der fränkischen abwich.

Die Kaiserin Irene hatte es nämlich wieder einmal für notwendig gehalten, ihre Auffassung über die Bilderverehrung zu ändern. Zu diesem Zweck war die ganze Christenheit nach Nikäa geladen worden, um zu erkennen, daß die Heiligen in ihren Bildern ebenso gegenwärtig seien wie Christus in der Hostie, die Anbetung und Verehrung ihrer Bilder also – im Gegensatz zur derzeitigen Auffassung – durchaus keinen Götzendienst darstelle, etwa im Sinne des biblischen Verbotes, sich ein Bildnis zu machen. Auch Hadrian war als Vertreter der abendländischen Christenheit geladen worden und durch seine bevollmächtigten Legaten vertreten; vom fränkischen Gottesstaat hatte niemand Notiz genommen.

Schon hierin sah Karl eine unerträgliche Nichtachtung und beschloß, diese „Pseudo-Synode, welche die Kaiserin und ihr Sohn sogar eine allgemeine genannt haben", niemals anzuerkennen. Dadurch mußte es aber zum schweren Konflikt mit Rom kommen, denn die Vertreter des Heiligen Stuhles hatten den Beschlüssen in aller Form zugestimmt, ja, Hadrian war ihnen sogar nachträglich noch ausdrücklich beigetreten. Den Heiligenbildern gebührte also von jetzt an in der ganzen Christenheit, das hieß auch im Gottesstaat, von Amts wegen göttliche Verehrung, wenn nicht gar auch die Anbetung, da das griechische Wort „Proskynesis", eine solche Übersetzung zuließ.

Karl dachte aber nicht daran, byzantinische Manieren im Gottesstaate zu gestatten, und ließ von Alchwin eine Schrift abfassen, in der nachgewiesen wurde, daß „Verehrung und Anbetung" – man übersetzte das zweideutige Wort im schärferen Sinne – mit den „apostolischen Überlieferungen" nicht in Einklang zu bringen seien. Auf diese „Karolinischen Bücher", wie man sie nannte, gestützt, „verdammte, verachtete, verwarf" der gesamte fränkische Klerus auf Befehl des Stellvertreters Gottes die vom Stellvertreter Christi anerkannten Wahrsprüche aus Byzanz. Wieder mußte Angilbert als Botschafter des Gottesstaates nach Rom, um Hadrian hiervon in Kenntnis zu setzen und ihm gleichzeitig die ultimative Forderung seines Königs zu überbringen, der heilige Petrus habe sich sofort in aller Form zu dementieren.

Aber Hadrian berief sich auf die Worte Gregors des Großen, mit denen dieser die Bilderstürmer einst zurechtgewiesen hatte: *„Wir loben zwar, daß ihr dagegen geeifert habt, irgendein Werk von Menschenhand anzubeten. Allein wir urteilen: ihr hättet jene Bilder nicht zerstören sollen! Denn deshalb wird ja die Malerei in den Kirchen verwandt, damit die Leute, die nicht lesen können, wenigstens an den Wänden schauen, was sie den Büchern nicht zu entnehmen vermögen ..."* Im übrigen hätte Alchwin sich unzweifelhaft geirrt, wenn er „Verehrung und Anbetung" übersetzt habe. Den Bildern der Heiligen aber Ehrfurcht zu erweisen, sei christliche Pflicht, die niemals als unkanonisch bezeichnet werden könne.

Aber Angilbert gab sich nicht zufrieden; er verlangte in Erfüllung seines Auftrages vom Heiligen Stuhl die eindeutige Erklärung, daß er die griechischen Beschlüsse mißbillige und die Bilderverehrer als Ketzer betrachte. Hadrian suchte nach einem Ausweg, um Karl zufriedenzustellen. Er sei bereit, schlug er vor, die Kaiserin Irene und ihren Sohn zu verdammen, weil sie dem heiligen Petrus, trotz dessen Ermahnungen, noch immer nicht die geistliche Herrschaft über die byzantinischen Hoheitsgebiete in Italien zurückerstattet hätten und – mit vielsagendem Seufzer – auch nicht dessen Besitztümer in Sizilien und Süditalien. Das sei eine Sache für sich, meinte Angilbert kühl; der König verlange die Verdammung wegen der Beschlüsse von Nikäa.

Aber Hadrian blieb fest. Er bat, dem König seinen apostolischen Segen übermitteln zu wollen, zu der gewünschten Mißbilligung der griechischen Beschlüsse könne der heilige Petrus sich nicht entschließen.

Damit war der Konflikt auf dem Höhepunkt.

Schon machten sich in Karls Umgebung Einflüsse bemerkbar, die den König zu den äußersten Konsequenzen bestimmen wollten. Man wies darauf hin, daß der große Byzantiner Leo, als es galt, seine Autorität in Italien wieder herzustellen, sich vor sechzig Jahren nicht lange besonnen und den Papst einfach abgesetzt habe. Heute wäre aber der fränkische König und nicht mehr das morsche Ostrom Herr der Kirche.

Aber abgesehen davon, daß es einem „Patricius von Rom" zu einem solchen Vorgehen an jedem Rechtstitel gefehlt hätte – er war ja nur Schirmherr der Kirche, nicht ihr Souverän, wie formell immer noch der byzantinische Kaiser –, Karl erkannte, daß seine ohnehin schon äußerst gespannten Beziehungen zu Byzanz eine solche Belastungsprobe nicht mehr ertragen würden. Alchwin, der mit Entsetzen feststellte, welches Unheil er durch seine *„Karolinischen Bücher"* angerichtet hatte, war unaufhörlich um einen Ausgleich bemüht. Zwar habe Gott mit der weltlichen und kirchlichen Macht, zwei Schwertern gleich, seiner *„verehrungswürdigen Erlauchtheit die Rechte und Linke gewaffnet",* und *„glücklich das Volk, dessen Herr sein Gott ist",* aber dennoch stehe die apostolische Gewalt über der fränkischen. Niemand dürfe den Heiligen Vater richten, weil dieser selbst der höchste Richter sei. Und wo bliebe schließlich die Sanktion der arnulfingischen Monarchie, wenn Karl jetzt das große Werk des Bonifatius mit einem Faustschlag zerstöre, der die fränkische Kirche ebenso wie die angelsäxische der einheitlichen Obhut des Oberhirten in Rom unterstellt habe? Wie könne Karl, der vor den kanonischen Regeln so große Hochachtung bewiesen hätte, daß er selbst bei Ernennungen von Bischöfen im eigenen Reich die päpstliche Genehmigung hierzu für erforderlich halte, wie könne derselbe Karl auch nur mit dem Gedanken spielen, die geheiligte Person des Apostelfürsten durch eine von ihm selbst erwählte zu ersetzen?

Es war die Schicksalsstunde des Gottesstaates. Die Entscheidung Karls mußte ein für allemal den Kurs bestimmen, den die fränkische Kirche in Zukunft einzuhalten hatte: Anerkennung oder Lösung von der römischen Souveränität. Folgte er Alchwin, so gab es von nun an zwei Herren der Christenheit, den fränkischen König und den römischen Papst; ging er den Weg, auf den die um Theodulf und Angilbert ihn drängten, so gab es keinen Apostelfürsten mehr, sondern nur noch einen fränkischen Bischof von Rom.

Aber Karl suchte nach einem Kompromiß. Man fand es endlich auf derselben Frankfurter Synode, auf der die päpstlichen Legaten dank ihrer „größeren Erfahrung bei der Auslegung apostolischer Überlieferungen" die spanische Ketzerei verdammten. Man verzichtete auf Gewaltanwendung gegenüber dem Apostelfürsten, der damit seinen Standpunkt behauptete; aber die Legaten mußten es hinnehmen, daß die strittigen griechischen Beschlüsse, wenn auch nicht gerade als unkanonisch, so doch zum mindesten als höchst zweifelhaft bezeichnet wurden. Die Einigungsformel kam in folgender Fassung ins Schluß-protokoll: *„Es wurde auch die Streitfrage über die letzte griechische Synode behandelt, wie sie infolge der dort getroffenen Beschlüsse in Sachen Bilderverehrung entstanden ist.*

Der griechische Standpunkt geht dahin, daß diejenigen zu verdammen sind, die den Heiligenbildern die gleiche Verehrung oder (!) Anbetung verweigern, wie sie der göttlichen Dreieinigkeit zu erweisen ist.

Unsere heiligen Väter haben aber immer Anbetung und Verehrung abgelehnt und die Andersdenkenden verurteilt ...“

Um nun aber keinen Zweifel darüber aufkommen zu lassen, daß die fränkische Krone in der Beachtung der kanonischen Satzungen peinlich korrekt sei, wurde im gleichen Protokoll vermerkt, der König habe den Heiligen Vater um die Genehmigung gebeten, den Erzbischof von Köln, Hildibald, in seiner Eigenschaft als neu ernannter Erzkaplan am Hof, von seiner Residenzpflicht in Köln zu entbinden. Der Heilige Vater habe diesem Wunsch entsprochen.

Aber diese Lösung war keine Lösung, denn es gab nun wirklich zwei Häupter der Christenheit. Hatte Karl auch die Bilderverehrung im Frankenreich verboten, im langobardisch-römischen war sie Gesetz. Mochte er auch wirklich glauben, der Heilige Vater würde doch nichts anderes vermögen, als „mit erhobenen Händen“ beiseitezustehen: er übersah bei der Duldung dieses neuentstandenen „Schönheitsfehlers“, daß es nur seine überragende Persönlichkeit war, die eine Verschiebung der Kräfteverhältnisse in die römische Richtung auf die Dauer verhinderte. Daß aber der Kurs des Gottesstaates nun in seiner weiteren Entwicklung dem klerikalen Element mit seiner „internationalen“ Stütze in Rom die Führung über das weltliche in die Hände spielen mußte und damit das ganze Bauwerk ins Schiefe kam: für solche Erkenntnis war der mächtigste Gewalthaber des Abendlandes zu subjektiv.

Kampf gegen Aberglauben

Bei dem Kampf gegen die Bilderverehrung ging es viel weniger um religiöse, als um politische Dinge; es wird dies um so klarer, wenn man die – in ihrem mystischen Kern ganz gleiche – Reliquienverehrung dagegen hält, wie sie das religiöse Leben im Frankenreich formgebend gestaltete. Es war wirklich kein nen-

nenswerter Unterschied, ob man vor den Gebeinen eines Heiligen das Knie beugte, in der Erwartung, sich dadurch seiner Fürsprache empfohlen zu haben, oder ob man es vor seinem Bilde
tat, von dem es nun hieß, er sei in ihm gegenwärtig. Ja, die Reliquienverehrung war dem Heidentum viel näher als der byzantinische Bilderdienst, denn der Glaube an die Heiligkeit
und Wunderkraft eines Bildes setzte doch die Fähigkeit voraus,
sich zu religiöser Besinnlichkeit zu zwingen. Die Reliquien waren aber nicht Darstellungen von Menschenhand, die man sich
erst ins Heilige übersetzen mußte, sondern sie stellten wirkliche körperliche Reste dar, einzelne Knochen, Schädel oder ganze Skelette, faßbare Stücke von dermaleinst Lebendigen, Bein
von ihrem Bein im wahrsten Wortsinn. Solche Knochenteile zu
berühren, sollte wirklich, wie einleuchtend war, etwas von der
Kraft überströmen lassen, die den Heiligen eben heilig gemacht
hatte. Sie sollte böse Geister austreiben und viele andere Wun-
derdinge mehr vollbringen können.

Alle Kapellen, Kirchen, Klöster und Abteien bemühten sich
darum auch um die Gebeine von möglichst angesehenen Heiligen, die man in Rom der unerschöpflichen Fülle in den Ka-
takomben entnahm. Je heiliger der Ruf solcher ausgestellten
Reliquien war, um so größer wurde der Zulauf der Gläubig-
Abergläubischen an die Grabstätte, und um so glanzvoller
strahlte deren Name. So entstand ein mörderischer Streit um
die Gebeine des heiligen Bonifatius zwischen Fulda und
Mainz, der schließlich von Sturm, dem klugen Abt von Fulda,
gewonnen wurde. Bei einem Einbruch der Saxen war es dann
auch die größte Sorge der Mönche, diese unersetzlich wertvollen Gebeine in Sicherheit zu bringen. Nach dem Tode des
heiligen Willehad veröffentlichte sein Nachfolger im Bistum
Bremen ein langes Verzeichnis der von seinen Gebeinen alsbald vollbrachten Wundertaten. Von den siebenunddreißig
aufgezählten Wunderkuren wurden allerdings nur sieben
Männer geheilt, die anderen dreißig waren hysterische Frau-
en. Als Einhard sich vom Hofleben zurückzog und eine Abtei
zu erbauen begann, war es seine vornehmste Mühe, sich eine
Reliquie zu verschaffen. Er schickte deshalb einen gewandten
Sekretär nach Rom, dem es nach vielen Schlichen schließlich
gelang, die Überreste eines Petrus und eines Marcellinus an
sich zu bringen. Auf der weiten Reise an den Rhein wurden
aber Teile gestohlen, und es bedurfte schwieriger Verhandlungen, bis es endlich gelang, sie von dem Bischof von Sois-
sons, der sie erworben hatte, wieder herauszubekommen. Erst

dann erhielt Einhards Abtei einen Namen. Daß eine solche Reliquienpsychose sogar noch Reste merkwürdiger Atavismen in sich hatte, geht aus dem Sonderwert hervor, den man den Schädeln beimaß, um daraus trinken zu können. Eine möglichst große Anzahl solcher Schädelgefäße als Kriegstrophäen zu besitzen, war von jeher der Ehrgeiz heidnischer Helden gewesen. Die berühmte Geschichte von dem Schädel des Gepidenkönigs, den der Langobarde Alboin erschlagen hatte, lag erst wenige Jahrhunderte zurück; Paulus, der Diakon, erzählt sie mit aller Ausführlichkeit in seiner Langobardengeschichte, wie er seine Gemahlin, die Tochter des Erschlagenen, zwang, aus diesem Schädel zu trinken, um mit ihrem Vater *„lustig zu sein",* wie sie ihn daraufhin mit schrecklicher Tücke ermorden ließ, und vieles mehr. Das Prunkgefäß aber hat der Zeitgenosse Karls noch selber, wie er versichert, an der Hoftafel in Pavia von Hand zu Hand gehen sehen.

Man fand es daher auch nur in der Ordnung, die Schädel der Heiligen, in Silber gefaßt, als Hostiengefäße zu verwenden; in dem von Karl reich beschenkten Benediktinerkloster zu Ansbach spielte der Schädel des heiligen Gumpert bei der Heidenmission eine erhebliche Rolle, weil man die frisch Bekehrten zwang, um der beruhigenden Wirkung willen daraus zu trinken. Auch gegen Kopfschmerzen und Epilepsie setzte man sich solche Heiligenschädel auf und ward vielleicht wirklich von den unheimlichen Schauern geheilt.

Auch Karl war von der Wunderkraft solcher Reliquien fest überzeugt, sicherlich weit mehr als der byzantinische Metropolit von der seiner Bilder, die seine Mönche nun wieder in den Handel bringen konnten. Es ist dies aber auch der einzige erkennbare Aberglaube bei Karl, wenn man von der allgemeinen Einstellung seiner Zeit zu religiösen Problemen im ganzen absieht. Man kann sogar sagen, daß er selbst viel toleranter war als das späte Mittelalter; Inquisitionsmethoden lagen ihm fern, Felix von Urgel wurde nicht gefoltert, sondern mit geistigen Mitteln mürbe gemacht. Von *„Zauberern, Wettermachern und Wahrsagern"* wollte Karl ebensowenig wissen wie spätere Jahrhunderte, aber er ließ sie nicht verbrennen, sondern *„so lange einsperren, bis sie abgeschworen haben".* Den Kampf der Kirche um Abschaffung der heidnischen Wochentage macht er so lustlos mit, daß sich von sieben alten Bezeichnungen bis heute fünf erhalten haben. Wo aber heidnische abergläubische Sitten von Klerikern noch geübt wurden, da schritt er mit scharfen Verfügungen ein. Kein Abt darf Bardensänger oder Possenreißer um sich dulden – wovon Angilbert allerdings befreit gewesen zu sein scheint –, und vor allem wird den Nonnen verboten, sich *„nach heidnischer Sitte das Blut abzuzapfen"* oder gar die alten *„Mädchenlieder"* zu singen – etwa Überlieferungen aus der Zeit, *„da die Tiere noch reden konnten"* (oder eine Urmenschheit sie noch verstand?), oder die Geschichte von der Frau, die ihrem Mann erzählt, das Kind ihres Liebsten sei vom Schnee erzeugt, bis er es heimlich *„über den Berg"* verkauft und die unglückliche Mutter damit tröstet, die Sonne habe es wieder geschmolzen. Die Nonnen werden überhaupt in strenge Zucht genommen, sie dürfen keine Männerkleider mehr tragen, selbst die Äbtissinen nur in Begleitung verschwiegener Schwestern das Kloster verlassen, *„weil sonst größte Verderbnis angerichtet werden könnte".*

Agobard, später Bischof von Lyon, war der Vorkämpfer gegen den Aberglauben; er wollte sogar das Gottesurteil abschaffen, kam damit aber nicht durch. Er erzählte gern die Geschichte, wie es ihm einmal gelungen war, vier Männer vor der Steinigung zu bewahren, die, nach einem Hagelunwetter in den Garben versteckt, beschuldigt wurden, sie wären *„beim Donner aus dem Wolkenschiff gefahren",* um die zerschlagenen Früchte aufzuladen und wieder ins *„Nebelland Majonia"* abzureisen.

Auch das uralte und tief eingewurzelte Volksrecht der Blutrache wurde nun aufgehoben, weil es der christlichen Gesittung widersprach. Karl verfügte kurzerhand, daß statt ihrer „Wergeid" zu nehmen sei, wer sich dessen weigere, solle *„in einen anderen Teil unseres Reiches gebracht werden, wo er keinen Schaden mehr anrichten kann".* Die Befolgung dieses Gebotes brachte den wehrfähigen Franken aber in schweren Konflikt mit seinem Ehrgefühl; man empfand es als Schmach, sein heiliges Recht auf Rache durch Geld ablösen zu lassen, zumal die irdische Gerechtigkeit in der Tötung eines Volksgenossen durchaus nicht immer ein todwürdiges Verbrechen sah, das durch die schwere Wergeidbuße in den meisten Fällen hinreichend gesühnt schien; auch auf die dem Mörder im Jenseits drohende Strafe war kein unbedingter Verlaß. Das harte Gesetz wurde daher auch nicht erbarmungslos angewandt und setzte sich nur langsam durch. *„Ich will meines Sohnes Seele nicht im Beutel tragen",* ist noch im Mittelalter ein deutscher Spruch gewesen.

Reichsreformen

Die Zeit um die Wende des achten Jahrhunderts brachte den großartigen Aufstieg der Königsgewalt, die alle Höhepunkte der fränkischen Geschichte von Chlodovech bis zu Karl-Martell und Pippin in Vergessenheit geraten ließ. Die äußeren Grenzen waren nun nach der Eingliederung Bayerns und der Unterwerfung Widukinds so gut wie abgesteckt, wenn es auch weiterhin einer kraftvollen „Ostmarkenpolitik" bedurfte, um sie zu sichern und Neuland für die Kolonisation zu gewinnen. Auch im Innern des nun schon fast das ganze Abendland umgreifenden Frankenreiches begannen sich, von der eisernen Hand ihres Großkönigs gebändigt, die staatsbildenden Kräfte zur organischen Einheit zu formen.

Die königlichen Grafen, die vor zweihundert Jahren dem Merowinger Chlotachar II. die Pflicht aufgezwungen hatten, sie nicht mehr nach eigenem Gutdünken, sondern aus dem Kreise der landeingesessenen Herren zu bestellen, verloren mehr und mehr unter dem Druck der immer schwerer lastenden Zentralgewalt die Bewegungsfreiheit. Ihre persönliche Verantwortlichkeit, bislang als Formsache aufgefaßt, wurde nun auf einmal von den unerbittlichen „Königsboten" auch in Anspruch genommen; die Furcht überdies, vor dem Königsgericht erscheinen zu müssen, wenn man sie wegen Rechtsverletzung anzeigte, war nur allzu begründet, denn *Karl war schrecklich gegen seine Widersacher*. Auch die Erblichkeit des Grafenamtes verlor an Wert, denn es erging eine Verordnung, die jedem Grafen genaue Kenntnis der Reichsgesetze vorschrieb und einem Rechtsunkundigen die Befähigung zum Richteramt absprach. Die den „Königsboten" nun immer wieder nachzuweisende Rechtskenntnis machte Vorbildung erforderlich, die nur zu erwerben war, wenn man lesen konnte. Die wichtigsten Volksrechte waren ja schon aufgezeichnet, *„und wo das Recht eines der von ihm beherrschten Stämme noch nicht geschrieben war, da ließ der König es zusammenstellen"*. Darüber hinaus hat Karl allein einhundertzwölf Gesetze erlassen.

Auch mit dem gräflichen Recht, so oft, und wohin er wollte, den „Volksthing" aufzubieten, machte Karl ein Ende. Damit sollten die unerträglichen Schikanen gegen die kleinen Freien aufhören, die, wenn sie immer wieder zum Gericht erscheinen mußten, einer geregelten Tätigkeit bald nicht mehr nachgehen konnten, und wenn sie ausblieben, die schwere Strafe des Grafenbannes zu zahlen hatten. Für den Grafen hatte sich die Abhaltung solcher „ungebotner Thinge" zu einer beliebten Methode entwickelt, um den kleinen Freien zu ruinieren und damit um Besitz und Freiheit zu bringen. Das war aber im Interesse der Wehrfähigkeit für die Krone ein unerträglicher Zustand, denn nur der Freie, der über einen Mindestbesitz von etwa dreihundertfünfzig Morgen Land verfügte, war kriegsdienstpflichtig.

Karl ordnete nun an, daß der Graf nur noch dreimal im Jahre an festgesetzten Terminen einen „ordentlichen Thing" abhalten könne, zu dem jeder Freie zu erscheinen hatte. Für die Einberufung von „außerordentlichen" durfte er aber nicht mehr die Volksversammlung in Anspruch nehmen, sondern hatte mit sieben Schöffen das Urteil zu finden, die vom Volk aus dem Kreise der Grundbesitzer zu wählen, vom Grafen aber zu bestätigen waren. Auch sie hafteten der Krone mit ihrem ganzen Vermögen.

Diese – grundsätzlich neue – Verfügung bedeutete den vollständigen, aber notwendigen Bruch mit dem heiligen Prinzip der Volkssouveränität und setzte sich auch nur langsam, in den deutschstämmigen Gebieten viel später als in den romanischen, in Saxen und Schwaben zu Karls Lebzeiten überhaupt nicht durch. Hier fand man sich lieber mit den gräflichen Schikanen ab, weil man in ihrer Autorität eben doch noch göttliches Wirken zu spüren vermeinte, als daß man die eigene Urteilsbefugnis auf andere zu übertragen bereit war. Karls Schöffen waren ja nicht „Volksvertreter" im heutigen Sinne. Sie waren vielmehr die Standesgenossen des Grafen und verstärkten seine Macht. Aber für die – immer volkstümliche, nie demokratische – Krone bedeutete diese siebenfach erhöhte Regreßpflicht der Richtenden auch siebenfach erhöhte Garantie der Rechtssicherheit. Das Schöffengericht diente nur indirekt dem Volk, wenn es die schwerfällige und ohnehin nicht mehr unabhängige Volksgerichtsbarkeit außer Kraft setzte, dafür aber ein handliches Regierungsinstrument für die Krone schuf.

Auch die Anfechtbarkeit gräflicher Rechtssprüche durch Berufung beim Königsgericht, zu der sich seit langer Zeit niemand mehr aus Furcht vor dem Grafen entschloß, kam wieder zur Bedeutung. Wer sich durch ein Urteil benachteiligt fühlte, konnte jetzt zunächst an den Königsboten appelieren, der dann entweder selbst Recht sprach oder die Sache an das Königsgericht weitergab. Hier entschied der Pfalzgraf, der oberste Reichsrichter am Hof, ob die Sache an den König zu bringen war oder nicht. Wer das Königsgericht anrief, reiste unter *„Königsbann",* stand also unter dem weitestgehenden persönlichen Schutz, den es gab. Wer einen solchen Reisenden erschlug, hatte die Höchststrafe von zweiundsiebzigtausend Denaren zu entrichten (die geringste, die es gab, betrug deren fünf für den Diebstahl eines Lammes). Wem der Königsbote den „Königsbann" zuerkannte, war also eine geheiligte Person.

In gleicher Weise suchte Karl in der Kirche Ordnung zu schaffen, aber seine Gesetze waren nicht viel anders als die für die Kleriker allerdings höchst unerwünschte Inkraftsetzung der kanonischen Satzungen. Man empfand die von den Kirchenvätern erlassenen Vorschriften über die Lebenshaltung der Priester wohl als ein Vorbild, dem nahezukommen nützlich erschien, nicht aber als eine bindende Verpflichtung. Wer sie freiwillig befolgte, kam sogar bald in den Ruf, ein Heiliger zu sein. Immer wieder ziehen sich die gleichen Ermahnungen an die Priester durch die Kapitularien Karls. Wer Mönch werden und die Vorzüge des friedlichen Lebens in Anspruch nehmen will, wer also von Kriegsdiensten und anderen Lasten befreit ist, der muß nun aber auch nach der Regel des heiligen Benedikt leben, muß arm, gehorsam und keusch sein. Hatte er Vermögen, so fiel es nach seinem Tode dem Kloster, nicht den Anverwandten zu, soweit er es noch nicht überschrieben haben sollte. Aus dem Musterkloster der Christenheit, dem berühmten Monte Cassino, wo die Originale der Benediktinischen Bücher verwahrt wurden, ließ Karl eine Abschrift holen, die, ins Deutsche übersetzt, allen Mönchen zugänglich gemacht werden sollte, *„damit niemand sich mit Unkenntnis entschuldigen kann".* Die Klöster mußten nachweisen, daß ihr Landbesitz ausreiche, um ihre Angehörigen zu ernähren, sie durften nicht mehr Mönche aufnehmen, als sie auch verpflegen konnten. Eine solche Aufstellung des Klosters Vanderville aus dem Jahre 787 hat sich erhalten. Sie belief sich auf einen Landsitz von über dreizehnhundert Hufen für den Eigenbedarf der Brüder, dazu traten etwa zweihundertfünfzig Hufen in halber Kultur stehenden Landes und etwa zwanzig *„noch zu rodende";* insgesamt besaß die eine Abtei also nach heutiger Rechnung fast einhundertsechzigtausend Morgen! Das Kloster mußte ein in sich geschlossenes Wirtschaftsgebilde werden, das seinen Bedarf jeder Art von eigenen Handwerkern in eigenen Werkstätten herstellen zu lassen hatte. Es sollte Rodungsgenossenschaften ins Leben rufen, und von diesen wieder das neu gewonnene Akkerland kaufen.

Kein Mönch durfte außer seinen weiblichen Blutsverwandten Frauenbesuch empfangen, die Priesterehe ist aber nicht verboten. Der Kleriker unterlag der kirchlichen Gerichtsbarkeit, aber auch ihm stand die Berufung an die letzte Instanz, das Königsgericht, zu. Wie in der weltlichen Justiz der Königsbote, so entschied in der kirchlichen der Bischof und schließlich der Erzbischof, ob die Sache vor den König gehörte.

Der ewige Kampf um die gesetzmäßige Abführung, aber auch Verwendung des Zehnten wurde von Karl mit rücksichtsloser Strenge geführt. Er bedeutete für die Bevölkerung eine ungeheure, kaum tragbare Last, da er, vom Rohertrag erhoben, nichts anderes als eine zehnprozentige Umsatzsteuer war. Er hemmte jede Unternehmungslust und brachte auch vielfach schon begonnene Rodungen, die den Schwerpunkt der nationalen Arbeit darstellten, wieder zum Erliegen. Er zwang den unter den Drangsalierungen der Grafen ohnehin schon im schweren Existenzkampf stehenden Gemeinfreien auch noch in die kirchliche Abhängigkeit und verursachte damit auch seinerseits die bedenklich hervortretende Abnahme der Wehrfähigen.

Es bildete sich daher am Hof eine Strömung, zu deren Wortführer Alchwin sich machte, die den Zehnten bekämpfte und ihn bei den auch nur unter brutalstem Druck zu Christen gemachten Saxen ganz abgeschafft wissen wollte. *„Wir altgewohnten Christen",* so schrieb man an Karl, *„zehnten schon nicht gern. Wieviel weniger lassen die kaum gewonnenen sich das gefallen!"* Und dann: *„Der Zehntzwang ist es gewesen, der, wie man sagt, den Glauben der Saxen wieder umgeworfen hat."*

Aber für Karl handelte es sich hierbei nicht um eine religiöse, sondern politische Notwendigkeit. Die Krone verfügte nicht über die Mittel, die kirchliche Organisation, vor allem die Mission, zu bezahlen. Wohl mochten die meisten der Klöster und Abteien dank ihres inzwischen angesammelten Besitzes sich selbst erhalten können, aber der Schwerpunkt der kirchlichen Verwaltung lag beim kleinen Priester und Missionar. Auch war eine Aufhebung der Gesetze über Zehnten und Neunten staatsrechtlich unmöglich. Wo aber der „altgewohnte Christ" diese Last tragen mußte, wie konnte man sie dann den Unterworfenen schenken?

Karl verweigerte daher jede Intervention, wohl aber kümmerte er sich um die ordnungsmäßige Eintreibung und Verwendung. Wo Klagen laut geworden waren, entzog er den Priestern das Recht zur selbständigen Einziehung und übertrug es einer vom Grafen geführten Kommission. Auch verlangte er ordnungsmäßige Buchführung über die Verwendung der Steuern. Die Königsboten wurden befugt, ständige Kontrollen auszuüben. Die Gesamteingänge flossen beim Bischof zusammen, der ein Viertel davon selbst behalten durfte; ein Viertel ging als Gehalt an die Priester, eines an die Armen und das letzte war zur Instandhaltung der Kirchen zu verwenden.

„Und wer den Zehnten nicht gab, dem fraß der Teufel die Ähren ab!"

Wenn auch die Krongewalt sich nun immer kräftiger durchsetzte, verfassungsmäßig war das fränkische Königtum eine Adelsherrschaft mit monarchischer Spitze und der König ein „Primus inter pares", nachdem die Grafengewalt erblich geworden war. Wohl übte die Krone die vollziehende Gewalt, aber sie wurde ihr von der Reichsversammlung, dem „Maifeld", gleichsam in Permanenz übertragen. Nur die Reichsversammlung, von den weltlichen und kirchlichen Herren beschickt, war befugt, „für ewig gültige" Gesetze zu erlassen. Die ohne ihre Zustimmung vom König allein gegebenen, galten nur bis zu seinem Tode, weil nur er ihr Garant war. Karl hat nie ohne die Reichsversammlung regiert und sie verfassungsmäßig alljährlich einberufen – aber wie hat er sie beherrscht!

Die entscheidenden Fragen beriet er mit dem *„Rat der erlauchten Bischöfe und Grafen",* einer Art Ausschuß der Vollversammlung. Dieser Rat war aber nicht erwählt, sondern von Karl berufen und umfaßte seinen engeren Mitarbeiterstab, gleichsam das Kabinett, durch Königsboten und Sachverständige ergänzt. Dieser Staatsrat hatte dank der hervorragenden Stellung seiner Mitglieder den entscheidenden Einfluß auf das Plenum, wenn auch in geschickter Psychologie gesagt wurde: *„Über die kleinen Angelegenheiten beraten die Fürsten, über die großen alle ..."*

Karl brachte es schließlich dahin, daß das „Maifeld" mehr ein großes Reichstreffen darstellte als eine souveräne Volksversammlung. Die von ihm in seiner Thronrede vorgebrachten Gesetzentwürfe wurden fast ausnahmslos ohne Debatte angenommen. Von größerer Bedeutung war die Truppenschau, auf die er nach altfränkischem Königsrecht nur selten verzichtete. Sie wurde mit besonderem Glanz abgehalten, wenn fremde Gesandtschaften eintrafen; oft ging es auch von der Parade sofort in den Krieg.

Der Hauptzweck dieser Reichsversammlung war aber – vielleicht hat Karl sie auch nur deshalb alljährlich einberufen – die Übergabe der „Geschenke" an den König, nur dem Namen nach freiwillige Gaben, in Wirklichkeit nichts anderes als Steuern. Sie wurden vom Kämmerer in Empfang genommen und nach Wert und Spender genau registriert. Über die Art, wie Karl mit Geizkragen umzuspringen verstand, gibt es genügend Anekdoten. Als die Sitte überhand nahm, um sich der peinlichen Registrierung zu entziehen, Pferde zu schenken, womöglich solche, die „gesetzliche Fehler" hatten, erging ein drastisches Kapitular, das die Kennzeichnung des Gebers durch Einbrand befahl.

„Deine Geschenke aber, die du uns zur Reichsversammlung darzubringen hast, übersende uns Mitte Mai dahin, wo wir gerade sein werden. Falls es sich mit deiner Marschroute so fügt, daß du sie uns unterwegs selbst überreichen kannst, so ist es uns am liebsten. Sieh zu, daß du damit nicht etwa in Rückstand gerätst, wenn du in unserer Gnade bleiben willst ..."

Mit solchen Worten mußte der Beherrscher des Abendlandes seine Getreuesten zur Versammlung des souveränen Volkes entbieten.

Karolingische Kunst

Derselbe Volkskönig, der den Seinen wie ein Steuerbüttel auf die Finger sah, entfaltete gleichzeitig nie dagewesene Pracht beim nun begonnenen Bau von Dom und Königspfalz in Aachen und Ingelheim. Aus Ravenna wurde eine riesige Reiterstatue Theoderichs des Großen über die Alpen geschleift, die später die Normannen zerstörten, aus Rom kamen die Säulen, aus Carrara der Marmor; das ganze Abendland mußte seine Schätze hergeben, um das arnulfingische Großkönigtum und den Gottesstaat zu verherrlichen. Otto von Metz, ein Franke, der in Italien seine Ausbildung als Baumeister empfangen hatte, leitete den Bau des Domes in Aachen und fügte ihn so fest, daß die Kuppel des Marienmünsters, deren Konstruktion ein architektonisches Wunder darstellte, auch heute, nach mehr als elfhundert Jahren, nicht die geringsten Sprünge zeigt. Aber so kunstvoll Otto auch zu bauen verstand: es fehlte ihm und seinen Zeitgenossen an jeder eigenen Idee. Die Basilika ist nichts als eine getreue Kopie des Münsters San Vitale in Ravenna. Auch die um den Dom als Mittelpunkt angegliederte Königspfalz hielt sich streng an italienische Vorbilder, obwohl die nach den Seiten offenen Gänge zum Aachener Klima durchaus nicht passen wollten. So viel Karl und seine Bischöfe nun auch bauen ließen – die Mönche beschwerten sich schon, sie würden mit Bauarbeiten überanstrengt –, nirgends zeigen sich Spuren eines eigenen Stils. Für die Entwicklung einer volkstümlichen Kultur war die geistige Luft zu dünn. Ansätze wirklicher Kunst, wie sie sich bei eigenartigen Heiligenbildern in Karls Evangelarien finden, oder gar die meisterhaften, bis zum letzten Federstrich von einem ekstatischen Empfinden erfüllten Zeichnungen im Utrechter Psalter sind die Arbeiten syrischer Künstler; ihre fränkischen Zeitgenossen, die es ihnen nachtun zu können glaubten, bleiben Kopisten.

Die Geistigkeit des karolingischen Zeitalters mußte blutleer werden, weil sie ihre Anregungen nur aus einer Religion schöpfen konnte, der sie empfindungslos gegenüberstand; wo poetisches Fühlen sich regte, ward es als Rückfall ins Heidentum sofort zertreten. Nur unter den saxenstämmigen Mönchen hat sich etwas von der alten Heidenweise erhalten. Im Heliand klingt sie noch einmal auf, jener großartigen Dichtung des frühen neunten Jahrhunderts, die das Neue Testament in ein altgermanisches Heldenepos wandelte; wo die Bergpredigt als Volksthing und die Hochzeit zu Kanaan als Königsgelage dargestellt werden. Es ist unverfälschter Bardensang, wenn es von Christus am See Genezareth heißt:

„Da erhob sich des Wetters Kraft, im Wirbelwind stiegen die Wolken, Nacht schwang sich herab, und der See kam in Aufruhr. Doch gehorsam dem Gott, auf des Waltenden Wort, Entwichen die Wetter – und die Flut floß heiter ..."

So großartig die Königsgewalt sich nun entfaltete, so elend mußte eben alles selbständige Denken und künstlerische Empfinden verkommen, weil der einzige, alles beherrschende Gedanke des Gottesstaates, im Dauerkampf mit unlösbaren Widersprüchen begriffen, alle geistigen Kräfte gierig verschlang. Aus den Nachfahren jener Poeten, die das in seiner Menschlichkeit tief ergreifende Hildebrandslied vom tragischen Kampf des Vaters gegen den Sohn gedichtet, ja, auch aus den feinsinnigen Kennern der Menschenseele, die den dramatischen Konflikt des Nibelungenliedes dermaleinst ersannen, waren nun uniformierte Kreaturen geworden, die ihren geistigen Bedarf nur noch aus den spärlichen Darbietungen des offiziellen Staatsgedankens zu beziehen hatten.

In diesem Geist bearbeiten nun auch die überall ins Leben gerufenen Klosterschulen ihre Zöglinge; man fördert nicht die

Entwicklung zu freier Geistigkeit, sondern stößt nun auch nach Alchwins Plänen die Wissenschaften in die Zwangsjacke des Gottesstaates. Von solchen Leistungen aufs höchste beglückt, schreibt dann auch der Reichsmagister aus Tours: *„Einige nähre ich mit dem Honig der heiligen Schriften, andere suche ich mit dem Wein der Weisheit zu berauschen, andere beginne ich mit den Früchten grammatischer Feinheiten zu speisen, andere suche ich durch die Betrachtung der Gestirne zu erleuchten, vieles lehre ich noch viele:*

Alle aber erziehe ich zu Nutz und Frommen der heiligen Kirche und zur Zierde unseres königlichen Regimentes!"

Karl selbst ließ solchen Bestrebungen freien Lauf, ja er förderte sie sogar bei seinen häufigen Schulvisitationen. Auf seine direkte Initiative war die Errichtung von Sängerschulen zurückzuführen, in denen der römische Kirchengesang gelehrt werden sollte. Der Papst mußte seine besten Sänger schicken, die in Metz den Unterricht aufnahmen. Diese Musterschule wurde bald so berühmt, daß man den Kirchengesang nur noch „Mette" nannte. Über den Widerstand der Franken gegen die italienische Liturgie berichtet eine vielsagende Geschichte. Als Karl die Sänger kommen ließ, murrte man und bat den König um seine Entscheidung, ob wirklich die Italiener besser singen könnten als die Franken. Karl, der von den krächzenden Kehllauten seiner Landsleute nicht allzuviel hielt, fragte dagegen: *„Wo ist das Wasser reiner, an der Quelle oder an der Mündung des Flusses?"* Und als man: *„An der Quelle natürlich"* antwortete, sagte er: *„ „So ist es auch mit dem Kirchengesang; er ist da am reinsten, wo er entstanden ist, nämlich in Rom", und alle fränkischen Sänger erlernten nun die römischen Weisen, welche man jetzt die fränkischen nennt; aber die Franken konnten doch die zarten Töne im Gesang nicht vollständig wiedergeben, weil sie mit ihren ungeschulten Naturstimmen die Töne weniger sangen, als sie vielmehr in der Kehle zerbrachen ..."*

Es ist noch nicht einmal klar, ob er innerlich ganz damit einverstanden war: aber Karl mußte die Entwicklung zum Cäsaropapismus mitmachen, weil sie durch die Gottesstaatpolitik zwangsläufig gegeben war. Ebenso wie einst dem König Josia das von Gott verliehene Königtum so sehr als priesterliches erschienen sei, daß er es zum Dienste Gottes zurückführen wollte, *„ebenso liegt es uns ob"*, so sagte er, *„dem Vorbild der Heiligen nachzufolgen".* Die orthodoxe Theologie kannte ja keine Allegorien, sie verstand auch nichts von der kulturellen Bedingtheit der altjüdischen Geschichte, sondern empfand das Alte Testament als das Idealbild richtiger Lebensführung, dem nachzueifern, ganz gleich, ob Jahrtausende darüber verstrichen waren, eine Verpflichtung gegen Gott darstellte. Diese orthodoxe Theologie mußte aber zur Staatstheologie werden und damit zur Tragsäule des Gottesstaates, weil jede andere noch viel weniger verstanden worden wäre. Es blieb Karl daher auch keine andere Wahl, wollte er weiter bei der Gottesstaatsidee bleiben, als die alttestamentarische Nomadenseligkeit nun in den Purpurmantel der fränkischen Weltherrschaft zu kleiden und selbst die Maske des Königs David anzulegen, um die von seiner Staatskunst geschaffene Einheit von Welt und Kirche in der denkbar eindrucksvollsten Form zu repräsentieren.

Aber solches zwangsweise aufgenommene Pfaffenpathos mußte nun wieder in hoffnungslosen Widerspruch zu dem schlichten Volkskönigtum geraten, das der Beherrscher des Abendlandes sich dennoch immer bewahrt hat. Zwischen dem Oberpriester Jahves mit allem dazugehörigen Bombast und dem Frankenkönig im hausgewebten Leinenrock konnte es keine Verbindung geben, und schon darum mußte die kirchliche Gewalt im Gottesstaat sich von der harmonischen Gleichheit mit der weltlichen immer weiter fortentwickeln. Aber immer wieder zwang Karl sie in grandioser Kraftentfaltung zurück, ohne zu erkennen, daß solche Urkraft nicht Königsgewalt, sondern eben etwas Einmaliges, darum aber auch Verhängnisvolles war.

Der Großkönig

Mochte deshalb der Gottesstaat auch ohne Eigenleben, ja ohne nationalen Impuls bleiben: seine äußere Form gestaltete sich immer gewaltiger. Die gleiche Kraft, die im Innern im Zusammenwirken von Staat und Kirche die Einheitsverwaltung immer fester fügte, die ebenso souverän Kirchenkonzile wie Reichsversammlungen beherrschte, schob im Zeichen des Kreuzes auch die Reichsgrenzen immer weiter vorwärts. Die Bemühungen um eine christliche spanische Nordmark jenseits der Pyrenäen hörten nicht auf, scheiterten aber immer wieder an der Unzulänglichkeit der aquitanischen Führung und Truppe. Der Kleinkrieg in Saxen, von dem heranwachsenden Geschlecht der Söhne erschlagener oder hingemordeter Freiheitskämpfer mit systemloser Verbitterung immer wieder entfacht, ließ die fränkische Verwaltung nicht zur Entwicklung kommen. Die fränkische Staatsgewalt erstreckte sich nun schon über die Elbe hinaus, wo die heidnischen Slawenstämme der Obotriten, als Bundesgenossen des Gottesstaates unter fränkischer Führung, unterstützt durch fränkische Truppen, die wilden, von Dänemark stark gemachten Nordleute auszurotten trachteten.

Auch die Awaren, die ihren mit Tassilo verabredeten Einfall in Bayern und ins langobardische Friaul wirklich ausgeführt hatten, wurden vernichtend zurückgeschlagen. Als Karl von ihren märchenhaften Schätzen hörte, die seit Jahrhunderten in ihrer ringförmigen und daher „Hrinc" genannten Feste aufgestapelt seien, führte er selbst drei Reiterheere im meisterlichen strategischen Zusammenwirken mit einem aus Langobardien vorbrechenden Südkorps längs der Donau nach Osten. In solch stürmischem Tempo trieb der Zweiundfünfzigjährige, das Land erkundend und verwüstend, die widerstandslos flüchtenden „Hunnen" vor sich her, daß drei für die Einrichtung der Mission mitgenommene Bischöfe, darunter der Erzkaplan Angilram von Metz, vor Erschöpfung starben und fast alle Pferde eingingen. Aber die Schätze fand man nicht.

Als Karl dann, kaum wieder in Regensburg, „von etlichen, die es zu verstehen behaupteten", überzeugt worden war, man könne durch Verbindung der Flüsse Rednitz und Altmühl mit leichter Mühe einen Rhein-Donau-Kanal schaffen, „begab er sich sogleich mit seinem ganzen Gefolge in die Gegend, ließ eine Menge Arbeiter dorthin kommen" und hatte einen ganzen Herbst Zeit für die Ausführung dieser faszinierenden Idee. Aber zu Beginn des Winters kamen alarmierende Nachrichten von Aufständen im Pyrenäengebiet und der Ermordung seines Vetters Theoderich in Saxen, da ließ er den Kanalbau wieder fahren, der ohnehin in Sumpf und Regen versackte, und rückte in Eilmärschen nach Saxen. Unterwegs entwarf er die Pläne für einen Doppelangriff gegen die Sarazenen und traf gleichzeitig die Vorbereitungen, um Tausende von säxischen Rebellen in Konzentrationslagern bei Mainz unterzubringen. Denn „sein Haß gegen das treulose Volk hatte einen neuen Ansporn bekommen" und eine neue Methode gefunden, den Nationalismus zu unterdrücken: die Zwangsdeportation. Als er im Aufstandsgebiet eintraf, regte sich wie immer kein Widerstand; er ließ große Volksversammlungen einberufen und aus diesen heraus kurzerhand jeden dritten Mann ins Frankenreich abführen. Gelähmt vor Schrecken, verstummte daraufhin der Widerstand für kurze Zeit;

kaum war er aber wieder aufgeflammt, erschien der Herr der Christenheit aufs neue und entvölkerte ganze Gaue mit seinem Strafgericht.

Der Großkönig muß überall selbst eingreifen, alles selber machen, allgegenwärtig sein. Er entwirft die Pläne für die Eingliederung der fränkischen Verwaltung in Bayern ebenso wie für die awarische Mission, die Arno von Salzburg aber erst übernimmt, nachdem ihm an Stelle des üblichen vierten der dritte Teil aus den künftigen Erträgnissen der Zehntsteuer zugesprochen ist. Nach der Revolte gegen die Grausamkeit der Königin Fastrada muß das ganze Volk, Mann für Mann, vor den Königsboten der Krone einen neuen Treueid schwören, denn die Rebellen hatten sich damit zu entschuldigen versucht, sie hätten dem König nie die Gefolgschaft angelobt. Unablässig gehen die königlichen Verfügungen währenddessen heraus: über Getreidepreise, über das Verbot, des Nachts oder mit Unbekannten Handelsgeschäfte zu treiben, über den Lebenswandel der Kleriker, über die Neuordnung des Gerichtswesens; die Gesandtschaften aus aller Herren Länder werden empfangen und entlassen, die Rechtssuchenden beschieden, die Konzilien und Reichsversammlungen vorbereitet, die verzwickten theologischen Streitfragen studiert, alles, ohne daß der König lesen und schreiben konnte, der also nur mit dem Gedächtnis arbeiten mußte; daneben hat er noch Zeit, die Schulaufgaben der Hofakademie pflichtgetreu zu erledigen und wenigstens so viel Astronomie zu lernen, daß er sich nach den Gestirnen orientieren und die Vorschläge für Einführung eines neuen Kalenders beurteilen kann.

Mittlerweile war in Konstantinopel etwas Schreckliches geschehen. Der junge Kaiser Konstantin hatte versucht, die Vormundschaft seiner Mutter abzuschütteln, aber Irene dachte nicht daran, ihm die Herrschaft zu überlassen, die sie ebenerst durch das Konzil von Nikäa neu gefestigt zu haben glaubte. Es schien zu einer Revolte kommen zu sollen, doch die Kaiserin handelte schneller als der Sohn. Sie ließ ihn in das „Purpurgemach" des Kaiserpalastes locken, wo er, da es für die Entbindungen der Kaiserinnen bestimmt war, das Licht der Welt erblickt hatte. Hier wurde der Nichtsahnende überwältigt und so grausam geblendet, *„daß man ihn umzubringen vermeinte".* Das Augenausreißen war in Konstantinopel allerdings nicht viel mehr als eine, man möchte sagen „vorsorgliche" Maßnahme; wenn der Kaiser glaubte, *„es könne jemand in seiner Stadt etwas Schlimmes anstellen",* sei es, daß er besonders kräftig war, sei es, daß er an der Hoftafel sich nicht zu benehmen verstand, so ließ er ihm eben die Augen ausstechen. Die an der geheiligten Person des Kaisers nun aber von seiner eigenen Mutter begangene Schrecklichkeit war selbst für die Byzantiner zu viel. Die Sonne habe sich verdunkelt, hieß es, und sei vier Wochen lang, der Menschheit zürnend, verborgen geblieben. Irene aber fuhr unbekümmert in ihrem goldenen Wagen vierspännig durch die Kaiserstadt und warf Gold und Silber in die Menge.

Die Empörung über diesen Vorfall beschränkte sich nicht auf Byzanz. Die gesamte Christenheit nahm für den unglücklichen Kaiser gegen seine Mutter Partei, und es begann sich, von Rom ausgehend, eine Stimmung auszubreiten, die die oströmische Kaiserwürde nunmehr für erloschen hielt. Insbesondere war es der päpstliche Stuhl, der sich von dieser Auffassung die endliche, wenn auch nur noch formelle Lösung von der byzantinischen Oberhoheit versprach. Der sizilianische Statthalter reiste über Rom ins Frankenreich, um Karls Ansicht über eine Einbeziehung dieser reichen byzantinischen Kolonie in die fränkisch-langobardische Herrschaft zu erfahren. Vom Lateran wurde die Auffassung übermittelt, eines Weibes Herrschaft sei keine Herrschaft.

Eine merkwürdige Stimmung breitete sich über Europa, die immer klarer dahin drängte, es müsse ein neuer Herr der Welt gefunden werden, um die Christenheit zu führen. Selbst Harun al Raschid schickte aus Bagdad eine Gesandtschaft zu Karl, in der Annahme, er müsse an der endgültigen Aufteilung Ostroms in eine christliche und eine osmanische Hälfte genügend interessiert sein.

Aber die fränkische Regierung hielt sich vollkommen zurück. Als auch Irene ihre Botschafter entsandte, wurden sie mit der gleichen Korrektheit empfangen wie die ihrer Feinde, so daß es bald klar werden mußte, daß Karl unter keinen Umständen sich in die byzantinischen Wirren hineinziehen lassen wollte.

Aber dennoch verstummte im fränkischen Europa die Meinung nicht, daß die glänzende Machtvollkommenheit des fränkischen Großkönigs und seine immer unbestrittener anerkannte Stellung als Haupt der Christenheit ihn nunmehr zum Herrn der Welt zeichneten. Ostrom versank; die heilige Imperatorenwürde lag in den Händen einer verbrecherischen Frau und ihrer Eunuchen. Byzanz war nicht mehr der Hort christlicher Gesittung, sondern der Tummelplatz asiatischer Interessenkämpfe und lag überdies im Mittelpunkt des islamitischen

Expansionsdranges, dem es auf die Dauer aus eigener Kraft nicht widerstehen konnte.

Dagegen bedeutete der fränkische Gottesstaat in seiner kompakten Einheit das Abendland; der kraftvolle Wille seines Beherrschers gestaltete das Zeitalter. Aber Karl wollte von solchen phantastischen Ideen nichts wissen. Als echter Arnulfinger haftete er im Realpolitischen. Er kannte die Grenzen seiner Kraft. Die Ausdehnung der fränkischen Doppelverwaltung auf das in sich morsche byzantinische Imperium war praktisch eine Unmöglichkeit, denn der Führer der rechtgläubigen Christenheit konnte nicht zwei verschiedene Glaubensrichtungen nebeneinander dulden, geschweige denn eine als ketzerisch erkannte zum Träger der Reichsgewalt machen. Der Versuch aber, eine Gewaltherrschaft aufzurichten, hätte ein Abenteuer bedeutet, für das der Enkel Karl-Martells und der Sohn Pippins nicht zu haben war.

Die Schwäche der byzantinischen Herrschaft war ihm deshalb wertvoller als ihr Besitz. Je mehr sie an Widerstandskraft verlor, um so mehr gewann die fränkische an Bedeutung. Niemand konnte im übrigen voraussagen, wie lange der unwürdige Zustand des Weiberregimentes noch andauern würde. Die staatserhaltenden Kräfte waren auch in Byzanz noch nicht erloschen. Eine fränkische Einmischung hätte daher womöglich den Sturz Irenes nur beschleunigt und die Patrioten am Bosporus stark gemacht. Daran hatte Karl aber nicht das geringste Interesse. Je mehr das oströmische Imperium sich innerlich entkräftete, um so schneller mußte die Zeit für die Okkupation des byzantinischen Besitzes in Italien reif werden, Istrien, Venetien und das reiche Sizilien in die langobardisch-fränkische Herrschaft hinübergleiten; jede gewaltsame Anschlußpolitik konnte dagegen jene unübersehbaren Widerstandskräfte erwecken, die sich bei einer Fortdauer des Weiberregimentes von selbst zersetzten. Karl hatte aus seinem spanischen Feldzug gelernt, was es bedeutet, in ein geschlossenes Volkstum hineinzustoßen, auch wenn es durch religiöse und kulturelle Verbundenheit äußerlich eine gewisse Gleichartung mit dem fränkischen zu verraten schien. Hatte aber schon die Bemühung um eine spanische Nordmark die fränkische Politik in wachsende Schwierigkeiten gestürzt, um wieviel mehr mußten ihre Kräfte beansprucht werden, wenn der Gottesstaat sich nun auch mit dem byzantinischen Hexenkessel befassen wollte!

Der Awarenschatz

Wie ein Symbol für das nun schon die ganze abendländische Welt glanzvoll überstrahlende fränkische Großkönigtum wollte es erscheinen, als gegen Ende des Jahres 795 plötzlich der Herzog Erich von Friaul in Aachen erschien und mit ihm eine Karawane von fünfzehn riesigen Lastwagen, ein jeder von vier Rindern gezogen. Man wollte es zuerst nicht glauben, aber es war doch unfaßbar herrliche Wahrheit: Erich hatte den Awarenschatz gefunden und überbrachte ihn nun als treuer Vasall seinem König!

Reichtümer von niegesehener Pracht breiteten sich vor den sprachlos gaffenden Franken, die *„bis dahin arm und nun plötzlich reich geworden waren";* Gold und Silber, kostbare Gewänder, Waffen und Schmuck jeder Art, Jahrhunderte als Beute aus den Raubzügen der Awaren und Hunnen, Tribute der byzantinischen Kaiser, langobardische Schatzungen für erkaufte Waffenhilfe, dies alles lag nun glitzernd und schimmernd als faßbarer Besitz in der nagelneuen Königspfalz zu Aachen. Es war aber noch mehr: es war auch das Zeichen für den endlichen Sieg des christlichen Gedankens über die heidnischen Räuber, die seit Jahrhunderten die abendländische Welt beunruhigt hatten. Von nun an gab es keine Awaren mehr, ihre Trutzburg war ausgeplündert und zerstört.

Karl wurde von einem Taumel ergriffen; die ganze Christenheit sollte Anteil an dieser Freude ihres Oberhauptes haben. In einer Gebelaune, wie sie nur einem Kaiser des Abendlandes gebührt, *„ehrte er nun seine Kirchen, Bischöfe, Äbte, Grafen und alle Getreuen";* die englischen Könige von Mercia und Northumberland erhielten prachtvolle Wehrgehenke und seidene Prunkgewänder. Für Papst Hadrian wurde eine Wagenladung voll der herrlichsten Kostbarkeiten beiseite gestellt und Angilbert, diesmal in freundschaftlicher Mission, beauftragt, sie im Namen des Königs zu überreichen.

So gewaltig war der Einstrom von Gold und Silber ins Frankenreich, daß der Silberwert stürzte und der Münzfuß ins Schwanken geriet. Der fränkische Großkönig, der die rechtgläubige Christenheit in nie dagewesener Freigebigkeit beschenkte, stand auf dem Höhepunkt seiner Macht.

VERHÄNGNISVOLLES ZWISCHENSPIEL

„Zu dieser Zeit empfing er den Titel eines
Imperators und Augustus. Hiergegen hatte er
zuerst eine solche Abneigung, daß er versicherte,
er würde an jenem Tage nicht in die Kirche
gegangen sein, obwohl es ein hoher Festtag war,
wenn er die Absicht des Papstes
hätte ahnen können ..."

Einhard, Vita Caroli Magni,
um 820

Der neue Papst

Eben sollte Angilbert zu seiner Romreise aufbrechen, als eine Botschaft des Laterans mit der Nachricht eintraf, der Heilige Vater sei am 25. Dezember verstorben. Karl wurde von der Nachricht tief erschüttert; ob er gehofft hatte, das viele Unrecht doch noch gutmachen zu können, das er Hadrian immer wieder zugefügt, ob er wirklich an dem alten Mann schon wegen seiner im ganzen zuverlässigen Politik gehangen hatte: es wird ausdrücklich bezeugt, daß er wie um einen Bruder oder Sohn in Tränen ausgebrochen sei.

Als nun aber nach dieser Trauerbotschaft eine neue Gesandtschaft meldete, schon vierundzwanzig Stunden nach diesem Tode sei der Nachfolger gewählt und auch bereits geweiht worden, der den Namen Leo III. angenommen habe, wurde man in Aachen nervös. Der neue Mann war als höchst zweifelhafter Charakter bekannt, der sich in Rom des denkbar schlechtesten Rufes erfreute. Er galt als rücksichtslos nach vorn drängender Emporkömmling, jung, intelligent und gewalttätig, dessen schnelle und nunmehr nicht wieder rückgängig zu machende Wahl auf Machenschaften schließen ließ, die mit der Stellung eines Papstes im Gottesstaat unvereinbar waren. Eine solche Persönlichkeit als Stellvertreter Christi auf Erden bedeutete alles andere als eine Bürgschaft für den heiligen Gottesfrieden in Rom, oder deutlicher gesagt, die Entweltlichung der Kirche, einen der Kernpunkte fränkischer Politik. Wenn schon der konservative Hadrian es gewagt hatte, entgegen den fränkischen Richtlinien das Konzil von Nikäa zu beschicken und sich den dortigen Beschlüssen anzuschließen, um wieviel mehr mußte man sich jetzt auf Überraschungen gefaßt machen! Eine Wiedererstarkung des griechisch-byzantinischen Einflusses in Rom mußte die mühsam errichtete Herrschaft Karls in Italien aufs höchste gefährden und ein unzuverlässiger Papst somit zur schwersten Bedrohung des Gottestaates werden.

Es war daher eine gewisse Beruhigung, wenn die päpstlichen Legaten in devoter Form Karl, dem Schirmherrn der Kirche, im Auftrage ihres Herrn die Schlüssel zum Heiligen Grabe Sankt Peters überbrachten und die Bitte aussprachen, Bevollmächtigte zu entsenden, um dem Volk der Römer und dem Heiligen Vater selbst den Treueid abzunehmen. Zwar hatte die überraschende Wahl Leos klargemacht, daß die fränkische Krone bei wirklich entscheidenden Fragen überhaupt keinen Einfluß ausüben konnte, die Art aber, wie Leo III. die Oberhoheit Karls nunmehr anerkannte, gab willkommene Gelegenheit, diese Unterlassungssünden wieder gutzumachen und sich von jetzt an in Rom stärker zur Geltung zu bringen.

Der reisefertige Angilbert erhielt neue Instruktionen. Die für Hadrian bestimmten Geschenke bekam nunmehr Sankt Peter zu treuen Händen des neugewählten Oberhirten gleichzeitig mit einer Note an diesen, in der Karl seine Auffassung von der Stellung der Kirche zum Staat mit feiner, alles umfassender Diplomatie niederlegte. Wie gottergeben Alchwin auch die Worte wählte, so unwiderruflich, ja beinahe drohend, fixiert Karl die augenblickliche Lage und künftige Beziehung des Heiligen Vaters zum Großkönig der Franken, gleichzeitig als Fazit seiner bisherigen Kirchenpolitik. So heißt es:

„Als wir den Brief Eurer Hoheit gelesen und von der Wahlurkunde Kenntnis genommen hatten, haben wir uns sehr gefreut, sowohl über die Einmütigkeit der Wahl wie über Euern demütigen Gehorsam und das Treueversprechen an uns ... Ihr sollt wissen, daß unser Reich durch Gottes Willen in friedlicher Einmütigkeit verharrt, damit Ihr Euch an unserem Gedeihen ebenso erfreut, wie wir Eure heiligen Erfolge begrüßen ... Aber auch das möge Eure Heiligkeit wissen: als ich an meinen geliebten Vater, Euren Vorgänger, Freundesgeschenke zu entsenden gedachte, da ward ich plötzlich durch die Nachricht seines Heimganges erschüttert, und da ich Freudenpfänder geben wollte, traten mir Trauergewänder entgegen. Hat er uns in körperlicher Gegenwart verlassen ... in seiner geistlichen Hilfe verläßt er uns nicht ... Dem geheimen Rat unseres Vertrauens, Angilbert, haben wir nunmehr alles aufgetragen, was entweder unserem Willen oder Eurem Bedürfnis gemäß erschien. Ihr mögt im Wechselgespräch erörtern, was Ihr zur Erhöhung der Kirche Gottes oder für den Bestand Eurer Würde oder für die Festigkeit unserer Schutzherrschaft für nötig achtet.

Unsere Aufgabe ist es: Gemäß dem Beistand der göttlichen Güte überall Christi heilige Kirche gegen Einbruch der Heiden und Verheerungen durch Ungläubige nach außen mit Waffen zu verteidigen und nach innen durch Ausbreitung des katholischen Glaubens zu festigen.

Eure Aufgabe ist es, Heiliger Vater: mit zu Gott erhobenen Händen gleich Moses uns im Kampf zu unterstützen, auf daß durch Euer Eintreten, von Gott geführt und gefördert, das christliche Volk

*über die Feinde seines heiligen Namens überall Sieg gewinne und
der Name unseres Herrn Jesus Christus in der ganzen Welt verherrlicht werde. Es binde sich aber Eure maßgebende Klugheit
überall an die kanonischen Beschlüsse und folge immer den Satzungen der heiligen Väter. Möge das Vorbild vollkommener Heiligkeit allen in Eurem Wandel sichtbar erstrahlen ... Möge Euer Licht
leuchten vor den Menschen, daß sie Eure guten Werke sehen und
Euren Vater preisen, der im Himmel ist."*

Das ist die Sprache des Souveräns. Niemals hätte Karl es gewagt, einen Hadrian an die Innehaltung der kanonischen Satzungen zu mahnen und makellosen Lebenswandel zu fordern;
erstmalig wird nun unzweideutig beurkundet, daß die Kirche
sich jeder weltlichen Ansprüche zu enthalten habe.

Angilbert, „der geheime Rat unseres Vertrauens", erhält
schriftlich seine Instruktionen, obwohl bei dem delikaten Charakter seiner Aufgabe mündliche Anweisungen genügt hätten.
Er sollte in der Lage sein, seinen Auftrag belegen zu können,
falls Leo sich seine geistlichen Ermahnungen etwa verbitten
würde. Auch der Botschafter muß absolute Autorität haben.
*„Wenn die göttliche Barmherzigkeit Deinen Weg lenkt und Dich ge-
sund zu dem apostolischen Herrn, unserem Vater, geleitet, dann er-
mahne ihn eifrig zur Ehrbarkeit in all seinem Leben und besonders
zur Einhaltung der heiligen Gesetze, zur frommen Lenkung der heiligen Kirche Gottes, soweit Euer Gespräch es ermöglicht und sein
Sinn dazu gestimmt ist. Gib ihm oft zu bedenken, wie kurz die Ehre, die er gegenwärtig hat, und wie unendlich lang der Lohn währt,
wenn einer an solchem Platz etwas Tüchtiges leistet. Rate ihm auf
das dringendste zur Abstellung des ketzerischen Ämterverkaufes
und was wir sonst, Du weißt es, häufig beklagt haben."*

Wie notwendig und berechtigt diese dringenden Warnungen waren, sollte sich in dramatischem Ablauf der Geschehnisse eher und peinlicher herausstellen, als man es am fränkischen Hofe für möglich gehalten hätte.

Die Ergebenheit Leos, sein „demütiger Gehorsam und Treu-
versprechen" ließen bald erkennen, daß er im Interesse einer
Vertiefung des fränkischen Einflusses in Rom alle päpstlichen
Machtmittel einzusetzen bereit war. Er wurde in überraschend
kurzer Zeit für Karl so wertvoll, daß man seine moralische Unzuverlässigkeit dagegen in Kauf nehmen konnte. Herzog Winnigis von Spoleto arbeitete gleichsam als königlicher Botschafter mit ihm Hand in Hand, um vor allem die Ausbreitung der
byzantinischen Idee zu verhindern, die immer wieder von
Capua und Salerno ausgehend unter der zweideutigen Regie-

rung Grimoalds von Benevent aufflammte, auch nachdem der Herzog sich „um der Franken willen" von seiner griechischen Frau getrennt hatte. Während das griechische Süditalien und Sizilien im Bestreben nach Autonomie Anschluß an die Franken suchte, sperrte Grimoald als gelehriger Enkel des Desiderius mit allen Künsten hochgezüchteter Diplomatie die Verbindung und nutzte den ihm bekannten Respekt Karls vor Byzanz mit höchstem Geschick zur Erhaltung seiner Selbständigkeit.

In Rom wurde der fränkische Leo als Renegat betrachtet und die griechische Partei dadurch immer stärker. Sie fand kraftvolle Unterstützung in den von Byzanz klug geförderten griechischen Klöstern und der Person des immer noch amtierenden griechischen Stadtpräfekten, einer Art Polizeipräsident, der die höchste Gerichtsbarkeit in seiner Person namens des oströmischen Kaisers ausübte. Diese Stadtpräfektur war der letzte Abglanz der Oberhoheit Ostroms und, wenn auch in politischen Fragen machtlos, so doch als oberste Gerichtsbehörde unbestritten anerkannt. Nur ihm stand bei Kapitalverbrechen Prozeßführung und Urteilsfindung zu. Sein Amt etwa gewaltsam zu beseitigen, wäre, selbst wenn Karl oder Leo die Macht dazu gehabt hätten, ein glatter Bruch des bestehenden Rechtes und eine schwere Beleidigung des griechischen Kaisers, wenn nicht gar ein Kriegsgrund gewesen.

Während gegen diese antifränkisch gesinnten Kräfte die Idee des Gottesstaates sich unter Leos und des Herzogs von Spoletos Führung immer stärker durchzusetzen versuchte, wuchs die Anhängerschaft der durch Leos Wahl um die Tiara betrogenen Familie Hadrians – altrömischer Adel – immer stärker, ganz unabhängig von den fränkisch-byzantinischen Gegensätzen. Leos herrische und auf persönliche Bereicherung abzielende Amtsführung verstärkte dauernd die Zahl seiner Gegner. Der verschlagene Mann fühlte sich unter dem Schutz der fränkischen Krone, deren Geschäfte er glänzend besorgte, allmählich so sicher, daß er die „kurze Ehre", Papst zu sein, mit all ihren greifbaren Gewinnmöglichkeiten immer deutlicher dem immerhin unsicheren ewigen Lohn für heiligen Lebenswandel vorzog und insbesondere durch den verpönten „ketzerischen Ämterverkauf" es bald zu einem großen Privatvermögen brachte. Auch mit der seiner besonderen Sorgfalt empfohlenen Beachtung der kanonischen Regeln nahm er es durchaus nicht genau. Man erzählte sich in Rom eine päpstliche Skandalgeschichte nach der andern, so daß es bald ein offenes Geheimnis war, wie angenehm man in jeder Beziehung am päpstlichen

Hof zu leben verstand. Nach außen hin zeigte sich Leo aber als vollendeter Heiliger, baute nach den Wünschen Karls Kirchen und Paläste aus den Steinen antiker Tempel und scheute vor keinem Eid zurück, seine Makellosigkeit immer wieder zu bekräftigen. Für die fränkische Politik wurde er unentbehrlich, so daß Karl keine Veranlassung hatte, den ihm zugetragenen Gerüchten Glauben zu schenken, um womöglich eingreifen zu müssen. Bischof Arn, der 798 die Erhebung Salzburgs zum Erzbistum in Rom bestätigen ließ, schwieg gegen jedermann über seine Eindrücke, und Karl fragte nicht. Die Staatsräson stand über Moral und Frömmigkeit.

Die Revolte

Schließlich wurden die Zustände am Lateran aber unhaltbar. Hadrians Nepoten verbündeten sich insgeheim mit der griechischen Partei und vor allem dem Stadtpräfekten, um am Markustage 799, dem 25. April, zum gewaltsamen Sturz Leos zu schreiten, nachdem sie auch einige der höchsten päpstlichen Würdenträger auf ihre Seite gebracht hatten. Als Leo gerade zu Pferde gestiegen war, um sich vom Kloster San Silvestro aus an die Spitze der Robigalienprozession zu setzen, drangen plötzlich vermummte Bewaffnete auf ihn ein, rissen ihn vom Pferde und schleppten ihn unter Fußtritten und Schlägen in die Klosterkirche. Hier war bereits alles vorbereitet, um ihm vor dem Hauptaltar kurzerhand den Absetzungsprozeß zu machen; in wenigen Minuten war das Verfahren beendet und das Urteil – Verstümmlung der Zunge und Blendung – ausgesprochen. Der Vollstreckung entging der Heilige Vater aber nur durch die Mildtätigkeit oder die Höllenfurcht der Folterknechte im allerletzten Augenblick, wobei er allerdings eine Augenverletzung davontrug. Er hat wenig später behauptet, man hätte ihm tatsächlich Zunge und Augen ausgerissen, Gott habe aber ein Wunder an ihm getan und ihn wiederhergestellt, und noch nach hundert Jahren erzählte man sich, seit dieser wunderbaren Heilung sei auf seinen Augen ein weißer Strich, gleichsam wie von einem Messerschnitt, zu sehen gewesen.

Inzwischen organisierte Winnigis von Spoleto, der Augenzeuge des Überfalls gewesen war, schleunigst eine Hilfsaktion. In der Nacht drangen seine Leute in das Kloster San Erasmus, wohin man Leo inzwischen verbracht hatte, ließen den

Schwerverletzten an einem Seil zum Tiber hinab und brachten ihn nach Spoleto in Sicherheit. Nach einigen Wochen war er so weit wiederhergestellt, daß er unter Vermeidung des römischen Gebietes unter fränkisch-spoletanischem Geleit nach Pavia reisen konnte, wo ihm dringend geraten wurde, seinen Plan, sich kurzerhand zu Karl zu begeben, auszuführen.

Als der Großkönig von den Geschehnissen erfuhr, wollte er seine für den Sommer geplante Aktion gegen die Saxen sofort aufgeben und selbst nach Rom kommen. Alchwin besonders drängte dazu und verhieß ihm unermeßlichen Himmelslohn, denn *„auf dir allein beruht (jetzt) das ganze Heil der Kirchen Christi".* Das päpstliche Prinzip überhaupt stand auf dem Spiel, weshalb es von untergeordneter Bedeutung war, ob man Leo mit Recht oder Unrecht angeklagt hatte. In Rom begannen nach seiner Flucht anarchische Zustände um sich zu greifen. Die antipäpstliche Partei hatte bereits die vatikanischen Liegenschaften verwüstet und die Besitztümer der Retter Leos, vor allem seines Kämmerers Albinus, verbrannt. Karl war schon mitten in den Reisevorbereitungen, als er erfuhr, daß Leo zu ihm unterwegs sei und daß ferner auch die Führer der Gegenpartei nach Aachen aufgebrochen wären. Er änderte seinen Entschluß daraufhin, nahm aber äußerlich seine Absicht, gegen die Saxen zu ziehen, insoweit wieder auf, als er das Hoflager in Aachen abbrach und den Papst wissen ließ, er sei in Paderborn zu finden. Es wäre ihm leicht möglich gewesen, nach Diedenhofen oder gar Genf überzusiedeln und dadurch dem Heiligen Vater seinen besonderen Respekt zu erweisen. Hierzu fühlte er sich aber nicht veranlaßt, sondern zog es vor, wie sich das für den fränkischen Großkönig gehörte, im Sommer zu Felde zu liegen und seine ursprüngliche Absicht, in Saxen zu demonstrieren, unbekümmert um den hohen Besuch zur Ausführung zu bringen.

Nachdem Alchwin sich geweigert hatte, den ursprünglich geplanten Romzug mitzumachen – seine tatsächlich gebrechliche Gesundheit gestatte ihm nicht einmal kurze Reisen innerhalb seiner Abtei –, forderte Karl ihn zu dessen großer Betrübnis jetzt nicht auf, nach Paderborn zu kommen, so daß er *„wie ein einsamer Sperling"* in höchster Neugier durch geschäftige Korrespondenz in Erfahrung zu bringen suchte, was sich nun in Paderborn ereignete.

Im Juli traf Leo dann tatsächlich mit großem Gefolge ein. Über seinen pompösen Empfang ist ein Gedicht erhalten. Der König legte Waffengala an, die Kriegstrompeten wurden, als ginge es in die Schlacht, geblasen, die Ebene um Paderborn wimmelte von Reiterscharen, deren Waffen im Sonnenschein blitzten, Standarten und Fahnen wehten im Sommerwind. Am Lagereingang hat der Klerus Aufstellung genommen, in drei Chöre eingeteilt, die Kreuzfahnen hoch erhoben. Endlich naht der päpstliche Zug. Karl erkennt den Heiligen Vater an der Seite seines Sohnes Pippin, den er ihm zur feierlichen Einholung entgegengeschickt hatte. Die fränkischen Reiter werden in einen großen Halbkreis formiert, in dessen Mitte der König Aufstellung genommen hat. Als der Papst herangekommen und vom Pferde gestiegen ist, sitzen auch die Franken ab, Karl geht dem Heiligen Vater entgegen, beide umarmen sich, wie der Ritus es vorschreibt, und schreiten dann Hand in Hand die Front der in die Knie gesunkenen Soldaten ab, über die Leo segnend die Arme hebt. Der Zug begibt sich alsdann in die neuerrichtete Lagerkirche. Nach dem Kirchgang ladet der König seinen hohen Gast in sein Zelt; es ist mit gestickten Teppichen geschmückt; herrliche Sessel stehen bereit, alle Prunkgefäße, deren man habhaft werden konnte, werden aufgetischt; nach der Mahlzeit, bei der ehrende Ansprachen gewechselt werden, hält Karl dann, ohne sich weiter um seinen Gast zu kümmern, den gewohnten Mittagsschlaf, wie ausdrücklich hervorgehoben wird ...

So großen Wert Karl auch darauf legte, seinen hohen Gast königlich zu empfangen und zu bewirten, so nüchtern und kühl wurde er, als es um die eigentlichen Staatsgeschäfte ging. Da kurze Zeit darauf auch Leos Ankläger in Paderborn eingetroffen waren, kam es nunmehr zu einer Art Voruntersuchung, um den Franken Gelegenheit zu geben, sich über die ungeheuerlichen Geschehnisse in Rom zu informieren. Im Frankenlager bildeten sich drei Meinungen, von denen die eine den Gegnern Leos folgte und, unter Berücksichtigung der anscheinend nicht widerlegbaren Anklagen gegen den Papst, dessen Absetzung forderte. Die andere Gruppe, durch Arn von Salzburg im Alchwinschen Sinne repräsentiert, wünschte das kirchlich-päpstliche Prinzip unter allen Umständen erhalten zu wissen und vertrat die Auffassung, zur Verurteilung eines Papstes seien zweiundsiebzig Zeugen von einwandfreiem Lebenswandel nach den kanonischen Richtlinien notwendig – bei der damaligen Moral des Klerus eine praktische Unmöglichkeit. Eine dritte Gruppe suchte zwischen beiden zu vermitteln und legte dem Papste nahe, nach Ableistung eines Reinigungseides unter den schwersten Bedingungen sein Amt freiwillig niederzulegen und sich in ein Kloster zurückzuziehen.

214

Karl stand vor bedeutsamen Entscheidungen, die er jedoch noch nicht zu treffen wagte, da er zu weiterer Überlegung und Beratung Zeit gewinnen wollte. Es mußte aber zunächst ein Provisorium geschaffen werden, um die anarchischen Zustände in Rom zu beseitigen und die feste Hand des fränkischen Königs fühlen zu lassen. Er verfügte deshalb, ohne ein Urteil zu sprechen, die weitere Untersuchung des Falles in Rom an Ort und Stelle. Leo konnte auf Grund dieser Entscheidung vorderhand sein Amt weiterführen. Nicht einmal zu einer Suspendierung war Karl zu bringen, weniger vielleicht, weil er eine solche im Interesse der heiligen Kirche sowieso nicht wünschte, als in der Erkenntnis, daß dem Patricius von Rom die Vollmacht für eine solche fehlte. Wenn er auch in der Lage war, einen starken Druck auf das Oberhaupt der unter seinem Schutz stehenden Kirche auszuüben, und andrerseits einen Hadrian durch die Möglichkeit reicher Geschenke zu dessen frankophiler Politik gebracht hatte: so verfügte er dennoch nicht über die Souveränität, kraft deren ihm das Recht zustand, zu urteilen und zu verurteilen. Karls immer bewahrtes Prinzip, niemals den Boden der Legalität zu verlassen, um niemals das hochentwickelte Rechtsempfinden seiner Untertanen zu verletzen und damit seine eigene Herrschaft zu gefährden, setzte sich bei einer so schwierigen Rechtslage wie der vorliegenden mit besonderer Kraft durch. Gerade in Rom waren die Rechtsverhältnisse infolge der immer noch gültigen juristischen Oberhoheit des oströmischen Kaisers und der noch nicht formell außer Kraft gesetzten altrömischen Gesetze derart verwickelt, daß nur intimste Rechtskenntnis, ja, geradezu Rechtsgelehrsamkeit in der Lage war, sich zur Geltung zu bringen. Karl sah es daher lieber, den kompromittierten Leo vorderhand in seinen Ämtern zu belassen, als sich womöglich durch ein vorschnelles Kompromiß selbst zu kompromittieren und in unabsehbare Verwicklungen mit Byzanz zu bringen, die gegebenenfalls die schwersten außenpolitischen Konflikte nach sich ziehen konnten.

Nachdem Leo seinen Paderborner Aufenthalt noch dazu benutzt hatte, die dortige Kirche dem heiligen Stephanus zu weihen, wurde er nunmehr unter Schutz, aber auch gleichzeitig Bewachung einer bevollmächtigten Kommission, nach Rom zurückgebracht, wo man Ende November eintraf. Die fränkischen Herren, deren Führung Arn von Salzburg übertragen war – als bestem Kenner der transalpinischen Verhältnisse –, nahmen alsbald in Rom in königlicher Vollmacht die weitere Voruntersuchung auf, um diejenigen Fragen, die in

Paderborn nicht hatten geklärt werden können, an Ort und Stelle zu überprüfen.

Aber auch diese amtliche Kommission kam zu keinem klaren Ergebnis. Um jedoch während der nächsten Zeit wenigstens eine Wiederholung der Vorkommnisse des Vorjahres zu vermeiden und um selbst wieder ins Frankenreich zurückreisen zu können, traf sie den einzig möglichen Entschluß: bis zur endgültigen Entscheidung durch den König selbst die Gegner wenigstens zu trennen, weshalb alle Ankläger Leos aus Rom entfernt und ins Frankenreich geschickt wurden, wogegen sie, im Vertrauen auf Karls Gerechtigkeit, keinen Einspruch erhoben. Es war dies keinesfalls als Bestrafung aufzufassen und ebensowenig als eine Stellungnahme für den Papst, sondern nichts als eine vernünftige Maßnahme, künftiges Unheil zu verhüten und dem Papst Gelegenheit zu geben, vorläufig wenigstens unbehelligt seinen Amtsgeschäften nachzugehen.

Schwere Entscheidungen

Nachdem die Kommission an den Königshof zurückgekehrt und Karl Bericht erstattet worden war, erkannte er, daß seine schon im Vorjahr geplante Reise nach Rom nunmehr unternommen werden mußte. Nur er selber war in der Lage, Ordnung zu schaffen, wollte er nicht, was mit den Prinzipien seiner Außenpolitik nicht zu vereinbaren gewesen wäre, Byzanz um eine Entscheidung ersuchen, das hieße praktisch: dessen römischem Stadtpräfekten die Urteilsfindung übertragen und damit den mühselig und unter großen materiellen Opfern aufgebauten Einfluß auf die Kurie aufgeben. Der römische byzantische Stadtpräfekt gehörte überdies zu den Gegnern Leos; wie sein Urteilsspruch ausfallen würde, war also von vornherein klar.

Karls nunmehr unvermeidbar werdende Romreise war auf alle Fälle mit den schwierigsten staatsrechtlichen und außenpolitischen Entscheidungen verknüpft; zur Lösung der bestehenden Konflikte mußte jetzt ein Kompromiß gefunden werden, auf Grund dessen der dem fränkischen Gottesstaat unentbehrlich gewordene Leo im Amte bleiben, andrerseits ein richtiger Kriminalprozeß vermieden werden konnte. Nur auf diese Weise war noch zu verhindern, daß Konstantinopel sich einmischte und dadurch die ganze fränkische Außenpolitik über den Haufen geworfen wurde. Das Kompromiß hatte aber auch Gewähr dafür zu bieten, daß in Zukunft Frieden in Rom herrschte und nicht etwa Leos Amtsführung von dauernden Revolten beunruhigt wurde. Eine solche Lösung zu finden, schien so gut wie unmöglich; Leo erkannte dies noch klarer als Karl und seine Ratgeber. Es gab für ihn nämlich nur einen einzigen Weg, sich in Zukunft fest behaupten zu können: die rechtsgültige Verurteilung seiner Gegner wegen Majestätsverbrechens. Eine solche zu bewirken, bedurfte es aber nach dem immer noch geltenden römischen Recht und den gegebenen Tatsachen eines anderen Richters als des dafür allein zuständigen Stadtpräfekten. Solange nicht ein fränkisches Gericht einen solchen Prozeß führte, durfte er gar nicht erst angestrengt werden.

Leo kämpfte um sein Leben und um seine Existenz. Er war ein skrupelloser, herrschsüchtiger und gewalttätiger Mann, der vor nichts mehr zurückschreckte, um sich zu halten. Er faßte daher, kaum war die königliche Kommission wieder abgereist, den ungeheuerlichen Plan, einen solchen von Byzanz unabhängigen Richter selbst zu schaffen, der im Sinne der fränkischen Politik durch Verurteilung seiner Ankläger ihm die Fortsetzung seiner gesicherten Amtsführung gewährleistete. Ein solcher Richter konnte nur der fränkische König selber sein. Es mußte also ein Weg gefunden werden, wie man das fränkische Protektorat über die Kirche in weltliche Oberhoheit umwandelte: Die Empörung der gesamten Christenheit gegen die Kaiserin Irene zeigte die Richtung. Ob Karl wollte oder nicht, er mußte eben jetzt Kaiser werden.

Die Gesamtlage, in die Leo die fränkische Krone während der vier Jahre seines Pontifikates hineinmanövriert hatte, war der Ausführung dieses gigantischen Planes nur günstig, der eine völlige Umwälzung der politischen Struktur mit sich bringen mußte und das Nebeneinander der griechischen Scheinoberheit und der fränkischen tatsächlichen Macht durch Austilgung des byzantinischen Formalrechtes beseitigen würde. Bei der Stimmung, die in Rom und im Kardinalskollegium gegen Leo und seine bedingungslose Unterwerfung unter die Wünsche der fränkischen Krone herrschte, war zu erwarten, daß bei einem Wechsel in der Leitung der kirchlichen Oberherrschaft nur ein Papst aus dem byzantinischen Lager gewählt werden würde. Das war Karl aus eigener Erkenntnis klar, und Leo hatte in Paderborn ein übriges getan, diesen Eindruck mit Hilfe seiner ganzen Überredungsgabe zu vertiefen. Er wußte also, daß Karl ihn unter allen Umständen halten würde, wollte er nicht das unter Hadrians Herrschaft in systematischer Kleinarbeit errichtete Werk der Einbeziehung der Papstgewalt in die Suprematie des Gottesstaates fahren lassen. Mit Schrecken hatte Karl die Unsummen berechnet, die es kosten mußte, einen neuen und griechisch orientierten Papst sich gefügig zu machen, und die Opfer überschlagen, die er dafür womöglich an Land und Hoheitsrechten zu bringen haben würde. Für ihn war mit der letzten Schenkung an Hadrian der Territorialbesitz der Kurie endgültig begrenzt; er konnte, wollte und durfte seine langobardische Herrschaft, an deren Stabilisierung er ein ungewöhnliches Ausmaß von diplomatischem Geschick und gesetzgeberischer Fähigkeit gewandt hatte, nicht weiter schmälern, sollte nicht das ganze Gefüge Italiens im Rahmen des Gottesstaates wieder ins Wanken geraten.

Der Boden war also bestens vorbereitet, den Widerstand Karls gegen die Absicht, ihn zum römischen Souverän zu machen, aus innerpolitischen Gründen jedenfalls auszuschalten. Aber auch die außenpolitische Lage war dem Vorhaben nicht ungünstig. Irenes Herrschaft war eine Herausforderung an die ganze Christenheit, ihr ungeheuerliches Verbrechen sollte schon an und für sich Grund genug für die Franken sein, die oströmische Oberhoheit überhaupt abzulehnen. Die Zeit, als es im übrigen einen weströmischen neben dem oströmischen Kaiser gegeben hatte, war noch gar nicht so lange vorbei, als daß, und sei es auf dem Wege eines „Kirchenstaatsstreiches", eine solche Trennung nicht wieder durchgeführt werden konnte. Schon der von Pippin vor fünfzig Jahren um Rat gefragte Papst Zacharias – Grieche von Geburt – hatte außerdem ja beurkundet, daß der die Königswürde auch äußerlich besitzen müsse, der die Macht ausübe. Warum sollte nun nicht auch der tatsächlich römischer Kaiser sein, der in nie gesehener Machtfülle Europa als Großkönig der Franken beherrschte? Ob und welche Konflikte mit Byzanz eine neue fränkische Kaiserwürde – als Folge einer solchen Usurpation – späterhin belasten würden, brauchte den Papst durchaus nicht zu kümmern, denn es ging ihm ja nur um seinen persönlichen Vorteil und die Erhaltung seiner skandalös kompromittierten Herrschaft.

Seine Spekulation blickte aber noch weiter. Das im weltlichen Gottesstaat ohnehin schon versinkende Ansehen des Papsttums mußte in neuem Glanz wieder aufsteigen, wenn ein legaler Weg gefunden werden konnte, die durch die letzten Ereignisse ganz und gar in Karls Abhängigkeit geratene Kirche – und sei es mit Hilfe eines pompösen Bravourstückes – durch die Errichtung eines Kaisertums von „Gottes-Gnaden" wieder stark zu machen. Auch schon aus diesem Grunde mußte er also jetzt handeln; womöglich wurde der Frankenkönig sonst aus eigener Machtvollkommenheit Kaiser, wie die Welt es geradezu erwartete. Man drängte ihn zu stark, als daß er auf die Dauer seinen ablehnenden Standpunkt beibehalten konnte. Leos Plan: sich durch Erhebung Karls zum römischen Kaiser, auch gegen dessen Willen, seiner persönlichen Nöte zu entledigen – andere Möglichkeiten gab es nicht – und gleichzeitig sich dadurch in seiner ganzen Glorie als bevollmächtigter Stellvertreter Christi auf Erden zu erweisen, der die Macht hat, Könige zu Kaisern zu krönen, war durch und durch genial, die sorgfältige und geheimnisvolle Vorbereitung dazu überdies ein Meisterstück. Nur er und die Institution des Papsttums überhaupt hatten den Vorteil davon, für Karl war der leere Titel nicht nur wertlos, sondern geradezu schädlich, denn er brachte ihn in denkbar unerwünschte Auseinandersetzungen mit Konstantinopel, weil der kirchlichen Krönung die kaiserliche Anerkennung folgen mußte, sollte der Titel überhaupt einen Wert haben. Sich diese Anerkennung mit Gewalt zu holen, war sowohl aus militärischen wie politischen Gründen undenkbar, denn Karl kannte besser als seine draufgängerischen Ratgeber die Machtmittel des Kaiserreiches, vor allem seine gefährliche Flotte, und brauchte überdies ein christlich orientiertes Bollwerk an der Pforte Asiens gegen die immer noch anstürmende Woge des Islams.

Der fränkische König war tatsächlich der Kaiser Westeuropas, sich aber auch danach zu nennen, bedeutete nur törichte Eitelkeit, für die Karl nicht das mindeste Verständnis hatte. Aber die Ereignisse nahmen nun ihren Lauf.

Karls letzte Romfahrt

Anfang 800 wurde in Aachen die Romfahrt für das Jahresende in Aussicht genommen. Die Tatsache dieses Entschlusses und seine Bekanntmachung in geeigneter Form war zunächst wichtiger als die Reise selbst. Es lag Karl vor allem daran, Zeit zu gewinnen, um sich über seine Stellungnahme klarzuwerden, nachdem die sorgfältige Voruntersuchung in Paderborn und der nicht minder gewissenhafte „Lokaltermin" in Rom keine Entscheidungsmöglichkeit gebracht hatten. Man war sich höchstens insoweit klargeworden, daß die Anklagen gegen Leo zum allergrößten Teil zu Recht bestanden. Aber nur der „schwarze

Arn" hatte in seiner Eigenschaft als Delegationsführer und dank seiner besonders intimen Beziehungen zu allen Kreisen Roms das nötige Material gesammelt, dessen Veröffentlichung nicht nur die Amtsentsetzung und Bestrafung Leos zur notwendigen Folge gehabt, sondern vor allem, und darum ging es, der fränkischen Vorherrschaft in ganz Italien einen nicht wieder gutzumachenden Stoß gegeben hätte. Nur Alchwin, Arns väterlicher Freund, erhielt Einblick: er war so entsetzt darüber, daß er die Denkschrift nur seinem Sekretär Fridugis-Kandidus zu lesen gab, um sie alsdann zu verbrennen. *„Stünde ich neben dem heiligen Vater",* so schrieb er als Antwort, *„ich riefe seinen Anklägern zu: wer unter euch ohne Sünde ist, der werfe den ersten Stein auf ihn!"* Da seine mehr aus theologisch-prinzipiellen als politischen Beweggründen verursachte Einstellung, die eine Rehabilitierung Leos unter allen Umständen forderte, sich mit Karls Interessen traf, lag es nahe, daß beide sich gründlich berieten. Da Alchwin aber zu alt und gebrechlich war, als daß er die Reise nach Aachen hätte antreten können, so entschloß Karl sich kurzerhand, nach Tours zu kommen, und verband mit dieser Reise eine Generalinspektion ganz Neustriens, vor allem der Kanalküsten. Er ließ sich dabei sehr viel Zeit und verblieb wochenlang, mit einem neuen Vergnügen, der Hochseefischerei, beschäftigt, im Kloster Sankt Bertin. Von hier aus wurden ein umfassender Wachdienst gegen normannische Seeräuber eingerichtet und Küstenbefestigungen angelegt. Schließlich hatte er es aber doch eilig; im August sollte in Mainz Reichsversammlung sein; Alchwin wartete in Ungeduld. Karl verzichtete daher darauf, seine Reise bis nach Chasseneuil, der Residenz seines Sohnes Ludwig, auszudehnen, obwohl dieser ihn dringend bitten ließ, und eilte nun nach Tours.

Hier traf die ganze königliche Familie zusammen. Alchwin sonnte sich im Gnadenglanz. Die Sage berichtet, er habe damals prophezeit, Ludwig werde dem Vater nachfolgen; der wahre Sachverhalt war aber gar nicht orakelhaft. Gelegentlich einer von Alchwin zelebrierten Hofmesse fiel allgemein die stolze und hochfahrende Art der Unterkönige Karl und Pippin im Gegensatz zu ihrem demütigen und temperamentlosen Bruder Ludwig auf, ja, man machte sich über den überkorrekten Aquitanerkönig lustig. Alchwin, dem er, sich tief verneigend, bei Entgegennahme der Hostie die Hand küßte, fing in taktvoller Geschmeidigkeit die entstehende Peinlichkeit ab, hob den jungen Mann auf und sagte: *„Wer sich selbst erniedrigt, wird erhöhet werden."* Als Ludwig der Fromme Kaiser war, wußte der spätere Abt von Tours aus diesem Geschehnis geschickt Kapital zu schlagen.

Die wichtigen Beratungen, um derentwillen die ganze Reise unternommen worden war, erfuhren aber eine unvorhergesehene Unterbrechung und konnten nicht zu Ende geführt werden, da Luitgard, die fünfte Gattin Karls, in jungen Jahren plötzlich starb. Karl, der an der schönen Frau sehr gehangen hatte, obwohl die Ehe kinderlos geblieben war, verfiel in schwermütige Trauer, aus der er sich zunächst nicht wiederzufinden vermochte. Erst als Alchwin ihm den Ausspruch des Anaxagoras beim Tode seines Sohnes schrieb: *„Ich wußte, daß ich einen Sterblichen gezeugt habe"*, faßte er sich wieder. Nach der Bestattungsfeierlichkeit in Tours brach er das Hoflager sofort ab und eilte nach Mainz. In der fatalen römischen Frage war er so klug wie zuvor.

Vor dem Reichstag wurde der eigentliche Zweck der nunmehr nicht mehr aufzuschiebenden Romfahrt verheimlicht. Der König forderte und erhielt vielmehr nur die Bewilligung einer militärischen Operation gegen Benevent, das endlich mit Waffengewalt zur Ruhe gebracht werden müsse. Da er ohne ein größeres Truppenaufgebot im Zeichen seines wankenden Einflusses nicht in Italien erscheinen wollte, gab Grimoalds Unzuverlässigkeit den willkommenen Anlaß. Endlich, im Spätseptember des Jahres 800, setzte er sich in Marsch. Außer seinen Söhnen Karl und Pippin, die für die Führung der militärischen Aktion in Aussicht genommen waren, und allen seinen Töchtern begleitete ihn Arn von Salzburg und der übrige hohe Klerus und Adel; Alchwin hatte sich durch Fridugis-Kandidus und dessen Mitarbeiter vertreten lassen, da er selbst nicht dazu zu bewegen gewesen war *„die rauchgeschwärzten Dächer von Tours mit den goldglänzenden Roms"* zu vertauschen. Nach siebentägiger Rast in Ravenna, wo der griechische Einfluß noch immer stark fühlbar war, kam der Hof am 23. November in Rom an, nachdem die Königssöhne in Ancona mit der Truppe gegen Benevent marschiert waren. Das Heer, das nach säxischem Muster das Land ausgiebig verwüsten sollte, richtete jedoch wenig aus. Eine allgemeine Seuche griff um sich – man behauptete, der mysteriöse Grimoald habe die Brunnen vergiftet –, der auch der zur Einkassierung der Beute mitgesandte Großkämmerer Meginfred erlag. Alchwin war mit ihm eng befreundet gewesen und ließ nun – wie immer über alle Vorgänge schnell und genau informiert – Karl bestürmen, die Truppe zurückzuziehen, denn *„Zeit und Klugheit wirken mehr als ungestümer Angriff"* der jungen Könige. Karl hatte inzwischen schon entsprechende Anweisungen gegeben, zumal er eine weitere Schwächung der Truppe unter allen Umständen vermeiden mußte, denn es ging jetzt um mehr als etwas beneventanische Kriegsbeute.

Zwölf Meilen vor Rom hatte Leo sich zu der *„mit größter Demut und höchster Ehre"* ablaufenden Begrüßung eingefunden. Das Empfangszeremoniell entsprach zwar dem althergebrachten Ritus in seinen äußeren Formen, wich aber von Karls früheren Empfängen wesentlich ab. Hadrian hatte den Schirmherrn der Kirche immer auf der obersten Stufe der Peterskirche empfangen, beim ersten Anblick der vom hohen römischen Klerus vorangetragenen Kreuze war Karl vom Pferde gestiegen, dieses Mal hatte der Heilige Vater auf die ehrwürdige Steigerung verzichtet und sich dem königlichen Zuge angeschlossen. Erst unmittelbar angesichts der heiligen Basilika stieg Karl am 24. November 800 vom Pferde, um sich einer inzwischen formierten Prozession anzuschließen, die unter Leos Führung die Franken zum heiligen Grabe geleitete. Der Schirmherr der Christenheit begrenzte dieses Mal seine offizielle Demut auf das denkbar geringste Ausmaß.

Nach einer Woche waren alle führenden Köpfe aus dem ganzen Reichsgebiet, Franken, Bayern, Langobarden und Römer, versammelt, um zu einer großen Staatssynode zusammenzutreten, die im geräumigen Vorhof der Peterskirche am 1. Dezember unter Karls Vorsitz eröffnet wurde. In großer Rede legte der König, an dessen Seite der Heilige Vater saß, den Aufgabenkreis der Versammlung dar, schilderte den Sachverhalt, referierte über das Anklagematerial und die päpstliche Verteidigungsführung – soweit dies in öffentlicher Sitzung angebracht war – und nahm dem ganzen „Fall" durch die Art seiner Darstellung den Charakter eines Prozesses. Nie und nimmer handele es sich um eine Gerichtssitzung, sondern um den hochpolitischen Staatsakt, zu entscheiden, ob eine weitere Amtsführung Leos mit den Grundsätzen kanonischer Regeln vereinbar sei. Nicht Recht geschaffen oder Urteil solle gesprochen werden, denn es steht geschrieben: „Richtet nicht, auf daß ihr nicht gerichtet werdet", aber es sei festzustellen, ob die heilige Kirche infolge der erhobenen Anklage durch eine weitere Amtsführung Leos in ihrem Bestande bedroht sei.

Mit dieser Abgrenzung des Arbeitsgebietes war die weltliche Gerichtsbarkeit des Stadtpräfekten ausgeschaltet und die brennende Frage, ob Leo gehen müsse oder nicht, von der Entscheidung der Versammlung abhängig gemacht, wem sie mehr glauben wolle, den Anklägern oder dem Angeklagten, der mit hinreißender Überredungsgabe es als einfach unmöglich bezeichnete, daß ein Heiliger Vater anders als makellos leben könne. Als er merkte, daß der Bericht von der wunderbaren Heilung sehr skeptisch beurteilt und seine Glaubwürdigkeit durch diese Geschichte im allgemeinen gefährdet würde, ließ er dieses Argument wieder fallen. Dagegen verfehlte der Hinweis nicht seine Wirkung, daß die Anklage als solche nur vom Teufel eingegeben sei und somit ein jeder, der sich ihre Gedankengänge zu eigen mache, die entsprechenden Folgen im Jenseits zu gewärtigen habe. Leo zog alle Register. Dennoch dauerte es drei Wochen, bis man zu einem Ergebnis kam, obwohl täglich Sitzungen abgehalten wurden. Das ganze Arbeitsgebiet war Einzelkommissionen zugewiesen worden, die jedem Anklagefall mit Sorgfalt nachzugehen und darüber in den Plenarsitzungen unter Karls Vorsitz Bericht zu erstatten hatten. Wie in Paderborn, teilten sich schließlich die Meinungen: die eine wollte den Papst absetzen, wie Alchwin es genannt hatte, *„dem alten Kleid einen neuen Flicklappen aufsetzen und so den Riß noch ärger machen"*; die andere, unter Führung von Alchwins Beauftragten, scheute vor einem Papstwechsel aus allgemein theologischen Gründen mit aller Entschiedenheit zurück. Karl schloß sich dieser theologischen Auffassung an, weil er wußte, daß die allfränkische Idee in Rom eine weitere Belastungsprobe durch eine neue Papstwahl nicht mehr ertrug. Es stand Meinung gegen Meinung. Weder reichte das Anklagematerial aus, um eine weitere Amtsführung Leos unmöglich zu machen, noch erbrachte die päpstliche Verteidigung schlüssige Widerlegung. Leo war so verdächtig, daß seine Verurteilung in einem ordentlichen Strafprozeß mit höchster Wahrscheinlichkeit zu erwarten war; daß es zu einem solchen aber nicht kam, war der geschickten Verhandlungsleitung des Königs zu danken, der in sprungbereiter Aufmerksamkeit immer wieder den Arbeitskreis der Synode auf das Staatspolitische lenkte, wenn das beleidigte Rechtsgefühl die kriminelle Seite aufreißen wollte.

Schließlich fand man das ersehnte Kompromiß, das beiden Meinungsrichtungen gerecht wurde, ohne Recht zu schaffen, und den Kern des Problems löste. Nachdem es nicht gelungen war, Leo zu einem freiwilligen Rücktritt zu bewegen, da Karl ihn im geheimen hatte wissen lassen, daß auch er einen solchen nicht wünsche, nachdem andrerseits die kanonisch begründete Forderung der Alchwinleute sich als undurchführbar erwies, eine Kommission von zweiundsiebzig Klerikern von makellosem Lebenswandel den Fall entscheiden zu lassen, nachdem die „hundertprozentige Lösung" also unmöglich war, griff man auf die primitive Idee des Reinigungseides zurück. Wenn der Heilige Vater in seiner Eigenschaft als Haupt der gesamten Christenheit auf seine Unschuld den Eid leisten würde, hinter dem die ganze Autorität seines himmlischen Vollmachtgebers, des heiligen Peter, ja, Jesu Christi selber, stand, so hatte die irdische Weisheit zu schweigen. Der Schwerpunkt der Affäre verlagerte sich dadurch ins Theologisch-Mystische und enthob die Häupter der Christenheit ihrer Verantwortung.

Leo erklärte sich prinzipiell bereit, die Richtigkeit seiner Darstellung zu beschwören, hielt die Zumutung aber doch für unter seiner Würde. Da entschied Karl mit einem Machtwort. Es handele sich hier nicht mehr um Prestigefragen, nicht mehr um das persönliche Ansehen Leos III., sondern um die päpstliche Institution überhaupt. Es sei Leos Pflicht, im Interesse der heiligen Kirche diesen Reinigungseid zu leisten, um nur dadurch die Voraussetzungen wiederherzustellen, sein Amt fortzuführen. Es läge ihm und der Versammlung natürlich fern, irgendeinen Druck auf ihn auszuüben, sollte er sich aber weigern, so gäbe es keine andere Möglichkeit mehr, das Interesse der Kirche zu wahren, als die Neuwahl zu betreiben.

Das entschied. Leo erkannte, daß er nur durch den Eid sich wenigstens vorläufig halten konnte, da nur dadurch das beleidigte Rechtsgefühl der Synode und der Öffentlichkeit zu versöhnen war; nur durch den peinlichen Schwur war der Beweis für die Richtigkeit seiner Darstellung zu erbringen; weigerte er sich weiter, so mußte er befürchten, daß seine Gegner zum Eide zugelassen würden, wodurch ein für allemal seine Schuld amtlich festgestellt war und die ganze Affäre doch noch ins Kriminelle abglitt.

Nachdem er also endlich zugestimmt hatte, wurde vereinbart, daß er am 23. Dezember 800 in breiter Öffentlichkeit sich „freischwören" sollte. Und so geschah es. Das Evangelienbuch in der beringten Hand, bestieg er in vollem Ornat die Kanzel der Peterskirche und sprach mit fester Stimme folgenden Eid: *„Es ist bekannt, teuerste Brüder, daß böse Menschen wider mich aufgestanden sind, mich haben verstümmeln wollen und schwere Beschuldigungen auf mich gehäuft haben. Zur Untersuchung dieser Angelegenheit ist der gnädigste und erlauchteste König Karl nebst seinen Bischöfen und Fürsten in diese Stadt gekommen. Deshalb bekenne ich, Leo, Papst der heiligen römischen Kirche, von niemand verurteilt noch gezwungen, sondern aus meinem freien Willen,* *mich in eurer Gegenwart vor Gott, der mein Gewissen kennt, und vor dem heiligen Apostelfürsten Petrus, in dessen Kirche wir sind, rein von allen schuldvollen Verbrechen, wie sie mir zur Last gelegt sind. Ich habe sie weder getan, noch tun lassen. Dessen ist Gott mein Zeuge, vor dessen Angesicht wir kommen werden und vor dessen Angesicht wir stehen. Dies tue ich aus meinem freien Willen, um jeglichen Verdacht niederzuschlagen; nicht als ob es so in den Kirchengesetzen stünde, oder als ob ich damit meinen Nachfolgern oder unseren Brüdern und Mitbischöfen einen Präzedenzfall oder eine neue Regel auferlegen wollte.*"

Nach einem Augenblick atembeklemmenden Schweigens erklang vereinzelt zuerst und dann schlagartig einsetzend das Tedeum; Karl selbst und mit ihm alle Teilnehmer der Synode sangen mit. Ein sorgsam einstudierter Lobgesang auf den glorreichen Frankenkönig beschloß die Feier, die noch eine besondere Bedeutung dadurch erhielt, daß der Patriarch von Jerusalem gerade in diesem Augenblick vor Karl erschien, um ihm die Schlüssel zum Heiligen Grabe zu überreichen. Es wurde damit in aller Öffentlichkeit dokumentiert, daß der fränkische König nunmehr Herr der ganzen Christenheit sei; seine Schirmherrschaft erstreckte sich nun nicht nur auf das italienische Rom, sondern auch auf die heilige Grabeskirche in Palästina. Die Sage hat dieses Ereignis noch weiter ausgeschmückt. Harun al Raschid selbst soll durch den Mund des Patriarchen dem Frankenkönig die Herrschaft über Palästina übertragen und sich selbst nur zu seinem Statthalter eingesetzt haben. Aus diesem von Leo geschickt inszenierten Akt leitet sich später der Rechtsanspruch der Päpste her, die gesamte Christenheit unter Führung ihrer Kaiser zu Kreuzzügen zu zwingen, um den ungläubigen Türken die Herrschaft über das Heilige Grab wieder zu entreißen, die dem großen Karl im Jahr 800 übertragen worden war.

Wenn nun auch die Arbeit der Untersuchungskommission, wie man die Synode bezeichnen darf, abgeschlossen war und Leo wieder seines Amtes walten konnte, so zeigte sich doch sofort, daß die Ankläger nicht daran dachten, nunmehr Ruhe zu geben. Für sie hatte Leo den ungeheuerlichsten Meineid geschworen. Unter dem Eindruck glanzvoller Entfaltung der imposanten fränkischen Königsmacht, die sich gegen sie erklärt hatte, blieb ihnen vorderhand nichts übrig, als grollend zu schweigen. Leo wußte aber genau, daß es ihm aufs neue ans Leben gehen werde, sobald Karl Rom verlassen haben würde, wenn die Gegner nicht vorher endgültig vernichtet waren. Die höchste Instanz des fränkischen Reiches hatte ihn moralisch freigesprochen; er brauchte jetzt dringend auch die gerichtliche Rehabilitierung. An einem vom Stadtpräfekten zu entscheidenden Prozeß war er dank der königlichen Geschicklichkeit vorbeigekommen; jetzt hieß es: handeln und sich in der Person des auf ihn unlösbar festgelegten Frankenkönigs den Richter schaffen, dessen Spruch mit einer Verurteilung der Ankläger wegen Majestätsverbrechens enden mußte. Der sorgsam vorbereitete Plan rollte nun mit unheimlicher Schnelligkeit ab.

Der große Coup

Man hatte mit Karl, dem Vater, verabredet, daß am 25. Dezember, anläßlich der großen Weihnachtsmesse, der Apostelfürst Karl, den Sohn, in seiner neuen Würde als König Altfrankens durch die kirchliche Krönung bestätigen sollte. Der feierliche Akt war im Zeremoniell mit den Franken genau festgelegt; im geheimen hatte Leo aber auch die Gemeinde zusammengestellt und seine Vertrauensleute überall unter sie verteilt. Sie hatte das „Volk" darzustellen, das nach altrömischem Recht durch die sogenannte „Akklamation", den „spontanen Zuruf", den beabsichtigten Staatsakt rechtsgültig zu machen hatte. Alles war bedacht und mit unerreichter Meisterschaft vorbereitet worden.

Die Peterskirche ist bis auf den letzten Platz gefüllt, als Karl zu Ehren der von ihm beschirmten römischen Kirche in römischer Kleidung mit seiner Familie und großem Gefolge am Weihnachtsmorgen die Basilika betritt. Nachdem der Gesang verklungen ist und Leo sich anschickt, die Messe zu zelebrieren, schreitet der König mit seinem ältesten Sohne zum Altar, um dort, der ganzen Christenheit zum Vorbild, während der feierlichen Handlung niederzuknien. Beide Könige, Vater und Sohn, nehmen ihre Diademe ab und legen sie auf den Altar, um sie durch die leibliche Gegenwart Jesu Christi bei der Darreichung der Hostie heiligen zu lassen, gleichsam eine neue Krönung und Bestätigung ihrer Würden durch den Gottessohn selbst. Als die heilige Handlung beendet ist und die Könige aus der Hand des Heiligen Vaters die Kronreife zurückerhalten sollen, nimmt Leo zuerst das Diadem des Vaters und hebt es hoch empor. Ein schneller Blick gibt seinen Vertrauensleuten ein Zeichen, dann drückt er den Reif dem König auf die Stirn. In diesem Augenblick geht eine Bewegung durch die Gemeinde.

Undeutlich zuerst, dann immer lauter und schließlich klar verständlich erschallt der Ruf des „Volkes": *„Karl dem Augustus, dem von Gott gekrönten großen und friedebringenden Kaiser der Römer, Leben und Sieg!"*

Karl, aus träumerischer Benommenheit gerissen, sieht erstaunt auf; da kniet der Heilige Vater zu seinen Füßen und betet ihn an. Hochatmend steht der Beherrscher des Abendlandes und beginnt nun zu begreifen, was vor sich geht. Währenddes hat Leo sich wieder erhoben, naht sich Karl, dem Sohn, auch seinen Kronreif in der Hand haltend, drückt ihn auf seine Stirn und salbt ihn nach dem vereinbarten Zeremoniell. Die weite Basilika schwillt vom Stimmenschwall und Waffenklirren.

Der große Coup ist geglückt; Rom hat seit vielen Jahren wieder einen Kaiser und obersten Gerichtsherrn, wie Leo ihn braucht.

Als Karl mit hochrotem Kopf in höchster Erregung die Kirche verlassen hatte, war sein erstes Wort, daß er nie und nimmer trotz des heiligsten Festtages der Christenheit vor Gottes Angesicht getreten wäre, hätte er von Leos Absichten etwas geahnt. Aber er faßte sich nun schnell und berief einen Kronrat zur Besprechung der Lage. Dabei stellte sich sofort heraus, daß die Kaiserkrönung rechtlich unanfechtbar sei. Der seit den Tagen Diokletians dafür gültige Ritus bestand aus der Dreiteilung: Krönung, Zustimmung des Volkes durch Zuruf, Anbetung. Leo hatte sich genau daran gehalten.

Auf die Vorwürfe der Franken, wie er zu solcher Eigenmächtigkeit gekommen sei, beteuerte er, für die spontane Kundgebung der ihrem Schirmherrn ergebenen Römer nicht verantwortlich zu sein. Es sei dies ihr Dank für seine Weisheit, die ihn den Heiligen Vater aus den Klauen des Teufels zu retten geheißen habe. Auch bei der Wiederaufsetzung des Diadems habe er sich genau an die Vereinbarungen gehalten. Der überraschende Zuruf des Volkes sei allerdings eine rechtsgültige Kaiserwahl; er habe dies sofort erkannt und, wie es die heiligen Vorschriften gebieten, vor dem neugewählten Augustus das Knie gebeugt. Wäre dies unterblieben, so hätte er sich einer Majestätsbeleidigung schuldig gemacht. Aber warum, donnerte Karl, er denn gewünscht habe, daß er den Kronreif auf den Altar niederlege; nur dadurch wäre die „spontane Kundgebung" hervorgerufen worden. Auch auf diese Frage war der gewandte Papst vorbereitet. Er habe sich bei dieser Zeremonie genau an das Beispiel des seligen Johannes I. gehalten, der Anno 525 zu Ostern dem seit sieben Jahren gekrönten Kaiser Justinus I.

eine besondere Himmelsgnade zuteil werden ließ, als er ihm erlaubte, während der heiligen Handlung – genau so wie jetzt Kaiser Karl – sein Diadem auf den Altar niederzulegen, um es dann wieder aus seinen Händen zurückzuempfangen. Dagegen hatte Karl nichts zu erwidern, fragte aber nun, weshalb man ihn dazu veranlaßt habe, unter allen Umständen römische Kleidung anzulegen; sein fränkisches Festgewand sei Gottes nicht minder würdig. Da erinnerte Leo ihn, daß er auch Hadrians wiederholte Bitten um Anlegung der römischen Kleidung mehrfach erfüllt habe.

Was Karl auch fragte, auf alles wußte Leo die richtige Antwort. Karl mußte einsehen, daß es keinen Sinn hatte, Leo jetzt nachträglich zur Rechenschaft zu ziehen. Eine Ablehnung der ihm durch Gottes Gnade zuteil gewordenen Würde war unmöglich und wäre außerdem mit einer Desavouierung des Papstes verbunden gewesen, den er vor wenigen Tagen erst in seiner Würde wieder bestätigt hatte.

„Der von Gott gekrönte große und friedebringende Kaiser der Römer" mußte sich zum mindesten nach außen hin jetzt erneut mit ihm identifizieren.

Jede andere Stellungnahme hätte eine unerträgliche Einbuße an Autorität bedeutet, deren schärfste Aufrechterhaltung jetzt notwendiger war denn je. Die politische Abhängigkeit Roms von der fränkischen Krone war vertieft, das bedeutete aber nichts gegen die Tatsache, daß die geistige dadurch nunmehr erlöschen mußte, weil das Haupt der Christenheit seine Suprematie über den weltlichen Gottesstaat erwiesen hatte. Es kam jetzt alles darauf an, Würde und Haltung zu bewahren und so schnell wie möglich von Byzanz die Anerkennung der neuen Würde zu erhalten. Die bisherige Politik des Lavierens und Leisetretens mußte nun grundlegend geändert werden.

So zog er die Folgen aus der Unabänderlichkeit der Tatsachen. Mit kaiserlicher Geste ließ er dreitausend Pfund Silber unter das Volk verteilen, seine Söhne und Töchter überreichten dem heiligen Petrus kostbare Geschenke, darunter eine goldene Krone, die über dem Altar aufgehängt wurde. Dadurch sollte vor aller Öffentlichkeit die nunmehr herbeigeführte Übereinstimmung von Kaiser und Papst erwiesen und die Stellung Leos in der klaren Erkenntnis gefestigt werden, daß es eine Umkehr nicht mehr gab. Karl ließ amtlich erklären, er habe die Kaiserkrone angenommen, weil er darin eine Fügung Gottes sah.

Der erste Regierungsakt bestand nunmehr in der Eröffnung des Monstreprozesses gegen die Ankläger des Heiligen Vaters unter dem Vorsitz des neuen römischen Souveräns – und damit war Leo III. endlich am Ziel. Es bedurfte zwar einiger Rabulistik, ein Majestätsverbrechen zu konstruieren, gelang aber durch die Tatsache, daß der Papst bisher in seiner Eigenschaft als eine Art Präsident des römischen Staates Beamter des übergeordneten Kaisers war, sei es des oströmischen, sei es nun des neuen Imperators fränkischen Geblütes. Ein Attentat gegen sein Leben richtete sich damit auch gegen die geheiligte Person des Kaisers. Aber selbst wenn man diese Konstruktion ablehnte, so war unzweifelhaft, daß er *„die Majestät des römischen Volkes"* vertrat und auch schon deshalb unter dem Schutz des arkadischen Gesetzes von 397 stand, das etwa folgendermaßen lautete: *„Wer mit militärischen oder anderen Stellen, womöglich gar Nichtrömern, eine verbrecherische Verschwörung eingeht und entsprechende eidliche Verpflichtungen übernimmt, wer auch nur den Mord von hohen Würdenträgern oder solchen, die dem Kaiser in irgendeiner Weise dienen, plant – denn der Versuch unterliegt derselben Strafe wie das Verbrechen –, der soll als Majestätsverbrecher mit dem Schwerte hingerichtet, seine Güter sollen konfisziert werden. Dieselbe Strafe wie die Verschwörer trifft auch ihre Söhne, Gefolgsleute, Mitwisser und Diener."*

Karl erkannte die Zuständigkeit dieses Gesetzes an, da es als einziges die Möglichkeit gab, die Erörterung eines schuldhaften Verhaltens Leos auszuschließen und lediglich die unbestreitbare Tatsache der Revolte abzuurteilen. Verschwörung und Attentat waren seitens der Angeklagten nicht abzuleugnen; daß es sich nur um die Absetzung und Verstümmelung Leos, nicht um seine Ermordung dabei gehandelt hatte, wurde nicht geglaubt. Die Beweggründe interessierten nicht. Der Tatbestand lag klar. Also wurde nach kurzer Verhandlung das Todesurteil gegen die hervorragendsten Vertreter des römischen Adels und die einträgliche Konfiskation ihrer Güter zugunsten der Krone ausgesprochen. Auf Bitten des sich nunmehr auf die Pflichten christlicher Nächstenliebe besinnenden Leo – *„denn Petrus verzeiht ja so gern"* – wandelte Karl die Todesstrafe in lebenslängliche Verbannung der Angeklagten. Sie wurden ins Frankenreich verschickt, wo sie verblieben sind, bis nach Leos Tode sein Nachfolger Stephan IV. sich nach fünfzehn Jahren bei Ludwig dem Frommen für ihre Rückkehr und Restitution ihrer Erben erfolgreich einsetzte, um sich auf diese Weise innerhalb des römischen Adels eine Stellung schaffen zu können.

Bei diesem ersten Staatsakt ließ der neue Souverän es allerdings nicht bewenden. Wenn Leo geglaubt hatte, einen nur seinen Interessen dienstbaren „Divus Augustus" geschaffen zu haben, der als „von Gott gekrönt" der Kirche eine ewige Dankesschuld abtragen mußte, so bewiesen die nächsten Maßnahmen das Gegenteil. Karl diktierte nun kraft kaiserlicher Herrschgewalt seine Verfügungen.

Um Gewähr dafür zu schaffen, daß in Zukunft die kanonischen Vorschriften bei der Papstwahl sorgfältig beachtet und Machenschaften unmöglich wurden, wie sie zu der mysteriösen Erhebung Leos innerhalb vierundzwanzig Stunden geführt hatten, sollen künftig kaiserliche Kommissare bei dem Wahlakt zugegen sein. Zu seiner Rechtsgültigkeit bedarf er überdies der kaiserlichen Bestätigung. Alle etwa entstehenden Streitigkeiten schlichtet unwiderruflich das kaiserliche Hofgericht. Nie wieder dürfen sich die Römer kaiserliche Gewalt anmaßen. „Alle maßgebenden Persönlichkeiten Roms, Bischöfe wie Laien", werden jetzt „kaiserliche Leute"; mit ihnen hat das ganze römische Volk dem Kaiser den Treueid zu leisten. Der jeweilige Herzog von Spoleto wird zum ständigen Statthalter des Kaisers ernannt, der römische Staat hat jährlich zehn Pfund Gold, hundert Pfund Silber und zehn hochwertige Prunkmäntel an den Kaiserhof zu liefern; zwei reiche Klöster und alle fiskalischen Güter müssen für den Unterhalt des Kaisers und seiner Gesandtschaften aufkommen. Verfallene Gerichtskosten und Grundsteuern fallen an die Krone, der Erlös aus Konfiskationen kann mit dem Heiligen Stuhl geteilt werden. Alle päpstlichen Urkunden sind nunmehr nach den Kaiserjahren zu datieren, die Münzen auf den Imperator Karolus zu prägen. Karl ist völlig autoritär; der Hinweis auf das gefürchtete kaiserliche Hofgericht genügt – wie es in einem späteren, über solche Kaisermacht erstaunten Bericht heißt –, daß „niemand es wagte, auszuweichen, wenn bei Verschleppung der Sache eines Geringen oder Unerfahrenen dieser die Füße der kaiserlichen Kommissare ergriff und um gerechtes Urteil bat, und wäre selbst das Unrecht von den Verwandten des Papstes ausgegangen".

Mit eiserner Faust schlug Karl aus dem leeren Titel Kapital, und die Kurie erkannte, daß sie die herbeigerufenen Geister sobald nicht mehr loswerden würde. Als der Kaiser endlich, hoch im April 801, mit allen Zeichen kaiserlicher Ungnade und stark bereichertem Staatsschatz Rom verließ – um niemals wiederzukommen –, erschütterte ein gewaltiges Erdbeben die angstvollen Gemüter. Als sei es ein Zeichen Gottes, stürzte das Dach der Peterskirche ein; ein Kaiser grollte.

Kampf um Anerkennung

Viele Monate hielt der Hof sich dann in Norditalien auf, um von Pavia aus in lebhafter Geschäftigkeit die Kaiserin Irene unter Druck zu setzen. Ihr sizilianischer Statthalter wurde offiziell empfangen, aller Welt zum Zeichen, daß der neue Kaiser nicht davor zurückschrecke, auch das noch griechische Italien seiner Herrschaft einzugliedern. Im schlüssigen Zusammenhang mit dieser Einschüchterungspolitik wurde König Pippin nochmals gegen Benevent geschickt, wenn auch Alchwin von Tours aus die Zusammenhänge nicht begriff und den zunehmenden Einfluß der fränkischen Militärs bekämpfte, bis er schließlich resigniert bedauern mußte, daß es *„der Weisheit der in Rom Versammelten"* nicht gelungen sei, das Unsinnige eines solchen Zuges zu erkennen. Die Ereignisse gaben ihm äußerlich recht. Das Unternehmen scheiterte wieder vollkommen, aber es kam Karl ja gar nicht auf einen ernsthaften Konflikt mit Byzanz an, wie er durch eine Unterwerfung Grimoalds hätte entstehen müssen. Er behielt deshalb gegenüber dem stürmischen Drängen seiner Generale, endlich Ernst zu machen, kühle Mäßigung. Der Schreckruf „Carolus ante portas" war ihm wertvoller als ein in seinem Ausgang unübersehbares militärisches Abenteuer.

Aber er benutzte geschickt jede nicht unbedingt als Kriegsgrund auszulegende Möglichkeit, der verängstigten Frau am Bosporus die Kaiserfaust zu zeigen. Der Patriarch von Aquileja, der sowohl langobardisch-fränkischen wie kaiserlich-griechischen Machtbereich kirchlich betreute, wurde zum Oberhirten ganz Langobardiens bestellt und damit auch das griechische Reichsgebiet in allen kirchlichen Fragen fränkisch-gottesstaatlich gleichgeschaltet. Als eine Gesandtschaft Harun al Raschids eintraf, um zu melden, daß Karls Abgesandte, die er vor vier Jahren nach Bagdad geschickt hatte, bis auf den vielgereisten weltgewandten Juden Isaak verstorben seien, schickte er diesem keinen geringeren als seinen Erzkanzler Erkambald entgegen; er hatte zwar nur den Auftrag, Isaak beim Transport eines Geschenkes des Großsultans behilflich zu sein, eines lebenden Elefanten; man argwöhnte aber in Konstantinopel mit gutem Recht, daß nur Erkambald die vertraulichen Mitteilungen Isaaks entgegennehmen konnte, die der Erbfeind des oströmischen Imperiums ins Frankenreich gelangen ließ.

Karl hatte aber Italien doch schon wieder verlassen und den Niederrhein erreicht, als die langerwartete Gesandtschaft Irenens endlich eintraf. Der „Divus Augustus" stand nun unmittelbar vor dem gewünschten Ziel und damit auf dem Gipfelpunkt der Macht, den je ein deutschstämmiger Monarch besessen hat. Die Verhandlungen nahmen guten Verlauf. Karl gab zu verstehen, daß seine Anerkennung die Zweiteilung der Welt in eine östliche und eine westliche Hälfte bedeute, die er dadurch aber wieder zu einen gedachte, daß er die achtundfünfzigjährige Kaiserin um ihre Hand bitten ließ. Als Morgengabe bot er seinen Schutz gegen ihre Landesfeinde und persönlichen Gegner.

Mit größter Spannung wartete er auf die Rückkehr seiner Gesandten, die mit den griechischen Herren gereist waren; in Rom hatten sich auch päpstliche Legaten angeschlossen, um der Kaiserin auch ihrerseits die Richtigkeit der fränkischen Darstellung über die „vom römischen Volk spontan erfolgte Kaiserwahl" zu bestätigen.

Es kam aber ganz anders, als man in Aachen erwarten durfte. Zwar hatte Irene starke Neigung gezeigt, auf die fränkischen Vorschläge einzugehen, ja sogar dem romantischen Vermählungsplan zuzustimmen. Da trat das von Karl befürchtete Ereignis ein: sie wurde von griechischen Patrioten gestürzt und am 31. Oktober 802 an ihrer Stelle der „starke Mann" Nikephoros zum Kaiser erwählt. Irene kam auf die Insel Lesbos ins Exil, wo sie ein halbes Jahr später im Elend starb.

Aus Konstantinopel klang es nun anders. Nikephoros behandelte die Franken hochfahrend und abweisend, fertigte aber mit ihnen eine eigene Gesandtschaft ab, um gegebenenfalls auf neuer Basis die Besprechungen wieder aufzunehmen. Im Frühjahr wurde in Selz am Rhein verhandelt. Karl ging bis an die äußerste Grenze denkbaren Entgegenkommens; er war bereit, künftig jede Eroberungspolitik auf griechischem Staatsgebiet einzustellen, verlangte dafür aber auch andrerseits die byzantinische Anerkennung der fränkischen Reichsgrenzen und vor allem seiner Kaiserwürde. Über diesen „Nichtangriffspakt" hinaus bot er ein regelrechtes Schutz- und Trutzbündnis. Die Griechen hatten aber nur anmaßende Antwort: Wäre die Entfernung zwischen Aachen und Konstantinopel nicht so groß, so würde ihr Herr sicherlich gern ein treuer Freund der Franken sein und ihrem König wie einem Sohn in seiner Armut zu Hilfe kommen. Da konnte Karl aber, wie man sich erzählte, *die brennende Glut nicht in der Brust bergen, sondern rief aus: ‚O daß doch dieser kleine Abgrund des Meeres nicht zwischen uns wäre! Dann würden wir vielleicht die Schätze des Ostens teilen oder gemeinsam zu gleichen Teilen besitzen!'"*

Über die Verhandlungen wurde schließlich ein Protokoll aufgesetzt, dem Karl den Entwurf eines Teilungsvertrages beifügte. Die Gesandten nahmen dazu keinerlei Stellung, versprachen aber, ihn ihrem kaiserlichen Herrn vorzulegen. Die Atmosphäre wurde immer kühler und schließlich eisig, als ein unglücklicher Zufall es fügte, daß im Augenblick der Abreise der Byzantiner, der ihnen als höchst unzuverlässig bekannte Patriarch von Griechisch-Venetien, Fortunatus, in Selz eintraf.

Karl hat vergeblich auf Antwort gewartet. Statt einer solchen kam aber die Nachricht, daß die kaiserlich-byzantinische Majestät den Vertragsentwurf als eine Unverschämtheit, den Empfang des Fortunatus geradezu als feindlichen Akt aufgefaßt habe. Die diplomatischen Beziehungen beider Großhöfe wurden eingestellt, auch der geistliche Verkehr zwischen dem Patriarchen von Konstantinopel und dem Papst in Rom versiegte auf ein Machtwort aus Konstantinopel. Von „Anerkennung" des karolingischen Kaisertums war keine Rede mehr; man hatte im Gegenteil am Bosporus für den Barbaren nur Hohn. An der Hoftafel wurde es ein beliebter Gesprächsstoff, sich den Kopf darüber zu zerbrechen, ob Karl wohl ganz- oder halbnackt zum Zwecke der „Salbung" vor die Christengemeinde getreten wäre.

Die neue, durch Leos Bravourstück erzwungene Politik der „starken Hand", auf die Mentalität einer nervösen, um die eigene Anerkennung besorgten Frau eingestellt, war wirkungslos verpufft. Kaiser Karl stand auf den Trümmern seiner bis zum unseligen 25. Dezember 800 mühsam und auf weite Sicht angelegten Diplomatie, einer allmählichen und vertrauensvollen Verständigung mit dem oströmischen Kaisertum zum Zwecke friedlicher Teilung der Gewalten. Selbst die Bindung beider Reiche an die alleinseligmachende Kirche in Rom durch ihr bislang auch in Konstantinopel geachtetes Oberhaupt hatte sich nun gelöst. Wollte Karl seine Anerkennung immer noch haben, so blieb nur der Weg der Gewalt.

Aber er hielt zähe an dem friedlichen Ausgleich fest, denn er fürchtete die unübersehbaren griechischen Machtmittel und war innerlich von der Suprematie des kaiserlichen Herrn am Bosporus überzeugt, die anzugreifen einem fränkischen Volkskönig nicht zustand, wollte er nicht das monarchische Prinzip überhaupt zum Wanken bringen. Als Nikephoros, acht Jahre später, in Würdigung der fränkischen Waffenerfolge in Italien, um seine sizilianische Kolonie und dalmatinischen Küsten doch besorgt, es endlich für gut hielt, die Verhandlungen wieder aufzunehmen, ging Karl sofort darauf ein und schrieb, von diesem

Gnadenbeweis beglückt, einen ganz devoten Brief, in dem es heißt: *„Schon begann statt der Hoffnung Hoffnungslosigkeit in unserem Herzen aufzukommen, weil wir seit der Zeit, da du uns den Metropoliten Michael, den geschäftigen Abt Peter, den hochgeborenen Sekretär Kallistos zum Abschluß eines dauernden Friedens schicktest, gleichsam auf der Warte in bangem Harren spähten, ob wir nicht endlich von deiner Brüderlichkeit willkommene Antwort auf unser Schreiben empfangen sollten ... Deshalb haben wir nun nicht nach Schuldigkeit, aber nach besten Kräften Gott den Dank abgestattet, daß er deinem Freundesherzen den von uns gesuchten und ersehnten Friedenswillen einzuhauchen geruht hat. Jetzt beten wir, daß er, der dir zu diesem Frieden den Willen gegeben, auch das Vollbringen gewähren möge ...“*

„Der von Gott gekrönte“ Kaiser der Römer spricht anders zu dem Byzantiner als der Volkskönig der Franken. Als dieser einst während eines säxischen Feldzuges von einem griechischen Gesandten hören mußte, sein kaiserlicher Herr schenke ihm das Volk der Saxen, damit er endlich Ruhe habe, hat er auf gut deutsch erwidert: *„Er hätte dir lieber ein paar ordentliche Hosen für die lange Reise schenken sollen.“*

DIVUS AUGUSTUS

„Welch eine Fülle von mannigfachen Lebenskräften
aber umschloß das Reich Karls des Großen ...
Die feste Überzeugtheit von dem göttlichen Ursprung
der heiligen Schrift gehörte dazu, um die Gemüter
mit Hingebung für diese Idee zu erfüllen ...
Es gibt eine angeborene Gabe zu herrschen
und zu regieren. Karl besaß sie wie selten ein
anderer Machthaber. In allem, was er tat,
nimmt man den Impuls der Gegenwart wahr,
zugleich die Conservation des Vergangenen
und einen allgemeinen Überblick,
der in die Zukunft reicht ..."

Leopold von Ranke

„Wir haben auch gehört, daß wegen einiger Kapitel,
die wir ins Gesetz haben eintragen lassen,
manche von unseren und eueren Leuten da und dort
behaupten, wir hätten ihnen diese Sache nicht
persönlich zur Kenntnis gebracht. Und deswegen
wollen sie ihnen weder zustimmen noch gehorchen,
geschweige denn für Gesetz halten.
Du hingegen weißt, wie wir dir diese Kapitel
erläutert haben, und deshalb heißen wir dich
freundlich Geneigten, mache sie in dem ganzen von Gott
dir gegebenen Reiche bekannt und befiehl,
sie zu befolgen und zu erfüllen ..."

Karl an seinen Sohn Pippin,
um 806

Die Reaktion im Innern

Wenn der „von Gott Gekrönte" gehofft hatte, wenigstens bei den Seinen Beifall und Anerkennung zu finden, so wurde er auch hier empfindlich enttäuscht. Das altfränkische Standesherrentum sah seine ohnehin immer kürzer werdenden Rechte, wie sie vor bald zweihundert Jahren verbrieft worden waren, nun entscheidend bedroht. Die Umwandlung der fränkischen Volksmonarchie, der man, verfassungsgemäß verpflichtet, den Treueid geleistet hatte, in ein unverstandenes, artfremdes Cäsarentum mußte nun endlich willkommene und langersehnte Gelegenheit geben, sich wieder energisch zur Geltung zu bringen. Man verspürte zudem keinerlei Neigung, die offensichtliche Verlagerung der Reichspolitik ins Klerikale mitzumachen; die bisherige Linie: zwischen weltlicher und kirchlicher Machtgruppierung das Gleichgewicht zu halten, schien umgebogen. Der fränkische Großkönig hatte aus den Händen des römischen Papstes seine neuartige Würde empfangen, statt zum mindesten, wenn ihn schon danach gelüstete, sich kraft eigener Machtvollkommenheit die Cäsarenkrone aufs Haupt zu setzen. Noch war der Geist eines Karl-Martell im Frankenreich nicht völlig erloschen, für den die Kirche und vor allem ihr Oberhaupt nur ein notwendiges Übel bedeuteten. Nun hatte der Enkel den entscheidenden Schritt getan, auch diese Tradition aufzugeben; die absolute fränkische Majestät hatte sich freiwillig einer höheren Gewalt gebeugt.

Die Rivalität zwischen weltlicher und geistlicher Macht, die sich vielfach überschnitt, schien nun endgültig zugunsten der Kirche sich neigen zu wollen.

Nachdem die römischen Ereignisse bekanntgeworden waren, machte sich sogleich starker Zulauf zur Kirche bemerkbar. Der Hinweis, daß nun auch der Herr König selbst seine bisherige Schirmherrschaft in eine Art von Vasallenverhältnis zum heiligen Petrus umgewandelt und dafür aus den Händen seines irdischen Beauftragten eine der bisherigen übergeordnete Würde empfangen habe, veranlaßte gewaltigen Andrang zur klerikalen Karriere und brachte den Klöstern Hochkonjunktur.

Weniger um des Seelenheiles willen als aus der sehr realen Erkenntnis, sich nur auf diese Weise von den unerträglich werdenden Kron- und Militärlasten befreien zu können, wurde der Entschluß nun leichter, Grundbesitz den Klöstern zu überschreiben, wogegen diese bis zur dreifachen Summe seines normalen Ertrages Leibrenten gaben. Die dadurch enterbten Söhne kamen in Kirchenämter und so um den undankbaren Staatsdienst. Dieses sogenannte „Präkariensystem" nahm unter der Leitung feinrechnender Äbte seit der Kaiserkrönung geradezu stürmischen Aufschwung. Man ging so weit, sogar „Präkarien" mit Rückkaufs- und Vorbehaltsrechten anzunehmen, um den Anreiz zum „tradieren" zu vergrößern. Solche Verträge erinnerten fast an moderne Obligationen, denn sie kamen als eine Art von Wertpapier sogar in den Handel.

Daneben gab es natürlich immer noch Gläubige, die ohne Gegenleistung, wie das der eigentliche Sinn der Präkarie war, ihren Besitz der Kirche überschrieben, um dafür lediglich jenseitige Vorteile einzutauschen. Da diese aber neben den Renten, man möchte sagen „gratis" mitgeliefert wurden, betrug die Zahl dieser „freien Schenkungen" in der Zeit von der Kaiserkrönung bis 820 nur etwa den zehnten, in den nächsten zwanzig Jahren sogar nur noch den zwölften Teil der Gesamtüberschreibungen. Diese Statistik ist zugleich interessant für die Feststellung wahrer Religiosität des im Gottesstaat vereinten „Christenvolkes".

Naturgemäß verstärkte sich durch solche Methoden die Rivalität zwischen geistlichen und weltlichen Machthabern jetzt ins unversöhnliche. Reiche Grundbesitzer, die seit Jahren darauf gewartet hatten, finanziell schwach werdende Nachbarn und vor allem Kleinbauerngüter billig übernehmen zu können, wurden nun durch die Aktivität der Klöster um ihre Hoffnungen gebracht. Wohl versuchte der Grundherr ähnliche Methoden und gewährte gegen Überschreibung von Land Schutz und Befreiung von den Heereslasten, aber die Kirche bot materiell wesentlich mehr und trieb mit der Gratislieferung des Seelenheiles überdies nach heutigen Begriffen unlauteren Wettbewerb.

Für Karl wurde es hohe Zeit, einzugreifen und gleichzeitig die römischen Ereignisse staatsrechtlich zu klären. Es kam vor allem darauf an, etwaige Unruhe im Volk zu beseitigen, als beabsichtige der neue Kaiser neue Eroberungskriege, womöglich gar gegen Byzanz. Deshalb erließ Karl eine „Botschaft", in der es hieß: *„Die kaiserliche Gewalt ist von Gott zu nichts anderem eingesetzt, als um das Volk zu regieren und sein Wohl zu fördern. Wer in diesem Sinne waltet, wird nicht Herrschucht zeigen und nicht Kriegslust!"*

Auch der Auffassung, als seien die bisherigen königlichen Rechte durch die Übernahme der Cäsarenwürde aufgehoben, mußte entgegengetreten werden; Karl nannte sich daher nun amtlich: *„Karl, der von Gott gekrönte Augustus, der große friede-bringende Kaiser der Römer, der das Kaiserreich durch Gottes Gna-de beherrscht, König der Franken und Langobarden."*

Damit war die Personalunion zwischen Frankenkönig und Römerkaiser dokumentiert. Es gab dies aber nur den äußerlichen Rahmen. Vor allem galt es nun, deutlich zu machen, daß die bisherigen königlichen Rechte nach wie vor in Kraft waren. Es bedeutete daher weit mehr als Verwaltungspolitik, wenn der Kaiser die Amtsgeschäfte seiner Kommissare, der „Königsboten", gerade jetzt neu regelte und diese ganze Einrichtung nunmehr auf gesetzlichen Boden stellte. Verfassungsmäßig waren ja nur die landeingesessenen Standesherren, als Gaugrafen, legale Träger der Verwaltung. Das System erwies sich aber trotz aller Reformen immer noch als bedenklich. Der Gaugraf repräsentierte den Landesherrn doch nur nebenbei, soweit seine persönlichen Interessen es erlaubten. Die Nebenschaltung der klerikalen Verwaltung hatte zwar Abhilfe geschaffen, je weiter die Kirche sich aber nun vom theologischen Idealismus fortentwickelte, um so eher mußte es zum Konkurrenzkampf zwischen beiden Gewalten kommen, der den Reichseinheitsgedanken ganz und gar ins Nebensächliche schob.

Im „Gottesstaat" war aber kein Raum für irgendwelche Art von Partikularismus. Das fehlende Nationalgefühl mußte daher jetzt durch die Furcht vor der Kaisergewalt ersetzt werden, die den Staat repräsentierte. Aus der bisher zwanglosen Bestallung besonderer „Königsboten", die Karl von Fall zu Fall mit besonderen Aufgaben betraut hatte, wurde nun eine Art kaiserlich-fränkisches Berufsbeamtentum. Es erhielt seinen festen Aufgabenkreis, zu dessen Erledigung bestimmte Reichsgebiete dauernd bereist werden mußten. Es wurden hierfür kluge, angesehene und vor allem wohlhabende Persönlichkeiten sorgsam ausgesucht, *„die keine Geschenke zu nehmen brauchten";* sie amtierten als oberste Gerichtsherren, ja als bevollmächtigte Vertreter des Kaisers, und wurden die eigentlichen Träger der kaiserlichen Reichsgewalt.

Das *„Gesetz über die Königsboten"* war die erste weitgreifende Maßnahme des neuen Kaisers, die systematische Vorbereitung, um das Werk des Staatsaufbaues in einheitlicher Form und im Zeichen absoluter Autorität durchzuführen. Ohne sich auf ein zuverlässiges und unbestechliches Beamtentum stützen zu können, wäre aber alle gesetzgeberische Mühe vergebens gewesen.

Das Prinzip dieser neuen Reichsreform war nicht die Schaffung neuen „Einheits"-Rechtes, sondern vielmehr die Revision und Aufzeichnung des bestehenden. Auch der „göttliche Augustus" fühlte sich nicht befugt, altüberlieferte Gesetze aufzuheben und neue an ihre Stelle zu setzen. Wohl aber suchte er Widersprüche auszugleichen und Lücken zu schließen. Der „totale Staat" war Tatsache, seine inneren Kräfte mußten aber spröde werden, wenn man sie gewaltsam organisiert hätte. Um sie ergiebig zu gestalten, bedurfte es vor allem einer weich formenden Hand, die den Hang des indogermanischen Menschen zum Individualismus nicht in starrköpfige Opposition trieb.

Wirtschaftliche Kleinarbeit

Mit einer Sorgfalt ohnegleichen ging der Kaiser nun an die mühselige Kleinarbeit, zunächst die wirtschaftlichen Verhältnisse durch eine Fülle von Einzelverordnungen zu bessern und daneben Schritt für Schritt seine kaiserliche Hausmacht zu stärken.

Die Kommissare reisten ab, um im ganzen Reich zunächst den dem König geleisteten Treueid auf den Kaiser wiederholen zu lassen. Es genügte dabei nicht mehr, in den Versammlungen keinen Widerspruch zu erheben, um verpflichtet zu sein; jeder Franke von irgendwelcher Bedeutung hatte selbst die Eidesformel zu sprechen und mußte sich überdies, sei es durch Unterschrift, sei es durch „Handmal", in ein Register eintragen, um damit unwiderruflich den Kaiser als Landesherrn und die Verbindlichkeit seiner Reichsgesetze anzuerkennen. *„Denn wir haben auch gehört, daß wegen einiger Kapitel, die wir ins Gesetz haben eintragen lassen, manche von unseren Leuten da und dort behaupten, wir hätten ihnen diese Sache nicht persönlich zur Kenntnis gebracht. Und deswegen wollen sie ihnen weder zustimmen noch gehorchen, geschweige denn für Gesetz halten ..."* Dieses schnelle Eingreifen erstickte jede Lust zur Auflehnung, weil es die Verabredung zu irgendwelchem Widerstand unmöglich machte. Wenn die Eintragung erfolgt war, ging es an die Verlesung und Übersetzung der ersten kaiserlichen Verfügung, – *„damit alle verstehn, um welcher Not willen dies geschehen soll".* – Sie richtete sich gegen das Präkarienunwesen und die Überfüllung im Klerikerberuf. Die Schenkungen auf Widerruf wurden kurzerhand verboten, denn jedes weitere Verfügungsrecht sei mit der Vollziehung der Schenkung seitens des „Tradenten" erloschen. Übertragungen von Besitz, der mit einer Bodenrente für die Krone belastet war, wurden überhaupt untersagt. Es wurde verfügt, daß ohne kaiserliche Genehmigung sich fortan niemand zum Priester weihen lassen dürfe, *„denn wir haben vernommen, daß vielfach nicht ein frommes Herzensbedürfnis der Grund ist, sondern vielmehr die Absicht, sich auf diese Weise der Heerespflicht oder anderen staatlichen Leistungen zu entziehen".* Jeder Grundbesitzer, der über mindestens zwölf Hörige verfügt, muß einen Panzer haben; wer einen solchen Besitz womöglich verschweigt oder ihn gar verkauft, hat schwerste Bestrafung zu gewärtigen. Auch werden die Kommissare angewiesen, mit allem Nachdruck die für Nichtgestellung zum Heeresdienst festgesetzten Geldbußen einzuziehen. Um aber den Grundbesitz, auf dessen Erhaltung Karl den größten Wert legte, nicht völlig zu ruinieren – aus verarmten Aristokraten konnten nach seiner Ansicht nur staatsgefährliche Räuberhauptleute werden –, dürfen die Kommissare nur aus mobilem Vermögen vollstrecken und auch hier nur bis zur Hälfte desselben. Als solche *„fahrbare Habe"* wird bezeichnet: Edelmetall, Panzer, Tuch, Pferde und Rindvieh. Die notwendige Kleidung ist der Familie aber unter allen Umständen zu belassen. Es bedeutete dies eine wesentliche Milderung gegenüber dem gültigen, praktisch aber lange außer Anwendung gekommenen Reichsgesetz, die jedoch als erforderlich erkannt wurde, damit der Betroffene wenigstens künftig seiner Wehrpflicht wieder genügen konnte *„im Dienste Gottes und zu unserem Nutzen".*

Die ersten Verfügungen traten durch ihre Verkündung in Kraft. Sie waren nicht Reichsgesetz, ihre Gültigkeit deshalb nur auf die Lebenszeit Karls beschränkt. Ihre gesetzliche Sanktion konnte nur der Reichstag beschließen, dessen Stellungnahme aber zweifelhaft erscheinen mußte, so daß Karl es vorzog, ihn gar nicht erst damit zu befassen. Auch wollte er unter allen Umständen wenigstens so lange eine naheliegende Diskussion über die mysteriösen Vorgänge in Rom im eigenen Hause vermeiden, bis seine in Frage gestellte Autorität wieder einwandfrei wirkte. Wie groß die Einbuße tatsächlich war, zeigte sich bald, denn nach anfänglicher Einschüchterung kümmerte sich schon nach kurzer Zeit niemand mehr um die großen Verfügungen.

Mit dem Versuch, einheitliches Münzrecht zu schaffen und auch durchzusetzen, hatte der Kaiser aber überraschenden Erfolg. Während sein Vater Pippin aus einem Pfunde Silber die Prägung von zweiundzwanzig Solidi allgemein gestattet hatte, ohne der Krone gleichzeitig das Münzmonopol zu sichern oder gar die Ausprägung unter Kontrolle zu stellen, verbesserte Karl nun diesen Münzfuß auf zwanzig Solidi und ließ die Herstellung von Münzen ausschließlich auf die Prägeanstalten seiner Pfalzen beschränken. Damit beseitigte er endlich das Grundübel dauernder Münzverschlechterungen, unter dem die lebhafte Handelstätigkeit im Frankenreich seit Jahrzehnten gelitten hatte. Fortan sollten nur noch die kaiserlichen Solidi und Denare mit der Inschrift *„Christiana religio",* also etwa „Gottesstaat", Geltung haben. Aber die Außerkurssetzung des bisherigen Geldes machte die größten Schwierigkeiten und war mit sofortiger Wirkung gar nicht durchzuführen. Das Problem beschäftigte sogar Kirchenkonzile, weil Bestimmungen darüber getroffen werden mußten, ob ein Meineidsdelikt vorliege, wenn bei Beschwörung von Kaufverträgen die eine Partei die alte, die andere die neue Währung im Auge gehabt habe. Karl traf im Kampf gegen diese Währungskrise seine Maßnahmen mit überraschendem Verständnis für die Kernfrage des inflationistischen Problems. Der Begriff „Solidus gleich Solidus" wurde als Wucher gebrandmarkt; die Krone war ja nicht verschuldet! Geldverleiher durften die Rückzahlung ihrer Darlehen in der neuen Währung nur so weit fordern, als der Rückzahlungswert der Darlehnssumme auch entsprach. Um hierüber keinerlei Meinungsverschiedenheit aufkommen zu lassen, sollten künftig an Stelle von Münzen nur noch Sachwerte, vor allem Vieh und Getreide, zurückgegeben werden.

Diese äußerst populäre Münzreform wurde durch die zunehmende Ergiebigkeit der thüringischen Silberbergwerke und die steigenden Goldzufuhren aus Italien ermöglicht. Dennoch war die Münze praktisch nur der zuverlässige Vergleichswert für Handelswaren aller Art; der Bestand an Edelmetall reichte bei weitem nicht aus, um den Handel zu befriedigen, zumal mit Schmuck und Prunkgefäßen aus Edelmetall großer Luxus getrieben wurde. Da man den Begriff des Papiergeldes aber nicht kannte, trat an seine Stelle ein von Karls Regierung ausgearbeitetes Werttarifsystem für alle Gebrauchsgüter, das aber nur dann praktischen Sinn hatte, wenn die Währung stabil und Gewichte und Waagen amtlich kontrolliert waren. In enger Verbindung mit der Münzreform stand daher die Aufstellung von geeichtem Wiegegerät an den Märkten der kaiserlichen Pfalzen. Diese Maßnahme hatte so großen Erfolg, daß man noch viele Jahrhunderte später eine ehrliche Gewichtsermittlung *„mit Karls Lot wiegen"* nannte.

Auf ein generelles Verbot, Zinsen zu nehmen, verzichtete der Kaiser, so populär es auch gewesen wäre; er erkannte, daß alsdann ein Darlehnsgeschäft überhaupt erlöschen müsse. Um aber auch in dieser bedeutungsvollen Frage seinen Einfluß fühlen zu lassen, setzte er offiziell die Begriffe Zinsnehmen und Wuchern gleich, schob aber den Kampf gegen den Wucher ausschließlich der Kirche zu. Diese verbot aus religiösen Gründen den Gläubigen nun alle Geldgeschäfte mit Ausnahme von Renten- und Wechseltransaktionen, an denen sie selbst stark interessiert war. Da ihr aber die kaiserliche Autorität und der Einsatz der weltlichen Machtmittel fehlte, blieb ihre Bemühung ohne rechten Erfolg. Immerhin erreichte man eine Art Diffamierung des zinsenwuchernden Christen, spielte aber auf diese Weise das einträgliche Geldgeschäft den im Frankenreich zahlreich angesiedelten jüdischen Kaufleuten in die Hände, die sich um die Kirche nicht zu kümmern brauchten. Karl hatte dagegen nichts einzuwenden, denn er erkannte die Bedeutung eines leistungsfähigen Bankgewerbes für das Wirtschaftsleben im Gottesstaat. Außerdem waren mit der Ausbreitung des Judentums ansehnliche Einkünfte für die Krone verbunden. Für die ungehinderte Ausübung seines Berufes und die Berechtigung zur Ansiedlung im Frankenreich hatte der jüdische Kaufmann nämlich eine Sondersteuer, das sogenannte *„Judenregal"*, zu entrichten. Dafür erwarb er den kaiserlichen Schutz. Je mehr er zahlte, um so fester konnte er sich im Kaiserreich verankern. Karl verbriefte den Israeliten sogar den Besitz von Grund und Boden, Weinbergen, Äckern, Salinen und Mühlen. Selbst der größte Antisemit der Karolingerzeit, Bischof Amulo, hatte nichts gegen die Tatsache jüdischen Grundbesitzes einzuwenden, sondern wandte sich nur dagegen, daß Christen für Juden Tagelohn ableisteten. Diese Auffassung setzte sich teilweise durch, indem den Israeliten das Halten christlicher Sklaven verboten wurde; sie mußten heidnische aber freilassen, sobald diese die Taufe nahmen, wodurch ihre wirtschaftliche Tätigkeit stark gehindert wurde.

Gegen Auswüchse ging der Kaiser sehr energisch vor. Aufs strengste wurde den Juden untersagt, Christen als Unterpfand für gegebene Darlehen in Sicherheitsverwahrung zu nehmen; auch durften sie bei Kreditgeschäften Kirchengerät nicht beleihen. Das fast ausschließlich in Judenhänden liegende Reliquiengeschäft wurde auf den Import aus Italien oder Palästina beschränkt; in einem Rundschreiben an *„Unsere Bischöfe, Äbte und Äbtissinen"* empfahl der Kaiser, die Kirchenschätze sorgfältiger zu beaufsichtigen, damit *„wegen Untreue oder Unachtsamkeit der Wächter von den kostbaren Gemmen, Vasen oder sonstigen Schätzen"* nichts verlorenginge. Es sei ihm nämlich zu Ohren gekommen, daß jüdische Kaufleute sich rühmten, sie könnten alles, was sie wollten, von den Kirchenkämmerern kaufen.

Nebenbei schaffte die Krone sich ergiebige Einnahmequellen. Das Münzmonopol, der Zwang, die auf den Kaiserpfalzen aufgestellten Wiegegeräte zu benutzen, und damit verbunden die natürlich gebührenpflichtige Abhaltung von Märkten waren schon einträglich genug. Darüber hinaus wurde jetzt aber auch nach dem Muster des Judenregals ein allgemeines Fremdenregal eingeführt, das nicht nur diesen eine Sondersteuer auferlegte, sondern auch deren Besitz im Todesfalle, ganz gleich, ob Erben vorhanden waren oder nicht, als der Krone verfallen erklärte. Durch die im Zusammenhang mit dem nunmehr gesetzlich geregelten Königsbotensystem wesentlich gesteigerte Gerichtstätigkeit gewannen auch die daraus fließenden Gebühren erhöhte Bedeutung. Der Kaiser erhob nach uraltem Volksrecht Anspruch auf alles Brachland, das noch nicht in private Benutzung genommen war, und verfügte: *„Wo immer geeignete Leute zum Roden sich finden, da gebe man ihnen Wald, auf daß unser Besitz sich mehre!"* Die Neuaneignung von Wäldern, Wiesen, Äckern, ja selbst die Jagdausübung war den Untertanen nun aufs strengste untersagt.

Das große wirtschaftliche Aufbauwerk wurde schließlich durch Aufstellung einer Ausfuhrliste abgeschlossen. Der Export von Waffen und Korn erfuhr grundsätzliches Verbot. Auch der internationale Sklavenhandel mußte sich im Zeichen des durch die unaufhörlichen Kriege immer fühlbarer werdenden Mangels an Arbeitskräften erhebliche Einschränkungen gefallen lassen. Christliche Sklaven durften nun überhaupt nicht mehr ausgeführt werden, das ganze Geschäft wurde also praktisch auf den Transitverkehr mit heidnischen begrenzt. Alle freigestellten Erzeugnisse hatten beim Verbringen über die Landesgrenze erhebliche Zollgefälle an die Krone zu entrichten. Es waren dies Kleidungsstücke, Lederzeug, Pelzwerk, flämische Wolle, thüringische Webstoffe, Arbeiten aus Glas und Metall, Glocken, Bleiplatten für Bedachungszwecke; auch die starkknochigen fränkischen Pferde und die wilden Jagdhunde waren im Auslande sehr begehrt. Durch das Waffenausfuhrverbot erlitt ein Gewerbe, das als erster Keim industrieller Produktion bezeichnet werden kann, die Stahlgießereien, empfindliche Einbuße. Die Xantener Jahrbücher berichten von schon damals vorhandenen Schmelzöfen; auch haben sich Nachrichten aus Dänemark erhalten, daß die skandinavischen Krieger am liebsten Schwerter aus den Rheinlanden trugen. Dagegen wurden neben Reliquien und Orientprodukten vor allem aus England Stahlwaren und Stoffe eingeführt – *„nach unserer Machart hergestellt"* – und die sogenannten schottischen Mäntel, die allgemein Mode waren. Als man im Frankenreich aber an kleidsamen kurzen Röcken aquitanischer Herkunft Gefallen zu finden begann, schnitten die Schotten, um ihr Geschäft besorgt, ihre berühmten Mäntel nunmehr auch kurz, ohne allerdings den Preis dafür zu senken. Das ließ Karl, der für Modeangelegenheiten keinen Sinn hatte, sich aber nicht gefallen und verbot schließlich, nachdem eine Beschwerde beim König Offa von Mercia nichts genutzt hatte, die Einfuhr ganz. Denn: *„Wozu sind diese Lappen gut? Im Bett kann ich mich nicht mit ihnen zudecken, zu Pferde schützen sie mich nicht gegen Wind und Regen, und wenn mich ein natürliches Bedürfnis ankommt, verfrieren mir die Beine ..."*

Zur wirksamen Kontrolle der Ein- und Ausfuhr mit gesicherter Zollerhebung wurde eine großzügig entworfene Grenzüberwachung eingerichtet. An der bisher offenen Ostgrenze des Reiches bedeutete dies etwas vollkommen Neues. Der Linie Bremen-Regensburg-Lorsch an der Donau folgend, erhoben sich nun kaiserlich-fränkische Zollhäuser; das ganze Gebiet wurde in Zolldirektionen aufgeteilt. Dem Schmuggel ging man mit drakonischen Strafen zu Leibe; die konfiszierte Ware fiel zur Hälfte an die Krone, zu je einem Viertel an die Zollkommissare und die Denunzianten.

Prestigepolitik

Trotz all dieser auf die Bereicherung der Krone abzielenden Maßnahmen gewann Karl persönlich aber kaum nennenswerten Vermögenszuwachs. Es kam ihm nur darauf an, sich einen großen Fundus zu sichern, um ihn in kaiserlichem Großmut auch wieder verschenken zu können. Insbesondere galt dies für Landbesitz, der, an seine „Militäranwärter" zu Lehen gegeben, dazu dienen mußte, den nationalen Gedanken der kaiserlich-fränkischen Staatsidee zu vertiefen und die Wehrfähigkeit des Volkes zu verstärken. Altes Erbland der Krone, wie Karl es von seinen Vorfahren übernommen hatte, sollte von jeder Weiterbelehnung ausgeschlossen sein. Karl betrachtete es als unveräußerlichen Stock seines Familienbesitzes, als reines Privatvermögen ohne jede fiskalische Note. Damit gab er zu erkennen, daß er den ihm kraft seiner kaiserlich-königlichen Rechte ständig zuwachsenden Besitz anders bewertete, etwa als eine Art „Dispositionsfonds", den er im Staatsinteresse zu verwalten hatte. Im Zusammenhang mit den unaufhörlichen Kriegen wuchsen auch die Versorgungsansprüche der Veteranen in stärkerem Umfang, als Kriegsbeute dafür zur Verfügung stand. Da die Krone dafür aufzukommen hatte, mußte sie in eine bedrohliche Lage geraten, wenn ihr Besitzzuwachs mit dieser Entwicklung nicht Schritt halten konnte. Erst als letzte Reserve, wenn keine anderen Mittel mehr zur Verfügung waren, durfte das Erbgut herhalten, was Karl und seine Vorfahren aber ihr Leben lang zu vermeiden verstanden hatten. Während seinem Großvater Karl-Martell dies aber nur gelungen war, indem er einfach auf die „Tote Hand" zurückgriff, konnte sein Vater Pippin schon besser wirtschaften und auf die Fortsetzung dieser Gewaltpolitik schließlich verzichten. Karl, der die Mitarbeit der Kirche dringend brauchte, entschädigte sie nicht nur in seinem großen Gesetz von Heristal, indem er sie für den geraubten Besitz mit Bodenrente und Zehnten und Neunten abfand, er erwarb darüber hinaus genügend Neuland, um seinen Verpflichtungen nachzukommen. Aber schon unter seinem Nachfolger, Ludwig dem Frommen, wurde dies bald anders. Seine Zeitgenossen stellten es als Zeichen bedenklichen Verfalles fest, daß er Güter verschenke, die schon seinen Urahnen gehört hatten.

Für einen um die Anerkennung seiner Kaiserwürde bemühten Volkskönig wurde die Sorge um ausreichendes Lehensland, im Zeichen zunehmender Verarmung und wachsender Unzufriedenheit seines Volkes, doppelt vordringlich. Hatte der „Primus inter pares" vielleicht noch mit einem gewissen Verständnis bei unzureichender Versorgung rechnen können: für den „von Gott gekrönten Augustus" durfte es keine erkennbaren Schwierigkeiten geben. Die mit großen Hoffnungen begonnene awarische Mission erwies sich bald als Fehlschlag, da die mit der Heidenbekehrung vor allem erstrebte Erschließung neuen Siedlungslandes infolge des in schlechter Kultur stehenden, bislang von Nomaden bewohnten Gebietes nur in geringem

Umfang ausgenutzt werden konnte. Awarisches Lehensland war wenig begehrt, zumal der sagenhafte Awarenschatz ja inzwischen gehoben war. Aber auch der fruchtbare säxische Grund erfreute sich wegen der dort noch immer aufschwelenden Unruhen nur geringer Beliebtheit. Jeder fränkische Lehnsmann trug dort seine Haut zu Markte. Trotz der Strafexpeditionen und brutalen Abtransporte der Bevölkerung war der Kleinkrieg immer noch nicht erloschen.

Da blieb kein anderer Weg als gewaltsame Annexionen. Karl gab daher zunächst dem Aquitanerkönig Ludwig den Befehl, ad majorem Dei et Augusti gloriam nun endlich die spanische Nordmark mit ihren reichen Städten, vor allem dem widerspenstigen Barcelona, fränkisch zu machen, damit, im Zeichen des Gottesstaates, die *„unter dem Joch des Unglaubens schmachtenden christlichen Brüder"* endlich erlöst würden. Alle früheren Versuche, die Schlappe von 778 wieder gutzumachen, waren bislang gescheitert, nicht zum mindesten deshalb, weil die „schmachtenden christlichen Brüder" sich unter der sarazenischen Herrschaft durchaus wohl fühlten und von den Franken nichts wissen wollten. Nach schweren Kämpfen – Ludwig war vorsichtshalber diesseits der Pyrenäen geblieben – gelang seinen tüchtigen Generalen schließlich der große Wurf. Schon hatte Karl auf die dringenden Notschreie seines Sohnes vom Rhein aus die bewährte „Scara francisca" unter seinem Ältesten in Marsch gesetzt, weil durch den entschlossenen Widerstand der geschickt geführten Sarazenen eine vernichtende Niederlage der Franken und damit die Öffnung der Südwestgrenze des Kaiserreiches befürchtet werden mußte: da fiel durch Verrat der kühne Sarazenenführer in die Hände der Franken, und der ganze Widerstand brach zusammen. Barcelona wurde endlich im Sturm genommen. Der schon auf Flucht bedachte Ludwig setzte sich nun den Siegeslorbeer aufs Haupt, machte, daß er an die Front kam, und zog als siegreicher Streiter Gottes unter Glockengeläut und Hosiannarufen in die endlich eroberte Stadt.

Für die Befestigung des neuen Kaisertums war dieser Waffenerfolg von großer Bedeutung. Man konnte mit Recht darauf hinweisen, daß Gott mit den Franken gewesen war und endlich ihrem Kaiser das gewährt hatte, wonach der König vergeblich gestrebt. Die Ausbreitung des katholischen Glaubens war um ein bedeutsames Stück vorgerückt und auch der materielle Erfolg der ganzen Aktion beachtlich. Da er aber höchstens hinreichte, um das am Kampf unmittelbar beteiligte aquitanische

Heer für seine Mobilmachungskosten zu entschädigen, mußte nunmehr auch an der Ostgrenze des Reiches etwas unternommen werden.

So wurde König Karl beauftragt, von Norden, Nordwesten und Westen einen konzentrischen Angriff auf Böhmen auszuführen. Als Kriegsgrund wurde angegeben, die dermaleinstige Niederlage der Franken bei Wogastisburg, die sie noch unter den Merowingern von den Czechen erlitten hatten, sollte jetzt endlich gerächt werden. Das Ganze war aber mehr eines der von Karl beliebten strategischen Manöver zur Beschäftigung der ostfränkischen Armee als ein Krieg, denn mit nennenswertem Widerstand brauchte nicht gerechnet zu werden. Es kam auch nicht darauf an, dieses von einer verschüchterten und unkriegerisch gewordenen Bevölkerung slawischer Rasse bewohnte Land zu „erobern", sondern lediglich darauf, einen neuen Erfolg der kaiserlich-fränkischen Waffen zu konstruieren. Das schwierige Aufmarschmanöver glückte vollkommen und erwies, wie seinerzeit bei der Demonstration gegen Tassilo von Bayern, die vortreffliche Schulung des fränkischen Generalstabes. Die Heeresgruppen vereinigten sich befehlsgemäß, nachdem sie das Land gründlich verwüstet, die Bevölkerung hingemordet und, was irgend zu plündern war, an sich genommen hatten, bis nach zwei Monaten ernsthafte Verpflegungsschwierigkeiten entstanden und kehrtgemacht werden mußte. „Wie Lerchen" reihte man die kleinen Böhmen auf die Lanzen. „Es war Wurmzeug, sieben oder acht spieß' ich auf und trug sie umher, weiß nicht, was sie dazu brummten; es lohnte sich nicht, daß der Herr König und wir gegen solches Gesindel das Stahlhemd anzogen", so berichtete ein Held von diesem Krieg an der kaiserlichen Tafelrunde.

Das Ende Altsaxens

Wenn das Ansehen des Kaisers durch diese Erfolge sich nun auch zunehmend befestigen konnte: das entscheidende Problem, die Ansprüche der Versorgungsberechtigten endlich erfüllen zu können, war ungelöst. Hier gab es jetzt nur noch das letzte Mittel, das große säxische Gebiet, das vom Rhein bis weit hinter die Elbe, von der Nordsee bis an die Grenze Thüringens reichte, besiedlungsfähig zu machen. Das hieß praktisch, den dort immer wieder aufglimmenden Nationalismus endgültig mit Hilfe aller nur denkbaren Gewaltmaßnahmen auszutreten. Das Blutgericht von Verden zu wiederholen, hatte Karl allerdings nach dessen unerwünschten Folgeerscheinungen keine Lust. Er suchte vielmehr, seinem Prinzip getreu, nach „legalen Methoden". Der Gegensatz zwischen dem mittlerweile völlig fränkisierten säxischen Hochadel und der Masse des Volkes hatte sich derart zugespitzt, daß sein Einfluß stumpf und dieses Instrument in der Hand des Kaisers unbrauchbar geworden war. Der Terror der fränkischen Verwaltung, der durch die Habgier der Missionare um jedes Ethos gebrachte religiöse Einfluß der Kirche, das beschämende Schauspiel des die fränkischen Geschäfte besorgenden eingesessenen Adels: alle diese das Volk täglich in seinem Stolz bis zur fanatischen Verzweiflung verletzenden Tatsachen ließen Karl erkennen, daß es jetzt gute Zeit war, die letzten Kraftreserven einzusetzen. Die in den letzten Jahren geübte Methode der Zwangsdeportation nationalistisch verdächtiger Elemente mußte, ins Summarische ausgeweitet, nicht allein die Unruheherde ein für allemal vernichten, sondern vor allem auch weite Gebietsstrecken für die Ansiedlung der fränkischen Militäranwärter freimachen; und darauf kam es an.

Da es aber dem geltenden Rechtsgefühl widersprach, die fürchterliche Strafe der Deportation über ganze Gemeinden zu verhängen, wenn denselben kein anderes Verschulden nachzuweisen war, als die Heimat vereinzelter Rebellen zu sein, galt es, die rechtliche Grundlage für die Durchführung dieser „Befriedungs"-Methode auf brauchbare und schlüssige Weise anderweitig zu konstruieren. Beteiligungen an Überfällen, heidnischen Exzessen, ja, dem ganzen Hin und Her des Kleinkrieges waren nur schwer und höchstens in Einzelfällen nachzuweisen. Man mußte daher dem Problem von der politischen Seite beizukommen suchen, indem man jede antifränkische Gesinnung, jeden freiheitlichen Individualismus auf den Generalnenner staatsfeindlicher und damit strafwürdiger Einstellung brachte. Der Begriff „nationale Zuverlässigkeit" wurde mit der Aufgabe jeglichen säxisch-stammverbundenen Empfindens gleichgesetzt. Wer nicht fränkisch denken, fränkisch beten und fränkisch dienen wollte, mußte zum Staatsverbrecher gestempelt und deportiert werden.

Zur Durchführung dieser Absicht bedurfte es einer allgemeinen Feststellung, wer das Prädikat „national zuverlässig" erwerben wollte; die Bedingungen mußten aber von vornherein für den störrisch-deutschen Menschen unannehmbar lauten, damit nur der im Lande verbleiben konnte, der der fränkischen Sache gewonnen war. *„Auf daß sie, mit den Franken vereint, ein Volk mit diesen bildeten"*, lud der Kaiser nunmehr den säxischen Hochadel in seine Pfalz nach Selz, um ihm mitzuteilen, unter welchen Bedingungen er einer Anzahl im Vorjahr nach Mainz gebrachter Deportierter eine Erleichterung ihres Loses in Aussicht gestellt habe. Sofern sie die christliche Lehre mit allen ihren Einrichtungen, also auch dem verhaßten Zehnten, anerkennen, den Glauben an die angestammten Götter vollständig ablegen und sich rückhaltlos vor der fränkischen Krone als oberster Souveränität beugen wollten, so sei er bereit, sie als gleichberechtigte Franken im Reichsgebiet anzusiedeln und ihnen alle anderen Lasten, wie Kriegstribute und sonstige persönliche Dienstbarkeiten, zu erlassen. Wenn sie sich weigerten, so würden sie einzeln als Sklaven auf die Grundherrschaften und Klöster verteilt. Der Kaiser konnte seinem Bericht hinzufügen, daß man diese seine gnadenreiche Milde anerkannt und bis auf wenige Ausnahmen auf der geschilderten Grundlage eine Vereinbarung geschlossen habe. Die Versammlung der hochgeborenen Führer des säxischen Volkes habe nunmehr zu entscheiden, ob dieser Friede für alle Stämme Gültigkeit erlangen und damit Gesetz werden solle. Es sei selbstverständlich, daß alle, die sich etwa dagegen auflehnten, als Staatsverbrecher behandelt und ihres Besitzes ledig erklärt werden würden. Gleichzeitig ließ er durchblicken, wie er sich die Verwaltung des alsdann der fränkischen Herrschaft unlösbar eingegliederten Landes denke. Er beabsichtige, sich vor allem auf die Dienste der hier Versammelten zu stützen, und wolle auch die neu zu gründenden Bistümer Paderborn, Münster und Bremen mit saxenstämmigen Persönlichkeiten besetzen.

Es erhob sich kein Widerspruch. Die „berufenen Vertreter" ihres Volkes ratifizierten die im Mainzer Konzentrationslager zustande gekommenen Vereinbarungen *„unter den vom König vorgetragenen Bedingungen"* und erhoben sie zum Landesgesetz. Karl hatte jeden Hinweis auf seine römische Cäsarenwürde vorsichtshalber beiseite gelassen; er konnte ja nicht wissen, ob nicht doch noch ein atavistisches Erinnern an die Zwingherrschaft römischer Imperatoren in den Köpfen der Versammelten lebte, die dermaleinst im Teutoburger Wald endgültig vernichtet worden war.

Saxen und Franken waren nun staatsrechtlich „ein Volk" geworden, Wuotan und Saxnot endgültig im christlichen „Gottesstaat" untergegangen. Die von den Versammelten auch für ihre

Erben als verbindlich erklärte Anerkennung der fränkisch-karolingischen Souveränität schuf die gesetzliche Grundlage zur freiwilligen und überzeugten Mitarbeit künftiger Generationen, gleichzeitig aber auch den Kraftboden, aus dem hundert Jahre später die deutsche Nation entsprossen ist.

Aber die deutsche Geschichte beginnt mit dem Friedensvertrag von Selz am Rhein im Jahre achthundertdrei nach Christi Geburt, als ein deutscher Adel sich unwiderruflich mit dem land- und artfremd gewordenen Franken verband. An ihrem Anfang steht die Ausrottung einer national empfindenden Volksgemeinschaft, die zu stolz war, sich einem verhaßten, fremdstämmigen Eroberer zu beugen.

Denn der römische Kaiser fränkischer Nation geht nun im Schatten seines klug erworbenen Rechtstitels schonungslos vor, um für seine Siedler Raum zu schaffen. Die Ostarmee besetzt das Land. Die kaiserlichen Kommissare verlesen den Friedensvertrag und „befragen das Volk". Erwartungsgemäß erhebt sich flammender Protest. Da wird das Heer zur Polizei. Männer, Frauen, Kinder, Greise werden zusammengetrieben, wer sich wehrt, sofort erschlagen. Die fränkischen Landsknechte machen ganze Arbeit. Sie gehen so gründlich vor, daß sie sich schließlich überhaupt nicht mehr um die Farce des „Plebiszit" kümmern und auch die vereinzelten „Kaisertreuen" nicht verschonen. Darüber gibt ein Bittgesuch unzweideutigen Aufschluß, das dreißig Jahre später der Sohn eines fränkischen Gaugrafen säxischer Abstammung an Ludwig den Frommen richtete: *„Unser Vater hieß Richard, unser Ohm Richolf, beide waren Saxen, und ihr Erbe lag im Saxenland. Während sie aber im Dienste Eures Vaters, des Herrn Kaiser Karl seligen Angedenkens, standen, plünderten ihre Verwandten und Gaugenossen, des Christentums wegen über sie erbost, räuberisch alles, was sie in ihren Händen an erworbenem Gut hatten, weil sie sahen, daß dieselben am christlichen Glauben festhalten und ihn durchaus nicht verleugnen wollten. Dann geschah es, daß der Herr Kaiser meinen Oheim Richolf als Königsboten über die Elbe schickte mit den Nachbenannten: nämlich Graf Rorich, Graf Godescalc, Graf Had und Garich, die sämtlich dort wegen der christlichen Lehre ermordet wurden. Auf die Kunde hiervon eilte mein Vater Richart, dies dem Herrn Kaiser zu berichten. Während er unterwegs war, wurde meine Mutter geraubt und gegen Bürgschaft festgehalten. Alles, was an Wertsachen und beweglichem Gut vorhanden war, nahmen die Räuber als Beute mit sich. Mein Vater schlich sich sofort heimlich zurück und befreite die Mutter,*

heimlich wie ein Dieb. Und floh mit ihr in den Gau, der Marst-
harn heißt, auf das mütterliche Erbe. Hier blieb er, bis auf Befehl
des Herrn Kaisers die Saxen, als die Auswanderung aus dem Lan-
de erfolgte, schubweise weggeführt wurden. Damals wurden mit
ihnen auch meine Eltern abgeführt. Als sie dann so lange, fortge-
rissen von ihrem Grund und Boden, in der Verbannung leben
mußten, starb mein Vater. Es blieb nur meine Mutter, ich und mei-
ne Schwester. Noch leben wir drei durch Gottes Erbarmen. Aber
zu unserem väterlichen Erbe sind wir nicht gekommen. Deshalb,
frömmster Kaiser, laßt auch uns Hilfe angedeihen und geruhet
durch Eure Getreuen wenigstens das feststellen zu lassen, ob es
mit Recht uns gehört oder nicht. Noch können viele Zeugen aus je-
nen Gauen über die Sache vernommen werden, um die Wahrheit
ans Licht zu bringen, o mildester und erlauchtester Kaiser!"

Aber noch einmal glänzt ein letzter Hoffnungsschimmer auf,
als wolle Saxnot der Saxen Not nicht dulden. Schon ist das kaiserliche Lager abgebrochen, da erscheinen auf der Elbe dänische Schiffe und an beiden Ufern ihre Reiter, an deren Spitze
man den jungen Helden, König Göttrik, erkennt, den Neffen Widukinds. Aber die Franken stehen sofort in Waffen. Und als die
Dänen anfragen, warum ihre Anverwandten in die Knechtschaft abgeführt würden, erteilt Karl die schneidende Antwort,
man solle die Flüchtlinge ausliefern, oder es drohe ihnen das
gleiche Geschick. Da drehen Schiffe und Reiter wieder um;
aber er werde wiederkommen, ruft Göttrik, und nicht ruhen,
bis die Frankenbrut mitsamt ihrem Christengott vernichtet, bis
Saxnot gerächt sei!

Der lange Zug des Elends, mehr als zehntausend von ihrem
angestammten Besitz, aus Götterhain und Märchenwald geris-
sene Menschen, muß nun den Weg in die Knechtschaft gehen.
An seiner Spitze reitet Karl, *„der siegreiche Imperator nach Hause, nachdem er das ganze Saxenvolk zu Boden geworfen hat".* Jenseits des Rheins werden die Gefangenen in Konzentrationslager gebracht und alsdann auf das weite Reichsgebiet verteilt,
um Brachland zu erhalten, das die Franken nicht haben wollten. Noch heute zeugen die auf „hausen" endenden Ortsnamen
in Deutschland, wie vor allem die vielen „Sachsenhausen", von
jenen Schreckenstagen, als die Volksgemeinschaft der letzten
Altgermanen unter der staatsbildenden Eisenfaust eines Gi-
ganten verlöschen mußte.

Aber es gibt in dem kurzen Abschnitt der „Naturgeschichte
des Menschen", den man „Geschichte" nennt, keine Sentimen-
talität, die nicht zugleich den Niedergang einer Volksgemein-

schaft kündet. Berichte von großen Persönlichkeiten handeln immer von zweckmäßig angewandter Gewalt. Altsächsische Art mußte vergehen, wenn die fränkische leben wollte. Hätte die Faust des Würgers sie nicht gemeistert: der Ansturm einer neuen germanischen Woge wäre bald über die Dämme des jungen Christentums in Nordeuropa hinweggeflutet; dasselbe Spiel hätte von neuem begonnen, das den Merowinger Chlodovech nach Westen trug. Wie der wilde Stamm der Franken vor dreihundert Jahren die Reste christlichen Römertums und die gotische Volksgemeinschaft zerstörte, so wären nun die Saxen, unerschöpflich in ihrer Volkskraft, die Herren Europas geworden, bis auch sie, von der mystischen Zaubergewalt des Evangeliums geschlagen, den Weg der andern vor ihnen gegangen wären, der Goten, Langobarden, Vandalen und wie sie alle hießen.

Oder waren gerade diese naturverbundenen Kindermenschen doch von anderer Art? Hätte aufrauschende Saxenkraft den Siegeslauf der „Frohen Botschaft" aus Judäa aufhalten und die heutige Welt im Zeichen Wotans errichten können? Fragendes Spüren weist in tragische Tiefe, die sich im Dunkel verblichener Möglichkeiten verliert.

Der erbitterte Auslesekampf zwischen Walhall und Christengott, zwischen bodenverwachsenem Opfermut und rechnender Gewalttätigkeit ist von den Christen endgültig gewonnen worden ...

Bemühungen um Byzanz

Die große säxische Provinz war nun für die fränkische Besiedlung frei. Aber das fast schemenhafte Auftauchen der Dänen ließ doch erkennen, daß man jenseits der Elbe so bald nicht Ruhe haben werde. Die verödeten Ländereien, wo bisher die säxischen Transalbinger gesessen hatten, waren wenig begehrt. Karl entschloß sich daher, dieses Gebiet zur Abfindung seiner slawischen Bundesgenossen, der Obotriten, zu verwenden; einen ihrer ihm zuverlässig ergebenen Fürsten, Thrasko, machte er zu ihrem König und schuf damit eine Art von „Pufferstaat", dessen Bewohner sogar bei ihrer heidnischen Religion bleiben durften. Damit gab er seinen formellen Verzicht zu erkennen, die Ostgrenze des Gottesstaates über die Elbe auszudehnen. Die künftigen Ereignisse an der dänischen Grenze bestätigten bald die Richtigkeit dieser Maßnahmen. Göttrik empfand die slawische Nachbarschaft dort, wo seine Vettern seit Jahrhunderten gelebt hatten, als unerträgliche Schmach. Es kam zu blutigen Kämpfen; der slawisch-fränkische Handelsplatz Rerik wurde von den Dänen fortgenommen, Thrasko vertrieben, sein Nachfolger gefangen und öffentlich aufgehängt. Da der Dänenkönig sich aber noch nicht stark genug fühlte, auch mit den Franken anzubinden, zog er sich nach diesen Geschehnissen wieder zurück und begann seine Landesgrenze durch eine gigantische Befestigung, den „Danrik", zu schützen. Hinter diesem Grenzwall, der nur ein einziges Tor hatte, ging er nun in Ruhe an die Aufstellung einer Armee und Flotte, um im guten Augenblick seinen Racheschwur zu erfüllen.

Erst jetzt war der dreißigjährige Krieg mit den Saxen wirklich beendet, und die Schar der fränkischen Siedler überflutete das Land. Die Krone war von ihrer schwersten Besorgnis befreit, weil sie nun in leuchtendem Großmut ihren Versorgungsverpflichtungen gerecht werden konnte. Die lärmende Unzufriedenheit der Standesherren, die sich von der Ausweitung des Volkskönigtums ins Cäsarisch-Imperiale Privatvorteile versprochen hatten, mußte sich nun mehr und mehr bescheiden. Der kaiserlichen Machtentfaltung war nichts anzuhaben, weil sie wirklich nichts anderes bedeuten zu wollen schien als einen glanzvollen Aufputz. Die nun aus kaiserlicher Machtvollkommenheit verfügte Errichtung der säxischen Bistümer, der neue Verkehrston mit Rom überhaupt, ließ zudem darauf schließen, daß der von Gott Gekrönte sich auch in Kirchenangelegenheiten nur nach dem eigenen Willen richtete.

Als man ihm mitteilte, in Mantua habe ein Heiligenbild Blut ausgeschwitzt, gab er dem Apostelfürsten kurzerhand den Befehl, sich über dieses sensationelle Wunder an Ort und Stelle zu informieren. Leo benutzte diese *„willkommene Gelegenheit, sich aus Rom zu entfernen"*, ausgiebig, wie es im Papstbuch heißt; von Mantua reiste er weiter bis nach Mainz, um dem Kaiser seine Aufwartung zu machen, von dem er ja wußte, daß er römischen Boden nicht betreten würde.

Karl zeigte ihm aber sehr deutlich die kalte Schulter. Nach kurzem Empfang, währenddessen er allerdings, gleichsam „aus erster Hand", sich Absolution erteilen ließ, reiste er nach Aachen ab und schickte den Heiligen Vater ans Krankenbett seiner Schwester Gisela nach Paris.

Diese demonstrative Geringschätzung erreichte durchaus den gewünschten Zweck: man erkannte mit einschüchternder Deutlichkeit, daß der fränkische Volkskönig seine kaiserliche

Herrlichkeit populär zu machen verstand und mit dem Stellvertreter Christi umspringen konnte, wie er wollte. Das Haupt der Christenheit saß jetzt in Aachen und nicht mehr in Rom.

Vor seinen Franken hütete Karl sich aber, den Kaiser zu spielen. Seine Herrscherwürde fügte sich immer fester; er brauchte sich nicht mit dem Pathos byzantinischer Unnahbarkeit zu umgeben. Er blieb der schlichte Mann im Schafspelz, der nur dann kaiserlichen Pomp entfaltete, wenn es galt, die Volksgemeinschaft zu repräsentieren. Die Kaiserkrone trug er nur international. Der Abstand zu den Seinen durfte sich nicht vergrößern. Sie sollten seine „kaiserlichen Paladine" sein, wenn der Augenblick es erforderte, am Alltag aber nichts als „die Großen des Reiches", wenn er wieder einfach König war.

Nach der nun beendeten territorialen Abgrenzung des Gottesstaates blieb das einzige Ziel der fränkischen Außenpolitik die allgemeine Anerkennung des okzidentalen fränkischen Kaisertums. Wenn sie sich aber dennoch jetzt daran machte, in Venetien Fuß zu fassen, so sollte das nicht als Expansion, sondern nur als Druckmittel gegen die eisige Zurückhaltung des Griechenkaisers Nikephoros aufgefaßt werden. Staatsrechtlich gehörten diese Dalmatien und Istrien umfassenden Gebiete zu Byzanz, praktisch waren sie stark genug, sich wenig darum zu kümmern.

Aber die Strahlen der abendländischen Kaiserwürde überfluteten nun auch schon den Mittelmeerraum mit hellerem Licht als die Sonne am Bosporus, die sich mehr und mehr zum Untergang neigte. So mußte es in jenen Grenzgebieten unruhig werden, wo die beiden Interessenkreise des Okzidents und Orients sich zu überschneiden begannen. Aus Pavia ließ man es nicht an freundschaftlicher Ermunterung fehlen; das fränkische Patriarchat von Aquileja machte seinen geistlichen Einfluß immer fühlbarer im gottesstaatlichen Sinne geltend, so daß die venetianische Kirche bald allgemein fränkische Färbung annahm. „Christiana religio" und Byzantinismus waren unvereinbare Gegensätze.

Als daher der griechische Patriarch von Grado, jener Fortunatus, seinen Besuch am Großhof wiederholte, um nunmehr als erwählter Führer der fränkischen Partei das Patronat des Gottesstaates über seine Heimat zu erbitten, sah man willkommene Gelegenheit, die reichen Gebiete als Faustpfand gegen Byzanz in die Hand zu bekommen. Man verstand es sogar, solche hochverräterische Absicht ethisch-traditionell zu glätten, indem man sich alsbald an die Freiheitskämpfe der Venetianer gegen den Griechenkaiser Leo, den Isaurier, vor fünfundsiebzig Jahren erinnerte; das Volk, das sich damals in seiner römisch-katholischen Bedrängnis um den großen Papst Gregor III. geschart hatte, um allerdings bald der byzantinischen Macht wieder zu erliegen, sollte nunmehr im Schoß des Gottesstaates besser aufgehoben sein.

Fortunatus konnte, von seinen Erfolgen hochbefriedigt, die fränkische Kaiserpfalz verlassen, um nach seiner Rückkehr, aus Pavia und Aquileja energisch unterstützt, die griechische Behörde für abgesetzt zu erklären und eine neue, fränkisch orientierte Regierung zu bilden. Das neue Dogentum – man hatte diese Bezeichnung in Anknüpfung an die seinerzeitige Freiheitsbewegung wieder aufgegriffen – konnte sich jedoch gegen die sofort anrückende griechische Flotte nicht behaupten. Alle Anstrengungen aus Pavia nützten nichts; die Führer der „Freiheitspartei" mußten flüchten und wurden in Pola von den Langobarden in Sicherheit gebracht, um bereit zu sein, nach einer militärischen Intervention die Regierung wieder zu übernehmen. Für den Augenblick hielt Karl eine solche aber nicht für ratsam; König Pippin, der sofort zu Felde ziehen wollte, wurde angewiesen, sich zurückzuhalten. Karl stand ja immer noch „gleichsam auf der Warte", um die Anerkennung seiner Kaiserwürde aus Konstantinopel entgegenzunehmen. Was darüber aus den neuen Mitbürgern des Gottesstaates wurde, war ohne Belang.

In derselben Linie lag es, eine erneute Gesandtschaft des Großsultans mit kaiserlichem Pomp zu empfangen. Auf die Dauer konnte Nikephoros nicht unempfindlich bleiben, wenn die konzentrische Macht des Abendlandes hochverräterische Manipulationen an seiner Westgrenze förderte und gleichzeitig die Abgesandten seines immer gefährlicher werdenden Todfeindes Harun al Raschid in offizieller Audienz empfing. In alle Welt wurde nun hinausposaunt, welche herrlichen Geschenke der Sultan seinem kaiserlichen Freund und Bruder hoch im Norden zum Zeichen seiner Ergebenheit durch die Fürsten des Morgenlandes hatte überbringen lassen: Seidenstoffe in nie gesehener Pracht, Wohlgerüche, Salben und Balsam, kunstvoll getriebene Leuchter aus Messing, eine geheimnisvolle Wasseruhr und schließlich ein Kaiserzelt, so groß, daß man glaubte, in einem Palast zu wandeln, so hoch, daß man mit einem gutgespannten Bogen nicht darüber hinwegschießen konnte. Dagegen hatte Kaiser Karl nur eine Koppel seiner wilden Hunde gegeben, stark genug, um Löwen zu zerreißen, flämische Wolle, rheinische Schwerter und ein paar belgische Pferde. In Begleitung der Mohammedaner waren auch Mönche aus Jerusalem erschienen, um in Gegenwart der Abgesandten des Großsultans vor aller Welt zu wiederholen, daß die Heilige Grabstätte jetzt dem neuen römischen Kaiser gehöre, obwohl der alte, byzantinische dermaleinst das Holz vom Kreuze Christi den Arabern entrissen und es – in heiliger Prozession – im Wagen hinter dieser Reliquie kniend, nach Jerusalem geschafft hatte!

Für die Staatsvisite hatte man am Hofe große Gala angelegt. Der Kaiser, die Könige und Prinzessinnen, die Vertreter der Regierung, die Hofbeamten, alles strotzte in Gold und Edelstein. Die höfischen Annalen machten genaue Aufzeichnungen über diese glänzenden Tage. Man erzählte sich nicht ohne Stolz, die fremden Herren hätten gesagt: *„Bisher haben wir nur Menschen aus Erde gesehn, bei Euch gibt es aber goldene!"* ... Für die liebenswürdige Ironie der eleganten Mohammedaner hatten die Franken in ihren steifen Prunkgewändern allerdings noch kein Organ.

Trotz aller dieser Beunruhigungsmanöver kam aber aus Konstantinopel kein Annäherungsversuch. Auch war durch den Abbruch der kirchendiplomatischen Beziehungen der Weg versperrt, in geeigneter Form auf Nikephoros einwirken zu lassen. Für Karl sank daher der Wert seines Kaisertums gewaltig herab. Wohl hatte sich inzwischen unter den Seinen eine „kaiserliche Partei" gebildet, an deren Spitze Theodulf stand; aber die überwiegende Mehrzahl der maßgebenden Franken wollte von dem Cäsarentum nichts wissen und drängte jetzt auf Klärung, und Karl begann, sich mit der Regelung der Nachfolgerfrage zu beschäftigen.

Solange er am Leben war, bot seine kraftvolle Autorität volle Gewähr dafür, daß ernsthafte Konflikte unmöglich waren. Was sollte aber werden, wenn der jetzt Vierundsechzigjährige die Augen schloß? Mit der ihm eigenen Leidenschaftlichkeit propagierte daher Theodulf die kaiserliche Lösung und steckte sich hinter König Karl, den Erstgeborenen. Er, das Ebenbild seines Vaters, von dessen gewaltigem Geist durch ständige Anwesenheit am Hofe vollkommen durchdrungen, er sollte das neue Kaiserreich fortsetzen und die Reichseinheit des Gottesstaates bewahren. Dem widersetzten sich aber Pippin und Ludwig entschieden, mit ihnen ihr Anhang. Erstgeburtsrechte waren zwar alttestamentarisch nachweisbar, nach salischfränkischer Volksauffassung aber unzulässig.

Die Entscheidung lag einzig beim Kaiser selbst. Theodulfs Ideen hatten unzweifelhaft etwas Bestechendes trotz oder gerade wegen ihrer Neuartigkeit. Aber lohnte es sich um ihretwillen, womöglich das gerade fünfzig Jahre alte Königtum der „Kerrlinge" selbst zu gefährden? Die Familie trug ja erst in der zweiten Generation das Königsdiadem; so fest die neue Dynastie auch durch die Persönlichkeit ihres jetzigen Repräsentanten gesichert schien: ob sie die Belastungsprobe eines solchen Rechtsbruches vertrug, war mehr als zweifelhaft.

Bis jetzt hatte die Kaiserwürde zudem nur Ärger, Verlegenheit und Prestigeverlust gebracht. Für die Erhaltung des Gottesstaates war sie ohne Belang. Sie verbürgte nur die Souveränität über die Römer, gab aber nicht einmal kirchenpolitisch neue Rechte. Bei der Bedeutungslosigkeit des römischen Staates – praktisch jetzt nicht viel mehr als eine Art Rentamt des Laterans – bekam der bombastische Titel, solange er nicht die byzantinische Anerkennung eines okzidentalen Imperiums umschloß, immer mehr operettenhaften Charakter.

Teilung des Gottesstaates

Diese nüchterne Erkenntnis wies die Lösung, die allerdings nicht in einfacher Aufteilung des Reiches unter die drei Könige Karl, Pippin und Ludwig gefunden werden konnte. Die Schöpfung des fränkischen Gottesstaates und damit auch das Interesse an seiner Erhaltung hatte die Formung einer nationalen Einheit schon zu fest werden lassen, als daß die althergebrachte Erbteilung nur noch privatrechtliche Angelegenheit geblieben wäre. Der Mann, der *„die unbändig eisernen Herzen der Franken und Barbaren, die nicht einmal die Kraft der Römer zu zähmen vermochte, durch die Macht seiner Persönlichkeit so zu bannen verstand, daß sie offen nichts in seinem Reich zu unternehmen wagten, als was dem Gemeinnutz entsprach ..."* – wie sein Enkel vierzig Jahre später schrieb –, dieser Mann war nun schon von einem friderizianisch anmutenden Verantwortungsgefühl für seine Staatsschöpfung erfüllt. War die Reichseinheit durch die Bestellung nur eines Herrschers ohne Gefährdung des Ganzen in Zukunft nicht zu erhalten, so mußte doch die Nation bleiben. Eine fränkische, nicht römische Kaiserwürde hätte wohl repräsentativen Sinn gehabt, aber doch die Anarchie heraufbeschworen. So galt es nun, die Zentralgewalt wenigstens als souveränen Gedanken zu erhalten, dem auch die künftigen drei Könige unterworfen blieben. Ein jeder von ihnen mußte dem andern gleichberechtigt, alle aber die Garanten der Einheitsidee sein, die wie der unsterbliche Geist des Vaters nicht untergehn und alle Franken, ob Saxen, Aquitaner, Bayern, Thüringer oder Langobarden, auch künftighin in das Joch des „Gemeinnutzes" zwingen sollte. Die konkrete, bis zum Cäsarentum hinaufgesteigerte Macht des einen Großkönigs mußte als abstrakter Gedanke verbleiben und Gewalt genug behalten, daß es nun gleichgültig wurde, ob einer oder drei in seinem Schatten das Zepter führten. Mochten die Namen der künftigen Königreiche Austrasien, Italien und Aquitanien lauten, mochte man in Aachen, Pavia und Toulouse residieren: einend und gebieterisch die Wege weisend durfte nur die Idee des Gottesstaates herrschen, die in ihrer religiösen Urgewalt alle Stammesverschiedenheit der von ihr umfaßten Völker austilgen mußte.

Für den altgewordenen Kaiser war das Gottesgnadentum Pflicht und nicht Recht. Seine Überzeugung, daß nunmehr die Franken „das auserwählte Volk Gottes" seien, erlaubte ihm keine Zweifel mehr an der unwandelbar einenden Kraft des gemeinschaftlichen Christenglaubens. Aber schon die ersten Jahrzehnte nach seinem Tode haben erwiesen, daß Europa für solche Konzeptionen nicht reif war, nicht reif werden konnte und es auch niemals geworden ist ...

Sechs Jahre nach jenem verhängnisvollen Weihnachtstag in Rom verkündete Karl einer gespannt lauschenden Reichsversammlung in Diedenhofen das große Gesetz zur Regelung seiner Nachfolge.

Das Reich ward in drei Königtümer zerlegt. Das gesamte Altfranken, das heutige Nordfrankreich, die Rheinlande, die niederdeutschen Gebiete bis zur Elbe, Thüringen, Hessen und die nördliche Hälfte Württembergs umfassend, erhielt der doch bevorzugte Älteste Karl. Italien mit Bayern, Südschwaben und Südostfrankreich wurde Pippin zugesprochen; der westfranzösische Rest mit der spanischen Mark war für Ludwig genug.

Alle drei Könige sollen aber nur bedingt souverän sein. Ein jeder von ihnen und mit ihnen alle Garanten des Gesetzes haben darüber zu wachen, daß die Kirche wie bisher geschützt und die Devise des Gottesstaates erhalten bleibt: sie nach außen zu erweitern, im Innern auszubauen, wogegen deren Rechte auf die Fürbitte im Himmel beschränkt bleiben. Für alle drei Könige ist Kirchengut unantastbar. Der verbindliche Einheitsgedanke ist auch auf politisches und militärisches Gebiet ausgedehnt. Für alle drei Königreiche hat das bestehende Landrecht weiter zu gelten; durch die neue Grenzziehung etwa zerschnittene Güter verbleiben im ungeteilten, von der neuen Staatsangehörigkeit unabhängigen Besitz ihrer Eigentümer. Frauen, die sich von einem Reich ins andere verheiraten, fallen nicht unter die Fremdengesetzgebung ihres bisherigen Heimatstaates. Während der ungehinderte Verkauf von Grund und Boden auch über die Landesgrenzen hinaus dem Volk gestattet bleibt, ist der Landerwerb den Königen nur innerhalb ihrer Reichsgrenzen erlaubt. Die Brüder haben sich gegenseitig je eine Aufmarschstraße offenzuhalten, damit bei gemeinschaftlichen militärischen Operationen eine Mobilmachung nach einheitlichen Gesichtspunkten gewährleistet bleibt.

Alle fahrlässigen Verstöße gegen diese Bestimmungen – andere werden gar nicht für möglich gehalten – sind unverzüglich aus der Welt zu schaffen, *„damit der Schaden nicht durch Versäumnis wachse".*

Für den Todesfall wird eine genaue Erbfolge eingerichtet, denn die ganze Aufteilung gilt nur auf Lebenszeit der Könige. Nur dann folgen ihnen ihre Söhne in der Regierung, *„wenn das Volk sie erwählt",* das heißt die Standesherren damit einverstanden sind, andernfalls teilen sich die überlebenden Brüder nach ganz bestimmt festgelegter Grenzziehung in das erledigte Königreich. Auf diese Weise muß der endlich Überlebende die Reichseinheit wiederherstellen – sofern sich die Teilung nicht doch bewährt haben sollte und durch den Beschluß der landeingesessenen Herren die Söhne der Verstorbenen die Teilherrschaft fortsetzen dürfen.

Jedem der Söhne ist sein Recht geworden; er kann aber nur dann die Erbfolge seinem Hause sichern, wenn er den Manen seines großen Vaters folgt.

Von der Kaiserwürde aber verlautet kein Wort. An ihrer Stelle stand ja nun, feierlich beschworen und damit „für ewig gültig", der Gottesstaat der jungen fränkischen Nation. Als aber nur wenig später normannische Seeräuber die Nordküsten verheerten, kamen dem greisen Kaiser die Tränen. *„Wenn sie solches schon zu meinen Lebzeiten wagen, was wird dann erst unter meinen Nachfolgern geschehn?"*

Ein großes Leben klingt nun tragisch aus.

Das Ende

*„Vielleicht darf ich hier am Schluß gestehen,
daß ich des Mannes ‚überwältigende Größe'
an mir selbst erfahren habe: gewisse Züge an ihm
fordern das heftigste Widerstreben meiner
ganzen Eigenart und Weltanschauung heraus.
Allein das Menschlich-Große, gerade auch das
Gütevolle an ihm ... jenes Menschliche,
das als Germanisch und zum Teil sogar Heidnisch
die aufgeklebte kirchliche und römisch-antike
Verbrämung oft sieghaft durchbricht ...
all das überwindet den Widerwillen und zwingt
zur Bewunderung, ja, zur Liebe ..."*

Felix Dahn, 1883

*„Den Verlust seiner Söhne Pippin und Karl
und seiner Tochter Hrothrud ertrug er nicht ganz so
geduldig, wie seiner sonstigen Seelengröße
entsprochen hätte: denn er weinte über ihren Tod ..."*

Einhard, um 820

Verfallserscheinungen

Als das große Gesetz verabschiedet und durch den jungen Einhard – nicht mehr „einen geheimen Rat unseres Vertrauens" – dem Papst zur Gegenzeichnung übersandt worden war, schien die innerpolitische Lage des Gottesstaates beruhigt. Der Kaiser gönnte sich nun etwas Ruhe und fuhr zu Schiff nach Nimwegen. Hier erwarteten ihn aber schon die von ihrer großen Reise zurückgekehrten Königsboten, um ihren wenig erfreulichen Bericht zu erstatten. Man hatte zwar mit dem ganzen Aufgebot kaiserlich-königlicher Autorität dem Volk den neuen Treueid abzunehmen versucht und die Gesetze verkündet, aber einem großen Teil der Eidpflichtigen war es doch möglich gewesen, sich der Verpflichtung zu entziehen.

Die wirtschaftliche Lage des kleinen Freien war verzweifelt. Von den Militärlasten erdrückt, blieb ihm kein anderer Weg, als seinen Besitz der meistbietenden Kirche zu überschreiben oder seine Freiheit dem Hochadel zu verkaufen. Eine Abstellung des Präkarienunwesens hatte sich praktisch als unmöglich erwiesen; an die Vollstreckung der für Nichtgestellung verfallenen Strafen war „mangels Masse" gar nicht zu denken.

Der Kurs straffer Zügelführung mußte abgemildert werden, sollte sich die eben erst neu gefestigte Königsgewalt nicht durch Hungerrevolten und zunehmende Desorganisation des Heeres von unten her auflösen. Karl entschloß sich, weitgehende Erleichterungen in Verbindung mit populären Sozialgesetzen zu gewähren. Vor allem mußte das überhandnehmende Bettlerunwesen abgestellt werden. Es wurde verfügt, daß mittellose Personen an ihren Heimatsort abzuschieben seien, um nur dort der öffentlichen Wohlfahrtspflege überwiesen zu werden. Arbeitsfähige sollten bei Arbeitsverweigerung jeden Anspruch auf Unterstützung verlieren.

Vorerst aber, gleichsam als Präambel und Voraussetzung für die verfügten Erleichterungen, ist der große Treueid unter gleichzeitiger Ausdehnung auf das Reichsteilungsgesetz zu wiederholen. Wer die Steuererleichterungen in Anspruch nehmen will, muß sich schriftlich für den Kaiser verpflichtet haben. *„Es soll allen öffentlich klargemacht werden, so daß es ein jeder begreifen kann, wie vieles und wie großes in diesem Eid enthalten ist,* *nicht, wie viele bisher gemeint haben, nur eine einfache Treueverpflichtung auf Lebenszeit."*

Es ging ja jetzt um sehr viel mehr als das dynastische Prinzip; das Volk sollte endlich lernen, daß sein König der „Stellvertreter Gottes auf Erden" war, daß Königsdienst also zugleich Gottesdienst bedeutete. Das Königtum stellt nicht mehr eine Familienangelegenheit dar, sondern das geheiligte Sinnbild einer nationalen Idee, die gleichzeitig die christliche überhaupt ist. Darum hat der neue Eid *„vor allem folgenden Sinn: daß zuerst jeder sich in seiner eigenen Person im heiligen Dienste Gottes vollkommen zu erhalten trachte nach bestem Wissen und Gewissen ... Ein jeder verspreche feierlich dem Kaiser, von nun an frommen Lebenswandel im Dienste Gottes zu führen ..."*

Damit wird die Idee des Gottesstaates von der theologischen Seite aus mit der nationalen verschmolzen, der werdende Staat zum irdischen Piedestal des Ewigkeitsgedankens geformt. Sünde gegen Gott ist nun auch Treubruch gegen den Kaiser, jede Gegensätzlichkeit zwischen Kirche und Staat hört auf.

Erst nach Sicherstellung dieser grundlegend neuen Bestimmung der Christenheit zur fränkischen Nation kommt das dynastische Prinzip zu seinem Recht; nun erst, nachdem man dem Kaiser einen gottesfürchtigen Lebenswandel versprochen hat, ist nach altüberlieferter Form dem königlichen Herrn die Treue zu geloben. Damit wird das Bekenntnis zum christlichen Glauben die Voraussetzung des Staatsbürgertums. Die immer noch heidnischen Franken, Awaren, Sorben, Abotriten stehen nun vor der Wahl, entweder sofort die Taufe zu nehmen oder Bürger zweiter Klasse zu werden, schutzlos gaugräflicher Willkür preisgegeben, ohne ein anderes Bürgerrecht zu besitzen, als zum Kaiserhof kommen zu dürfen, *„wenn sie etwas zu melden haben".*

Wer diesen neuen Kurs begriffen hat, nur der kann auch die weitausholenden Gedankengänge des Reichsteilungsgesetzes verstehen. Auch hier handelt es sich ja nicht um einfache Erbteilung wie in früheren Zeiten, auch hier ist zu erkennen, „wie vieles und wie Großes" hinter dieser Teilung der Gewalten steckt, nämlich *„daß unsere Macht, wie sie bisher war",* in ihrer vollen Einheitlichkeit das zur Neige gehende Leben des Landesherrn in vergeistigter Form überdauern soll.

Auch die unverbrüchliche Treue auf dieses für die Zukunft des Frankenreiches entscheidende Gesetz ist nun von allem Volk schriftlich zu bekräftigen, um dafür als kaiserliches Geschenk fein abgewogene Erleichterungen von den Militärlasten zu empfangen.

Während ursprünglich jeder freie Grundbesitzer am Heeresdienst persönlich teilnehmen und sich auf eigene Kosten ausrüsten mußte, wird diese Verpflichtung nun auf den Besitz von mindestens drei Hufen beschränkt; die Kleinbauerngüter werden zusammengefaßt, bis sie einen Wert von fünf Pfund Silber erreichen. Erst dann werden sie zur Gestellung und Ausrüstung eines Soldaten veranlagt. Eine allgemeine Mobilmachung soll nach diesen Gesichtspunkten aber nicht einmal durchgeführt werden, sondern diese nur gelten, wenn es sich um Kriegsschauplätze handelt, die der Heimat des Gestellungspflichtigen nahe gelegen sind. Ein Ostfranke soll daher für einen Feldzug an der Westgrenze wesentlich weniger leisten als der Westfranke, und umgekehrt. Auch werden für die Ausrüstungskosten genaue und erleichternde Bestimmungen erlassen; Lebensmittel waren für höchstens drei, Waffen und Kleidung für höchstens sechs Monate zu beschaffen. Die Selbstverpflegung hatte aber erst jenseits bestimmter Bezirke zu beginnen; *„für die, welche vom Rhein an die Loire ziehn, fängt die Selbstverpflegung an der Loire an; ebenso umgekehrt für die, welche von der Loire an den Rhein ziehen, am Rhein. Die Rechtsrheinischen auf dem Zuge durch die säxischen Gebiete beginnen an der Elbe, die westlich der Loire Wohnenden, die gegen Spanien marschieren, an den Pyrenäen."*

Innerhalb der Durchzugsgebiete wird jetzt entgegen den bislang geltenden Bestimmungen die Verpflegung von der Heeresleitung gestellt; die Hauptstrafe für militärische Vergehen aller Art soll nunmehr in Fasten bestehn und nicht mehr in unaufbringlichen Geldbußen, jetzt auch im Militärischen die sinnreiche Inanspruchnahme kirchlicher Gewalt zur Streckung der teuren Lebensmittel!

Aber selbst diese die Wehrkraft des fränkischen Volksheeres empfindlich schwächenden Bestimmungen erwiesen sich als unzureichend. Die Grenze der lastenpflichtigen Güter mußte von Jahr zu Jahr heraufgesetzt werden, bis sie schließlich bei Kleingütern von fünf Hufen angelangt war, nüchterne Zahlen, an denen der zunehmende Verfall des Reiches abzulesen ist, während die immer abstrakter werdenden Gedankengänge seines Schöpfers es der Ewigkeit nahezubringen glaubten.

Die äußere Lage

Je mehr die inneren Zustände des Reiches aber Zersetzungserscheinungen erkennen ließen, um so kompakter repräsentierte der Kaiser den Gottesstaat im Auslande. Die angelsächsischen Könige, nun schon seit Jahrhunderten der Mittelpunkt nordisch-christlichen Glaubens, verbunden durch eine mit ihrer barbarischen Lebensführung fast unvereinbar erscheinende religiöse Geistigkeit, fingen an, zu begreifen, daß sich in Aachen die Mystik des Glaubens weltlich auszuwerten begann. Das ferne Rom versank aus dem Gesichtskreis in seiner Rolle als ausführendes Organ eines Herrscherwillens, der das weiteste Reich, die stärkste Armee und einen alles durchdringenden Geist besaß. Als ein northumbrischer König vertrieben wurde, wandte er sich an Karl, aber viel weniger, um seine Wiedereinsetzung zu betreiben, als um höchste Autorität zur Entscheidung kirchlicher Fragen anzurufen. Der kaiserliche Machtspruch, dem sich der päpstliche willig anschloß, erreichte dann tatsächlich, was Waffengewalt kaum vermocht hätte. Auch die schottischen Fürsten *„hatte er sich durch seine Freigebigkeit so willfährig gemacht, daß sie sich niemals anders als seine Untergebenen, ihn als ihren Herrn bezeichneten".* Arabische Gesandte beschwerten sich, auf der ganzen weiten Reise nach Aachen sei man ihnen mit größter Ehrerbietung entgegengekommen, wenn sie erzählten, sie wollten zum fränkischen Kaiser, nur im Reiche selber sei man dagegen gleichgültig gewesen. Aus dem fernen Osten erschienen slawische Khane, um den Schiedsspruch Karls über ihre Grenzstreitigkeiten zu erhalten, und nahmen vorher die Taufe. Karl entschied autoritär im fränkischen Interesse und sorgte bei der Gelegenheit für ausreichende Sicherung seiner Südostgrenze gegen die Bulgaren. Seit jenen Tagen nannten sich die slawischen Fürsten bis in späte Jahrhunderte in Anlehnung an den fränkischen Kaisernamen *„Kral".* Auf diese Weise verschmolzen die Feinde von einst, die Awarenstämme, so völlig in der landeingesessenen Balkanbevölkerung, daß noch zu unseren Zeiten im Serbischen das Sprichwort gilt: „Verschwunden wie der Awar."

Nur einer verweigerte in eisigem Hochmut jede Beziehung, Nikephoros von Byzanz. Er fühlte sich als Nachfahr einer Herrscherreihe, deren starre Arroganz bis zur Selbstvernichtung Kompromisse zurückgewiesen hatte. So glaubte einst ein Justinian, es nicht hinnehmen zu können, daß der tributpflichtige Araber Abdalmelik die „Pachtsumme" für die mohammedanische Herrschaft in Nordafrika zwar dem Goldwerte nach vereinbarungsgemäß ablieferte, die Münzen aber nicht mehr das kaiserliche Brustbild trugen, sondern die Inschrift *„Gott ist der höchste Herr".* Er verweigerte die Annahme, und Ostrom verlor darüber seinen afrikanischen Besitz an den Islam für alle Zeit. Die Führung eines Kaisertitels durch den Franken bedeutete für Nikephoros, der sich immer noch für den Herrn der Welt hielt, mehr als Hochverrat, denn er glaubte, daß auf diese Usurpation die gewaltsame Einverleibung des byzantinischen Imperiums in das junge fränkisch-westeuropäische folgen müsse.

Aber obwohl der fränkischen Politik solche Absicht völlig fernlag, denn sie glaubte, auf friedlichem Wege *„die Vereinigung des gesamten katholischen Glaubens"* herbeiführen zu können, mußte sie sich diese Sorge zunutze machen, um das letzte große Ziel des Gottesstaates: seine allgemeine, also vor allem byzantinische Anerkennung, zu erzwingen.

Karl erkannte, daß jetzt der rechte Zeitpunkt war, um Ernst zu machen. Noch gehorchten alle Franken seinem Willen, dem Träger der überragenden Persönlichkeit, die stark genug bleiben mußte, um auch nach einer irdischen Auflösung den Einheitsgedanken zu erhalten. Die Erinnerung an sie durfte nicht mit der beleidigenden Zurückweisung aus Konstantinopel belastet bleiben.

Es gab deshalb keinen anderen Weg, als erneut in die venetianischen Verhältnisse einzugreifen und die „Faustpfandpolitik" fortzusetzen. So erhielt Pippin nunmehr Befehl, sich des treulosen Venedigs zu bemächtigen. Die „fränkische Freiheitspartei" hatte sich längst aufgelöst; ihre in Pola angesiedelten Führer waren bis auf den Patriarchen, den Repräsentanten der Gottesstaatidee, zurückgekehrt, um den Wiederanschluß an den byzantinischen Kurs nicht zu verpassen. Die Langobarden gingen energisch vor, konnten aber die Lagunenstadt, die mit großem Geschick verteidigt wurde, nicht nehmen, zumal sie von der Seeseite aus nicht zu belagern war. Dennoch wollte der Führer einer byzantinischen Hilfsflotte verhandeln; *„aber die Dogen verhinderten alle seine Bemühungen, ja, sie stellten ihm selbst nach. Da segelte er ab".*

Man hatte in Venedig genug vom fränkischen Gottesstaat. Überdies lag ein Friedensschluß zwischen beiden Kaiserreichen durchaus nicht im Interesse der, ähnlich wie das Herzogtum Benevent, in die Überschneidungslinie beider Machtsphären gestellten Stadt; man hatte den Wert geschickter Schaukelpolitik schnell erkannt und strebte schon im neunten

Jahrhundert mit den gleichen Methoden zur Selbständigkeit, mit deren Hilfe sich die Markusrepublik das ganze Mittelalter hindurch hat behaupten können.

Ohne den Besitz einer ausreichenden Flotte, die den Angriff von der Seeseite unterstützen und gleichzeitig byzantinische Schiffe abwehren konnte, war an einen Erfolg für die Franken nicht zu denken. Es blieb daher im Augenblick nichts übrig, als den Kampf abzubrechen, um ihn besser vorbereitet erneut zu beginnen. Immerhin war schon jetzt ein gewichtiger Fortschritt erzielt: der Byzantiner hatte verhandeln wollen; diese Bereitschaft in einem Zeitpunkt, der eine akute Gefahr für die griechischen Interessen durchaus nicht in sich schloß, ließ doch erkennen, daß hier höhere Weisung im Spiele war. Mit dem energischen Angriff auf Venetien schien man endlich die oströmische Majestät an einer verwundbaren Stelle getroffen zu haben. Pippin rückte daher mit einem starken Heer und einer in aller Eile ausgerüsteten Flotte bald wieder vor. Es kam zu einer sechsmonatigen Belagerung; die Venetianer verteidigten sich mit höchstem Geschick. Sie hatten an den Westufern der die Lagunen zerteilenden Meerarme ein Gitter von eingerammten Segelstangen errichtet, hinter dessen Schutz ihre Trieren auffuhren und die Belagerer bombardierten. Sie hätten sogar Brote ins feindliche Lager geworfen, so erzählt die Sage, um zu zeigen, daß niemand sie aushungern könne. Von der Seeseite blieb die Festung immer noch so gut wie offen, denn die fränkische Flotte war viel zu schwach, um eingreifen zu können, und mußte sich auf eine Art von Wachdienst beschränken, vor allem, um das Herannahen der Byzantiner zu melden, die jedoch nicht erschienen.

Endlich gelang den fränkischen Bemühungen aber doch die Einnahme der Stadt. In bemerkenswerter Disziplin hielten die Eroberer sich zurück. Pippin verhaftete lediglich die Regierung und verordnete eine allgemeine Tributzahlung, die die bescheidene Summe von dreißig Pfund Silber nicht überschritt. Von einer Eingliederung Venetiens in die langobardisch-fränkische Herrschaft war vorderhand jedenfalls keine Rede. Man wollte ja nichts weiter, als ein gewichtiges Druckmittel in die Hand bekommen und – zum gleichen Zweck – die militärische Basis gewinnen, um die dalmatinischen Küsten in dauernder Unruhe zu halten. Die Eroberung der Festung Venedig glich der Erstürmung eines byzantinischen Brückenkopfes in Italien. Eine fränkische Balkaninvasion war jetzt in den Bereich der Möglichkeit gerückt. Das Ende des oströmischen Imperiums mußte besiegelt sein, wenn Karl jetzt wirklich, wie man in Konstantinopel für höchstwahrscheinlich hielt, mit seinem Freunde Harun al Raschid gemeinsame Sache machte.

Pippin durfte mit berechtigtem Stolz die Erfüllung der ihm gestellten Aufgabe nach Aachen melden, wo man nun mit gesteigerter Aufmerksamkeit die Wirkung abwartete, die der Fall Venedigs und die damit verbundene unerträgliche Bedrohung der dalmatinisch-illyrischen Küstengebiete auf den starren Sinn des Herrn am Bosporus ausüben mußten, der sich im Norden gegen die Bulgaren, im Süden gegen den Islam nur unter schweren Kämpfen seiner Haut wehrte.

Pippins Erfolge waren um so erfreulicher, als König Ludwig – etwa gleichzeitig gegen Tortosa in Nordspanien angesetzt – überhaupt nichts erreicht hatte. Er konnte nach einem vom Kaiser in Aachen geschickt angelegten Feldzug lediglich melden, daß er *„die Seinen wieder bei sich aufgenommen und das Land verwüstet habe, nachdem er erkennen mußte, daß Tortosa nicht so leicht genommen werden könne".*

Korsika und Sardinien lagen infolge des geringen Respektes vor den aquitanischen Franken daher unter dauernder Beunruhigung seitens spanischer Sarazenen, zu deren wirksamer Bekämpfung weder Truppen noch Schiffe zur Verfügung waren. Man erkannte in Aachen immer deutlicher das Erfordernis, eine manövrierfähige Flotte besitzen zu müssen, um die weiten Küstengebiete des Reiches im Norden gegen Normannen und Dänen, im Süden gegen die Sarazenen schützen zu können.

Es ergingen auch sofort die kaiserlichen Befehle. In jeder Flußmündung sollten Werften und Forts errichtet werden, man dehnte die Wehrpflicht auf die Schiffsbesatzungen aus, mit absoluter Genauigkeit und vollständiger Beherrschung der immerhin ungewohnten Materie wurde entworfen und verfügt: aber es fehlte schon an der Autorität, die Ausführung sicherzustellen, das fein durchdachte Flottenbauprogramm kam über erste Ansätze nicht hinaus. Wenn es galt, neue Lasten auf sich zu nehmen, leistete das Volk passiven Widerstand. Vergeblich baten die kaiserlichen Inspekteure um Karls persönlichen Besuch, aber schon klagte der alte Mann, mit Vorträgen über die Redaktion griechischer Evangelientexte vollauf ausgefüllt, über körperliche Beschwerden; nur *„wenn unsere Gesundheit es erlaubt",* könne er sich noch von Aachen auf beschwerliche Reisen begeben; die wunderbare Beweglichkeit, der er in früheren Jahren ein gut Teil seiner Erfolge verdankt hatte, weil sich jeder vor seinem blitzhaften Erscheinen fürchtete, war dahin. Unter seinen Söhnen und Kommissaren hatte niemand sein Format.

Als nun aber plötzlich die Alarmnachricht einlief, die Dänen seien mit einem großen Heer in Bewegung nach Westen, die Feste Itzehoe sei überrannt und der Feind bereits mit dem Eibübergang beschäftigt, geriet der Hof in gewaltige Unruhe. *„Der wahnwitzige König"* Göttrik ließ bereits verkünden, er würde nicht ruhen, bis er in Aachen säße, um die verhaßte Frankenherrschaft mitsamt ihrem Christengott auszutilgen.

Der Kaiser war gerade damit beschäftigt, ein großes Konzil vorzubereiten, um wieder einmal den Beherrscher des Frankenreiches als Haupt der Christenheit auszuweisen, er hatte eben an Pippin den Befehl geschickt, sich mit dem Papst über gewisse Differenzen in Rom auszusöhnen; er sollte sich auch bei der Gelegenheit über neuerliche *„Verleumdungen böser Leute"* informieren, über die Leo sich wieder einmal zu beklagen Veranlassung hatte: alles das trat nun gegenüber der ungeheuren Gefahr zurück, die plötzlich und ganz unerwartet von der Ostgrenze des Reiches, dem säxischen Wetterwinkel, heranstürmte.

Karl wußte von den unerschöpflichen Machtmitteln der Dänen; dem Ruf ihres Königs folgte das ganze Heer des weiten, unbekannten „Nordlandes", mit der gefürchteten Flotte der Normannen und Wikinger. Der Sohn jenes Königs, den zu taufen er dermaleinst im Scherz als die qualvollste Todesart bezeichnet hatte, war nun da, den Racheschwur für die säxischen Vettern einzulösen. Noch einmal mußte es zum Entscheidungskampf zwischen christlichem und heidnischem Prinzip kommen. Da fragte Karl nicht mehr, „ob seine Gesundheit es erlaube", da konnte er niemandem die Führung anvertrauen als sich selbst, denn es ging um nicht mehr und nicht weniger als die Existenz des Gottesstaates.

Die Aachener Pfalz wurde zum Heerlager. Aber es vergingen Wochen, bis das durch Eilboten einberufene Heer sich in träger Langsamkeit versammelte. Währenddessen waren die normannischen Verbündeten der Dänen schon im fränkischen Friesland gelandet, hatten alle festen Plätze genommen und die Feindseligkeiten erst eingestellt, nachdem sie hundert Pfund Silber, mehr als das Dreifache des von Pippin dem reichen Venedig auferlegten Tributs, von der verängstigten Bevölkerung erpreßt hatten.

Da hielt es den Kaiser nicht länger. Mit den inzwischen eingetroffenen Truppen setzte er sich in Marsch, um in Verden an der Aller eine feste Stellung einzunehmen, von wo er sowohl nach Norden gegen ein etwa geplantes Vordringen der Normannen sich wenden konnte, wie auch das Gelände für eine offene Feldschlacht gegen die von Osten heranmarschierenden Dänen besonders geeignet war. Der Rest der nach und nach eintreffenden Truppen sollte in Eilmärschen folgen. Auch „Abbul Abbas", der arabische Elefant, wurde mitgeführt, damit der niegesehene Anblick dieses Riesentieres den Feind in Schrekken versetze.

Im August erreichte die Spitze des fränkischen Heeres mit dem Kaiser Verden, das nun in aller Eile befestigt wurde. Aber hier, an dem Richtplatz jener viertausendfünfhundert säxischen Freiheitskämpfer, deren Rächer nun heranrückte, um sich mit den *„Franken in offener Feldschlacht zu messen und ganz Germanien in seiner Hand zu vereinen",* hier sollte nun der tragische Ablauf der Geschehnisse seinen Anfang nehmen, der die Lebenskraft des alten Mannes untergrub und die Schicksalsfäden des karolingischen Hauses in unlösbare Knäuel verstrickte.

Als sei es eine Himmelsfügung: „Abbul Abbas" war eines Morgens eingegangen. Das Wundertier hatte für die Franken ein Wahrzeichen der weltumspannenden Macht ihres Herrschers bedeutet, aber gerade jetzt, wo noch einmal der Entscheidungskampf zwischen Wuotan und dem Christengott aufflammen sollte, erlosch das stolze Symbol. Dem Kaiser, der, von abergläubischer Furcht befallen, in Betrübnis darüber verfiel, blieb aber keine Zeit zu melancholischen Betrachtungen. Nachrückende Truppen brachten die Trauerbotschaft, daß seine Lieblingstochter Hrothrud plötzlich verstorben war, sie, die dermaleinst weder den Griechenkaiser noch irgendeinen anderen hatte heiraten dürfen. Aber ehe der alte Mann es noch recht begriffen hatte, traf ihn ein neuer Schlag: Pippin, der tüchtige Langobardenkönig, war tot; plötzlich und geheimnisvoll war er verschieden, noch nicht dreiunddreißig Jahre alt, der eben erst in merkwürdiger Indisziplin dem väterlichen Befehl, sich mit dem Papst auszusöhnen, mit der Begründung getrotzt hatte, er habe keine Zeit, nach Rom zu fahren.

Der Alte war nahe vor dem Zusammenbruch, und es hätte um die fränkische Sache schlimm gestanden, wäre Göttrik nun gekommen. Aber die Manen der säxischen Freiheitskämpfer riefen vergeblich um Rache. Mitten im Vormarsch traf den Heldenkönig der Dolchstoß eines Verschwörers aus den Reihen seiner Getreuen. In voller Auflösung fluteten die Dänen zurück, und das Christentum war nun für immer gerettet.

Der schwerste Schlag

In einer Stimmung, die ihm schon jetzt den Gedanken an Weltflucht nahebrachte, kehrte der Kaiser um und entließ das Heer. Auf dem Heimritt stürzte er vom Pferde, das vor einer Sternschnuppe scheute, und blieb ohnmächtig liegen. Merkwürdige Sonnenflecken verfinsterten das Tageslicht. Im ganzen Frankenreich brach eine geheimnisvolle Viehseuche aus, so plötzlich und unbegreiflich, daß es hieß, der mysteriöse neue Herzog von Benevent habe Giftpulver streuen lassen; zu Dutzenden wurden seine angeblichen Agenten gefoltert und hingerichtet, bis die Kirche sich gegen diesen Aberglauben als Rückfall ins Heidentum wandte und die Königsboten ausdrücklich zum Einschreiten veranlaßt wurden. Die Ernte mißriet, allenthalben herrschte Hungersnot, die die Menschen zur Verzweiflung trieb, wenn es auch nicht wahr gewesen sein soll, wie die zeitgenössischen Chroniken feststellen zu müssen glaubten, *„daß Eltern ihre Kinder und Kinder ihre Eltern"* aufgefressen hätten!

Der Geist des nun fast siebzigjährigen Kaisers wandte sich immer mehr ins Abstrakt-Religiöse. Die weltliche Macht wurde taub. Wohl dröhnten die kaiserlichen Verfügungen durch das Land, aber man faßte seine Gebote nur noch als Moralpredigten auf, die man sich vielleicht eine Zeitlang zu Herzen nahm und dann wieder vergaß; man sah den Kaiser nicht mehr, seine Gestalt fing an, legendär zu werden. Niemand begriff die Notwendigkeit, daß er als Vorsitzender eines pompösen Kirchenkonzils feststellen ließ, der Heilige Geist ginge nur vom Vater und nicht etwa auch vom Sohne aus, während man selbst nicht wußte, wie die Nahrung für den nächsten Tag zu beschaffen sei. Aber man hatte von der Reichsteilung gehört, und die ganz Alten verstanden, daß es nun wieder blutige Kämpfe geben solle. Für „das Viele und Große", das die Königsboten immer wieder zu erklären versuchten, fehlte die geistige Voraussetzung des Verstehens. Menschen, die fest daran glaubten, der Meltau sei der Schaum vom Roß der Mutter Nacht, die ihrem Sohn, dem Tag, voranreitet, die ihre von alters her überlieferten Zaubersprüche murmelten, um Verrenkungen und Gebresten zu heilen, denen immer wieder verboten werden mußte, unter heiligen Bäumen zu beten und Altäre an Findlingssteinen zu errichten, deren altüberlieferte Liebeslieder immer noch trotz aller Verbote in den Nonnenklöstern gesungen wurden: solche Menschen hatten kein Verständnis für den Gottesstaat.

Aber der Alte in Aachen war in seine Gedankenwelt so verwoben, daß er darüber den Blick für die Gegenwart verlor und an der Unzerstörbarkeit seines heilig gewordenen Kaisertums nicht mehr zweifeln durfte, ohne sich zu versündigen. In seinem Ältesten, Karl, hatte er einen Vollstrecker seines Willens; mochte Ludwig ein unbedeutender Schwächling sein: in Karl sah er die Vollendung seines Lebenswerkes gesichert. Er würde das noch roh zusammengezimmerte europäische Reich der Franken zu jener nationalen Einheit zusammenschweißen, zu der der Gottesstaat den Sinn gab. Wie einst sein Vater Pippin dem dynastischen Erbe Karl-Martells die machtvolle Form des arnulfingischen Königstums gegeben, wie er selbst dieses ererbte Königreich zum weltumspannenden Imperium eines von Gott gekrönten Augustus hinaufgesteigert hatte: so war der Sohn von der himmlischen Gewalt nun dazu ausersehn, das Reich von dieser Welt mit dem göttlichen Odem der Ewigkeit zu erfüllen.

Schon regte Theodulf sich wieder. Jetzt sei es Zeit, das Unglück des Reichsteilungsgesetzes wieder aus der Welt zu schaffen. Die Frage der Nachfolge hatte durch die Vereinfachung der Teilung in nur noch zwei Reiche einen so völlig neuen Charakter bekommen, daß man es wagen konnte, nun wieder mit der kaiserlichen Lösung zu spielen. Aber Karl wünschte Theodulfs Geschäftigkeit nicht und überhäufte ihn darum mit ehrenvollen Sonderaufträgen, die ihn vom Hof und vor allem seinem Sohne fernhielten; da sandte der weltgewandte Bischof klingende Gedichte, von denen er wußte, daß sie an der Tafelrunde zur Verlesung kamen: *„Mögest du den väterlichen Thron innehaben und mit Gottes Hilfe die Zepter in deiner Hand vereinigen!"* So feierte er nun schon ganz öffentlich den Kaisersohn Karl. Diesen leidenschaftlich gutgemeinten Bemühungen stand aber immer noch das eherne Reichsteilungsgesetz gegenüber, an das der Kaiser gebunden war, so sehr er auch innerlich nach dem Tode Pippins der instinktiven Regung folgen mochte, den jetzt zweiunddreißigjährigen belanglosen Ludwig seinem fast vierzigjährigen tüchtigen Bruder Karl auch äußerlich zu unterstellen. Es kam hinzu, daß der Älteste unvermählt und kinderlos geblieben war, nachdem die Ehe mit der angelsäxischen Erbin am väterlichen Veto hatte scheitern müssen. Die Führung des Gottesstaates in seinen Händen mußte sich dadurch aus der mit seiner Idee immer unvereinbarer werdenden dynastischen Orientierung ins Mönchische herausheben und damit in die höheren Gefilde himmlischer Anonymität entschweben. All diese Gedankengänge durften aber keinen anderen staatsrechtlichen Niederschlag finden als das Bemühen, das Erbe des Ältesten so stark zu machen, daß sein mitteleuropäisches Reich mit seinen überwiegend germanischen Völkern die Erhaltung des Gottesstaates notfalls mit Gewalt erzwingen konnte. Zwar hatte Pippin einen Sohn hinterlassen, Bernhard, aus einer illegitimen Ehe. Er war aber nur dann erbfolgeberechtigt, „wenn das Volk ihn erwählte". Dazu ließ Karl es nicht kommen, sondern schickte den Knaben in die Klosterschule von Fulda. Seine Erbansprüche hätten den neuen Gedankenkreisen gefährlich werden können.

Trotz aller Bemühungen des Theodulf blieb überdies die Übertragung der Kaiserwürde immer noch gegenstandslos, denn sie hatte innerpolitisch nicht nur keine Bedeutung, sondern geradezu schädlichen Einfluß, weil sie das Fundament der fränkischen Krongewalt: ihre Volkstümlichkeit, ins Wanken bringen mußte. Außenpolitisch war sie bislang über den Charakter wirkungsvoller Repräsentation der jungen fränkisch-westeuropäischen Herrschaft nicht hinausgekommen.

Sie mußte aber sofort dem Gottesstaat einen neuartigen, fast unzerbrechlichen Halt geben, wenn die Hoffnung des greisen Herrschers sich doch noch erfüllen und die Byzantiner sich zu ihrer Anerkennung entschließen sollten. Erst dann konnte sich der leere Titel füllen, erst dann auch im Innern des fränkischen Weltreiches die arnulfingische Dynastie der Hausmeier die Zwitterstellung der Primi inter pares verlassen und die Führung des Gottesstaates in den Strahlenglanz allgemeiner Weltgeltung gleiten, stabil geworden durch die Würde cäsarischer Entrücktheit. Mit der dann gültig gewordenen Teilung der Weltherrschaft in ein westliches und ein östliches Europa mußte sich auch die Frage der Nachfolge ins Weltpolitische weiten.

Als der Kaiser, in solche Gedankengänge vertieft, die Nachricht erhielt, in Pavia habe sich eine bevollmächtigte Gesandtschaft aus Byzanz eingefunden, um mit Pippin eine Verständigung in der venetianisch-dalmatinischen Frage herbeizuführen, sah er die endliche Erfüllung nun greifbar vor sich. Unter dem Vorwande, daß nach dem Tode Pippins niemand als er selbst verhandlungsfähig sei, ließ er die Griechen nach Aachen holen. Hier kam es nun acht Jahre nach den Besprechungen in Selz, die zum Abbruch aller Beziehungen geführt hatten, zum ersten ernsthaften Gedankenaustausch. Karl gab unzweideutig zu verstehn, daß eine Regelung der schwebenden Fragen nur unter der Voraussetzung zu ermöglichen sei, daß Byzanz den vollendeten Tatsachen Rechnung trüge und das fränkisch-westeuropäische Kaisertum neben dem eigenen Orientalen anerkenne und damit die inzwischen bereits in Kraft getretene Teilung der Gewalten bestätige. Auf den Besitz des ebenerst der fränkischen Herrschaft unterworfenen Venetien komme es den Franken dann nicht mehr so sehr an, da man mit Byzanz fortan in Frieden zu leben wünsche. Die Byzantiner bestätigten, daß die Verhältnisse sich gegenüber der Situation von 803 inzwischen übersehbar gestaltet hätten; die fränkische Politik habe eine Entwicklung genommen, die es ihnen, den Gesandten, nunmehr wohl gestatte, auf ihren kaiserlichen Herrn im Sinn der fränkischen Wünsche einzuwirken. Natürlich müsse Venetien, Istrien, Dalmatien, also das ganze Adriagebiet, der byzantinischen Krone zurückerstattet, die unzuverlässigen Dogen nach Konstantinopel ausgeliefert werden.

Karl wollte unter allen Umständen den Frieden und die Anerkennung; so ging er auf den Handel ein. Man einigte sich schließlich dahin, daß den Franken das ohne Zugang zur Adria wertlose Hinterland Dalmatiens verbleiben, Venedig in ein Souveränitätsverhältnis zu Byzanz treten solle. In kirchlicher Beziehung blieb es aber dem Patriarchat von Aquileja, das heißt dem Gottesstaat, angegliedert, die von Pippin festgesetzte Tributpflicht an Pavia war weiter zu leisten. Der inzwischen aus Konstantinopel nach Venedig beorderte Patriarch Johannes mußte abgerufen, an seine Stelle der Repräsentant der fränkischen Kirche, Fortunatus, gesetzt werden. Für die Griechen bedeutete die Duldung einer fränkischen Kirche in ihrem Hoheitsgebiet großes Entgegenkommen und ließ erkennen, wie lebhaft ihr Interesse an der friedlichen Verständigung war. Aber schließlich durfte das für Byzanz überaus vorteilhafte Abkommen durch eine Ablehnung dieser von seiten Karls mit größter Hartnäckigkeit vertretenen Forderung nicht gefährdet werden. Man wußte von dem Ehrgeiz des alten Herrn, den – nach seiner Ansicht – allein rechtmäßigen katholischen Glauben auszubreiten, und erkannte überdies, daß ein Festhalten an der griechisch-byzantinischen Dogmatik in dem zur politischen Selbständigkeit strebenden Grenzland die Gefahren eines Kulturkampfes mit womöglich unerwünschten Folgen heraufbeschwören könne, dessen Führung man deshalb besser den Franken überließ.

Beim Empfang der Gesandtschaft hatte Karl allen nur denkbaren kaiserlichen Pomp entfaltet, um auf die fremden Herren, wie seinerzeit auf die Botschafter Harun al Raschids, auch mit äußerlichen Mitteln einzuwirken. Sie sollten von seiner Hofhaltung und seiner kaiserlichen Unnahbarkeit so stark beeindruckt werden, daß sein Anerkennungsanspruch auch auf diesem Wege sinnfällig wurde. Augenzeugen haben darüber berichtet. Danach wurde die Gesandtschaft nach ihrer beschwerlichen Reise nicht sogleich zum Kaiser vorgelassen. Man führte sie durch die weiten Säle der Aachener Pfalz zuerst vor den Truchseß, vor dem sie niederfielen in der Meinung, es sei Karl; der wies aber diese Ehrerbietung mit Entrüstung von sich und ließ sie weiterbringen, damit sich dasselbe Spiel vor dem Pfalzgrafen wiederhole; noch ein drittes Mal knieten sie fälschlich vor dem Kämmerer, bis sie endlich verwirrt und verängstigt vor das Angesicht des greisen Herrschers treten durften, der sie, die Seinen um Haupteslänge überragend, mit großartiger Würde empfing.

Nachdem der Vertrag in einer Form paraphiert worden war, der die Franken verpflichtete, während die Griechen nur unter dem Vorbehalt der Genehmigung ihres Herrn unterzeichnet hatten, traten die Diplomaten in Begleitung einer fränkischen Delegation die Heimreise an. Nach dem freundschaftlichen Geist, in dem die Besprechungen geführt worden waren, und den Versicherungen der Byzantiner, ihren Einfluß auf Nikephoros im positiven Sinne wirken lassen zu wollen, durfte man nun in Aachen mit gutem Recht auf die Annahme des fränkischen Angebotes rechnen. Durch ihren großzügigen Verzicht auf die ebenerst neu eroberten Gebiete hatte die fränkische Krone unzweideutig ihre friedliche Gesinnung erkennen lassen. Unwiderlegbar hatte Karl darauf hinweisen können, daß er *„die neidvolle Gehässigkeit der über seine Kaiserwürde entrüsteten römischen Imperatoren mit großer Langmut getragen habe".*

Die amtliche Verlautbarung ließ feststellen, daß die fränkische Politik ohne die geringste Berechtigung den Herren am Bosporus so lange verdächtig gewesen sei, weil sie angenommen hätten, *„man wolle ihnen die Herrschaft entreißen".* Nunmehr sei aber dank der göttlichen Gnade endlich *„das festeste Freundschaftsbündnis zustande gekommen, so daß kein Anlaß zu künftigen Streitigkeiten mehr vorhanden wäre ..."*

Der fränkische Kaisertitel war nun weltpolitischer Begriff. Noch fehlte zwar die formelle Zustimmung aus Konstantinopel, aber an ihrer Notifizierung brauchte man nicht mehr zu zweifeln. Unter dieser veränderten Situation bedurfte das Nachfolgeproblem einer klaren Neuorientierung. Die etwa zu erwartenden inneren Schwierigkeiten gegen eine Aufhebung des Reichsteilungsgesetzes waren nun leicht mit dem Hinweis aus der Welt zu schaffen, daß die Opfer für die nachgesuchte Anerkennung nicht aus persönlicher Eitelkeit des Herrschers, sondern um der Zukunft des Gottesstaates willen erbracht seien; einen Verzicht auf das Fortbestehn des westeuropäischen Kaisertums würde die Welt jetzt nicht mehr verstehn und ein solcher ein Schwächebekenntnis darstellen, das die Zukunft des fränkischen Gedankens überhaupt gefährden müsse. Der vorzeitige Tod des seinem Bruder Karl an staatsmännischer und militärischer Begabung durchaus ebenbürtigen Pippin hatte die Neuregelung des Problems in unitarischen Sinne ohnehin gewaltig erleichtert. Über Ludwig konnte man hinwegschreiten. Der Reichseinheitsgedanke hatte jetzt neben der religiösen Umklammerung im Gottesstaat die allgemeingültige Fundamentierung im Weltlich-Pompösen. Da gab es kein Schwanken mehr.

Theodulf ging nun wieder in Aachen aus und ein. Sein konsequentes Eintreten für die jetzt notwendig gewordene Lösung machte ihn für den Kaiser unentbehrlich. Aber in dieser bewegten, von den Vorbereitungen für die Außerkraftsetzung des Reichsteilungsgesetzes erfüllten Zeit, als man schon nach der geeigneten Formulierung suchte, um den ältesten Kaisersohn zum souveränen Erben des Imperiums zu ernennen, sobald die Annahme des Friedensvertrages aus Byzanz notifiziert sein sollte: in diesen Tagen erkrankte der Thronfolger plötzlich an Gehirnhautentzündung und starb am 4. Dezember 811, noch nicht vierzig Jahre alt.

Kaltes Entsetzen erfaßte den Hof. Alle Bemühung um die Legalisierung des Staatsstreiches – etwas anderes bedeutete die Erneuerung der Kaiserwürde nicht – war nun umsonst. Aber mehr als das: eine Nachfolge Ludwigs als souveräner, allmächtiger Kaiser der Franken war eine Katastrophe; sie zu umgehen, gab es keinen Weg. Ludwig galt als frommer Diener der Kirche, aber gerade deshalb hatte er niemals die Eignung, im Sinne des Gottesstaates auch ihr Herr zu sein. Im Königreich Aquitanien regierte asketisches Pfaffentum mit zunehmender Souveränität, wie sie für die Führung des Gesamtreiches mit seinen heterogenen Völkern unerträglich schien. Von dem Geist des alten Kaisers, staatliche und kirchliche Mächte sich nebeneinander entwickeln zu lassen, war bei Ludwig auch nicht ein Hauch zu verspüren. Dieses Nebeneinander hatte naturgemäß steigende Rivalität beider Gewalten im Gefolge gehabt, die der Kaiser aber dank seiner überragenden Autorität nicht nur zugelassen, sondern geradezu gebraucht hatte, um das Tempo zur gottesstaatlichen Vollendung des Frankenreiches zu forcieren. Aber nur das Gleichgewicht beider Gewalten, die Gewährung gleichen Spielraumes innerhalb ihrer Entwicklungskräfte, verbürgte den gewünschten Erfolg. Ohne die Mitwirkung der kirchlichen Organisationen war das Riesenreich nicht zusammenzuhalten, ohne die staatliche Unterstützung mußte dagegen die junge fränkische Kirche sofort ihren nationalen Charakter verlieren und notgedrungen in die Abhängigkeit von den römischen Päpsten fallen. Nur ein Herrscher vom zweidimensionalen Format des alten Kaisers konnte den Gottesstaat vollenden. Karl, der eben verstorbene, hatte das Zeug dazu gehabt. Er war ständig in der Umgebung seines Vaters gewesen, sein vertrautester Mitarbeiter geworden und ganz und gar von seinem Geist durchdrungen.

Theodulf verzagte. All sein Bemühen zur Herbeiführung der unitarischen Lösung war auf die Person König Karls eingestellt gewesen. Seine offen mit gewohntem Sarkasmus zur Schau gestellte Geringschätzung gegenüber dem Aquitaner, unvermeidliche Propaganda zur Erleichterung der angestrebten Lösung, mußte sich nun bitter rächen und den welterfahrenen Mann – mit gutem Recht, wie die spätere Zukunft erwies – um sein persönliches Schicksal bangen lassen, wenn der alte Herr erst einmal die Augen geschlossen hätte. Mit diesem Ereignis mußte jetzt aber ernsthaft gerechnet werden, denn er war durch den neuen Schicksalsschlag seelisch und körperlich dem völligen Zusammenbruch nahe. Von schweren Gichtanfällen geplagt, verbrachte er seine Tage allein in dumpfem Hinbrüten. Sein Lebenswille war zerrissen; sein Interesse an der Vollendung des Gottesstaates erlosch gegenüber dem Fühlbarwerden eines himmlischen Willens, den er als göttliche Strafe zu empfinden begann. Er wollte der Welt entsagen und wie sein heiliger Urahn, Arnulf von Metz, wie sein Oheim Karlmann als Eremit sein Leben beschließen. Aber der Appell an sein Pflichtgefühl, den seine vertrauten Mitarbeiter immer wieder an ihn richteten, siegte schließlich doch über die Depression. Er erkannte, daß erst dann in Wirklichkeit an eine Weltflucht gedacht werden dürfe, wenn die schwebenden Angelegenheiten zum guten Ende gebracht waren; so vor allem der endgültige Friedensschluß mit Byzanz durch Entgegennahme der kaiserlichen Ratifizierung und die geradezu verhaßt gewordene Regelung der Nachfolge.

Um ihn den Dingen dieser Welt wieder näherzubringen, rieten seine Freunde ihm, nunmehr an die Abfassung seines letzten Willens zu gehen, damit, wenn er schon seinen Entschluß, Mönch zu werden, wahrmache, wenigstens über seinen Privatbesitz, die „Fahrhabe", keine Differenzen entstünden. Er folgte dem Rat, benutzte aber die Gelegenheit, den allergrößten Teil der Landeskirche zu vermachen, für den Fall seines Todes oder *„freiwilligen Verzichtes auf irdischen Besitz".* Nur der Kapellenschatz des Aachener Münsters sollte zusammengehalten, alles übrige bis auf nicht viel mehr als Erinnerungsstücke für seine Kinder zu Geld gemacht werden, so auch die im Lauf seines langen Lebens mühsam zusammengestellte Bibliothek mit den unersetzlichen Aufzeichnungen der altgermanischen Heldenlieder.

Gegen den von seinen Freunden mit milder Beharrlichkeit als nunmehr unumgänglich notwendig geforderten Entschluß, die Kaiserwürde auf Ludwig zu übertragen, wehrte er sich noch mit der ganzen Starrköpfigkeit des eigenwilligen Greises. Seine verwundete Phantasie spielte mit allen nur denkbaren Möglichkeiten, um einen anderen Ausweg zu finden. So tauchte auch die unglückliche Gestalt seines erstgeborenen Sohnes von der um die Langobardin Desiderata vertriebenen Himiltrud wieder auf, des *„schönen aber von einem Höcker verunstalteten Pippin",* der nun seit fünfundzwanzig Jahren in der strengen Klosterhaft von Prüm die revolutionäre Absicht büßte, seine Entrechtung gegenüber den nachgeborenen Söhnen der Hildegard nicht dulden zu wollen. Den alten Vater drängte es jetzt, zu verzeihen. In jenen Tagen, so erzählte man sich später, habe er Boten nach Prüm entsandt, um die Fühlung mit der Frage an den verlorenen Sohn wieder aufzunehmen, was ein Herrscher mit Verschwörern anfangen solle, die ihm nach dem Leben getrachtet hätten. Die Boten fanden den Mönch, als einer der Geringsten mit der Arbeit des Unkrautjätens im Klostergarten beschäftigt. Er kümmerte sich zunächst nicht um die Besucher; endlich sah er auf und sagte nur: *„Bestellt dem Herrn Kaiser, er solle dasselbe tun wie ich hier."* Die Boten erstatteten bestürzt ihren Bericht; der Krüppel habe geantwortet, der Kaiser möge Mönch werden. Aber Karl verstand den weisen Doppelsinn und die stolze Abweisung des Versöhnungsversuches. *„Nein, nicht zum Mönchtum hat er mir geraten",* rief er bewegt, *„aber ich soll wie er das Unkraut jäten, wo ich es finde!"*

Noch ehe er seine Gedanken um die Versöhnung und die legale Verwendbarkeit des Eremiten zur Mitwirkung bei der Reichsnachfolge aber zu Ende bringen konnte, fuhr mit einer fast mystisch anmutenden Tragik wiederum das Schicksal dazwischen. Urplötzlich und geheimnisvoll wie seine Halbbrüder verschied der unglückliche Erstgeborene in diesen Tagen. Nun blieb wirklich keine andere Möglichkeit mehr, als sich für Ludwig zu entscheiden, aber Karl selbst konnte einen Entschluß nicht fassen. Zum mindesten wollte er die Antwort aus Konstantinopel abwarten, die bereits, wie gemeldet wurde, nach Aachen unterwegs war.

Das abendländische Kaisertum

Sie brachte nun endlich die seit mehr als elf Jahren ersehnte Anerkennung und damit das Ende einer Periode tastender Unsicherheit, in die die fränkische Politik durch Leos III. Bravourstück hineinmanövriert worden war. Aber auch dieser nun doch noch glückliche Abschluß des Krönungsabenteuers war nur dem Zufall zu danken, daß Kaiser Nikephoros auf einem Feldzug gegen die Bulgaren einer Verschwörung zum Opfer gefallen und sein Schwiegersohn Michael I. sein Nachfolger geworden war. Der neue Kaiser hatte das einzige Interesse, seiner inneren Schwierigkeiten Herr zu werden; die Anerkennung Karls und damit die vollzogene Tatsache einer Teilung der Weltherrschaft in ein östliches und ein westliches Imperium brachte ihm sofort das reiche Venetien mit den dalmatinischen Küstengebieten zurück und außerdem ein Freundschaftsbündnis mit dem zur Zeit mächtigsten Gewalthaber Europas. Michael I. war geschmeidiger als sein Vorgänger und verstand es, aus dessen beleidigtem Kaiserstolz nun Kapital zu schlagen.

Die griechische Delegation erstattete Bericht. Es wurde ein formeller Vertrag aufgesetzt, der mit geringfügigen Änderungen dem fränkischen Angebot entsprach. Man verabredete, daß Karl in öffentlicher Staatssitzung, für die das Marienmünster hergerichtet wurde, den von ihm und den maßgebenden fränkischen Herren vollzogenen Vertrag der Delegation übergeben solle, wogegen diese bei Inempfangnahme des für die fränkische Regierung verbindlichen Dokumentes vor allem Volk die Anerkennung des fränkischen Königs zum Kaiser der Römer, das heißt Westeuropas, zum Ausdruck zu bringen hatte. Und so geschah es.

An der Spitze des Hofes betrat der Kaiser, die Cäsarenkrone auf dem dichten weißen Haar, die bis zum letzten Platz gefüllte Basilika. Als er auf dem marmornen Kaiserstuhl Platz genommen hatte, kamen die Griechen. Der Vertrag wurde Wort für Wort verlesen, dann übergab ihnen Karl das Dokument und wies mit seiner hellen Greisenstimme in kurzer Ansprache auf die Bedeutung dieses Staatsaktes, der die beiden Mächte Europas nun endlich friedlich vereine zum Wohl der Kirche Christi.

Nun knieten die Griechen vor dem Kaiserstuhle nieder, brachten unter genauer Befolgung des gültigen byzantinischen Krönungszeremoniells ihre Glückwünsche dar und begrüßten den Kaiser zum Zeichen der offiziellen Anerkennung ihres Herrn mit dem Kaisernamen *„Imperator"* und *„Basileus"*.

Damit war das westeuropäische Kaisertum fränkischer Nation Tatsache, aber sie freute den alten Mann nicht mehr, denn er empfand mit weltentrückter Klarheit die Sinnlosigkeit seines Lebenswerkes, das er im ganzen doch noch unfertig in unfähige Hände legen mußte. Alchwins Rangordnung der irdischen Gewalten, nach der an erster Stelle der Papst in Rom, an zweiter der Kaiser in Byzanz und erst an dritter der Frankenkönig stand, war hinfällig geworden; Frankenkönig und byzantinischer Kaiser waren einander nun gleichgestellt, der römische Papst, ebenso wie sein byzantinischer Gegenspieler, der Patriarch von Konstantinopel, hatten im Zeichen kirchlicher Oberherrschaft beider Kaiser längst ihre souveräne Stellung verloren. Karl mußte seinen größten Triumph in einer Gemütsverfassung erleben, die seine Aufnahmefähigkeit dafür verschloß.

So verdichtete sich der Niederschlag dieses großen Tages in staatsrechtlicher Pedanterie. Die Form der Anerkennung genügte ihm so lange nicht, bis er sie schwarz auf weiß, vom byzantinischen Kaiser unterzeichnet, in Händen hielt. Mit mißmutiger Skepsis hatte er es hingenommen, daß die Griechen nur mündliche Zusagen überbrachten, die auf Grund ihrer ausreichenden Bevollmächtigung aber vollauf genügten. Dokumentarisch waren nur die Franken gebunden. Wäre er jünger gewesen, so hätte er sich genügende Kraft zugetraut, aus einem immerhin möglich erscheinenden Wortbruch Michaels die nötigen Konsequenzen zu ziehn oder auch einem Nachfolger gegenüber sich durchzusetzen. Jetzt mußte er weitergehn und in minutiöser Genauigkeit die Form sicherstellen, mittels deren der Byzantiner sich für die Herausgabe Venetiens auf die Anerkennung festzulegen hatte. Um ihn andrerseits aber nicht zu verärgern, mußte diese Anweisung in einem Ton gehalten sein, der das neue kollegiale Moment mit der vorgeschriebenen Ehrerbietung des Emporkömmlings verband. So schrieb er nun:

„Im Namen des Vaters und Sohnes und Heiligen Geistes. Karl, durch Gottes Gnade Kaiser und Augustus, König der Franken und Langobarden, wünscht seinem geliebten und verehrten Bruder Michael, dem glorreichen Kaiser und Augustus, in unserem Herrn Jesus Christus das ewige Heil. Wir danken Herrn Jesus Christ, unserem wahren Gott, nach besten Kräften, daß er uns durch ein unaussprechlich großes Geschenk so reich zu machen geruhte. Daß er noch zu unseren Lebzeiten den lang gesuchten und immer ersehnten Frieden zwischen dem östlichen und westlichen Reich nunmehr begründet hat und seine heilige katholische Kirche, die über die ganze Erde verbreitet ist ... friedlich vereinigte.

Wir sprechen deshalb von einem schon Geschehenen, weil wir
(jedenfalls) alles getan haben, was in unserer Macht stand, und
nicht zweifeln, daß ihr eurerseits das gleiche zu tun gedenkt. Denn
wir setzen Vertrauen in den, der befohlen hat, den Frieden zu schlie-
ßen, gemäß der beigehenden Urkunde ...

Mit der Bitte um Bestätigung haben wir unsere bevollmächtigten
Botschafter ... vor dein glorreiches Antlitz, geliebter Bruder, ent-
sandt. Ebenso wie deine Gesandten es bei uns gehalten haben und
von uns die Vertragsurkunden entgegennahmen, von uns selbst und
den bevollmächtigten Würdenträgern unseres Reiches unterschrie-
ben, ebenso mögen nun auch unsere Botschafter deine Urkunde un-
ter Gegenzeichnung deiner maßgebenden Standesherrn am heiligen
Hochaltar aus deiner Hand entgegennehmen. Denn es ist recht und
billig und entspricht der mit deinen Gesandten getroffenen Verab-
redung, daß unsere Botschafter von dir selber, geliebter Bruder, die
erwähnte Vertragsurkunde in Empfang nehmen, um sie uns zu
überbringen.

Daher bitten wir deine geliebte und glorreiche Brüderlichkeit,
wenn du mit der von uns gefertigten Vertragsniederschrift überein-
stimmst, du wollest eine gleichlautende, in griechischen Buchstaben
geschrieben und auf die genannte Weise gegengezeichnet, diesen un-
seren Gesandten übergeben ...“

Die freundschaftlichen Beziehungen wurden nun durch die
Übergabe Venetiens wieder eröffnet; auch die Sperre im Verkehr zwischen Papst und Patriarchen wurde aufgehoben. Beide
hielten es für erforderlich, die Tatsache abzuschwächen, daß
die Vereinigung der *„heiligen katholischen Kirche, die über die*
ganze Erde verbreitet ist“, nun unter Ausschaltung der beidersei-
tigen Verwaltungszentren durch die Kaiser bewirkt sei, und bestätigten sich gegenseitig, daß durch die Willenskundgebung
beider Herrscher nur die erste Voraussetzung dieser Vereinigung erfüllt sei, das Einigungswerk selber aber in ihren Händen ruhe.

Für Karl gab es nun keinen Vorwand mehr, die Klärung der
Nachfolge weiter aufzuschieben. Einer persönlichen Mitwirkung entzog er sich aber und beauftragte, *„in Greisenschwäche*
geraten“, seinen Staatsrat, Ludwig nach Aachen kommen zu lassen und alle Einzelheiten mit ihm zu besprechen. Als einzige
Richtlinie gab er ihm auf, den Sohn Pippins, seinen Enkel Bernhard, aus der Klosterschule in Fulda holen zu lassen, da er ihn
nun doch als König von Italien in das Erbe seines Vaters einzusetzen beschlossen habe. Zwar solle Ludwig als Kaiser die
Oberherrschaft über das Reich führen, Bernhard aber im Rah-

men des Möglichen denkbar große Selbständigkeit behalten und vor allem den Verkehr mit der römischen Kurie im bisherigen Sinne aufrechterhalten. Nach Erlaß dieser Verfügung zog er sich von den Staatsgeschäften wieder ganz zurück und überließ seinen Räten alles übrige. Als ein Ereignis von besonderer Vorbedeutung wurde es verstanden, daß bald darauf die große Holzbrücke über den Rhein, die Karl bei Mainz hatte erbauen lassen, niederbrannte. Es war eine Brandstiftung der um ihren Fährlohn gekommenen Rheinschiffer, aber dennoch schloß man aus dieser Katastrophe auf ein himmlisches Vorzeichen, das den baldigen Tod des Kaisers kündete. Karl nahm den Brand durchaus nicht tragisch, sondern erklärte nur, man müsse nun eine Brücke aus Stein bauen, ja, er gab sogar die Anweisung, sofort damit zu beginnen. Es sollte allerdings mehr als tausend Jahre dauern, bis dieser Befehl ausgeführt wurde!

Auf den 11. September 813 wurde dann die große Reichsversammlung einberufen, um die Beschlüsse des Staatsrates in der Nachfolgefrage zu genehmigen. Karl war während der Beratungen nur selten zugegen gewesen. Obwohl er geistig immer stumpfer wurde, bekämpfte er seinen körperlichen Verfall. So war er verschiedentlich in die Ardennen auf Jagd gefahren, bis ihn die Gicht fast bewegungsunfähig machte.

Auf der Reichsversammlung erschien er, am Stock hinkend, und gab mit wenigen Worten seine Entscheidung bekannt. Der Sohn Ludwig sei nunmehr Kaiser, der Enkel Bernhard König zu nennen. *„Dieser Beschluß ward mit großem Beifall aufgenommen, denn er schien ihm von Gott eingegeben um des Heiles des Reiches willen."* Dem Staatsakt folgte die feierliche Inthronisierung. Noch einmal raffte der Alte sich auf, um von dem großen Gedankengut zu retten, was zu retten war. Mit einer Würde ohnegleichen zeigte er sich dem Volk; die Ehrfurcht vor seiner geheiligten Person sollte auf Ludwig überstrahlen, damit die Macht seiner kaiserlichen Majestät wenigstens so lange an Ludwig haften bliebe wie die Erinnerung.

„Am nächsten Tage legte Karl seinen vollen Kaiserornat an, setzte die Krone auf das Haupt, schritt" – auf Ludwig gestützt – *„herrlich geschmückt in die von ihm erbaute Kirche und trat vor einen erhöhten Altar."*

Hier lag eine andere Krone, *„als die er selber trug".* Mit seiner dünnen Greisenstimme fragte er nun *„alle, vom größten bis zum geringsten, ob es ihnen recht sei, daß er seinen Namen, das heißt den des Kaisers, seinem Sohn übertrage. Alle antworteten, es sei der Wille Gottes. Da beteten Vater und Sohn lange Zeit."*

Als sie sich erhoben hatten, hielt der Greis eine Ansprache an den Sohn, die letzte seines Lebens. Er überschlug sein Werk, entwickelte den Gottesstaatsgedanken, verwies auf die in der fränkischen Kaisergewalt vereinte geistige und weltliche Macht, die nun unzerstörbar gewordene Verbundenheit von Gottesdienst und Kaiserdienst. Er sprach nicht von den Rechten, nur von den Pflichten eines Kaisers gegen Gott, die Armen, Witwen und Waisen; er erklärte, nur dann, wenn Ludwig hier vor aller Öffentlichkeit den feierlichen Schwur ablege, diese Pflichten getreulich erfüllen zu wollen, nur dann solle er auch jetzt die Rechte des Kaisers erhalten. Er mahnte ihn, *„den allmächtigen Gott zu lieben und zu fürchten, seine Gebote überall zu erfüllen, die Kirche zu führen und vor bösen Menschen zu schützen".*

Er verpflichtete ihn, gegen seine Schwestern, Neffen, Halbbrüder und alle Verwandten ein gütiger Herr zu sein, er solle die Bischöfe wie Väter, die Untertanen wie Kinder lieben. Er müsse die Einrichtungen des Vaters getreulich bewahren, zu Königsboten nur zuverlässige und absolut unbestechliche Persönlichkeiten ernennen, er dürfe keine Beamten ohne einwandfreie Untersuchung absetzen und habe selbst ein makelloses Leben zu führen. Erst als Ludwig jedes einzelne dieser Gebote zu erfüllen geschworen hatte, befahl ihm nun der Alte, die Krone vom Altar zu nehmen und sie *„in Erinnerung an alle Gebote, die wir dir aufgetragen",* sich selbst aufs Haupt zu setzen. Da sank das Volk zu Boden und rief in tiefer Bewegung: *„Es lebe Ludwig, der Kaiser."*

Diese in ihren Einzelheiten genau überlieferte Krönungszeremonie unterschied sich grundlegend von der unseligen Weihnachtsfeier des Jahres 800 in Rom. Die Befragung und Festlegung Ludwigs auf die kaiserlichen Pflichten hatte kein Vorbild, wie die Übertragung einer Kaiserwürde vom Vater auf den Sohn etwas völlig Neues war. Sie erfolgte ohne jede Mitwirkung des Papstes, ja sogar ohne die der fränkischen Geistlichkeit, denn der Kaiser war selbst das Haupt der Christen. War noch Karls Vater vom päpstlichen Bevollmächtigten Bonifatius gesalbt und später vom Papst selbst gekrönt worden, hatte Karl die Kaiserkrone noch aus den Händen des Stellvertreters Christi – nach griechischem Zeremoniell – erhalten: der erste – und einzig wirkliche – Kaiser des Abendlandes schüttelte nun jede kirchliche Autorität ab, weil er und kein anderer der „Stellvertreter Gottes auf Erden" ist. Aus dem Bombast byzantinischer Krönungstraditionen findet er zur schlichten Landesvaterschaft zurück. Kein Wort vom „Divus Augustus" fällt, keine „Laudes" und keine „Akklamationen" erklingen: der Vater verpflichtet den Sohn auf das wahre Ethos des Herrschertums, der „erste Diener des Staates" zu sein.

Aber das Schicksal hat es gewollt, daß Ludwig nichts von alledem begriff. Zwei Jahre nach dem Tode des Vaters holte er nach, was dieser seiner Ansicht nach versäumte, und ließ sich von Leo III. durch kirchliche Krönung vom römischen Gott bestätigen. Damit zertrümmerte er das gewaltige Erbe des väterlichen Kaisergedankens und Gottesstaates, aus dessen Ideengut der bislang gewaltsam niedergehaltene Kirchenstaat sich nun üppig entwickeln konnte. Aber auch das Versprechen, seinem Neffen *„ein gütiger Herr"* zu sein, hat Ludwig gebrochen. Nicht umsonst hatte Karl an dem begabten Bernhard Freude gefunden und in ihm einen letzten Garanten seines Willens gesehn. Als Ludwig das Kaiserreich fünf Jahre später unter seine Söhne teilte und Bernhard dabei völlig überging, empörte sich der Neunzehnjährige – von Theodulf und seinem Kreis im geheimen unterstützt – und verlangte das vom Großvater ererbte Recht. Aber er unterlag, und Ludwig ließ dem sich verzweifelt Wehrenden *„so grausam die Augen ausreißen",* daß er wenige Tage darauf an den Wunden verstarb. Auch den Schwestern gegenüber erwies Ludwig sich als wortbrüchig. Seine erste Tat als Alleinherrscher war die „Säuberung der Aachener Pfalz", wo sich ein sinnenfreudiges großstädtisches Leben entwickelt hatte; die lebensfrohen Schwestern wurden bei dieser Gelegenheit in graue Klöster eingesperrt.

Der Tod des Kaisers

Ehe der Reichstag auseinanderging, hatte er noch die Beschlüsse der letzten fünf Kirchensynoden in zusammengestellter Form als Reichsgesetz zu genehmigen, *„wer sie kennenlernen will, kann sie in den fünf genannten Städten finden, doch werden auch Abschriften im Palastarchiv verwahrt".* Dieser letzte Staatsakt des alten Mannes klingt wie eine Schlußapotheose seines Lebens. *„Ein Gott, eine Kirche",* so sagt die Synode vom Gottesstaat, *„ein Glaube, eine Taufe, darum Frieden und Eintracht unter einheitlicher Führung."*

Noch einmal versuchte er sich auf der Jagd; aber von Gicht- und Fieberanfällen geschüttelt, mußte er schleunigst zurück. Am Hof und im Volk sprach man jetzt nur noch von seinem bevorstehenden Ende. Erdbebenartige Erschütterungen, ein ungewöhnlich kalter Winter, der Einsturz eines Ganges in der Marienkirche, im Zusammenhang damit das Verschwinden einer Inschrift „Karolus princeps", ein Blitzschlag auf das Dach: all das gab dem Aberglauben immer neue Nahrung. Nur Karl blieb gelassen, er war mit der Welt im reinen.

Am 21. Januar 814, wenige Monate vor Vollendung seines zweiundsiebzigsten Lebensjahres, erkältete er sich nach dem Bad, er herrschte schneidender Frost. Fieberanfälle zwangen ihn, sich niederzulegen. Er suchte sich mit der altbewährten Fastenkur zu heilen, aber der geschwächte Körper ertrug die Nahrungsentziehung nicht mehr. Der störrische Kranke nahm keinen Rat an und warf die Ärzte hinaus, die er haßte, weil sie ihm schon seit langem das gebratene Fleisch verboten hatten. Die fieberische Erkältung ging in eine Rippenfellentzündung über, sein Zustand wurde hoffnungslos.

Aus den Händen des vertrauten Freundes und Erzkaplans Hildibald empfing er nun die Sterbesakramente; als es dann zu Ende ging, bekreuzigte er sich mit der rechten Hand auf Stirne, Brust und Leib, zog die Füße ein, legte die Arme übereinander und sang mit geschlossenen Augen leise die Litanei: „Herr, in deine Hände befehle ich meinen Geist."

Am 28. Januar 814 ist er in den frühen Morgenstunden hinübergegangen.

Als fürchteten sie sich vor der entseelten Hülle: noch am gleichen Tag begruben die Franken ihn im Aachener Münster, dem Wahrzeichen seiner Weltherrschaft. So groß erschien ihnen dieser nun verklärte Geist, daß niemand es zu unternehmen wagte, ihm die Grabschrift zu dichten, wie die Sitte es forderte. So schrieben sie nur:

> *„Unter diesen Steinen liegt der Leib Karls,*
> *des großen und rechtgläubigen Kaisers, der*
> *das Reich der Franken herrlich erweitert und*
> *sechsundvierzig Jahre glückhaft beherrscht hat.*
> *Er starb etwa siebzigjährig am 28. Januar 814."*

An diesem frostklirrenden Januartag vor mehr als elf hundert Jahren ward aber auch das geeinte Europa zu Grabe getragen. Uns Heutigen ist nichts davon geblieben als etwas Rätselhaftes, geheimnisvoll Wirkendes, das wieder und wieder im Gewande schmerzlich-sinnloser Sehnsucht heraufgegeistert kommt ...

ANHANG

Zeittafel

742 Mutmaßlicher Geburtstag Karls des Großen (2. April)

754 Vertrag von Quiersy.
Pippin von Papst Stephan II. zum Frankenkönig gesalbt

768 Regierungsantritt Karls

771 Tod Karlmanns. Karl Alleinherrscher

772 Hadrian I. zum Papst gewählt – Erster Saxenzug

773 Langobardenkrieg

774 Erste Romfahrt Karls. Eroberung Pavias.
Karl König der Langobarden

777 Reichstag zu Paderborn

778 Der spanische Feldzug

781 Zweite Romfahrt Karls

782 Schlacht am Süntel Das Blutgericht von Verden a. d. Aller

783 Schlacht bei Detmold

784 Gesetz über die säxischen Gebiete

785 Taufe Widukinds in Attigny

786 Dritte Romfahrt Karls

788 Tassilos Untergang; Einverleibung Bayerns

794 Frankfurter Konzil

795 Tod Hadrians I. – Leo III. zum Papst gewählt

800 Vierte (letzte) Romfahrt Karls
Kaiserkrönung am 25. Dezember

803 Endgültige Niederwerfung und Einverleibung Saxens

806 Reichsteilungsgesetz

810 Einfall der Dänen

812 Friede mit Byzanz

813 Ludwig der Fromme zum Mitkaiser gekrönt

814 28. Januar, Tod Karls des Großen

Quellennachweise

Der Anfang

Karls uneheliche Geburt ist nicht geschichtlich überliefert. Sie darf aber aus der Geheimnistuerei geschlossen werden, mit der Karls Jugend unzweifelhaft umgeben wurde. Das Sagengut über die Beziehungen Pippins zu Bertha ist so umfangreich, daß hieraus allein schon eine geheimnisvolle Atmosphäre entstanden ist. Glaubhaft überliefert ist die Tatsache, daß Bertha sich an den Papst wandte und dieser wohl dann erst die rechtmäßige Ehe zustande brachte.

Die im Text wiedergegebene Sage ist entnommen aus v. Aretin: „Älteste Sage über die Geburt und Jugend Karl des Großen" (1803); Aretins Rückschlüsse sind ohne Beweiswert.

Die übrige Darstellung folgt den zeitgenössischen Quellen (Annalen, Papstbuch) und beruht auf dem von Abel/Simson in den Jahrbüchern des fränkischen Reiches zusammengestellten Tatsachenmaterial.

König und Papst

Die Beweggründe, die Pippin zum Vertrag von Quiersy und zur Annahme der Königswürde führten, hat vor allem Ranke: „Die arabische Weltherrschaft und das Reich Karls des Großen" (1884) aufgeklärt. Der Vertrag von Quiersy ist nicht erhalten; um so größer ist der Meinungsstreit über seinen mutmaßlichen Inhalt. Es scheint aber nicht nur aus Karls Verhalten, sondern auch aus Pippins kühler Reserviertheit geschlossen werden zu dürfen, daß es sich nur um Versprechungen, nicht um effektive Schenkungen gehandelt hat. Die objektive Untersuchung von Wilhelm Martens: „Die römische Frage unter Pippin und Karl dem Großen" (1881/82) kommt zu Ergebnissen, die der psychologischen Rekonstruktion des II. Kapitels zugrunde gelegen haben. Die vielfach verbreitete Ansicht, Karl der Große sei der Begründer des Kirchenstaates gewesen, beruht auf den unzweifelhaft falschen Darstellungen des Papstbuches. Es ist daher nicht allein aus psychologischen, sondern auch historischen Gründen mit größter Wahrscheinlichkeit anzunehmen, daß die bedeutsamen Ereignisse des Jahres 774 in der geschilderten Weise abgelaufen sind.

Es ist das große Verdienst Dr. Martin Lintzels, in die bis vor kurzem noch völlig unklaren sozialen Verhältnisse Altsaxens Licht gebracht zu haben. Seine Forschungen sind niedergelegt in den Schriften: „Der sächsische Stammesstaat und seine Eroberung durch die Franken" (1933) und „Die Stände der deutschen Volksrechte, hauptsächlich Lex Saxonum" (1933). Über die zweideutige und, vom sächsischen Standpunkt betrachtet, hochverräterische Haltung der Ethelinge berichtet er in einem Artikel „Karl der Große und die Sachsen" in „Forschungen und Fortschritt" (1. April 1934). Karl Hampe geht in seiner Arbeit: „Karl der Große und Widukind" (Juniheft „Vergangenheit und Gegenwart" 1934) nicht ganz so weit wie Lintzel; er kann es insbesondere nicht als erwiesen ansehn, daß Widukind nach der Königskrone getrachtet habe. Es ist aber nicht zu erkennen, weshalb die überaus schlüssigen Darstellungen Lintzels hier unzutreffend sein sollen, zumal Widukind in den westfälischen Volkssagen fast immer als König bezeichnet wird. (s. die Sammlung von Hartmann/Weddigen: „Das Buch vom Sachsenherzog Widukind", 1883.) Nach Josef Dettmer: „Der Sachsenführer Widukind" (1879) hat Widukind 788, also drei Jahre nach der Taufe in Attigny, das Kloster in Enger, einem seiner Stammsitze, begründet, wo noch heute an der Ostseite der Kirche der sogenannte „Mohrenkopf", als auf Widukind zurückgehend, gezeigt wird. Dettmer glaubt, daß er als Patengeschenk von Karl auch das Gut Büddefeld im Waldeckschen, verbunden mit einer Gaugrafschaft, erhalten hat, wofür spätere Überlieferungen sprechen.

In dem Abschnitt „Die schleichenden Verführer" wird aus der Lebensbeschreibung des heiligen Lebuin zitiert, deren zeitgenössische Urschrift vor kurzem aufgefunden wurde, während man bislang nur eine Abschrift aus dem 10. Jahrhundert kannte. Die sehr lebhaft geschilderten Vorgänge auf der Versammlung aller Saxen zu Marklo haben dadurch historischen Beweiswert bekommen, (s. auch Hampe in dem erwähnten Artikel: „Karl der Große und Widukind".)

Die vielfach neuerlich in Zweifel gezogene Zahl der zu Verden hingerichteten Saxen ist mit 4500 ausdrücklich und absolut glaubhaft von Einhard überliefert. Sie steht auch nicht im Gegensatz zu der Bevölkerungsziffer der Saxen, die sicher viele hunderttausend Seelen umfaßt hat. Von den späteren Deportationen wurden ebenfalls viele Tausende betroffen, was nicht nur überliefert ist, sondern sich auch daraus beweist, daß beispielsweise das Gebiet der ostelbischen Nordleute kampflos von den slawischen Obotriten besetzt worden ist, nachdem die letzte Zwangsdeportation durchgeführt war. Wenn die fränkischen Truppen also zehntausend säxische Bauern – sicherlich nicht widerstandslos – über den Rhein in die Verbannung führen konnten, so waren sie sicherlich auch imstande, viertausendfünfhundert von ihnen an einem Tage zu enthaupten, (s. hierzu auch Hampe in „Meister der Politik", 1922, und „Herrschergestalten des deutschen Mittelalters", 1927.)

HOHE POLITIK

Die Darstellung stützt sich vor allem auf das Tatsachenmaterial in Abel/ Simsons Jahrbüchern und Dahns „Urgeschichte der germanischen und romanischen Völker". Auch Dopsch: „Die Wirtschaftsentwicklung der Karolingerzeit" (1911/12) ist herangezogen worden, (s. auch Kneisel: „Sturz des Bayernherzogs Tassilo", 1875, und Dr. Friedrich Lorentz: „Alkuins Leben", 1829.)

DIE LETZTEN SCHLACKEN

Die Verbindung Konstantinopel-Benevent-Bayern wird von Harnack: „Die Beziehungen des fränkisch-italischen zu den byzantinischen Reichen" (1880) schlüssig nachgewiesen, (s. neben der zum IV. Kapitel erwähnten Spezialliteratur auch Hirsch: „Das Herzogtum Benevent bis zum Untergang des langobardischen Reiches", 1871, Zeißberg: „Alkuin und Arno", 1862, und „Arno, erster Erzbischof von Salzburg", 1863.) Über das Geschlecht der Agilolfinger glaubt Felix Dahn feststellen zu sollen, es sei ursprünglich fränkisch gewesen, während die alteingesessenen bayrischen Adelsfamilien die Nachfahren von Stammeskönigen darstellten. Ihr Abfall von Tassilo wird dadurch um vieles erklärlicher. Ein enges langobardisch-bayrisches Bündnis bezeichnet Paulus Diakonus, Karls Zeitgenosse, in seiner Langobardengeschichte als das natürlich gegebene, ein langobardisch-fränkisches dagegen als ungesund. Um so wichtiger war für Karl die endgültige Zertrümmerung der bayrischen Selbständigkeit.

DER MENSCH

Für die Darstellung ist zeitgenössisches Material verwandt worden, so vor allem Einhards „Vita Caroli Magni" und auch der „Volksmund" des Mönches von St. Gallen, dessen Anekdotensammlung zwar dem Jahre 900 angehört, aber doch hinsichtlich ihres historischen Wertes vielfach unterschätzt wird (s. Wattenbach: „Geschichtsschreiber der deutschen Vorzeit", 1859). Im Interesse einer geschlossenen Darstellung konnte von der Fülle

des auch aus anderen Quellen bekannt gewordenen Anekdoten-
materials nur sparsamster Gebrauch gemacht werden.

Die Angilbert und Bertha zugeschriebene Geschichte in der
verschneiten Winternacht ist als Sage von Einhard und Emma
überliefert. Karl hatte aber keine Tochter namens Emma, wohl
aber hieß Einhards spätere Gattin so. Nach dem Charakter Einhards zu schließen, erscheint es als völlig ausgeschlossen, daß
dieser bescheidene und stille Jüngling mit einer Königstochter
eine Liebschaft gehabt hätte; die Geschichte paßt vielmehr auf
Bertha und Angilbert, weshalb sie in diesem Zusammenhang
als „Hofklatsch" wiedergegeben wurde. Ob sie wahr ist oder
nicht: sie kennzeichnet das Leben der Königstöchter und ihrer
Geliebten.

IRRLEHRE

Neben den Jahrbüchern von Abel/Simson, Haucks berühmter
Kirchengeschichte, Felix Dahns Urgeschichte ist vor allem die
vorzügliche Schrift von Größler: „Die Ausrottung des Adoptianismus im Reiche Karls des Großen" (1879) benutzt worden, die
im Jahresbericht des Gymnasiums zu Eisleben veröffentlicht
ist. Auch wurden die Briefe Alkuins (Alchwins) und seine Lebensbeschreibung herangezogen.

GROSSKÖNIGTUM IM GOTTESSTAAT

Über die bedeutsame Auseinandersetzung zwischen Karl und
Hadrian in der Frage des Bilderstreites berichtet eingehend Wilhelm Ohr: „Der karolingische Gottesstaat in Theorie und Praxis"
(1902). Sie wird selbstverständlich auch in den Jahrbüchern
Abel/Simsons und der sonstigen Gesamtliteratur behandelt. Die
übrige Darstellung beruht vor allem auf dem zeitgenössischen
Quellenmaterial. (s. auch das alte Werk von Dippoldt, „Leben
Karls des Großen", 1810, Reber, „Der karolingische Palastbau",
1891, und Dehio, „Geschichte der deutschen Kunst", 1923.)

VERHÄNGNISVOLLES ZWISCHENSPIEL

Die Frage der Kaiserkrönung ist höchst umstritten. Auf Grund
des nicht ganz einheitlichen Quellenmaterials läßt sich ohne
psychologische Rekonstruktion ein klares Bild über die Vorge-
schichte und das Ereignis selber kaum gewinnen. Die beiden
Meinungsrichtungen haben sich auf die Kernfrage konzentriert:
Hat Karl die Krönung gewollt und demgemäß die Einzelheiten
mit Leo III. bereits in Paderborn verabredet, oder ist er über-
rumpelt worden? Für die erste Auffassung spricht lediglich eine

einzige zeitgenössische Quelle, die Annales Laureshamenses (Kloster Lorsch), wo es heißt: *„Ihrer Bitte* (der Konzilteilnehmer) *wollte der König Karl sich nicht versagen, sondern mit aller Demut unterwarf er sich Gott, und er empfing auf die Bitte der Priester und des gesamten christlichen Volkes am Geburtstag unseres Herrn Jesus Christus selbst den Namen eines Imperators mit der Weihe des Herrn Papstes Leo.*" Dagegen sagt die glaubwürdigste Quelle, Einhard, mit aller Eindeutigkeit: *„Zu dieser Zeit empfing er den Namen eines Imperators und Augustus. Hiergegen hatte er zuerst eine solche Abneigung, daß er versicherte, er würde an jenem Tage, obwohl es ein hoher Festtag war, nicht in die Kirche gegangen sein, wenn er die Absicht des Papstes hätte ahnen können.*" Ebenso bezeugt Arno von Salzburg, der selbst Zeuge der Ereignisse gewesen war, die Krönung sei *„ohne Vorwissen des Herrn Karl"* erfolgt, und der „Volksmund" des Mönches von St. Gallen sagt: *„Der apostolische Vater berief von den benachbarten Gegenden so viele er konnte nach Rom, während Karl dort weilte, und ernannte ihn, der nichts weniger vermutete, zum Kaiser. Ablehnen konnte dieser es nicht, weil er es für eine göttliche Fügung hielt, aber er nahm es nicht gerne an, denn er glaubte, die Griechen würden um ihre Sicherheit erneut besorgt sein, damit nicht, wie man sich damals erzählte, Karl unverhofft käme und ihr Reich seiner Herrschaft unterwarf.*" Während eine nachprüfende psychologische Beurteilung der ersten Auffassung zugute halten wird, der Papst hätte es nie gewagt, gegen Karls Willen die Krönung vorzunehmen, spricht aber die „cui-bono"-Frage unzweideutig dagegen. Wenn Karl einverstanden gewesen wäre, so hätte er sich bezüglich der byzantinischen Verwicklungen absolut falsche Vorstellungen gemacht. Es ist nicht zu erkennen, warum dieser große Geist sich aber in dieser bedeutungsvollsten Entscheidung seines Lebens grundlegend geirrt haben sollte. Persönliche Eitelkeit lag ihm ebenso fern wie Heuchelei – Einhards Mitteilungen wären alsdann nur so zu verstehen –, er mußte erkennen und hat es auch bestimmt erkannt, daß er von der Krönung weder innen- noch außenpolitisch auch nur den geringsten Vorteil haben konnte; nur und ausschließlich Papst Leo hatte den Gewinn davon. Die Art, wie Karl ihn später behandelt hat, ja wie er seinen Sohn Ludwig ohne jede klerikale Mitwirkung sich selbst die Kaiserkrone aufsetzen hieß, ist im übrigen deutlich genug.

Trotz alledem darf man mit großer Wahrscheinlichkeit annehmen, daß Leo ihm in Paderborn die Krönung angeboten hat, wie sie ja nach Irenens Verbrechen „in der Luft lag". Ebenso wahrscheinlich ist es aber, daß Karl den Wunsch des Papstes abgelehnt hat, dem aber dann auf Grund der geschilderten Umstände nichts übrigblieb, als alles auf eine Karte zu setzen und die Krönung doch vorzunehmen, weil er die Frömmigkeit Karls kannte, der sich einer göttlichen Fügung nicht widersetzen würde.

Nachdem diese Stellungnahme auf Grund sorgfältiger Prüfung der Fachliteratur gewonnen war, mußte die Darstellung der Ereignisse sich der „Überrumpelungstheorie" zuwenden. In diesem Rahmen gewann die kleine Schrift von Ernst Sackur: „Ein römischer Majestätsprozeß und die Kaiserkrönung Karls des Großen" (1901) grundlegende Bedeutung. Die Richtigkeit der Sackurschen Theorie hat alsdann Karl Heldmann in seinem umfangreichen Werk: „Das Kaisertum Karls des Großen" (1928) glänzend bewiesen. Die Heldmannschen Untersuchungen gehen in alle Einzelheiten der Zeitgeschichte, beschäftigen sich nüchtern und kritisch mit allen Auffassungen und kommen schließlich zu Ergebnissen, wie sie im Kapitel Verhängnisvolles Zwischenspiel dargestellt sind.

Divus Augustus

Neben Abel/Simsons Jahrbüchern und Dahns Urgeschichte ist „Die Wirtschaftsentwicklung der Karolingerzeit" von Dopsch ausgiebig benutzt worden. Daß das Geschäft des Geldverleihens nicht ausschließlich in Judenhänden lag, geht aus einer interessanten zeitgenössischen Quelle hervor, die Hahn („Die wirtschaftliche Tätigkeit der Juden im fränkischen und deutschen Reich", 1911) mitteilt; danach schrieb eine Fränkin ihrem Sohn, sie habe in starker finanzieller Bedrängnis viele Schulden machen müssen, nicht nur bei Christen, sondern auch bei Juden.

Die Verhandlungen mit den säxischen Ethelingen in Selz 803 hebt besonders Ranke hervor. Er schreibt: „Ich fürchte fast zu weit zu gehn, wenn ich die Vermutung ausspreche, die Rücksicht auf die feindselige Haltung des byzantinischen Hofes habe den Kaiser dazu bewogen, den Sachsen jene Vorschläge zu machen, welche eine Pacifikation erwarten ließen ... Die, welche die von ihm festgesetzten Bestimmungen anzunehmen verschmähten, mußten deshalb auf das gewaltsamste bezwungen und unschädlich gemacht werden."

Die wiedergegebenen Anekdoten sind dem Mönch von St. Gallen entnommen.

Die starke Herausarbeitung des Gottesstaatgedankens, vor allem im Reichsteilungsgesetz von 806, ergibt sich zwangsläufig aus dem vergleichenden Quellenstudium.

DAS ENDE

Die Darstellung hat sich streng an das zeitgenössische Quellenmaterial gehalten, weil die Wucht der Tatsachen jede Bearbei-
tung ausschließen zu können schien. Es ist auch darauf verzichtet worden, Kombinationen – nach der „cui-bono"-Frage –
darüber anzustellen, ob die tragischen Todesfälle der beiden ältesten Söhne Karls und schließlich auch des entrechteten Pippin auf Machenschaften irgendwelcher Art zurückzuführen
sind. Es ist vermutet worden, der Streit des Langobardenkönigs
Pippin mit dem Papst sei nicht ohne Zusammenhang mit seinem kurz darauf erfolgten plötzlichen Tod. Während der Älteste, Karl, wohl unzweifelhaft eines natürlichen Todes gestorben
ist, da die Ursache angegeben ist, mag Pippins, des Buckligen,
Heimgang vielleicht mysteriös gewesen sein. Es ist jedoch mü-
ßig, hierüber Überlegungen anzustellen.

Es ist auch nicht überliefert, daß Karl lange geschwankt haben soll, an Stelle Ludwigs seinen jungen Enkel Bernhard zum
Reichserben zu bestellen, obwohl die Wahrscheinlichkeit gegeben ist. Bezeichnend für die Vorgänge während dieser letzten
Tage Karls ist Ludwigs des Frommen spätere Freundschaft zu
Einhard – der seine Bestallung schließlich durchgesetzt haben
dürfte – und seine unversöhnliche Feindschaft gegen Theodulf,
seinen erklärten Gegner.

Die späteren Berichte, Karl sei im vollen Krönungsornat, auf
dem Throne sitzend, beigesetzt worden, sind erfunden. Er ist
mit merkwürdiger Hast in Aachen bestattet worden, obwohl er
in früheren Jahren den Wunsch geäußert hatte, neben seinem
Vater in St. Denis begraben zu werden. Dessen erinnerte man
sich aber wohl nicht mehr, vielleicht war dieser Wunsch nach
Erbauung der großen Pfalz und der schließlich ständigen Anwesenheit Karls dort auch überholt.

NACHWORT

Der Zusammenbruch des Gottesstaates unter dem unfähigen
Ludwig folgte bald und fand schließlich durch die Teilung des
Reiches unter seinen Söhnen, 843, im Vertrag von Verdun seinen für die Zukunft Europas entscheidenden Ausdruck. Mit
Karl des Großen Tod endet die Geschichte Germaniens, es beginnt in ihren ersten Anfängen die deutsche, französische, italienische, aber Alteuropa steht immer noch auf den Funda-
menten des Karolingischen Gottesstaates.

Weitere Klassiker aus unserer Karl-Müller-Bibliothek

Bauer, Josef Martin **So weit die Füße tragen**
ISBN 978-3-940984-23-4

Bergius, C.C. **Das Medaillon**
ISBN 978-3-940984-18-0

Berthold, Will **Auf dem Rücken des Tigers**
ISBN 978-3-940984-81-4

Blobel, Brigitte **Die Hörigen**
ISBN 978-3-940984-84-5

Bulwer-Lytton, Edward **Die letzten Tage von Pompeji**
ISBN 978-3-940984-90-6

Burk, Michael **Keine Stunde ist zuviel**
ISBN 978-3-940984-20-3

Conrad, Michael **Die Tänzerin**
ISBN 978-3-940984-19-7

Dahn, Felix **Ein Kampf um Rom**
ISBN 978-3-940984-92-0

Danella, Utta **Der Maulbeerbaum**
ISBN 978-3-940984-94-4

Danella, Utta **Tanz auf dem Regenbogen**
ISBN 978-3-940984-93-7

Danella, Utta **Vergiss, wenn Du leben willst**
ISBN 978-3-940984-71-5

Doyle, Arthur Conan **Die Fälle des Sherlock Holmes**
ISBN 978-3-940984-75-3

Duncker, Dora **Die Geliebte des Sonnenkönigs**
ISBN 978-3-940984-87-6

Engel, Georg **Klaus Störtebeker**
ISBN 978-3-940984-73-9

Fischer, Marie-Louise **Alles was uns glücklich macht**
ISBN 978-3-940984-98-2

Fischer, Marie-Louise **Als wäre nichts geschehen**
ISBN 978-3-940984-70-8

Herlin, Hans **Das Erbe**
ISBN 978-3-940984-82-1

Hohlbein, Wolfgang **Der Inquisitor**
ISBN 978-3-940984-22-7

Hohlbein, Wolfgang **Die Moorhexe**
ISBN 978-3-940984-21-0

Horster, Hans-Ulrich **Die Toteninsel**
ISBN 978-3-940984-17-3

Hugo, Victor   **Der Glöckner von Notre-Dame**
ISBN 978-3-940984-74-6

Konsalik, Heinz G. / Scheibler, Susanne   **Das wilde Land**
ISBN 978-3-940984-97-5

Konsalik, Heinz G.   **Heiß wie der Steppenwind**
ISBN 978-3-940984-95-1

Konsalik, Heinz G.   **Im Auftrag des Tigers**
ISBN 978-3-940984-68-5

Konsalik, Heinz G.   **Liebesnächte in der Taiga**
ISBN 978-3-940984-96-8

Konsalik, Heinz G.   **Wer sich nicht wehrt …**
ISBN 978-3-940984-69-2

Lehnhoff, Joachim   **Karibikfieber**
ISBN 978-3-940984-86-9

Leroux, Gaston   **Das Phantom der Oper**
ISBN 978-3-940984-77-7

Meyrink, Gustav   **Walpurgisnacht**
ISBN 978-3-940984-76-0

Palmer, Lilli   **Wenn der Nachtvogel schreit**
ISBN 978-3-940984-83-8

Paretti, Sandra   **Der Winter, der ein Sommer war**
ISBN 978-3-940984-99-9

Paretti, Sandra   **Die Pächter der Erde**
ISBN 978-3-940984-54-8

Poe, Edgar Allan   **Die Abenteuer des Arthur Gordon Pym**
ISBN 978-3-940984-72-2

Quast-Peregrin, Hellmuth   **Der letzte Gladiator**
ISBN 978-3-940984-80-7

Scheibler, Susanne   **Mazurka in St. Petersburg**
Die Lasarows – Eine russische Familien-Saga
ISBN 978-3-940984-85-2

Shelley, Mary   **Frankenstein**
ISBN 978-3-940984-79-1

Sienkiewicz, Henryk   **Quo vadis?**
ISBN 978-3-940984-88-3

Stoker, Bram   **Dracula**
ISBN 978-3-940984-91-3

Wahl, Rudolph   **Karl der Große**
ISBN 978-3-940984-78-4

Wallace, Lewis   **Ben Hur**
ISBN 978-3-940984-89-0